"十三五"国家重点图书、音像、电子出版物出版规划项目

2016年主题出版重点出版物

永远的 YONGYUAN DE
CHANGZHENG

长征

红色艄队

红四方面军长征珍闻录

杜福增 | 刘 波 ◎ 著

陕西新华出版传媒集团

未 来 出 版 社

图书在版编目（CIP）数据

红色艄队：红四方面军长征珍闻录／刘波，杜福增著.
—西安：未来出版社，2017.1（2017.9重印）
（永远的长征）
ISBN 978 – 7 – 5417 – 4997 – 1

Ⅰ.①红… Ⅱ.①刘… ②杜… Ⅲ.①红四方面军 –
史料 Ⅳ.①E297.2

中国版本图书馆 CIP 数据核字（2017）第 006817 号

红色艄队：红四方面军长征珍闻录

HONGSE SHAODUI：HONGSIFANGMIANJUN
CHANGZHENG ZHENWENLU

丛书策划	尹秉礼　高　安
执行主编	刘　波
责任编辑	孟讲儒　唐荣跃　须　扬
封面设计	许　歌
技术监制	宇小玲
出版发行	陕西新华出版传媒集团　未来出版社
	地址：西安市丰庆路 91 号　邮编：710082
经　销	全国新华书店
印　刷	陕西安康天宝实业有限公司
开　本	710mm×1000mm　1/16
印　张	23
版　次	2017 年 3 月第 1 版
印　次	2017 年 9 月第 2 次印刷
书　号	ISBN 978 – 7 – 5417 – 4997 – 1
定　价	39.00 元

如有印装质量问题，请与印厂联系调换。

目　录

序篇

从鄂豫皖转战川陕

"小长征"开辟川陕苏区——木门会议猛烈扩军——反川军"六路围攻"——红军中最大的娘子军：妇女独立师

"小长征"开辟川陕苏区

提起长征,通常是指始于 1934 年 10 月至 1936 年 10 月的两年间,中共中央、中革军委率领的红一方面军(中央红军)、红二方面军、红四方面军及红二十五军离开原来的根据地,进行战略转移,最终在陕甘苏区会合的历程。然而,很少有人关注到早在两年之前的 1932 年 10 月,当时鄂豫皖苏区的红四方面军就已进行了一次 3000 里的"小长征",开辟了"川陕苏区"。

鄂豫皖苏区是土地革命战争中,中国共产党创建的革命根据地之一,其前身是鄂东根据地、豫南根据地和皖西根据地。1927 年 11 月,潘忠汝等领导了湖北黄安、麻城地区的农民起义,开辟了鄂东根据地;1929 年 5 月,徐子清等领导了河南商城的农民、士兵起义,开辟了豫东南根据地;1929 年 11 月,舒传贤等领导了安徽六安、霍山的农民、士兵起义,开辟了皖西根据地。1930 年 3 月,成立了中共鄂豫皖边特委。1930 年 6 月,召开鄂豫皖边区第一次工农兵代表大会,宣布成立鄂豫皖边区苏维埃政府。

鄂豫皖苏区以大别山为中心,辐射周围 20 余县,成为仅次于中央苏区的全国第二大苏区,战略地位十分重要。鄂豫皖苏区的主力部队红四方面军,成立于 1931 年 11 月,总指挥徐向前、政治委员陈昌浩、政治部主任刘士奇,下辖红四军(军领导由方面军总部兼任)和红二十五军(军长旷继勋、政治委员王平章),总兵力共4.5万人,为中国共产党领导下仅次于中央红军的军事力量。

1932年5月,蒋介石亲自担任鄂豫皖三省"剿匪"总司令,李济深为副总司令。同年6月,蒋介石于庐山召开会议,确定了集中力量消灭鄂豫皖和湘鄂西两个苏区的红军主力,全力进攻江西中央苏区的第四次"围剿"方案。

设在武汉的鄂豫皖"剿匪"司令部,下辖左、中、右三路军。何成浚指挥的左路军主要负责"围剿"湘鄂西苏区,蒋介石的中路军和李济深担任司令官的右路军是"围剿"鄂豫皖苏区的主力。

中路军和右路军总计24个师另6个旅,30余万人,另有4个航空队。中路军的第二纵队在第一、第三纵队配合下担任主攻,第四、五、六纵队及右路军为助攻。其采取"纵深配备,并列推进,步步为营,边进边剿"的战术。计划先攻占红安、七里坪、新集、商城等要地,将红四方面军主力逐出鄂豫边境;然后东西夹击,进占以金家寨为中心之皖西根据地,再由北向南,将红四方面军主力压迫在英山以南之长江沿岸而歼灭之。[1]

虽然,敌军在军事力量上占据了数量和质量的优势,计划周密,准备充分,形势对红四方面军不利。但如能利用好苏区及红四方面军自身的优势,打破敌人的"围剿"还是有可能的。1932年年初至5月红四方面军成功地取得了四次战役(黄安、商潢、苏家埠、潢光)的巨大胜利,部队的实战经验得到提高,士气高涨,并缴获了大量的武器装备。作为主战场的鄂豫皖苏区,群众基础较好,又有较为广阔的回旋空间,存在着有利于红四方面军后勤补给和运动中相机歼灭敌军的优势。国民党军内部嫡系与非嫡系、中央与地方部队之间的矛盾也是可以利用的重要因素。

然而,当时的中共鄂豫皖分局书记张国焘对形势却出现了错误的判断,对已经开始的第四次"围剿"未引起足够的重视。在粉碎第三次"围剿"之后,他认为国民党已不是中国革命的主要敌人,主要的敌人已经是帝国主义。基于此判断,张国焘定下"坚决进攻"的战略方针。在6月至8月的两个月时间内,未在物力、财力、军力上做充分应对"围剿"的准备,反而继续贯彻向京汉线出击的"进攻"战略。先进逼罗山,破坏平汉路,并沿平汉路南下,消灭宋埠、黄陂一线的敌人,进而威逼武汉。结果在8月上旬,敌军开始进攻苏区中心七里坪一带时,红四方面军主力只能撤围麻城,仓促应战。劳师远征,又未充分准备回师应敌,已将红四方面军的主力部队置于不利的境地中。

8月至9月的冯寿二、七里坪两次战斗,红军虽然给当面之敌第十师和第二师以巨大杀伤(共歼敌军官兵5000余名，击伤第十师三十旅旅长王劲修，缴枪3000多支)，但未使战局发生有利于红军的根本变化，仍在原地兜圈子，有被敌人消灭的危险。9月9日，苏区党政机关所在地新集失陷，方面军主力和苏区党政机关向皖西、鄂东方向撤退。

10月10日，鄂豫皖分局在红安县的黄柴畈召开紧急会议，分析当前局势，并研究红军的下一步作战行动。会议中针对当前的局面有两种意见：一种是张国焘、徐向前等主张跳出根据地，待机歼敌后再返回苏区。另一种是沈泽民等主张留在苏区就地分散游击。最后，依据多数与会者的建议做出决定：留下红七十四师、红七十五师与各独立师、独立团，由沈泽民负责在苏区坚持斗争(该部即为新的红二十五军之前身)；红四方面军总部率红十师、红十一师、红十二师、红七十三师和少共国际团，向平汉路以西活动。第二天晚上，红四方面军主力即分为左右两路纵队开始出发转移。三天之后，蒋介石发现红军跳出其包围圈后，旋即调动10万军队进行围追堵截，原先设想之相机打回苏区的预想已无法实现，红四方面军只能继续向北转移。

10月16日，张国焘决定："为了保证部队轻装行军作战，营以下职务的伤员就地遣散，自找归宿；营以上的仍然用担架抬着随军行动。"这一决定意味着，一些伤病员可能就要落入国民党军或民团手中，凶多吉少了。尽管前途漫漫，环境险恶，条件极为艰苦，各师领导们却尽可能地抢救负伤的干部。比如，陈再道、滕海清、胡奇才等都是负伤后被红十一师师长倪志亮带入西征的队伍中，边走边疗伤的。

负了重伤的滕海清在遣散之列，他拄着拐杖，追上了后卫部队，见到野战医院院长后，院长为上级的规定感到十分为难。此前，倪志亮曾在1932年6月将三十二团五连连长滕海清调到师通信营当排长，管理一些打了败仗待分配的营连干部。得知这一情况后，倪志亮对院长说："通信营的一排长是管营连干部的，职务相当于副团级，要按营以上伤员待遇对待。"滕海清因此得以留在野战医院养伤。伤愈后，滕海清被派到保卫队当指导员，几天后又被倪志亮派到清江渡东南组织游击队。多年后，滕海清成长为二十一军首任军长。

住在后方医院的十一师三十二团三营营长陈再道，因8月8日在猛攻麻城陡城山时受了重伤，子弹从右臂上部打进去，又从背颈下穿出，差点打中咽喉，击中颈动脉。大难不死的他被医生告知"好好养伤，过一两个月，你就可以出院"。有一天，他在医院换药时，门外传来一阵马蹄声，原来是师长倪志亮来找他。倪志亮一见面就打趣道："陈再道,大家在前面打仗,你小子倒不错,住在这儿不走了。""他伤还没好,需要继续住院治疗。"医生如实地解释。倪志亮急促地说:"你别听他的。你能不能骑马? 能骑马的话,就赶快跟我走!"他不顾医生的阻拦,硬是把陈再道接出了医院。回到部队后,陈再道才知道师长的这番苦心,要是等到伤好再出院的话,恐怕就再也找不到部队了,共和国也将少一位开国上将了。陈再道每每念及此事,打心眼里感激师长。

11 月初,红四方面军进入鄂豫陕交界的南化塘地区,这里有伏牛山、鲍鱼岭南北相依,又有丹江和汉水贯穿其中,地形有利,粮食给养充足,非常适合建立苏区。然而,红军将士不知道,危险正向他们慢慢逼近。部队休整三天之后,在敌人三面进逼的情况下,决定继续西进,经漫川关入汉中。国民党军的气焰十分嚣张,企图一举围歼红军于漫川关东 20 余里悬崖峭壁的深山峡谷之中。[2]胡宗南甚至放言:漫川关就是红四方面军的坟墓。

狭路相逢勇者胜。决定命运的漫川关突围战,就在这样的情况下开始了。徐向前当即命令:以红十二师为开路先锋,在红七十三师配合下夺路前进;红十、十一师各一部抵御南面和西面夹击之敌。红十二师受命后,即以三十四团为尖刀突击。11 月 12 日,红十二师三十四团团长许世友接令后,率部向张家庄通向西南的一个小豁口——垭口高地猛虎般地发起了进攻。

鉴于垭口的重要性,总政委陈昌浩带着一个警卫排,亲自率领三十四团二营抢占了张家庄外沿的北山垭口右侧高地,用火力封锁住了敌人后续部队增援的道路。他边指挥战斗,边说:"一定要坚决守住这个垭口,不然全军就被堵住了。"团长许世友交代二营营长吴世安说:"你在这里听总政委指挥,叫你怎么打就怎么打,打光了也要完成任务!"

抗战初期的许世友(转战川陕时为三十四团团长)

说完,许世友转身又奔向一营阵地指挥战斗。这时,许团长的眼睛又瞪圆了,他腰里扎着一条足有四五寸宽的灰色腰带,别着两支驳壳枪,背后斜插着一把磨得锃亮的长柄朴刀，袖子卷得老高。大家一看团长的模样，便知道是硬仗恶仗，于是精神抖擞，士气倍增，誓与阵地共存亡。

一营像饿虎扑食一样，一个反冲击，夺占了垭口的有利地势，接着像钢钉一样扎在最前沿。敌人以两个旅的兵力，轮番向一营阵地进攻。战斗空前激烈，双方伤亡都很惨重。一营指战员前仆后继，营长倒下了，连长接替上去，连长牺牲了，排长接……营长最后是由营部一名姓陈的号兵代理的。但一营阵地始终没有丢失一寸。

在经历三天两夜殊死之战后，三十四团牢牢地控制着垭口通道，使得方面军主力全部顺利从垭口通道脱险。漫川关突围战是红四方面军转移过程中生死攸关的一仗，直接关系到方面军的生死前途。以至于20世纪80年代，徐向前同罗应怀等红四方面军老战士谈起当时的战斗场景时还无限感慨："漫川关突围，真是很危险啊，多亏了三十四团在北山垭口顶住了。"

漫川关突围后，红十二师另两个团（三十五、三十六团）继续作为全军的先头部队，抢占竹林关，随后向西过商县，直至商县以西50里的杨家斜才短暂停留。红四方面军原本计划部队南下镇安、柞水，而后再进汉中。而此时，胡宗南的部队赶来阻击红军进军汉中。由此红军旋即掉头向北，越过秦岭，出库峪、汤峪，于11月27日出现在关中平原，兵锋直指西安。正当敌军积极调防部队围堵红军时，红四方面军又虚晃一枪，在西安以南40里的王曲、子午一带向西而去，由辛口子出发，再次翻越秦岭。红四方面军冒着风雪，忍饥挨饿经过几天艰苦行军，连翻太白山、马道岭、牛岭、兴隆岭、财神岭、父子岭、卡峰梁、老君岭、青刚岭九座大山，于12月9日抵达秦岭南麓的汉中平原城固南部小河口镇。

12月10日，红四方面军在此召开了决定部队前途命运的重要会议，这也是红四方面军西征以来方面军总部举行的第一次师以上干部参加的军事会议，史称"小河口会议"。会上对张国焘推行"王明路线"，急躁冒进，以及反"围剿"失败后不明不白地无止境向西转移进行了尖锐批评。张国焘在当时巨大压力和严峻形势下，诚恳地承认自己诸多错误和不足；还宣布成立前敌委员会，以示加强集体领导和决策，委任曾中生为西北革命军事委员会参谋长。

12月11日，红四方面军与陕南地下党城固县委游击队领导人王爕、胡哲取得了联系，并了解到当时四川军阀力量主要在川西混战，川北防御力量空虚；同时四川军阀刘湘和蒋介石又有着很深的矛盾，致使蒋的部队很难进入四川；因此，决定渡过汉水向川北进发。

12月17日,红四方面军冒着风雪严寒,翻越横亘川陕边界的大巴山,于25日出其不意地占领了通江县城。在随后一个月的时间里又占领了巴中、南江,创建了川陕苏区。从此,红四方面军彻底摆脱了国民党反动派围追堵截的被动局面,取得了西行转移的最后胜利。此时,红四方面军的总兵力共有4个师12个团,1.5万余人。[3]

此次3000里转移的总里程和时间跨度,没有两年之后中央红军长征的距离长和时间跨度大。但3000里转战是红军战史上的第一次远征,和两年后的中央红军长征出发时有着相似的情况。两者都是从苏区出发后,多次变更战略目的;都是由外线作战胜利后再返回苏区的战略意图变更为全军规模的大转移,并根据形势变化而做出相应的战略决策,最后找到部队的"落脚点"。

此次"小长征"的深远意义还在于红四方面军从鄂豫皖到川陕,从客观上调动了大量国民党中央军、西北军和四川地方部队的军事力量,战略上配合了中央苏区和其他苏区的反"围剿"斗争。

再次,这次3000里转战为之后红二十五军的长征路线以及1946年解放军中原军区部队"中原突围"提供了宝贵的经验和教训。不仅后来的红二十五军的长征受益于红四方面军先前的突围路线,就连解放战争时期的中原解放军向西的突围方向都大致沿用了红四方面军的西进路线。

1933年2月中旬,川陕边区"剿匪"督办田颂尧以近6万人的兵力分三路进攻川陕苏区,红四方面军采取"收紧阵地,诱敌深入"的作战方针,经四个多月的机动作战,在空山坝地区取得了全歼川军7个团、击溃6个团的大捷,粉碎了川军的"三路围攻",收复南江、通江、巴中,共毙伤国民党军1.4万余人,俘1万余人,苏区得到巩固,面积扩大一倍以上,红军得到大发展。

中革军委机关报《红星报》在1935年6月15日刊发社论,这样评价:"红四方面军是现时中国苏维埃运动三大主力的最大的一个,它的长期的光荣的战斗历史,是不亚于中央红军的。它于1928年产生于鄂豫皖边,创造了鄂豫皖苏区,成为当时长江北岸最大的苏区。1932年底,它向西转移到川陕边,几年的奋斗中,创建了川陕边苏区,并从万余人的队伍扩大了10万左右。"[4]可见,红四方面军的3000里"小长征",在中国的川陕点燃了革命的熊熊烈火,形成了一个声势浩大的革命斗争新局面,为后来两大主力红军胜利会师奠定了基础。

木门会议猛烈扩军

反"三路围攻"取得胜利，红四方面军接着就召开了"木门会议"。会议于1933 年 6 月 28 日在四川旺苍县木门镇木门寺召开。这是一次包括张国焘、陈昌浩、徐向前、王树声、李先念等一百余名红四方面军高级军政干部参加的重要军事会议。徐向前、陈昌浩主持会议，会期 6 天。

会议的相关内容包括，总结之前反"三路围攻"的作战经验；红四方面军扩编；部队内部"肃反"问题；加强部队政治工作和军政训练问题；加强学习，重视总结实战经验五个方面。其中最为重要的是根据会议决定，红四方面军部队于1933 年 7 月上旬进行了整顿扩编，4 个师扩编为 4 个军 11 个师。

各军的司令部、政治部也在原来各师领导机关的基础上建立起来。各军还有直属医院、修械所、担架连、特务营和迫击炮连。这时，在川陕边区的最高军事领导机关为西北革命军事委员会。主席张国焘，副主席陈昌浩、徐向前，参谋长曾中生。下为方面军总指挥部、总政治部（兼西北军区司令部、政治部），徐向前、陈昌浩仍分任总指挥和政治委员，王树声任副总指挥，总政治部主任陈昌浩兼，副主任傅钟、曾传六。方面军的直辖机关和部队有参谋处、总经理部、总医院和警卫第一团、第二团、妇女独立营等单位。彭杨军政干部学校直属军委领导，校长为倪志亮兼。整个方面军共 4 万余人。[5]

根据先前反"三路围攻"的作战经验，肯定了收紧阵地的必要性，研究川军作战特点，从实际出发提出了红军的战略战术原则，后来曾中生所写的《与川军作战要点》、《与"剿赤军"作战要诀》、《游击战争要诀》三篇重要军事著作都做了总结。包括对战争的指导，必须从实际情况出发；充分肯定"收紧阵地，诱敌深入"的作战方针；强调集中兵力、各个击破的原则；主张打运动战和战役的速决战，反对阵地战和战役的持久战；注意党的领导和政治工作；强调依托根据地作战；强调攻击精神。

会后，红四方面军还积极开展军事训练和政治教育工作。

除了扩编和整训的内容外，木门会议另一个重要的议题是检讨"肃反"问题。

红四方面军在鄂豫皖苏区时便大搞"肃反"。不仅在红四方面军内部，而且在地方都造成了极为恶劣的影响。只要是"社会关系复杂的"、"有点文化的"人都成了"肃反"的对象而被加以"肉体消灭"。这也是导致红四方面军第四次反"围剿"失败的直接原因。可以说，红四方面军是带着"肃反"的伤痛离开鄂豫皖老区的。虽然，一些干部战士对此问题已经有所察觉并持有不同意见，但是由于一直在行军作战，也没有机会袒露自己的想法。

尤其在反"三路围攻"的战役中，张国焘借口部队"不纯"，令陈昌浩和保卫局在部队中抓人。如，红七十三师在战斗中丢失甑子垭阵地，就立即在全师清洗"右派"和"反革命分子"，逮捕400余人，杀掉100余人，其余罚做苦工。丢失阵地的二一八团排以上干部大部分被抓，连同部分班长在内，共被捕200余人，团政委陈少卿被诬陷为"改组派"，严刑拷打后处决。

在这一时期，李先念、徐向前等许多领导干部都对这样的"肃反"进行了坚决抵制。红九军（此时应是十二师，木门会议后扩编为红九军——本书作者注）七十三团政委陈海松，年仅20岁，作战勇敢，被列入"审查对象"的黑名单，要抓起来。徐向前知道后保了他，并气愤地打电话给负责人陈昌浩："同志，你们想干什么？我们的部队从鄂豫皖打到四川，是拼命拼过来的，哪来那么多'反革命'嘛！现在弄得人心惶惶，仗还打不打呀，命还要不要啊？"[6]

李先念也接到过保卫局送来的黑名单，一看多是些从鄂豫皖转战过来的老红军，连他原来的警卫员张明喜的名字都在内，就把名单往口袋里一装，说："哪有那么多'反革命'嘛，不要管，等打完仗再说！"就此保护了这些同志。他后来说："当时我怎么也不相信从鄂豫皖到川陕，历经艰险、不怕流血牺牲的同志会是反革命，反革命分子吃不了这样的苦，受不了这样的罪！"[7]

木门会议上，面对大家慷慨激昂，强烈要求停止部队内部"肃反"的现实，陈昌浩原本顽固的"左"的脑袋似乎清醒了稍许，肯定先前在部队中"肃反"的必要性的同时，也承认抓错了一些人，并且同意停止"肃反"，将错抓的人放回。不过，由于"肃反"的实际领导人张国焘"左"的思想根深蒂固，轻视和排斥知识分子，搞"唯成分论"，将具有初中文化程度以上的人，列为"肃反"的重点对象。对张国焘来说，"肃反"不仅是出于其"左"的意识形态上的考量，更是其对红四方面军掌控的一种手段。

就在木门会议召开期间，张国焘还在《干部必读》上发表了《红军中的肃反工作》专题文章，点名红四方面军中的余笃三、赵箴吾、王振华、徐永华、王振亚、杨白等为"托陈取消派"的主要领袖。因此，木门会议关于停止在红四方面军中"肃反"的决定并没有切实落到实处。

事实上，在木门会议后一个多月，张国焘又掀起了新一轮的"肃反"。先是以"中央革命军事委员会命令"的名义免去曾在"小河口会议"中向其提出批评意见的曾中生西北革命军事委员会参谋长的职务，并在 8 月 1 日，以"右派首领"、"与托陈派、改组派、AB 团、第三党联合起来，形成小组织活动"的罪名，将其秘密逮捕。

更令人痛心的是，除了曾中生被捕之外，先前已被逮捕的红四方面军总经理处主任余笃三、红四方面军参谋主任舒玉璋被杀害。川东游击队改编为红三十三军后，自九十八师师长蒋群麟、九十九师师长冉南轩以下 200 多名青年干部被杀，其中包括知识分子干部五六十人。1933 年下半年，四川省委输送到川陕苏区的 200 多名党团干部，也大部分被杀，甚至连中央派来的廖承志和罗世文，也被扣上"蒋介石特务"的帽子遭到软禁。

如此这般，使得红四方面军中知识分子干部急剧减少。除总部保留了屈指可数的知识分子干部外，军以下几乎都是清一色的工农干部。有些师团干部，连作战命令和书信都不会写。受领任务、传达指示，全凭记忆，严重地制约了部队干部战略战术指挥的能力。因此干部文化程度偏低，轻视知识分子，排斥知识分子也成了红四方面军作战能力和部队后续发展建设的一大障碍。

木门会议在红四方面军建军上是一次有重大历史意义的会议。木门会议的召开，虽然关于停止在红四方面军中"肃反"的决定并没有切实执行，会后，张国焘又掀起了新的"肃反"高潮，但红四方面军在木门会议后经过扩编、整训，以及加强部队政治工作、恢复彭杨干部学校之后，战斗力更加强大；并且总结粉碎田颂尧"三路围攻"的经验，布置今后工作，检讨过去的一些错误，增强部队内部团结等一系列的举措，为后来取得仪南、营渠、宣达三次进攻性战役的成功和反刘湘"六路围攻"的胜利奠定了坚实的基础。

反川军"六路围攻"

1933 年秋，川陕苏区经过发展，建立了包括 500 万人口、23 个县、面积 4.2 万平方公里，仅次于中央苏区的第二大苏区。这一时期红四方面军发展到了 5 个军 8 万余人，在战略上形成了雄踞川北，背靠巴山，东可以出鄂西北，西可进成都平原，北窥陕南，南逼江东地区万县、夔门刘湘老巢之势，川陕苏区进入最鼎盛的时期，使刘湘和蒋介石感觉到对其在四川的统治产生了严重的威胁。

9 月，刘湘击败刘文辉，结束了双方在四川的混战，四川的军阀间开始形成以刘湘为首的表面统一。刘湘遂腾出手来，集中力量对付红四方面军和川陕苏区。10月,蒋介石调动50万大军开始对江西中央苏区进行第五次"围剿"。与此同时,在蒋介石200万元军费、万余支枪、500万发子弹支援和严令下,刘湘于10月4日在成都正式就任四川"剿匪"总司令,总部设于成都,电称:"今幸内争敉平,各军咸归,一致剿赤,筹备亦已略备端倪,谨拜新命,克日前驱,誓扫赤氛,用奠邦国。"

刘湘以其所属的第二十一军为主力,纠集四川各军阀及其他部队组成"六路围攻"部队,并于6日下达动员令。在西北起广元、东至城口的千余里弧形线上,敌人共集中了120多个团约20万人,另有空军飞机18架。其预定围攻计划分为三期。妄图以分进合击、步步为营、稳扎稳打的方式,将红四方面军围歼于川陕边境。刘湘宣称要在"三个月内全部肃清"川陕边区的红军。

红四方面军总指挥部鉴于刘湘的"六路围攻"初期敌强我弱,敌军士气高涨且来势汹汹,采取两个对策:一是积极防御,诱敌深入,收紧阵地,逐次抗击,待机反攻,重点突破从而扭转战局;另一个是广泛发动群众,党政军民齐动员,以人民战争来对付四川军阀的"六路围攻"。

具体到作战部署上,分为东线和西线两个主要方向。东线由徐向前担任前敌总指挥,西线由王树声担任前敌总指挥,陈昌浩居中策应,各县区的地方武装和游击队,就地配合红军作战。正是这一前所未有由8万多红军和大量地方武装构成的大纵深、多梯次的防御体系为抗击"六路围攻"的20余万敌军进攻,夺取最后的胜利打下了坚实的基础。同时,与陕军孙蔚如部继续保持着互不侵犯的协议,使红四方面军能够集中力量来对付当面之敌,为反"六路围攻"的最后胜利又多了一重保障。

很快红军就与"围攻"的敌军相遇了。不过,首战交锋对双方来说都有些出人意料!

10月底,毫无准备的徐向前红四军十师一部,在向南进攻廖雨辰部,准备进占开县、开江时,在开县以西杨柳关地区,遇上了刘湘主力二十一军第三师王陵基部。徐向前派了一个通信员给部队送信,没想到小伙子摸错了路,跑进敌人营地的伙房里去了。还要了碗水喝,抬头一看,人家的帽子不对,就赶紧往外跑。川军发现后,乱打了一阵枪,也没伤着他。他回来后报告情况,徐向前等红军指战员才知道敌人就在跟前。徐向前豪迈地说:"既然与敌遭遇,那就狠打一家伙吧!"就这样,这场颇具戏剧性的遭遇战拉开了红四方面军反"六路围攻"的大幕。经过五天的激战,红军虽然歼敌5000余人,但敌第三师武器装备精良,又有火炮和空中力量的支援，并且后续部队源源不断地增援上来，因此红军被迫从进攻转入防御，节节抵抗，逐次向后收缩阵地。

12月中旬敌人开始了第一期的进攻。六路敌军在东西两个方向上同时向红军发起了攻击，企图一举攻占宣汉、达县、仪陇和旺苍坝等地，进而逼迫红军退入大巴山，以利于其进行封锁和围困，从而消灭红军。红四方面军主力依据地形和先前构筑的野战工事顽强抵抗，在完成给予敌重创并迟滞其前进速度的既定目标之后，于12月17～18日撤离宣汉、达县等地区。西线的红军也在广元、苍溪、仪陇等地区对敌大量杀伤后，向东收缩防御。

1934年1月下旬，东线红军部队将左翼阵地收缩至沿山场、罗大湾、罗文坝一带；右翼阵地在北山场、马渡关险要地带坚守。1月23日晚间，红三十军二六五团在团长邹丰明和政治委员黄英祥的带领下，迅速穿插至进犯而来的敌人左翼后方十余里的庆云场，向敌第四师十二旅预备队一团人马发起突袭，并全歼之。同时在该部前沿的敌人两个团也在红三十军正面部队和二六五团的夹击下，大部被歼。四天之后，红军东线部队在毙伤敌2000余人后，主动撤退至大垭口一带。东线战事稍息，双方进入对峙状态。西线的各路敌军，也观望不前，无多大进展。

2月上旬，东线的红军乘敌第五路总指挥王陵基回万县同家人过年和敌军春节休整之际，集中红九军和红三十军各一部，向冒进至马鞍山、毛坝场之敌实施了迅猛的反击，于11日拂晓，全歼了郝耀庭旅并击毙了郝耀庭本人，消灭了敌第三师第七旅大部，将战线稳定在了马渡关、红灵台、毛坝场一线。刘湘盛怒之下将王陵基召回成都撤职囚禁，将第二十一军第一师师长唐式遵任命为第五路总指挥，许绍宗接替王陵基担任第三师师长，而其所谓的第一期进攻就此收场。而三个多月前宣称的"三个月内全部肃清"川陕红军的叫嚣也不了了之，没有了下文。

3月3日，刘湘向各部队下达了第二期总攻令。预期在一个月内将西线红军压缩在巴中以北和木门以东地区，东线占领万源城，突进到石盘关到竹峪关以北一线，进而封锁川陕至镇巴的门户，截断红军退往陕南的道路。东线红军部队在红灵台、老鹰嘴、毛坪地区击退唐式遵的猛烈进攻，使其付出5000余人的代价，粉碎了东线敌军的进攻。不过西线红军力量过于单薄，战线拉得较长，战至3月19日，陆续撤出旺苍坝、木门等地，西线的敌军达成了第二期总攻的预期。

战后,唐式遵仿清朝剿灭白莲教王三槐部的战例,给刘湘发电报建议"赤匪主力集结通江,职部当面左翼为老鹰岩,右翼为罗大湾,数十要隘,形如肝叶,昔王三槐据此一线,附者数万,清兵相持数载,不得寸进,因罗斯举引导,清兵由保宁、南巴进攻通江,破匪老巢,乃告崩溃,形势所关,今古同辙。伏乞迅速督促友军,由巴东进向左横扫,山势既逐渐就低,匪方尤腹背受敌,双方夹击,决可一举歼灭"。

4月3日,敌军发动第三期总攻。红军顽强阻击,在大量杀伤其有生力量的同时,继续诱敌深入。至4月底,在使敌人付出了损失万余人的代价后,西线红军陆续撤出江口、长池、南江等地,转移至贵民关、观光山、得胜山一线。东线红军则撤到万源城南,至刘坪一线。而此时,川军的老毛病也开始慢慢地"发作"了,西线各军借口供应困难,一再龟速前进,各路部队亦不愿再为刘湘卖命进攻了。

而刘湘在近半年的第三期总攻中,共损失兵力35000余人,所谓"三个月全部肃清"川陕红军的预想,早已成了空话。各路军阀部队在红军的沉重打击下,相互间矛盾加剧,士气低落。刘湘为了扭转颓势,于5月间在成都召开军事会议,以答应拨出300万元军饷和300万发子弹接济各部队,同时保证"剿赤"结束后各路军阀均得到"安全保障"的承诺,发动第四期总攻击。调暂编第二师、教导师第三旅、模范师1个旅组成总预备军,以教导师潘文华任预备军总指挥。因此,敌人参加"围攻"的兵力达到了140余团约30万人。其中,刘湘投入其总兵力的五分之四,80余团10余万人。部署第一路向川陕边界的两河口推进,截断红军入陕道路;第二、第三路进攻得汉城;第四路和总预备军一部进攻竹峪关;第五、第六路攻占万源及其西线。以唐式遵的第五路担任主攻,并以夺取万源为主要目标。

6月22日,刘湘的第四期总攻开始,敌第一、第二、第三、第四路因遭红军多次打击,心有余悸,怯战不前,一直徘徊于小通江河西岸。只有充当主力的唐式遵第五路及其裹挟的第六路全力以赴,猛打猛攻。

7月上旬至8月上旬,敌第五路和第六路集中了50多个团,在飞机、大炮的配合下,向万源城南各个高地发起了多次大规模的进攻。敌人采取了大纵深、多梯次的人海战术,整团整营地轮番进攻。西线红军部队撤至小通江河以东,在北起碑坝、南至鹰龙山一线,与敌隔河对峙;东线,在万源城南,红军凭借着连绵不绝的山岭和新构筑的工事御敌。守卫的红军指战员则凭借地形优势,士气高昂，居高临下，以逸待劳，顽强抗击。刘湘的进攻部队死伤万余人，红军阵地前敌人尸体堆积如山。许世友后来回忆道："7月的川北，已是盛夏高温季节，加上阴雨连绵，敌人的尸体很快腐烂，阵地上到处弥漫着令人作呕的臭气。"

8月9日夜，红军在万源城西南，一举突破青龙观阵地，致使敌人进攻部队全线动摇。红军多路自北向南以迅雷不及掩耳之势向敌人发起了反攻，直到收复宣汉、达县北部地区才停止前进，构建新的阵地。8月下旬，红军挥师西进，敌第一、第二、第三、第四路军仓皇溃退，一败涂地。红军主力则相机收复巴中、苍溪等地，并在苍溪黄猫垭一举歼敌6000余人。其他各部红军也一路高歌猛进，相继收复了仪陇、南江、旺苍，兵锋直指广元。至此，反"六路围攻"取得完全胜利。事后，刘湘致电蒋介石，哀叹"剿共一年，耗资1900万元，官损5000，兵折8万"，要求辞去"剿匪"总司令。

万源保卫战的胜利，为红四方面军收复失地赢得反"六路围攻"胜利奠定了基础，而反"六路围攻"的胜利又挽救了红四方面军，挽救了川陕苏区，奠定了川陕苏区的鼎盛基础。反"六路围攻"在战略上还有深远意义，红四方面军的反"三路围攻"及反"六路围攻"，打得四川军阀元气大伤，对后来红一方面军长征入川，以及红二、六军团在湘鄂川黔立脚，都发挥了积极的策应作用。因此，反"六路围攻"的胜利，不仅挽救了红四方面军，恢复、壮大了川陕苏区，而且积极影响了后来的长征，从而对中国革命的走向也具有积极的意义。

红军中最大的娘子军：妇女独立师

随着红四方面军反川军"三路围攻"、"六路围攻"的胜利，川东群众参军热情高涨，红四方面军扩红工作一路高歌猛进，形势喜人。到木门会议后，快速发展到4万多人，到嘉陵江战役时发展到8万多人。

川陕根据地所在的大巴山地区，过去由于在军阀田颂尧管辖下，他们强迫农民广种鸦片，鸦片成灾，成年男人几乎全部吸食鸦片。红军刚招来的新兵往往是鸦片鬼，面无血色，好像纸扎的小老头。时任红十一师三十一团机枪连指导员的李定灼记得，重机枪连简直成了"烟灰连"，新兵训练时烟瘾一发作，一个个躺在地铺上，有的叫头昏，有的喊心口痛，痛苦不堪。他发现一个新兵烟瘾发作时往嘴里扔几颗绿豆大的麻色圆颗粒，正要训斥时，房东大嫂乐呵呵地说："这东西不闹（药）人，这是我们山里人喜欢的佐料——花椒。"李定灼担心地问："这吃了也上瘾吗？"大嫂撇嘴说："上啥子瘾啰！只不过是那些背时不中用的烟鬼,烟瘾发作了,吃几颗麻麻嘴巴,哄哄自己。"

在大嫂的启发下,红军把花椒当成戒烟的土方,加上改善生活,组织摆"龙门阵"、猜字谜等文化活动,逐渐使新兵戒掉了烟瘾。时间不长,这些新兵就变得脸色红润,个个身强体壮。乡亲们见了感动地说:"地方、军阀把人变成'鬼',你们红军哥把'鬼'变成人。"

在8万红军中,除了男红军外,还有数以千计的女红军,她们是当代的花木兰——世界军事史罕见的师级规模的娘子军。这些当代花木兰,有一大优点是没有人抽大烟,没有戒烟的麻烦,而且吃苦耐劳,既能当后勤员,又能当战斗员。

人们对谢晋导演拍的电影《红色娘子军》电影都不陌生,主题曲《红色娘子军连歌》中有:"向前进,向前进,战士的责任重,妇女的冤仇深……"从这首歌曲中,人们认识了一支全部由女兵组成的战斗部队,也认识了片中的女主角"吴琼花"。影片《红色娘子军》的原型,是海南琼崖苏区中国工农红军第二独立师女子军特务连,1931年5月1日成立,一年零三个月之后便被当时广东军阀陈济棠扑灭了革命的火焰。当时女子军连为配合苏区特委和机关转移,被敌人重兵包围,虽经英勇奋战,但最终被打散,娘子军也就不复存在。

就在海南女子军连悲壮消失半年之后,1933年3月,在红四方面军新建立的川陕苏区内成立起了红军历史上规模最大的红色娘子军——妇女独立营,后来扩编为妇女独立师。

可惜的是,后来由于受张国焘"叛逃投敌"的影响,红四方面军妇女独立师的存在及其斗争事迹一直隐身于历史的深处。好在随着"文革"结束后,部分妇女独立师老战士的口述和相关历史史料的发掘,使得蒙在妇女独立师身上的尘埃逐渐散去,这支娘子军的英勇征战历史才逐渐浮出水面。

1933年1月,国民党委任田颂尧为"川陕边区剿匪督办"对川陕苏区发动了"三路围攻"。为了加强后方的警卫,红四方面军军委和川陕省委决定在各区、县妇女零散武装的基础上,建立起一支正规的妇女武装力量。同年3月末,在四川通江县县城的一个学校操场上,红四方面军妇女独立营成立,该营由100多名妇女干部和200余名妇女群众组成,按正规部队编制。营长陶万荣、教导员曾广澜,下辖三个连:一连连长向翠华、指导员刘桂兰,二连连长詹英香、指导员侯守玉,三连连长陈五洲(后为马玉英)、指导员胡玉兰。

妇女独立营指战员,几乎人人有着苦难的历史,就如一个个"吴琼花"。许多人过去是童养媳,受尽压迫凌辱,穿的遮不住羞耻,吃的是残汤剩饭,动辄还要挨公婆打骂,稍稍长大就要挑起生活的重担,起五更,爬半夜,整日劳累,从挑水、劈柴、洗衣、做饭、放牛,到种田、推磨,什么活都干。她们受压迫深,对翻身解放的要求也最迫切,渴望自由平等的生活。她们是旧中国妇女受压迫的缩影,所以,革命愿望特别强烈,战斗精神特别坚决。红军进入通南巴地区后,妇女解放运动春风一吹,使得这些女青年都心向红军,稍加动员,呼啦啦就有几百人报名,迅速成立了妇女独立营。

首任营长陶万荣还清楚地记得,"1933年3月末的一天,在方面军总部所在地通江县城的一个学校操场上(当时我们管这个操场叫红场)举行了红四方面军总部直属妇女独立营成立大会。省委领导和总部首长参加了大会,党、政、军各机关和各县苏维埃都派代表到会祝贺。整个通江县城沸腾了,人们挥舞着彩旗,涌向红场,以欢欣鼓舞的心情来庆祝川陕苏区第一支红色妇女武装的成立。我们妇女独立营四百余名指战员,身穿灰色军服,头戴八角帽,红帽徽红领章,各持长短枪或大刀长矛,英武雄壮地排列在会场中间。省委和总部首长讲了话,接着授予我们一面战旗。从此,妇女独立营的旗子就飘扬在红四方面军的行列里,开始了战斗生活"。[8]

妇女独立营成立后,红四方面军总部立即委派秦基伟担任该营的军事教员,除了必要的队列操练外,还大量组织女战士们进行投弹、射击、刺杀等军事作战科目的训练,使得妇女独立营女战士们的军事素质有了很大提高,她们能配合主力部队作战,担负后方警戒、通信联络、运送枪支弹药和军粮、清缴小股土匪及反动地方武装、看押俘虏、打扫战场等多项任务。

很快她们便迎来了第一次战斗。当时妇女独立营主力集中在空山坝地区,为前线反"三路围攻"的部队日夜赶送作战物资。一天晚上,妇女独立营的战士们运粮经过鹰龙山中途休息时,突然发现一股敌人向山上爬来,后来获悉是田颂尧左纵队1个团的残部路过此地。时任营长陶万荣趁敌军在山腰休息,抽鸦片过烟瘾时,迅速下令从四个方向悄悄向敌人接近。在迅速解决敌人哨兵后,全营女战士一跃而起,冲向敌人并高喊"缴枪不杀!""优待俘虏!"等口号。敌人突然被这阵势吓倒,纷纷举起拿着烟枪的双手。随即,陶万荣营长以一连控制山口要道,防备可能出现的增援之敌,二连看管俘虏,三连打扫战场。碰巧兄弟部队也闻讯赶到,在相互配合下,迅速地清点俘虏,收缴战利品,随后凯旋!

妇女独立营在没有损失一兵一卒的前提下,首战告捷,缴获枪支几百条。红四方面军总部首长特地传令嘉奖妇女独立营,并将在此次战斗中缴获的钢枪全部拨给她们。从此,妇女独立营声威大震。

1933 年 10 月,四川军阀刘湘纠结了 120 多个团的兵力对川陕苏区发起了"六路围攻"。同年 12 月,川陕省委召开第三次党代表大会,根据当时的斗争需要,提出建立妇女独立团的主张。1934 年 3 月,为了策应反"六路围攻"的需要,妇女独立营在旺苍坝扩编为妇女独立团,张琴秋任团长兼政委,其他领导干部还有刘桂兰、吴朝祥、彭瑛等。该团下辖 3 个营,共1000 余人,兵源除了原有的妇女独立营外,还招收了部分机关的女工作人员。同期,苍溪县建立了由 160 余名妇女组成的妇女独立连,连长覃邦秀。嘉陵县也建立了妇女独立营。

妇女独立团团长张琴秋

就在妇女独立营扩编为妇女独立团的当月,刘湘发动了"六路围攻"的第二期总攻,西线第一路敌军逼近了旺苍坝,妇女独立团的全体战士参加了抢救伤员和运送物资的工作。她们抬着伤员或背上 100 多斤的军需物资,夜以继日地跋山涉水。在主力红军撤离旺苍坝的前两天,她们把囤积在该地的大批武器、弹药、粮食、棉衣、盐巴、药品等物资,往后方转运了 60 余里,全体伤员也被抬到了后方医院。

时任红四方面军总政治部副主任傅钟后来回忆说:"广大妇女群众,直接帮助红军运粮运草,救护伤员,在扩大红军与拥军优待红属的工作中,亦起了重大作用。尤其值得陈述的是各县妇女积极分子在党的领导下,直接学习军事技术,参加地方公安工作,与根据地边沿区的反动地主武装不断地进行军事斗争。在此基础上,各县先后建立妇女独立连、营等战斗组织,后来发展成为川陕边妇女独立师。这支武装在当时内防工作上产生了积极效果。因此可以说,根据地的妇女群众在党的武装斗争史上,是值得永远崇敬的!"[9]

妇女独立团不仅后勤运输工作搞得十分出色,在反"六路围攻"的作战中也表现得英勇顽强。在旺苍普子岭一带,妇女独立团的战士们构筑工事,扼守西线部分防线。女战士们在防守阵地时,十分机智沉着。她们先派出侦察队抓来敌人的"舌头",详细了解敌情后,适时包围小股敌人,予以歼灭。而后,当主力红军在东线消灭郝耀庭部回撤西线的部队时,妇女独立团又配合主力红军歼敌两个团。

红四方面军女战士

李德生后来写道:"在第二次国内革命战争时期,川陕苏区动员1万多名妇女参加机关、工厂和红军。她们吃苦耐劳,刚毅勇敢,在各条战线上和男同志一样工作、战斗,发挥了巨大的作用。其中许多人担任了领导工作,川陕省苏维埃内务委员会正副主席都是妇女,还有不少女同志担任县、区苏维埃干部。后来成立了妇女独立团、独立营。在多次战斗中,她们英勇顽强,奋勇杀敌,流血牺牲,创造了许多可歌可泣的动人事迹,为中国妇女革命运动史增添了光辉的一页。"[10]

1935年1月,红四方面军准备挥师西移,总部医院和几个分院以及省政府工农兵医院,约6000名伤病员,要从通江的王家坪抬到旺苍坝,后又抬到苍溪,还有3个工厂的机器、约5000支枪和上万人的吃穿用也要转移,这些繁重的运输任务,也是主要由妇女独立团的指战员承担的。[11]

1935年2月,为了策应中央红军北上,红四方面军军委决定强渡嘉陵江相机策应。在西进之前,军委将全军的女同志集中在广元旺苍坝决定对妇女团再次进行扩编。妇女独立团遂扩编为妇女独立师,师长张琴秋,政委曾广澜。下辖两个团:第一团由张琴秋兼任团长和政委,该团战斗力较强,为总指挥部机动团,驻旺苍坝、张家湾、黄洋场一带。第二团曾广澜任团长,刘伯新任副团长,吴朝祥任政委兼政治部主任。该团主要任务是保卫机关、红军医院、仓库,运送弹药,转送伤员等,驻百丈关、庙二湾一带。[12]

3月31日,红四方面军西渡嘉陵江,妇女独立师第一团奉命配合中纵队红三十军和红九军一部攻占剑阁后,又随红八十九师驻守剑阁,阻敌援兵。不久,妇女独立师第一团在两天之内,击溃田颂尧1个旅的侵犯。在战斗开始时,敌人还不知道当面对手是由妇女组成,只认为是一群娃娃兵不算什么。妇女独立师第一团的女战士们利用敌人的麻痹大意,先伪装撤退,让敌人更加疏忽大意。等到第二天黄昏,敌军官兵正在吞云吐雾过大烟瘾的时候,女战士们在机枪的掩护下猛冲猛打,敌人1个旅的人马立即被击溃。

6月,红四方面军与中央红军在四川懋功胜利会师。在党中央的统一指挥下,两个方面军混编成左、右两路军,妇女独立师被分在左路军,这也决定了其后来更为曲折的长征道路。1935年9月,红四方面军张国焘反对中央北上的政策,强令部队南下川康。妇女独立师和其他左路军部队三过草地,两次翻越雪山,部队蒙受了重大的损失。1936 年 4 月,独立师不得不缩编为独立团。团长由王泉媛担任,吴富莲任政委,参谋长彭玉茹,政治部主任华全双。由于南下受挫,红四方面军不得不与红二方面军一起北上。1936 年 10 月,红一、红二、红四方面军在甘肃会宁胜利会师。

此后不久,红四方面军组成西路军,渡过黄河开始西征。1936 年 11 月,妇女独立团改称"西路军妇女抗日先锋团"参加西征,下辖 3 个营 9 个连,共 1300余人,王泉媛任团长,吴富莲任政委。不久,妇女抗日先锋团随同红五军、红九军、红三十军执行中革军委"宁夏战役计划"向西进,踏上了艰难的西征历程。妇女抗日先锋团向河西走廊进军,在渡河之后的吴家川、一条山等地战斗中,积极配合主力部队作战。她们构筑防御工事,冒着敌人强大的炮火坚持战斗,打退了拥有优势兵力的敌军进攻。

1937 年 1 月,临泽城陷于重兵包围之中。城内的妇女抗日先锋团女战士全部充实到防御一线,整个战斗过程激烈而又残酷无比。最后,女战士们在弹尽援绝的情况下,与进攻之敌展开了肉搏战。有的刀刃砍卷了就用石头砸,有的同敌人扭在一起就用拳头击打,用牙齿撕咬,有的面对敌人疯狂进攻就拉响了手榴弹与敌人同归于尽。当部队突围出临泽城的时候,400 多女战士壮烈牺牲!3 月上旬,西路军从倪家营子转移到三道柳沟,配合红九军作战的妇女抗日先锋团 40 多名战士大部分牺牲。后来,为了掩护总部向石窝山撤退,已经冲出重围,转移到祁连山口的妇女抗日先锋团又陷入敌人的重兵包围。她们在团长王泉媛、政委吴富莲、特派员曾广澜的率领下殊死拼杀。但终因敌人优势明显,加之气候严寒,地形不利,最后弹尽粮绝,惨遭失败。

石窝山会议后,先锋团进入祁连山,队伍被敌打散,战士们分散突围时大都壮烈牺牲,张琴秋、陶万荣、王泉媛、吴富莲、曾广澜、华全双等被俘。此后,被俘女战士有的被敌人杀害,有的被押到工厂做苦力,有的沦为敌军官兵的妻妾,处境凄惨无比。一些人后来设法逃出魔窟,辗转数千里,到达陕甘宁边区。张琴秋、陶万荣、曾广澜、华全双等经党组织营救,重又回到革命队伍中;王泉媛脱险后,请求归队未果,辗转回到家乡;政委吴富莲被敌人在狱中折磨致死。徐向前元帅后来在回忆录中给予妇女抗日先锋团高度的评价和赞扬:"妇女独立团,是在遭敌重兵包围,而全部损失的。她们临危不惧,血战到底,表现了中国妇女的巾帼英雄气概。红四方面军妇女独立团的光辉业绩,将永彪史册。"[13]

抗日战争前夕,中共中央决定不再单独建立成建制的妇女部队,因此红四方面军的妇女独立师人数之多、坚持时间之长、经历的战斗任务之艰巨、征程之曲折,也成为中国革命史上的绝响,她们的英雄事迹和光辉形象必将永远印刻在中国红色革命的丰碑上!

---

[1] 中国工农红军第四方面军战史编辑委员会:《中国工农红军第四方面军战史》,解放军出版社 1989 年 10 月版,第 173—174 页。

[2] 中国工农红军第四方面军革命回忆录选辑:《艰苦的历程》,人民出版社 1984 年 12 月版,第 314 页。

[3] 中国工农红军第四方面军战史编辑委员会:《中国工农红军第四方面军战例选编》,解放军出版社 1990 年 3 月版,第 71 页。

[4]《红星》报社论:《伟大的会合》(1935 年 6 月 15 日),中央档案馆:《红军长征档案史料选编》,学习出版社 1996 年版,第 222 页。

[5] 中国工农红军第四方面军战史编辑委员会:《中国工农红军第四方面军战史》,解放军出版社 1989 年 10 月版,第 229 页。

[6] 徐向前:《历史的回顾》(中),解放军出版社 1984 年版,第 297 页。

[7]《李先念传》编写组:《李先念传》,中央文献出版社 2009 年 6 月版,第 120 页。

[8] 陶万荣:《妇女独立营》,见《艰苦的历程》,人民出版社 1984 年版,第 410 页。

[9] 中共广元市委党史研究室:《红四方面军在广元》,中共党史出版社 2009 年版,第 61 页。

[10] 李德生:《记红四方面军反六路围攻的斗争》,见《艰苦的历程》,人民出版社 1984 年版,第 498 页。

[11] 余洪远:《巴山女红军》,载《解放军报》1984 年 3 月 4 日。

[12] 李家贵、周寿文:《红四方面军妇女独立师》,载《解放军报》2010 年 8 月 2 日第 006 版《军史文苑》。

[13] 徐向前:《历史的回顾》(中),解放军出版社 1984 年版,第 549 页。

第一章

策应中央红军四渡赤水的嘉陵江战役

　　"川陕甘计划"——与中央红军取得联系——调虎离山，发起陕南战役——扫清渡江障碍——造船造桥——急袭渡江——攻打"天堂"里的碉堡——鏖战江油——血战摩天岭

1934 年 10 月，当中央红军撤离中央苏区开始战略转移时，远距数千里之外的另一支主力红军——红四方面军，在川陕苏区刚刚取得了粉碎四川军阀"六路围攻"的胜利。

"川陕甘计划"

反"六路围攻"，红四方面军虽然取得了入川以来最为辉煌的一次胜利，但面临的局面仍然很严峻。一方面，由于这场旷日持久的战争主要是在根据地内进行的，红军元气受到了严重损伤，根据地的军民付出了极大的代价。据有关数字统计，仅红四方面军官兵就伤亡了 2 万余人，部队减员十分严重。根据地的居民遭受的损失就更大了，战争使得农民们没法正常耕作，田地荒芜了；战争中遭敌侵占的地区，被敌人杀害的人员更是不计其数，人们逃的逃，亡的亡，整个根据地一片凄凉景象。时任红四方面军总指挥徐向前后来回忆道："战役结束后，我从前线回到后方。沿途所见，皆为战争破坏带来的灾难景象。良田久荒，十室半毁，新冢满目，哀鸿遍野，令人惊心惨目。"[1]

根据地急需的食盐、粮食、衣被、药物等，也无法解决。随着饥饿现象的日趋严重，疾病开始在根据地蔓延，时刻威胁着根据地军民的生存。

张国焘后来回忆道："川北苏区的领土，也是一片荒凉景象，尤其是曾被敌军蹂躏过的地方。耕作受着战争的妨碍，田地不是杂草丛生，就是荒废了。居民的粮食和其他积蓄,一部分被红军消耗了,另一部分则为敌人所糟蹋。"[2]

红四方面军总指挥徐向前

另一方面,失败后的川军并不甘心,蒋介石更是食不甘味。川陕苏区反"六路围攻"的胜利阶段,田颂尧第二十九军更是溃不成军,无法防守其担负的嘉陵江防线。在这种情况下,红军总指挥徐向前决定派主力一部乘机打过嘉陵江西,建立前沿阵地,以利尔后发展。这是一个非常有利的战机,先头部队已乘船待发,但被张国焘强令撤回,使红军丧失了扩大胜利的有利时机,川军得以卷土重来,乘机加强江防。蒋介石根据川军的"六路围攻"大败和正在向西进行战略转移的中央红军的情况,亲赴重庆指挥,在加紧对长征中的中央红军围追堵截的同时,亦加紧部署对红四方面军的"川陕会剿"。

1934 年 9 月底,蒋介石一面电令刘湘"复职",一面令陕西杨虎城部从陕南袭击红四方面军背后,呼应川军。10 月 22 日,刘湘通电"复职"后,先后三次面见蒋介石,请示"安川大计"。蒋介石为此专门拨款 240 万元,使各路川军重新补充了兵力及装备。蒋介石似乎还不放心,不久又令其嫡系胡宗南部派兵由甘肃进入四川北部的战略要地广元、昭化。很快,敌人又在川陕根据地周围部署了 200 多个团以上的兵力,企图以稳扎稳打、筑碉封锁、步步为营、南北夹击的合围战术,置红四方面军于死地。其实,这也是蒋介石在第五次"围剿"中,对中央革命根据地实施的战法。为便于协调,蒋介石还统一了川政,收回了川军的指挥权,由他亲自指挥,并派出以贺国光为主任的"委员长行营驻川参谋团"入川,监督指导川军作战。

面对如此严峻的形势,红四方面军如何确定下一步的军事行动计划已刻不容缓。11 月初,红四方面军在通江毛裕镇召开了政治工作会议,进行政治动员,明确提出了"准备一切力量,冲破'川陕会剿'""拿战胜刘湘的精神,去战胜蒋介石主力""赤化全川,争取西北首先胜利"的政治口号,以此统一思想,激励部队克服困难,保持旺盛的战斗意志。但是,这次会议对如何以军事行动打破"川陕会剿"并没有进行具体讨论。为此,11 月中旬,红四方面军又在巴中清江渡召开军事会议。徐向前在会上做了军事工作报告,总结了反"六路围攻"的作战经验,提出了下一步的行动方针,其主要内容是:依托老区,收缩战线,发展新区,以胡宗南部为主要打击目标,夺取甘南的碧口、文县、武都、成县、康县等地区,并伺机向岷州、天水一带发展,以打破敌人的"川陕会剿"。这一计划是徐向前经过了一两天的彻夜思考形成的,拿出来交大家讨论,最终获得支持。这一计划是将川陕根据地扩展为川陕甘根据地,所以又被人们称为"川陕甘计划"。

与中央红军取得联系

会议结束后,红四方面军立即开始对部队进行整编,将原来 5 个军的 15 个师缩编为 11 个师。整编后的红四方面军,借国民党重新部署间隙,开始掀起大练兵热潮。同时,积极关注中央红军的动向。

早在红四方面军反"六路围攻"期间,中共中央曾多次与其通电联系,对红四方面军的处境深为忧虑。红四方面军将敌军先后击溃后,中央红军曾来电表示十分欣慰。但在来电中,没有提到江西苏区的情况。此后,红四方面军就与中央红军失去了联系。实际上,此时的中央红军正处在第五次反"围剿"的末期,处境比红四方面军艰难得多,中央红军高层领导人正酝酿战略转移之大计。为使这次战略行动保密,中央红军没有将此情况通报给包括红四方面军在内的所有根据地的红军领导人。

1934 年 10 月上旬,中央红军陆续撤离瑞金红色革命根据地,开始向西进行战略转移。但是,转移之初,中央红军搞的是"大搬家"式的行动,加之国民党对其层层围堵,中央红军始终处于非常被动的境地,疲于行军和应战,无暇同红四方面军保持正常联系。

红四方面军非常关注中央红军的动向,他们一面通过电台不断向党中央报告红四方面军的行动,一面多方搜集有关中央红军的消息,最终从敌人的报纸中得知中央红军已经开始西征的消息。张国焘在《中央红军西征》一文中讲道:"据反动报纸传出消息,中央红军的一部分主力在大举西征。反动报纸经常进行反革命宣传,将一切革命胜利消息隐瞒起来,假造许多不利于革命的谣言,企图阻止穷苦群众参加革命。不管反动报纸如何造谣,可是于他们造谣之中,已经泄漏出一些真实的消息来了。"[3]

当红四方面军领导人得知这一重大消息以后,十分震惊!

其实,长征中的党中央和中央红军也在千方百计寻求与红四方面军及红二、六军团取得联系,以期协同军事行动,打破蒋介石的围追堵截。正当红四方面军苦练精兵,进行大战准备之际,中央红军连续突破蒋介石的四道封锁线,于12月15日进入贵州。19日,中革军委给红四方面军发来电报,要求"四方面军应重新准备进攻,以便当野战军(指中央红军——本书作者注)继续向西北前进时,四方面军能钳制四川全部的军队"。[4]不久,中央来电要红四方面军派出1个师南进,接应中央红军北上。

这时,如何贯彻中央指示精神、积极策应主力红军,又要打破国民党对川陕根据地的围剿,成为红四方面军的头等大事。徐向前等人立即开会,讨论如何策应的问题。派部队出去多了,等于大搬家,放弃川陕根据地;少了,去1个师,等于拿肉包子打狗,有去无回。徐向前后来感慨地说:"四川那种地形,敌人把山险隘路截断,你无处可走哇!还有,从敌人报纸上得悉,徐海东已率红二十五军抵豫南一带,也需要我们接应。有的说先派1个团去吧,有的说我们又不是三头六臂,1个团哪能行呵!怎么办?"讨论来讨论去,想不出好办法。最后,决定仍按清江渡会议制定的方针向川陕甘发展,先把广元、昭化拿下来,消灭胡宗南刚刚伸进四川的一部分力量。那里是嘉陵江上游,江面不宽,冬季水稳,容易渡过。如果拿下广元、昭化,红四方面军就控制了嘉陵江两岸川陕交界的咽喉要地,进而可图川西平原、甘南、陕南,伺机接应中央红军和红二十五军。[5]

1935年1月22日,红四方面军趁胡宗南部刚刚入川,进据广元、昭化立足未稳之际,发起广昭战役,在转斗铺、羊模坝两次战斗中,红军歼敌800余人,缴枪千余支,很快完成了对广元、昭化的包围,24日开始攻城。不料,广元、昭化两城守敌凭坚固守,红军久攻难克,加上敌人援军进逼,红军面临腹背受敌的威胁。29日夜,徐向前、陈昌浩决定撤围回师,另谋发展。

调虎离山,发起陕南战役

就在红四方面军发起广昭战役的当天,中共中央、中革军委致电红四方面军总部,通知他们,中央红军"转入川西,拟从泸州上游渡江",要求红四方面军乘蒋介石中央军完全入川实施"围剿"以前,密切地协同作战。为此特要求红四方面军"以群众武装与独立师、团向东线积极活动,钳制刘敌",集中红军全力向西线进攻。"宜迅速集结部队完成进攻准备,于最近时期,实行向嘉陵江以西进攻。"[6]

发出这个电报时,中央红军已离开遵义,向川黔边的赤水方向前进。形势十分紧迫,红四方面军迅速召回前线将领在旺苍坝召开紧急会议,讨论这一牵动全局的作战方针问题。

按照中央来电精神，红四方面军应集中主力西渡嘉陵江，突入敌后，运动歼敌，策应红一方面军渡江北上。这就是说，红四方面军的主力，将离开川陕根据地，向嘉陵江以西发展。这对红四方面军来说，是一个艰难的选择。由于张国焘的反对，红四方面军未能在反"六路围攻"胜利后乘机渡过嘉陵江，川军得以重新部署，西渡嘉陵江困难重重。但是，大家又一致认为，如果不是中央红军的处境相当艰难，不会做出如此决定，因而西渡嘉陵江策应中央红军作战，是红四方面军当前压倒一切的头等战略任务。因此，会议最终做出如下决定：第一，暂停与胡宗南的角逐。第二，由三十一军和总部工兵营，火速搜集造船材料，隐蔽造船，解决渡江工具问题。第三，适当收缩东线兵力，准备放弃城口、万源一带地区。第四，即以主力一部出击陕南，调动沿江敌人北向，为在苍溪、阆中一线渡江创造战机，并接应已经进入陕南商县一带的红二十五军。[7]

为了创造渡江的有利态势，徐向前反复筹谋，决心利用红军运动作战的优势，集中红四军6个团、红三十军4个团、红九军2个团，共12个团，出击陕南，造成抄胡宗南甘南后方的假象，逼迫胡宗南从川北广、昭地区撤兵，然后再在中段的苍溪、仪陇处寻求歼灭一部分敌人，拉开敌人的江防兵力。

2月3日，红四方面军命令红四军十师主力及十二师一部，向宁强外围据点发起攻击，经一昼夜激战，连克贺家梁、七星池、东山观等地，乘胜攻克县城，全歼敌团部及两个营。同时，红十二师一部亦攻克阳平关，将守敌第二团的另1个营大部歼灭。宁强战斗的胜利，使红四方面军打开了由川入陕的门户。

2月5日，红四方面军四军、九军、三十军各一部，分三路从铁锁关、宁强、阳平关向东北挺进。孙蔚如急调第四十九旅王劲哉部及独立第一旅第一团，经沔县（今勉县）向西迎击。7日，该敌进抵新铺湾，并立即构筑工事，以阻击红军。8日拂晓，红军向敌发起攻击，激战半日，形成对峙。9日拂晓，红四方面军改变进攻战术，以红四军第十师、红三十军八十八师对敌实施正面进攻和侧翼迂回战术，并以一部兵力直扑沔县断敌退路，敌军心开始动摇。红军乘胜猛攻，一举将敌第四十九旅和独立旅第一团大部歼灭；接着，乘胜前进，击溃敌骑兵团，占领沔县，围攻褒城，直抵南郑城郊。红军在陕南地方党组织的配合下，利用战斗间隙，大力发动群众，扩充红军，效果明显，仅三十军即扩充1500余人。

"陕南战役"历时十余天，红军先后攻占了宁强、沔县和阳平关重镇，歼敌4个多团及一批地方民团，缴机枪70余挺、步枪5000余支，俘敌团长以下官兵

4000余人,经教育后全部释放。

　　陕南作战的进展,使胡宗南非常不安,甘南后方一旦有失,红四方面军会直接进兵陕甘天水一带。于是,他不断电请蒋介石批准从广、昭回师,以保甘南老巢。但蒋介石生性多疑,仍然怀疑红军意图在西渡嘉陵江上。为了进一步迷惑蒋介石,徐向前命令陕南部队大造声势。但蒋介石也非常狡猾,他既担心胡宗南甘南后方不保,又担心红军此举是在"声东击西"。为了进一步试探红军虚实,蒋介石命令川军江防部队在嘉陵江中段向苍溪、仪陇发动进攻。川军田颂尧等江防部队奉命大举打过江东,由于江东确实没有红四方面军主力,川军进展比较顺利,随即占领苍溪、仪陇等地。至此,蒋介石终于中计,判断徐向前主力果然在陕南,从而命令胡宗南撤出广、昭,开回甘南,命令江防中段邓锡侯的5个江防团北进,接替广、昭防务并北出与胡宗南部策应,将河溪关以南江防交田颂尧部。此外,敌第四十九、六十、六十一师,也开始向陕甘南部移动。

红四方面军部分人员

　　敌人一连串的调整,使嘉陵江沿岸的防卫力量大为削弱。至此,红军终于拉开了敌人的江防,达到了调动敌人的目的,创造出了渡江的战机。红四方面军遂于2月中旬停止对胡宗南部的进攻,突然回师川北,准备从嘉陵江中段渡江西进,策应中央红军入川。

但就在这时,红四方面军收到中革军委来电,被告知中央红军因土城战役失利,放弃了从泸州上游渡江北上的计划,改向四川与云南交界的扎西(今威信)地区集中,争取在川滇黔创建新的根据地。[8]

此前一段时期以来,红四方面军的所有作战行动都是围绕如何西渡嘉陵江、积极策应中央红军而展开的。中央红军计划的改变,令红四方面军领导人不得不再次召开紧急军事会议,研究下一步的军事行动。

徐向前认为,中央红军在土城受阻,根据当时的敌情、我情,临时改变1月22日的作战方针和行动计划,是完全必要的。但是,红四方面军因受1月22日作战方针的牵动,已若箭在弦上,非进不可。因为,当红四方面军主力在陕南与胡宗南作战时,川军各路军阀乘机向川陕根据地发动进攻。在东线,刘湘的主力第二十一军占领万源后,又相继占领通江、巴中,西线之敌罗泽洲部占领仪陇,在南线,田颂尧部罗迺琼第三师占领苍溪,川陕根据地的地盘越来越小。红四方面军领导人最后决定,仍以强渡嘉陵江、实现原定的"川陕甘计划"为主要目标,并密切注视中央红军的转战动向,伺机进行有力策应。

扫清渡江障碍

红四方面军在进行强渡嘉陵江战役之前,为了扫除渡江作战的障碍,决定首先消灭仪陇和苍溪的敌人。1935年3月初,红三十军和红九军、红三十一军各一部向驻仪陇、苍溪等地的田颂尧、罗泽洲等敌发起进攻。红三十军八十八师、八十九师向苍溪城以东老观场、红山庙守敌实行夜袭,歼灭田颂尧部2个团,敌余部急忙向南败走,退至河溪关、碑院寺、火烽山等地固守。5日,红三十军在红九军一部配合下进攻鸡山梁地区,歼灭敌罗泽洲第九团全部和第八团大部。此前,罗泽洲命其第三旅一部前往鸡山梁增援,被红军围歼,罗泽洲部全线溃退,红军分路乘胜追击,又给敌3个团以重创,并迫使另1个团缴械投降。罗泽洲遭此沉重打击,溃不成军,官兵争相逃命,直到嘉陵江西岸才停下来收容残兵败将。红三十军和红九军一部乘胜向川军李家钰部发动进攻,歼敌1000余人。同时,红三十一军一部向苍溪进攻,守敌1个旅仓皇逃向嘉陵江以西。11日,红军占领苍溪。守敌一部向阆中溃退,一部退守嘉陵江西岸。

红军在仪陇和苍溪地区的作战,歼灭了田颂尧、罗泽洲等部4个团的全部或大部,击溃其另4个团各一部,俘敌官兵3000余人,缴长短枪5000余支。红四方面军控制了北起广元、南至南部城的嘉陵江东岸大部地区,扫除了嘉陵江东岸的障碍。红四方面军忽北忽南，弄得敌人摸不清红军的真实意图。敌人哪里知道，红四方面军正全力以赴策应中央红军北上，仅从川陕局部来分析红军战略意图是根本行不通的，有时甚至是离题万里，这也是川陕之敌接连失招的一个重要因素。红四方面军则充分利用机会，勘察地形，训练部队，隐蔽造船，加紧进行渡江作战的准备工作。

嘉陵江是四川的四大河流之一，源出陕西凤县的嘉陵谷，由北而南，自广元起，汇合白龙江水流，直下长江。嘉陵江"就像一匹放任不羁的野马，奔腾不息，一泻千里。又像一条巨龙，被周围的高山挤压得发了怒，它咆哮着、怒吼着，扬起一个个浪头，狠劲儿地拍打着岸边的峭崖。宽阔的江面上，大大小小的旋涡一个套着一个，向前奔流而去。两岸多是高山峭壁和崎岖的羊肠小道"。[9]

当时，担负嘉陵江西岸北起广元、南至南部一线江防任务的，是敌邓锡侯的二十八军和田颂尧的二十九军，由邓锡侯统一指挥。这两位"冤家"可谓是红四方面军的老对手，曾多次败在红军手下。他们也曾在陕南战役进行期间，短暂"光顾"过东岸，但没多久就被红四方面军很不客气地"撵回"西岸。若不是有嘉陵江天险相阻，他们或许早已成为红军的俘虏或刀下鬼。因此，自接管江防任务以后，他们视嘉陵江天险为"救身符"，生怕红军过江。他们在溃退回西岸之际，破坏和拉走了江东一切可做渡河的工具，并在西岸修了大量碉堡，妄图依托嘉陵江天险阻止红军渡江西进。

川军虽然在沿江地段，构筑了坚固的工事，但由于川军将主要兵力全堆在江边，兵力部署"前重后轻"，其后方兵力十分空虚，且沿江防线绵长，无法处处兼顾，只好"守点看线"，中间暴露出不少薄弱环节。

为了打好这一战役，红四方面军总指挥徐向前、副总指挥王树声，率领孙玉清、杜义德及参谋人员，翻山越岭，长途跋涉，沿嘉陵江东岸秘密地察看地形，了解敌情，选择渡口，先后用了数天时间，行程数百里，沿江考察了两岸的地形和水文情况。最后，选择在苍溪与阆中两县之间的塔子山为主渡点。"这里江面甚宽，对岸又有敌方重兵驻守，川军恐怕怎么也不会料到，红军会在这里渡江。"张国焘也对这一选择表示赞同。[10]

主要突破地段选在哪里为好？徐向前等方面军指挥员反复勘察了地形，确定集中兵力在苍溪县的鸳溪口至阆中以北地段实施多路而有重点的突破，首先夺取沿江要点，尔后向敌人纵深发展，占领嘉陵江至涪江的广大地区，为向甘南发展创造条件。[11]

在具体打法上,根据敌人宽大正面防御的特点和兵力配备情况,方面军总部决定:集中主力在苍溪和阆中之间约百里的沿江地段,以偷渡和强渡相结合,实施重点突破;成功后以穿插、迂回战术歼灭沿岸防御之敌,夺取要点,巩固和扩大登陆场。[12]

这一选择,的确很高明,得到红四方面军诸多将领的支持。许世友认为:红军选择的这一主要突破地段,江面虽较宽,150米至400米,却是敌整个江防的薄弱部位。该地段正面宽约60里,敌人仅部署了3个团,一线地区只有4个营。这些部队属田颂尧第二十九军,装备较差,又因屡遭我军打击,士气低落,是薄弱而好打之敌。从地形条件看,东岸一般高于西岸,便于我军隐蔽待机和组织火力掩护。水文条件也是有利的,江水流速缓慢,水深只有3到5米,岸滩比较平坦。战后,连敌人也不得不承认:"共军竟乘虚进攻,真可谓善于选择弱点。"[13]

经过反复研究,红四方面军总部最后确定渡江作战部署如下:

红三十军为渡江主攻部队,以苍溪城东以南约8里的塔子山附近实施重点突破,消灭守敌之后向剑阁、剑门关方向进攻,协同红三十一军消灭剑门关之敌。

红三十一军居右,从苍溪以北之鸳溪口渡江,尔后消灭剑门关守敌,并迅速向昭化、广元发起进攻,打击邓锡侯部和阻击位于甘南的胡宗南部南下,保障右翼的安全。

红九军居左,从阆中以北渡江,尔后以一部兵力协同红三十军向北进攻,以另一部兵力消灭阆中、南部的守敌,保障进攻部队左翼的安全。

红四军为方面军第二梯队,待第一梯队渡江成功后在苍溪渡江,以一部兵力向南迂回,协同红九军消灭南部守敌,主力则向梓潼方向发展。方面军总部炮兵营配置于苍溪塔子山上,掩护红三十军强渡。上述计划一经实现,即以主力向涪江沿岸推进。

红四方面军总部还做出决定,由徐向前负责渡江战役的全盘指挥工作,陈昌浩在东线指挥红三十三军及地方武装牵制敌人,配合渡江战役的行动。方面军总指挥部随红三十军之后行动。

大规模的强渡作战是复杂困难的系统工程,这是红四方面军、也是红军历史上的第一次,准备工作千头万绪,却格外细致而缜密。

徐向前向所有参战部队提出以下四点要求:一要军民协力,迅速完成上百只木船和三座竹扎便桥的营造,解决各路部队的渡江工具;二要深入政治动员,利用支流河汊苦练渡江本领,保证部队具有必胜信心,熟练掌握渡江作战的战略和技术;三要根据各自担负的任务,研究敌情,侦察地形,层层制订周密的具体作战方案;四要绝对隐蔽、秘密,包括侦察、训练、造船、集结等,以保证战役战斗的突然性。各项准备工作,要求3月下旬完成。为迷惑敌人,3月下旬,红四方面军以一部分兵力向南进攻。敌人就此判断:"红军的企图是突破其二、三两路阵地,但因其防守严密未能得逞。于是,才改由向营(山)、巴(中)方向移动,企图向南突破其四路军。"并据此调整部署,防止红军南进。红军迷惑敌人已经达到目的,渡江任务业已明确,于是停止了对敌人的进攻,各部开始分头准备作战行动。

鉴于这次作战关系重大,主攻部队红三十军召开了团以上干部会议,政委李先念首先传达了上级的作战指示和计划,并做了强有力的政治动员。大家听后,一个个摩拳擦掌、跃跃欲试,并就如何贯彻上级的指示和作战计划进行了充分而热烈的讨论。最后,副军长程世才就作战部署、行动计划和作战准备等问题进行了发言。大家一致决定由第八十八师担任渡江战斗的主攻师,第八十九师在其右翼担任助攻。第八十八师是以黄麻暴动保留下来的队伍为骨干组建起来的一支部队,战斗素质十分过硬。该师的3个团各有特点:第二六八团擅长进攻作战,素有"钢团""铁团"之称;第二六五团擅长夜战,是有名的"夜老虎"团;第二六三团则素以攻守兼备闻名。经过红三十军、师党委研究决定,由第二六三团担任先头团,以确保打开突破口,继而将第二六八团、二六五团投入战斗,以保持连续不断的进攻锐势。第二天,程世才立即赶到担负强渡先头部队任务的第八十八师,同该师师长熊厚发、政委郑维山一起研究渡江方案,随后带着几名参谋人员来到江边进行实地勘察,进一步明确渡口地点。根据徐向前总指挥指定的方向,红三十军经过反复勘察,决定将主渡点选在苍溪县东南塔子山下的石家坝附近,将伴渡点选在右翼30里的苍溪城方面,部队战前训练的地区选在嘉陵江支流——东河王渡及其附近。

为了进一步摸清敌人的情况,李先念、程世才和几名师领导还多次化装成当地群众,沿江仔细勘察,直到摸清了几乎所有敌情为止——就连敌人怎么换班、每班次多少人、进出哪个工事,都掌握得一清二楚。战斗方案也几经修改和完善。大家心里越来越有底了,信心越来越足了,劲头越来越大了。

造船造桥

渡江作战,渡河器材是个大问题。川军西逃时,已经将东岸所有的船只清除得一干二净,或抢走或击沉、烧毁了。这个问题,早在红四方面军决定发起嘉陵江战役时,就已经考虑到了,就是要自己动手造船,但是又不能让对岸敌人发现,以免暴露战役意图。为此,徐向前总指挥亲自带人翻山越岭,寻找造船的合适地点。最后,选定在苍溪和阆中之间的塔子山背后的王渡场作为造船场。这里与嘉陵江仅一山之隔,地面平坦,便于集结部队;周围山高林密,便于隐蔽造船;该地域有一个嘉陵江的支流东河,可以进行强渡演习和战前模拟练兵。

造船厂就在这里临时建了起来,"扎桥坊"也盖起来了。一切都是白手起家,连一块木料,甚至一个铁钉都没有。造船厂虽然建立在密林之中,但新砍伐的木材不能用。根据地人民听说红军要造船渡江,无论从人力、物力,还是从财力上都给予了全力的支援。

老船工们背着干粮带着工具从大巴山下跋山涉水、星夜兼程地赶来了,青壮年们也把自家的木板扛来了,人民群众把自己点灯用的甚至是油漆嫁妆的桐油都送来了,成百上千人紧张地干起来了。

没有铁钉,红军就到处收集破锅,甚至把庙里的废钟也弄来,想办法将其敲成碎块;没有熔炉,红军就在地上挖一个深坑,燃起耐烧的木材,把碎铁块放进去,慢慢烧红,再经锤打,制成造船需要的钉子。经过紧张而艰苦的努力,70多只木船和3座竹扎便桥的构件都按期造了出来。与此同时,准备渡江的红军战士们,在嘉陵江支流的东河上,开始进行刻苦训练,练习划船、泅水技术,演练登陆、突破、巩固阵地、扩大战果,并向纵深穿插等一系列战术动作。东河这一地带的地形与主渡点的地形十分相似。红军战士们在船造好以前,主要进行登陆战斗训练。在船只部分造好以后,立即转入夜间航渡演练。等全部船只造完以后,红军战士们渡江的技术、战术动作已经练得相当娴熟了。

此外,为隐蔽红军战役意图,红军采取了各种严格保密措施,使所有的作战准备始终处在神不知、鬼不觉的状态下进行。到3月下旬,红军全部准备工作已经完成。真可谓万事俱备,只欠东风。红军战士们怀着无比激动的心情,等待着渡江作战命令的下达,有的战士甚至连觉也睡不着了。

红四方面军渡江作战的最后一项工作是将船只和竹桥抬到渡口,因为造船、桥之地,离作战渡口还有三十多里的山路。必须在开战之前将造好的船、桥隐蔽地运送到渡江口附近。这项工作只能用人们的双肩来完成,为了保密,还只能在夜间进行。

1935年3月27日下午6时,太阳被群山吞没了,炊烟弥漫山野,抬船的队伍一队接着一队出发了。顿时,川北嘉陵江边一座叫作凉风垭的大山的各条小路上开始热闹起来。一队队、一簇簇的人流,抬着木船、竹筏和各种浮桥构件,迈着沉重的步伐,压低声音喊着号子,向凉风垭的主峰缓慢前进。在这样漆黑的夜晚,人们既不能打火把,也不能大声喊号子,一切必须隐蔽、秘密、有条不紊地进行。夜幕笼罩大地,山风呼呼作响,道路荆棘丛生。凉风垭高耸入云,既陡且险。仅有的小路,平时白天走人尚且困难,如今靠人力在夜间把大船和便桥抬过山去,困难可想而知!在这天深夜里,不知有多少人的肩磨破了,衣服撕烂了,皮肉出血了。三十多里的翻山路,最陡的地方,前面人的脚跟几乎碰到后面人的鼻子,被抬的船和桥几乎直立起来,一旦失手就会连人带物滚下山崖,人死船散。抬船队伍艰难地行进着。但是,人们的心里有说不出的激动与高兴。一位"老嘉陵"的船工说:"我活了60多岁,走遍了全四川,只见水里行舟,河面架桥,从未见过山里行船,峰顶架桥的。这样破天荒的事,我现在亲眼见了,亲手干了,真是开了眼。要不是共产党和红军,连想都不敢想啊!"

经过军民的共同努力,70多只木船、3座浮桥的构件,硬是在一夜之间从30里外翻越凉风垭大山,被抬到了塔子山下,这是何等的大工程,需要多少人力,又要克服多少困难啊!负责动员群众的红四方面军政治部主任傅钟等人,此刻的心情真是又自豪,又紧张。

急袭渡江

嘉陵江涛日夜流,声声拍打战士心。塔子山下大军云集,上万人马隐蔽在密林中,等待方面军总部的命令。时间一分一秒地过去了,担任主攻任务的红三十军副军长程世才和八十八师师长熊厚发不时地看看怀表。太阳刚一落山,江面上就升起了大雾,给即将渡江的红军战士增加了一层保护色,也把战前的嘉陵江装点得颇具诗情画意。

"急袭渡江!"28日晚9时,徐向前在前线指挥部发出了渡江命令。各作战部队按照预定部署,分三路大军,分头展开行动。

红三十军八十八师二六三团两个营和方面军教导营组成的渡江突击队,在程世才、熊厚发的指挥下,如离弦之箭,直往对岸射去。由于有江涛和夜色掩

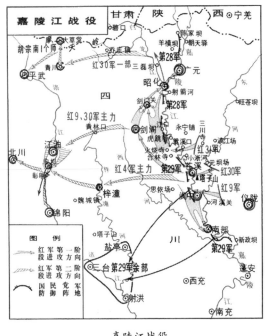

嘉陵江战役

护，直到离西岸 50 米处，川军哨兵才开始发觉。

"谁？干什么的？"哨兵一面大声吆喝，一面用手电照射着江面。由于红军保密措施严格，直到这时，川军还不知道红军大部队过江，还以为是自己的船只。红军对此不予理睬，只管拼命向前划船，抓紧抢渡。

"再不停住就开枪了！"直到红军离西岸还剩 20 米时，哨兵才明白是红军渡江，于是慌忙开枪射击。这时，红军突击队船只大部分已经靠岸，少部分船只已经接近岸边。

"变奇袭为强渡！同志们，上！"船头机枪一齐向敌军开了火。川军开始还击，有的船只被打翻，战士们便不顾一切泅水登岸。

"瞄准敌前沿阵地，狠狠地打！"塔子山上的炮兵指挥王维舟下达了命令。红四方面军仅有的 20 门迫击炮一齐开了火。

由于红军居高临下，隐蔽接近敌军，对岸敌军火力还没有充分展开，红军突击队就已胜利登岸，全歼守敌田颂尧的 1 个营，击退了左右两翼敌人的反扑，击毙敌团长陈登朴，占领了杜里坝、老君堂、胡家场一带的登陆场，巩固了滩头阵地。此时晨曦微露，主攻师第二梯队正迅速渡江，不到两小时，第二六三团已全部登上嘉陵江西岸。29 日拂晓，红八十八师后续部队第二六八团、第二六五团投入战斗，渡江登岸，迅速攻占了飞虎山、万年山、高城山等制高点，并与从思依场方向前来增援的敌江防总预备队 1 个旅展开激战。此时，程世才已随第二六三团第三营过江，接到部属第八十九师顺利过江的报告，于是，他急令第八十九师乘机向增援之敌侧后穿插进攻，增援之敌终于抵挡不住，开始向剑阁方向溃退，红军战士则乘势穷追猛打。熊厚发率第八十八师一天内向前推进 70 余里，全歼敌刘汉雄 1 个旅。第八十八师终于以很小的代价，胜利完成了突击渡江任务。

就在中路三十军渡江突击队得手之际，红四方面军另两支部队也同时投入了渡江作战。右翼红三十一军在苍溪以北的鸳溪口强渡成功，左翼红九军也于阆中以北渡过嘉陵江，歼敌一部，向纵深扩展。

随后，第二梯队红四军也开始渡江，这时红军总部工兵连已在江上架起一座浮桥，红四军是踏着晃晃悠悠的浮桥过江的。竹扎的浮桥受江水冲击，时起时落，人走在上面摇摇晃晃，一不小心就会掉下去。国民党军的几架飞机，带着"哭泣"似的呼啸声在上空盘旋，扔下的炸弹不时在浮桥两侧江面掀起一股股水柱。战士们视若无睹，迅速有序地向对岸冲去。[14] 渡过江后，红四军分出一部兵力配合红九军的行动。

至此，红四方面军4个军的兵力全部投入战斗。各路红军迅猛向敌纵深及其两翼发展进攻。嘉陵江西岸的敌人在红军多路而有重点的进攻面前，顿时慌了手脚，顾此失彼，敌第一道防线迅速被红军突破。

徐向前和方面军指挥部，于次日上午跟随红三十军过了江，向剑阁方向前进。三十军副军长程世才骑马赶去指挥部报告。他见徐向前满身是泥，正蹲在地上飞快地写着给各军的命令。徐向前见他来了，高兴地站起来。程世才迎上去兴奋地说："我们渡江成功了！敌人垮了，部队正向剑阁方向前进！"徐向前也非常高兴地说："九军、三十一军也渡江成功了，你们打得很好，完全按预定计划实现了！"接着，又说："下一步要抓住目前的有利战机，继续追击，迅速向纵深发展，不给敌人喘息的机会。明天部队应继续向剑阁猛进！"[15]

按照计划和战事的发展，红军兵分三路，以疾风扫落叶之势，席卷沿江敌人。

由于红军行动神速，整个沿江防线的敌人乱作一团，电话打来打去，乱喊乱叫，被快速推进的红军听得一清二楚。当徐向前刚进剑阁，别处的川军不知剑阁已失，打来电话询问："赤匪到哪里了？你们怎么样呀？"这时，有的红军干部回答倒干脆："老子是红军，你们完蛋啦！"徐向前对这种不过脑子的回答，感到又好气又好笑，于是叫通信队把电话机都统一守起来，通知部队，敌人再来电话就装作是他们的人回答，趁机了解敌情，迷惑敌人，以便我们随时调整战斗部署。[16]

程世才遇到了一段更有趣的插曲。29日下午3点多钟，他来到一座小山旁，忽然注意到村东头的一个四合院周围有许多电话线，院里还架着天线。莫非是敌人的联络点？程世才立即命令1个排包围了这所院子，果然是敌人的一个联络站。为首的是一个川军中校,长得白白胖胖,身穿灰色服装,脚上穿着黑亮的皮鞋。程世才问他:"你是什么人,在这里干什么?"

中校回答:"我是不久前从庐山军官学校毕业的团长,在这里负责阆中、苍溪、剑阁及周围各部队的联络。你们是哪一部分的?"

"我是中央军的,你介绍一下情况,"程世才冒充敌军说道。

"听说红军从苍溪过了嘉陵江,阆中方面也有情况,剑阁有我军1个旅正前往增援,具体情况还不大清楚。"接着中校又说,"距这里10里远的西北,有我们的一个医院,由1个连负责警卫。"他神气十足,得意洋洋,压根没料到红军会如此神速来到他跟前。

"我们就是红军。"程世才说。"红军!"中校猛然紧张了一下,但很快又恢复了镇静,皮笑肉不笑地说:"老兄,别开玩笑了,我们有这么多队伍,又有滔滔翻滚的嘉陵江,红军怎么会到这里来呢?"他还一本正经地接着说:"我在庐山军官学校里,蒋委员长给我们训过话,你们中央军也不能这样对待川军,快把枪还给我们吧。"等到他彻底明白面前的人真是红军时,立即吓得瘫软在地上。[17]

自然,根据这位川军中校提供的情况,程世才命令二六八团团长熊德成率该团第一营攻占了那所医院。

攻打"天堂"里的碉堡

从渡江到攻打剑门关,是突破敌缺口的阶段。这一阶段最激烈的战斗当属攻打剑门关。

剑门关位于剑阁县城东北60里的大剑山上,横亘剑阁、昭化之间的山上隘口,以"天下雄关"而著称。唐代圣历年间,武则天于此设立剑门关,剑门正式定名,距今已有1300多年的历史。关内外地势北高南低,七十二峰如剑如戟直刺青天,悬崖峭壁直插云霄。在几十丈深的绝壁之上,开了一个如剑削斧劈的隘口,中间只有一条人行道贯通南北,这就是剑门关之所以得名"剑门"的原因。剑门关为出入川陕的必经隘口,是四川北部的大门,古称"剑门天下险",有"一关失,半川没""打下剑门关,犹如得四川"之说。唐代大诗人李白看过剑门关后,写下了"剑阁峥嵘而崔嵬,一夫当关,万夫莫开"的著名诗句。

自古以来,这里就是兵家必争之地,也是川军嘉陵江防御纵深的一个要点。关口外有座三层门楼,底层设置了两扇大铁门,楼上设置了瞭望哨、火力点,可谓地堡成群,堑壕密布。剑门关守敌为国民党川军邓锡侯第二十八军宪兵司令刁文俊部,企图依托险要地势及预构的集团工事防守,阻止红军西进。守军约4个团,1个团驻剑门关东侧沙坝河和红岩寺一线,远可瞰制红军根据地,近可作关口守兵后盾;1个团驻关南20公里处的汉阳铺一线,向北可防红军破关南进,向南威慑红军渡江北攻;"精锐"嫡系杨倬云团,驻扎关上,负"把门将军"之重任;另1个团作为预备队,若有告急,随时增援。[18]

从剑门关的地形及敌防御态势上讲,由于地势北高南低,如果从北面进攻,这道雄关就起到了天然屏障的作用,易守难攻;如果从南面进攻,不仅相对容易且挡住了敌人的退路。徐向前认为:"人家说剑门关险要,我看也险要也不险要。从陕西到四川就险要,从四川到陕西就不险要。"[19]

川军是据剑门关向北组织防御的。因此,守军曾扬言,要把雄关作为10万精兵来用。出其不意的是,这次红军用兵打破了历史常规,是从剑门关南面渡江后一路杀过来的,采取的是由南向北攻关的策略。这样一来,川军原来组织的面北防御被迫调整为面南防御,作为守关预备队的这个团就变成了前锋,首先与红军接触交战,并被红军消灭在了剑门关的外围,根本没有起到预备队的作用。

战前,守敌第二十八军宪兵司令刁文俊凭着剑门关这道天然屏障,加上其守关的兵力,信心十足。他在陪同邓锡侯视察剑门关时,看到关上守敌团长杨倬云在指挥士兵修筑工事,还觉得杨倬云过于谨慎,认为这又不是跟"玉皇大帝"开战,没有必要"在天堂里修碉堡"!当红军攻下剑阁城后,他还在剑门关狂叫:"你红军过得了江,不一定过得了关。"为了给部下"打气",他还专门用十几匹骡子驮来4万银元,在守关官兵面前连吹嘘带恐吓地说:"剑门自古为兵家绝地。我军武器精良,依托剑门天险,一定能把'共军'消灭在剑门关下。白花花的银元就堆在这里,立功的,有赏;当孬种的,小心自己的脑袋!"

王树声副总指挥按照原定的作战方案,首先指挥红军部队扫清剑门关周围之敌。4月1日,红军三十一军第九十三师和第九十一师1个团最先抵达剑门关附近,红三十军第八十八师从剑阁经汉阳铺和天生桥一带,于4月2日拂晓配合红三十一军,从东、西、南三面包围了剑门关。至此,守关之敌已经成为"瓮中之鳖",但敌人依托剑门关力图固守。王树声指挥红军从南向北对敌各个集团工事实行逐点攻击,很快扫清了剑门关外围各个据点之敌,击溃守敌1个团(极有可能就是守关敌预备队团——本书作者注),迫使敌防御阵地不断缩小。

2日上午11时许,攻打剑门关的总攻开始了!

天空乌云密布，起初下起了毛毛细雨，不久雨越下越大，地上的雨水顺着山沟往下淌。王树声首先请求方面军总部的迫击炮营，摧毁敌阵地，征得总部的同意。在迫击炮和机枪火力的掩护下，红军各部队向敌发起全面攻击。

红三十军八十八师向东北急进，在剑门场以西，向守敌发动突然进攻，抄入敌后，堵敌退路。以红三十一军第九十一师1个团在剑门关以东，以神速动作切断广元、昭化和沙坝河等地援敌的来路，并从东南面的黑山观、凤垭子等向敌猛攻。红三十一军第九十三师从关口南面向守敌展开猛攻。敌人没有任何退路，只能据险死守。红军战士发扬英勇顽强、近战歼敌的优良作风，与敌人展开了多次激战。

在攻打剑门关的战斗中，红三十军第八十八师的进攻发展得相对顺利些。程世才等发现东南山的地形对红军很有利，于是便以二六三团1个营正面佯攻，两个营到敌人右侧后，一个猛攻，打得敌人猝不及防，死的死伤的伤，敌1个营仅四五十人逃走。红军遂以1个团巩固阵地，两个团在后隐蔽待机。程世才后来回忆道：

> 这时三十一军也在我右翼打响。此时剑门关里，川军集结了1个多团，正准备反扑。半小时后，川军出动了，他们手持大刀，嗷嗷乱叫，在炮火的掩护下，猛攻二六三团阵地。我们以密集的火力迎击敌人，阵地前留下了敌人一堆堆的尸体。激战两小时，敌人再也攻不动了，待在我阵地前400米处与我军对峙着，我看时机已到，先用两个连绕到北面堵住剑门关口，我和熊厚发、郑维山率二六八团、二六五团从左翼猛烈出击。顿时，阵地前方打成一片火海。不到一个小时，反扑的敌人全部被歼。部队乘势攻入剑门场内，镇子里仅剩的少数敌人很快被我们消灭，大部敌人正逃往关口，可关口已被我军封锁，敌人乱作一团，从镇内到关口近十里地的山谷里，光被打死、打伤和摔死的敌人就近1000人。[20]

但与此同时，从剑门关南面向川军展开进攻的红三十一军九十三师和九十一师1个团，在向剑门关主峰进攻时遇到了很大困难。

自王树声副总指挥下达总攻命令后，红三十一军第九十三师3个团和第九十一师1个团便投入战斗，向主峰的东部各山头发起了猛攻。经过一番艰苦争夺战，逐渐把敌人逼向了主峰。被逼到主峰上的敌人居高临下，占有地利优势，依托环形集团工事，凭险要地形负隅顽抗。副总指挥王树声组织红三十一军发起了多次冲锋，但由于地形受限，处于仰攻的红三十一军展不开更多的进攻兵力,其步兵火力又够不到峰顶,即使冲击的红军接近了峰顶,川军又有工事做掩护,拼命射击。所以红军伤亡很大,被迫一次又一次退了下来。

扼守主峰的川军见红军的进攻一次次被打退,伤亡不断增加,来了精神。守敌集中所有的火力,在向红军攻击部队射击的同时,还发起了反击,企图夺回失掉的阵地,两军顿时短兵相接,双方展开了肉搏战,山谷中传来一阵阵喊杀声。

王树声副总指挥一边用望远镜看,一边说:"娘的,'棒老二'(四川骂人的话)还想反扑。"他立即命令团部司号长说:"告诉炮兵连长,给炮弹安上眼睛,往敌人集团工事里打。"接着,他又命令传令兵:"快,跑步告诉九十一师,要他们立刻支援。"

红军炮兵连的迫击炮开火了,但打出去的炮弹,或远或近,或左或右,就是打不中敌人的环形工事。这也确实难为炮兵连长了,说是炮兵连,其实没有几门炮。最让炮兵连长头痛的是,炮手又多数是不懂技术的人,有的人连装填弹药都不会,打炮的几个人,还是几个月前从川军俘虏过来的。加之炮弹又少,不敢多打。炮弹没有打中目标,权当给进攻的红军助威了。最终,反扑的川军终于被红军的步兵给打了回去。

趁此机会,王树声又组织红军发动了新一轮的进攻,冲锋号再次吹响,红军官兵拼死向敌人的主峰冲击,眼看就要冲上去了,又被敌人密集的火力压了下来。

见此情景,站在副总指挥王树声背后的预备队营长陈康,急得直跺脚。陈康这时才20多岁,正是血气方刚的时候,又是个急性子,一听到枪声就想往上冲。当他看到兄弟部队失利,恨不得冲上去,一口把敌人吞掉。预备队的战士们比营长还急,不断地在后面议论。"又退下来了,搞么事!"一个湖北籍口音的战士瞪起眼睛,望着攻击部队开始埋怨起来。"龟儿,等老子上来砍你脑壳!"一个四川口音的战士,发狠地骂了起来。

但王树声副总指挥,丝毫没有被预备队官兵焦急的心情所动,依然用望远镜聚精会神地在观察战场情况。实际上,王树声深知攻克剑门关的重大意义。剑门关不克,红四方面军西渡嘉陵江的战役目的将不能实现,迎接中央红军的计划将会落空。攻克剑门关,是牵一发而动全身的关键环节,不仅关系到红四方面军的命运,也关系到中央红军的命运。一个方面军的副总指挥亲自指挥1个团、1个营,甚至1个连攻打剑门关,本身就说明了问题。此关必须攻克!但是他不会轻易动用这个预备队营，因为这是他手中的最后"一张牌"，不出手则已，一出手必须解决问题。

陈康率领的这个营是红三十一军第九十三师第二七四团第二营，其战斗力非同寻常，该营是王树声在鄂豫皖亲自带出来的。多年来，王树声以自己的英勇和智慧把这个营培养出了擅长攻坚和夜摸的战斗能力。他很喜欢这支部队，总是把最艰巨的任务交给它来完成。1934年在反"六路围攻"最紧张的时刻，王树声派这个营趁一个漆黑之夜摸上青龙观，消灭了敌人1个旅，突破了敌人的核心阵地，给全军大反攻创造了有利条件。为此，红四方面军总部曾奖给该营一面"夜袭常胜军"的锦旗。这一次总部又把这一艰巨任务交给了二营。当大家知道这次西征是要和中央红军会师，高兴得又是蹦又是跳，求战之情很高。红四方面军从鄂豫皖到川陕，长期单独作战，敌人总是欺其力量弱小，动不动就加以"围剿"，这次和中央红军会师，两支力量会合在一起，对中国革命将发生重大影响，所以该营官兵一致表示："就是赤手空拳，用拳头砸，也要砸开剑门关，迎接中央红军！""打好剑门关这一仗，向党中央报捷！"

这时候，红三十一军第九十三师陈友寿师长和叶成焕政委也在一旁议论道："部队经过长途奔袭，又苦战了一天一夜，应该调换一下。"

"把敌人消耗得差不多了，现在到了较量后劲的时候，该投入后备力量解决战斗了。"

"对，是放老虎出笼的时候了。"

营长陈康听到此话后，就给营政委递了一个眼色，他们一同向王树声副总指挥表态："请首长下命令吧，我们保证把主峰阵地拿下来。"

王树声副总指挥没有吱声，仍然用望远镜在敌人主峰阵地上搜索着什么。营长陈康再次恳切地说："是时候了，让我们攻击吧！"

"你们做好准备，听候我的命令。"王树声副总指挥放下望远镜，转过头来对陈康说道，然后喊了声，"传令兵，快通知炮兵连，把炮弹往敌人集团工事里打。"又转过脸命令营长陈康："陈五和（陈康当时的名字——本书作者注）同志，我命令你们二营向敌人主峰阵地发起冲锋！"

几乎就在王副总指挥下达命令的同时，陈康就拔出了手枪，向后面的战士高喊："跟我来！"

该营第五连、第六连紧紧跟在营长的身后，迎着毛毛细雨，像猛虎扑食一般向主峰冲去。该营第四连因为在第一次渡江时损失较大，所以改作营的预备队随后跟进。

敌人发现红军预备队加入了战斗，就集中所有的火力向该营射击。营长陈康带领全营战士在枪林弹雨中拼命向主峰冲锋，快接近峰顶时，陈康大声高喊："同志们，把手榴弹往敌人工事里扔！"红军战士们一边射击，一边抽出了手榴弹，纷纷投向敌人环形工事。没承想，敌人工事里长满了"汉柏"，红军战士扔出去的马尾手榴弹，大都挂在树上掉不下来。据说，三国时蜀魏交战，这里是诸葛亮六出祁山的总后方，山上还有诸葛亮令蜀军修的栈道。这些柏树是张飞令蜀军栽的，现已长得又粗又壮，手榴弹挂在上面没有爆炸，对敌形不成杀伤力。

突然，营长陈康的身体晃动了一下，他受伤了。就在卫生员跑过来为他包扎之际，前面几个战士倒下了，接着，又倒下了几个。敌人也玩命了，疯狂地向红军射击。预备队战士被压在一个土坎下抬不起头来。

预备队的第一次攻击失利了。

这时营长陈康才发现，由于他们求战心切，恨不得一步跨上主峰，一接到攻击命令，他情绪过于激动，没注意战斗队形，就带着队伍往上冲，结果兵力火器没有很好地展开。

陈康对自己的莽撞行为懊悔不已。于是，他和营政委简单地交换了一下意见，利用土坎做掩护，重新组织了战斗队形，研究了冲击道路和交替火力掩护等问题，静候上级再次发出冲击信号。

在后面指挥攻击的副总指挥王树声，生气地对传令兵说："把炮兵连长给我叫来。"

不一会儿，炮兵连长奉命来到副总指挥面前，向王树声报告："刚才，我们炮打得不准，部队没有冲上去，我有责任。"

王树声用手指给炮兵连长看，说："敌人已经集中在主峰阵地上，那是集团工事，你的炮弹就往敌人的工事里打，你看清楚了没有？"

"看清楚了，这次我亲自上去打，保证打准，请首长放心！"炮兵连长用坚定的语气回答。

"你们现在还有多少发炮弹？"

"还有十发。"

"我命令你每三发炮弹必须有一发准确地落在敌人工事里，压制住敌人的火力，掩护预备队再次发起冲锋。"

"是！"炮兵连长一路小跑回到了炮兵阵地。只见炮兵连长把帽子往地上一摔，大步来到迫击炮前，推开瞄准手，亲自吊线瞄准。

"司号员，吹冲锋号！"王树声见各方都已经准备好，开始下达新一轮攻击命令。

清脆的军号声响起来了，轻重机关枪声也响起来了。早已准备好的二营冒着密集的枪弹，箭一样向主峰冲去。

只听"轰"的一声，一发迫击炮弹在敌人的工事中炸开了花。

"打得好！再来几发！"不知是谁高兴地喊出了声。

又是"轰！轰！"几声，一连数发炮弹连续打进了敌人集团工事。紧接着，奇迹出现了，敌人环形工事里噼里啪啦地不断响起爆炸声。原来，前面由红军战士扔进集团工事被挂在树上的手榴弹，经迫击炮弹炸声一震，都震到地上，开始四处爆炸，犹如天女散花，炸得敌人到处逃命，集团工事内顿时被硝烟所笼罩。

冲锋的部队趁势像潮水一般，涌向山头，当快接近山顶时，又有一排手榴弹扔过去。手榴弹的白烟，立刻汇集成一片浮云，在敌人阵地上升起。

红军官兵们端着刺刀，高喊杀声，冲进敌阵。只见漫山遍野红旗招展，军号齐鸣，夹杂着惊心动魄的枪声，犹如山倾海覆，震天动地。

溃退的敌人，东一群西一群如放羊似的乱跑乱窜。

"怎么搞的，敌人怎么越跑越多！"不知谁喊了一声。

甭管情况有什么变化，"咬"住敌人就是胜利！陈康命令全营指战员紧紧"粘"住敌人，穷追猛打，拼命往敌人阵地上冲。等他们冲到敌人主阵地上一看才清楚，原来主峰上的集团工事里有敌1个营把守，另1个营隐蔽在松树林里做预备队，由于红军攻击太猛，敌人还没来得及使用预备队反扑，两个营就挤到了一起开始溃退，漫山遍野尽是敌人了。

后来，通过审问俘虏，红军才得知，守敌团长杨倬云在部署兵力时，曾向守关人员下达命令：凡见溃兵就枪毙。当败兵逃回关上时，守关敌人开枪射击，威逼士兵回过头来和红军硬拼。

溃退之敌前进不得，后退不能，被压在一个不到300米长的槽沟里，逼成挨打的缩头乌龟。红军居高临下，几百颗手榴弹一齐往下扔，槽沟中顿时炸声四起，浓烟滚滚，敌人哭喊连天。

又是一阵厮杀之后，山顶上枪声稀落了，溃退的敌人向南峰西边乱跑。

守敌团长杨倬云见形势不妙，急令营长廖玉章抬出银元，每个士兵发给三块大洋的拼命奖。廖营长没发几个人，就腹部中弹身亡。杨倬云见大势已去，就策马往关上逃。猛抬头一看,关上已经红旗高插。原来,就在红军解决槽沟残敌时,另一部红军的1个连迅猛从西侧插入,夺了关口,堵死敌人的退路。杨倬云只好带着几名随从逃往营盘嘴。但后面红军紧紧追赶,前面又是数十丈深的悬崖峭壁,杨倬云陷入上天无路入地无门的绝境,无可奈何地跳下了悬崖……

当王树声副总指挥和陈师长、叶政委,看到主峰阵地上高高飘扬的红旗时,都轻松地吁了口气。他们相互望了望,似乎是齐声在说:"成功了!"于是,他们信步走出掩体,朝剑门关敌人的主峰阵地走去。

这时,毛毛雨还下着,担架队忙着往下抬负伤的同志。两个担架员抬着一个牺牲的同志走过时,师长问:"这是谁?"

"四连的一排长。"担架员回答说,"他牺牲后,手里还握着一把砍断了的大刀;他的身边,倒着四五个敌人!"

师长、政委走过去,摸了摸那个同志的手,沉痛地说:"抬下去吧!"

当他们登上峰顶时,残敌还未彻底肃清。他们看到敌人的环形工事里,横七竖八躺着敌人的尸体,唯有一个牺牲的红军战士半站立着,两手握着上了刺刀的步枪,插在一个敌人肚子上。看来,他是刚刺中敌人,又被身后的敌人偷袭了。

王树声走上前去,将那位威武不倒的红军战士抱起,平放在地上,抹闭了他那双死不瞑目的眼,看了看其身份标志,并摘下了他腰上的一枚手榴弹,装进了自己的口袋里。

他们一路走着,一路向部队发出命令:"不给敌人喘息的机会,追!"九十三师的战士们,在号声和红旗引导下疾进,最后把剩下的五百多名敌人赶到剑门关外,歼灭了。

血战后的红军部队集结在剑门场。王树声副总指挥等人来到五连。五连虽然只剩下三十几个人,但是,他们都用自豪的眼光,迎接着首长们的到来。

"你们伤亡多少同志?"师长握住五连连长的手问。

"五十多名。"五连连长回答后,又立刻补充说,"但是敌人死在我们手下的,不下三百。"

这时,副总指挥把从牺牲战士身上摘下的那颗手榴弹交给五连连长,说:"这是你们连一个同志的武器,交给你们,愿你们能用它替倒下的同志报仇,早日迎接中央红军的到来!"

五连连长两手接过那颗手榴弹,激动地望着首长们……

4月2日黄昏,经过半天多激战,剑门关战斗胜利结束,红军全歼剑门关守敌。

据传,自战国时秦惠文王伐蜀以来,发生在剑门关附近的大小战役不下50次,但每次都是以守关者的胜利而告结束,没有谁能攻破这道险关。如今,这个千古"纪录"却被红军给打破了。

攻克剑门关以后,红四方面军随即扩大和巩固了嘉陵江沿岸阵地,扫除了西征途中的一大障碍,为红军会师冲开了道路。

后来,剑阁人民为悼念攻打剑门关而牺牲的红军战士,在关口附近修了一座红军墓,如今墓地上已是芳草青青,松柏苍苍!剑阁人民政府为感念红军的英勇精神,在关口修起一座庄严的纪念碑,徐向前特地为纪念碑题写了"红军攻克剑门关纪念碑"的碑文。

这些自然都是后话,让我们把目光收回,再投回到当年战火纷飞的战场中,看红军与国民党军下一步的较量。

剑门关这个江防支撑点一失,使敌军的嘉陵江防线彻底崩溃,守敌几十个团纷纷溃逃,一溃数百里。红军乘胜进击,三十军和三十一军一部当夜由剑门关直扑昭化,次日占领该城,歼守敌1个团。三十一军主力进至羊模坝、三磊坝地区,阻击胡宗南部南下,并包围了广元。南面的红四军以一部西向梓潼发展,另一部协同九军克阆中、南部,溃敌1个旅,歼敌3个团。至此,红军控制了阆中、南部、剑阁、昭化四座县城及北起广元、南至南部约400余里的嘉陵江沿岸地区,为尔后的进兵川西北打开了通道,提供了前进基地。敌人的沿江防线悉被摧毁,战役的第一阶段遂告结束。

鏖战江油

"红军过了河,羊子奔索索(四川土语,形容杨森欲逃不能),冬瓜遍地滚(田颂尧外号冬瓜),猴子摸脑壳(邓锡侯绰号猴子),矮子挨鞭打(李家钰绰号李矮子),刘湘怕活捉。请问委员长,看你又如何?"

这是红四军宣传队在红军突破嘉陵江后流传的一首歌谣。

敌人的江防被突破后,蒋介石极为恼火,通电撤销第二十九军军长田颂尧职务,副军长孙震记大过一次,暂代军长职务,"戴罪图功"。这时,田颂尧部已逃向射洪、盐亭、三台地区集结,邓锡侯第二十八军一部退缩于广元及以北地区,另有3个旅和军部所率之部分机动兵力,布防于梓潼、魏城、江油、中坝地区;胡宗南部仍在川甘交界的青川、碧口至南坪一线。

为取得战役全胜,红四方面军决定,集中主力歼灭梓潼、江油地区的邓锡侯部,并伺机向川甘边发展攻势。

据此,4月8日,徐向前急令三十一军主力继续扼守羊模坝、三磊坝并围困广元;令三十军第八十九师出青川、平武,分割广元、江油敌军并阻击胡宗南部南下,保障红军右侧安全;以红三十军、红九军主力向江油,红四军主力向梓潼,展开猛攻。

邓锡侯派其第二十八军第一师1个旅据守江油,第四师1个旅和第一师1个旅据守中坝,沿涪江构筑工事。4月9日,红三十军主力在中坝附近开始向敌军进攻,激战至第二天,击溃了以中坝为中心、沿涪江一线防守的两个旅,前锋直迫中坝(今江油县城)。

红四军则在军长许世友带领下由苍溪、阆中以西向梓潼方向挺进。他们翻山越岭,经过一昼夜急行军,次日拂晓抵达梓潼城下。许世友令王宏坤率第十师攻打梓潼,具体攻击部署是以第三十四团攻城,以第三十六团攻取城外西南山头,准备打敌军援兵。第三十四团迅速包围梓潼城内之敌,第三十六团以1个营的兵力将西南山头敌据点围住,主力在西南面通往绵阳的道路上构筑工事,以阻敌之援军。

梓潼离邓锡侯的大本营绵阳不过50公里,是绵阳的屏障,梓潼一失,不仅威胁绵阳,还会震动成都。因此,红军攻打梓潼的枪声一响,绵阳之敌马上接到梓潼守军的求援电话。王宏坤回忆说:

> 敌人的电话线刚好从我们处所穿过,我们用机子搭上,我听到绵阳和梓潼及城外西南山头守敌正在通话,绵阳方向说,援兵就要到了。

> 我将消息告诉了三十六团指战员,大家高兴极了,自陕南作战以后,三十六团兵员充足,又训练了两个多月,好久没有捞上仗打,全团上下正憋着一股使不完的劲。

> 援敌一来到红军埋伏地点,随着一声号令,战士们如猛虎下山,扑向敌人,经一场激战,红军歼敌近两个营,余敌狼狈溃逃。

> 敌援兵中伏,三十六团围攻山头的部队乘机发起攻击,一举攻克山头,全歼守敌。三十四团也发起了猛攻,梓潼守敌更加恐慌,敌团长在电话中连连向绵阳求救,"我们守不住了!"[21]

三十四团向城内守敌发起了猛攻，敌军向南面突围，又被及时赶来的三十六团堵截。红军南北夹击，占领梓潼，歼敌一部，余敌溃退。

就在红四军大战梓潼的同时，红九军第二十七师在江油城附近的牟家渡，乘敌不备渡过涪江，歼敌1个营，并击溃了城郊守敌1个团，占领了江油外围的观雾山、公子坪、陈塘观、塔子山等地，对江油守敌邓锡侯部第六旅形成了合围之势。守敌旅长杨晒轩不断向邓锡侯告急求援。

当时的江油县城位于中坝之北，两地相距33里，依山靠河，城基坚固，周围地势平坦，四面都是开阔地，属易守难攻之地。江油城只有东、南、北三个城门，起初守敌闭东、南门，留北门与城外敌军联络，城外之敌被红军击溃后，敌军将北门也关闭，固守城中。

杨晒轩旅困守孤城，除连日向上级电催援军、拼命固守外，对城内军民采取了一些强化措施："轮番守城，分区负责；城内墙脚，埋坛侦听；增设侧防，消灭死角；通宵照明，谨防夜袭；集中烟酒，稳定军心；辟地种菜，计划用粮；军政分工，一致对敌。"[22]

江油、中坝地区，物产丰富，商业繁荣。中坝素有"小成都"之称，距成都280里，是川陕大道的咽喉、川西平原的北方门户，战略地位十分重要。江油、中坝一旦被破，直接威胁邓锡侯的第二十八军军部所在地绵阳；绵阳是成都的门户，绵阳一旦被攻破，成都便无险可守。当时，蒋介石正在集中精力围堵中央红军，没想到川北又出了"乱子"。当蒋介石接到行营参谋团和刘湘关于杨晒轩紧急求援电后，连忙调整川陕兵力部署。蒋介石一面急令胡宗南部沿涪江南下，一面责令邓锡侯部沿涪江北上，并抽调8架飞机为邓锡侯部助阵，企图造成南北夹击之势，将红四方面军消灭在江油城下。

邓锡侯一看老巢受到威胁，急忙拼凑18个团的兵力，亲自率领，在飞机掩护下经中坝向江油增援。

邓锡侯曾多次参加"围剿"红四方面军的行动，但始终奉行"保存实力"政策，生怕当"出头鸟"，被红军歼灭。其部队从不冒进，但撤退时却动作非常快。红四方面军虽然与他多次交手，但基本上没有伤其元气。这一次，邓锡侯是拼了血本了。因为，红军已经将主力都开到了他的地盘上，大有一举将其歼灭之势，他想保本也不行了。一句话，红军攻打江油，涉及邓锡侯部的核心利益了。再者，如果他连自己的地盘都守不住，蒋介石的中央军就会随时开进来，即使红军不消灭他的部队，他也会被蒋介石的嫡系部队吃掉。不仅邓锡侯这样考虑，其他四川军阀也一样，他们已经看透了蒋介石假途灭虢的诡计。他们既要防止红军占领其地盘，也防止蒋介石的野心，也真够让他们操心的。但他们在反共的利益上与蒋介石是一致的。他们认为，如果没有了红军，他们也就不担心蒋介石了，那样一来，蒋介石就没有任何借口将部队开进四川了。

所以，他一面令杨晒轩旅顽固死守，一面倾尽全部精锐兵力北上。杨晒轩旅不敢怠慢，依托坚固工事和优势火力拼命抗击，红军一时难以攻克。

正当红四方面军领导人在江油城南一座民房里商讨对策时，获悉邓锡侯部来援的情况，于是当机立断，决定围城打援。徐向前命令红九军第二十七师继续围城，集中红九军第二十五师、红三十军第八十八师及红四军第十师、第十一师两师各一部，撤离中坝、彰明、梓潼等地，分别占领江油以南的塔子山和鲁家梁子一带有利地形，抢修工事，打敌援兵。

红军各部接到命令后分头展开行动。

红四军一接到命令，军长许世友便和参谋长立即带着几个师长到鲁家梁子勘察地形，政委王建安、副军长刘世模和政治部主任洪学智组织部队向鲁家梁子机动。鲁家梁子是一座海拔只有677米的山峰，登上主峰隐约可见江油和中坝。鲁家梁子和塔子山似一道城墙，把江油与中坝拦腰隔断，山东侧有涪江，西侧有八家河从南向北流过。如果控制了这道山梁，就卡住了中坝入江油的唯一通道，这是十分利于阻击的地形。等部队到达时，许世友等人已经勘察完地形，于是向部队明确了任务，部队开始紧急抢修工事，做好战斗准备。

同时，塔子山方向的红军官兵已经布置就绪。

北上的敌增援部队也在马不停蹄地向北急奔。邓锡侯亲自率第二师第四旅（旅长龚渭清）、第五师第十三旅（旅长陶凯）、李勋伯团和收容整顿后的任建勋团向中坝方向扑来，在青莲渡与原守中坝溃退之敌第四师第十一旅（旅长孙礼）和第一师第二旅（旅长卢济清）会合，探明中坝城内无红军防守时，即令孙礼旅在中坝场外占领掩护阵地，邓锡侯进驻中坝，以中坝为大本营，亲自布防。

邓锡侯分左右两翼布阵，以孙礼旅和卢济清旅为右翼队，向塔子山一线攻击；以龚渭清旅和陶凯旅为左翼队，向鲁家梁子一线攻击；李勋伯团和任建勋团为预备队。邓锡侯在中坝、江油间亲自督战。

17日晨，邓军全线出击，分别向鲁家梁子和塔子山的红军展开进攻。敌人如蜂似蚁，枪炮声震天动地，激战持续了11个小时。

当左翼敌旅长龚渭清率部行至水口庙、嘴头岩一带时，红军已埋伏于丛林之中,并组织突击队抄袭到龚旅后面,隐蔽于公路两旁的菜地里。当午后敌人沿公路临近时,红军一跃而起,机枪、步枪、手枪一起吼叫,一排排手榴弹在敌群中爆炸,打得敌人在峡谷内喊天叫地,人仰马翻。许世友后来回忆道:

> 4月17日晨,金色的太阳刚刚爬上山巅,黑压压的敌群就向我阵地冲过来了。只见一个个骨瘦如柴的敌兵,端着枪,猫着腰,有气无力地向山上爬着。
>
> 敌人离我们越来越近了,一百米,五十米……
>
> "打!"
>
> 随着一声令下,一排手榴弹在敌群中开了花,机枪、步枪、手枪一起吼叫起来。顷刻间,敌人倒下一大片。侥幸活命的,连滚带爬地向山下逃去。[23]

但是敌人并不罢休,再次组织更猛烈的反扑。敌人先用飞机大炮狂轰滥炸,再以几个团拼死冲锋,龚渭清也赤膊上阵,亲率二十响快机驳壳枪营多次冲锋。

战斗在激烈地进行着。突然,一股敌人突破了红四军左翼阵地,那里是红四军与红三十军八十八师的结合部。如不能制止敌人的连续突破,将会造成极其被动的局面。

许世友与政委王建安商定,决定使用预备队第二十八团,夺回丢失的阵地。第二十八团是支能打硬仗的老部队,团长王近山是个能打善战的骁将,交给他们的任务没有完不成的。

在王近山的带领下,第二十八团迅速向敌人发起了猛烈的反击。震耳欲聋的喊杀声在山谷回荡,复仇的手榴弹在敌群中炸响,寒光闪耀的钢刀砍向敌人,火红的战旗又飘扬在红军的阵地上。

激烈的战斗持续到下午,红军打退了敌人的多次冲锋,防御阵地坚如磐石。

同时,塔子山红军阻击增援敌军的战斗,也在激烈地进行着。进攻塔子山的敌军,属于敌援军的右翼。红军越战越勇,以大兵力包抄两翼,枪弹倾泻敌阵,孙卢两旅招架不住,开始向中坝溃退。红四方面军总部及时将这一敌情通报给了鲁家梁子许世友部。许世友等人判断,敌人向这个方向溃退,必将动摇其当面之敌的军心。于是,他们决定抓住这一有利战机,以第十师1个团向敌侧后迂回,断其退路,主力则从两翼实施猛烈反攻。红军战士横枪举刀,以排山倒海之势卷击敌人。敌两旅作困兽之斗,激战至天黑,敌大部被歼,旅长龚渭清的腿也被打伤,官兵死伤过半,龚、陶两旅向中坝方向溃逃。

邓锡侯在嘴头岩见各路溃不成军,顿觉形势不妙,慌忙跑回中坝部署守城。可是,他身边仅剩下不足3个团的兵力,不得不慌忙组织退却,连夜乘汽车向绵阳方向逃跑。途中又遭到红军突击队的袭击,汽车上的挡风玻璃被打烂。这时"活捉邓猴子"的呼喊声不绝于耳,吓得邓锡侯命令司机不顾一切地向前冲去。当邓锡侯乘坐的汽车超速冲过漫坡渡后,即下令砍断浮桥,也不管后面部下的生死了。红军突击队追击被阻,邓锡侯又侥幸捡回一条命。

红军集中精锐打敌援兵,在击溃增援之敌后,乘势席卷中坝。中坝守敌军中无帅,无法抵御红军前进,争相向绵阳方向溃逃。至此,中坝镇内外守敌已败退一空,红军大部队于17日下午再次攻克中坝。

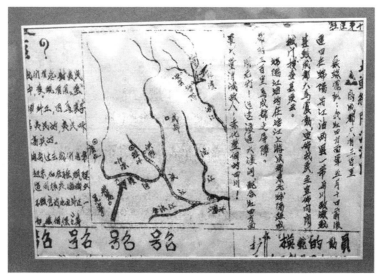

《红星报》关于嘉陵江战役报道

血战摩天岭

中坝战役期间,向西北推进的红三十军第八十九师,以及红三十一军第九十三师一部经过苦战,基本上完成了战前总部赋予的"三十军第八十九师出青川、平武,分割广元、江油之敌,并阻击胡宗南部南下"、"三十一军主力推进羊模坝、三堆坝地区,并围困广元"的战略性任务,保障了红四方面军的右翼安全。作为整个战役全局中的一个重要组成部分,他们尽管在执行任务过程中,没有像攻打邓锡侯部的红军部队那样取得辉煌的战果,但同样付出了巨大的努力和代价。

为执行红四方面军总部的命令,4月5日,红三十军第八十九师从昭化的宝轮出发,沿白龙江而上,经三堆、水磨前进至青川的沙州(当时属广元县)。该部在此兵分两路,一路向甘肃的碧口推进,以控制北出甘肃的通道;另一路经天隍、板桥直趋乔庄。同时,红三十一军九十三师二七九团也从宝轮出发,翻越白龙江两岸的高山,逆平溪河而上到达青川的青坪,经观音、骑马、板桥向乔庄逼近。红三十一军九十一师二七一团由广元罗家坝经截刀梁、茶园进入青川的茶坝、骑马、沙州,直奔五龙山、平台山一线。该线山高地险,是红军进入甘南的必经通道,胡宗南部丁德隆旅一部兵力盘踞沙州南坝,川军邓锡侯部1个团驻守白龙江北岸,平武、广元的地方民团也在沙州附近协防,妄图阻止红军前进。

4月6日清晨,红三十一军九十一师二七一团先遣队,从茶坝出发,经天隍到达沙州附近的龙坝嘴,秘密穿山越谷,突然出现在沙州街头,乘敌不备抢占了街头制高点五龙山。这时山周围的敌人才发现红军到来,立即向红军开枪,顿时枪声大作。山下敌军不知到底来了多少红军,打了几枪之后,怕被居高临下的红军消灭,赶紧逃过白龙江。晚上,红二七一团主力赶到龙坝嘴,与敌形成对峙局面。

4月7日早8点钟左右,敌企图利用红军立足未稳,出动两个营和一个别动队的兵力,分三路偷袭五龙山。红军早已料到,事先将1个连隐藏在半山树林草丛中,待敌人攻到半山途中,突然出击。经过两个多小时的激战,打退敌人两次进攻,歼敌100余人,毙敌一名营长,敌人无力再攻,再次败退而逃。

4月11日,红第二七一团主力抵达五龙山之后,在沙州兵分两路向平台山攻击前进,进占平台山。

17日,驻守碧口的丁德隆部得知红军占据平台山,直逼碧口的消息时,颇为惊恐,急忙调遣一部兵力和地方民团,分三路向平台山扑来。平台山的红军预料敌人要来进犯,已连夜筑工事,准备给敌人以迎头痛击。同日下午,敌猖狂地向平台山红军阵地发起猛攻,红军指战员居高临下,奋勇阻击,打退了敌人的多次冲锋,巩固了阵地。4月28日,红军奉命西进,撤离平台山战场。

在另一边,4月7日向乔庄挺进的两路红军,占领乔庄后,派出部队向悬马关进军。悬马关,地处青川北部边缘,与甘肃省文县接壤,危崖绝壁,高峰入云,关口只有一条羊肠小道,是进入甘南的又一通道。

4月10日,红三十军九十师二六八团、二六九团从凉水进入青川境内,次日下午赶至青川与文县交界的黄土梁附近,与从沙州经乔庄抵达悬马关附近李子坝的红军二七一团一部遥相呼应。红军随即抢修工事,做好战前准备。

驻守悬马关的敌军原来有 1 个排。当红军向青川进军时,胡宗南便开始向碧口一线调兵,主要增加了两个地方民团。当红军赶到李子坝、悬马关时,胡宗南又急令该敌进占到悬马关以北一线阻止红军。于是敌我双方在九道拐、大刀岭相遇,展开激战。为确保碧口万无一失,12 日,胡宗南又往大刀岭增派其六十师的 3 个团。至此,九道拐、大刀岭附近之敌已达 5 团之众,对红军形成了数量优势。

当晚,新增援上来的敌军,想出其不意袭击红军,遂以 1 个连的兵力,夜袭九道拐附近的红军,不料却被红军打得落花流水,敌连长也送了命,仅剩下两个号兵逃了回去,弄得"偷鸡不成反蚀把米"。

敌六十师师长陈沛一看,红军果然非等闲之辈,遂以更多的兵力,向大刀岭、九道拐等地的红军发起进攻。经数日激战,敌六十师的 3 个团全部被红军击溃,红军占领了悬马关山头的制高点。驻碧口的丁德隆见前方有失,惊恐万分,当地土豪劣绅开始携眷带物仓皇逃避。为此,陈沛、丁德隆不得不向胡宗南告急。胡宗南闻讯后,大惊失色,急忙调遣 12 个团的兵力从天水向碧口进发。随后,胡宗南令杨步飞六十一师、伍诚仁四十九师、王耀武的中央补充旅、钟松的二师补充旅,先后进入碧口至摩天岭一线约 90 里地段,企图沿途堵截红军。胡宗南也亲自驻碧口督战指挥,一时间,碧口街上关门闭户,房上架起机枪,戒备森严,如临大敌一般。

数倍于红军的敌人在大炮的掩护下,开始向红军阵地发起一次又一次攻击,顿时枪炮声大作,被炸断的树枝、石块腾空而起,尘土漫山飞扬。红军凭借深沟高垒,顽强抵抗,打退了敌人的轮番攻击。激烈的战斗一直持续了 18 天。由于敌军数量众多,红军枪弹粮草不足,红军指挥部遂放弃进攻碧口的计划,命令作战部队主动撤离悬马关一线。

向甘南挺进的红三十军主力由江油青林口,经凉水、关庄、古城,于 4 月 10 日 9 时左右占领青溪,并立即派出一支先头部队去抢占川甘交界的战略要地摩天岭。

摩天岭古树参天,终年云雾缭绕,天气变幻莫测,不用说打仗,就是徒步行军,也非常艰辛。摩天岭一线是著名的"阴平古道",三国时魏将邓艾即由此道偷袭江油而灭蜀的。

要想抢占摩天岭,必须逆流而上,河底异常光滑,稍有不慎,便滑下深谷。如果途中遇到大雨,则溪流能在一二小时内暴涨数丈,行人瞬间即被山洪冲走。

4月10日晚上,红军发动群众捐席和铺板,并运往摩天岭附近修筑工事,做好抢占摩天岭的准备。11日凌晨,红军指挥部发出了向摩天岭进军的命令,红二六三、二六八、二七六团的战士立即出发,一气行程90里,于下午赶到摩天岭山麓的蒲家院,即兵分两路:一路迂回到摩天岭左侧的七里茅坪据守,以阻敌援兵;另一路直插摩天岭负责主攻。

12日拂晓,主攻部队一部穿过摩天岭到达文县境内的梨树台、马尿水一带,与守敌丁德隆旅第二团甘绩生部相遇,随即双方展开了激烈战斗。胡宗南深知,如果红军大部队突破摩天岭而进入甘肃南部,那么甘南的形势就会急转直下。为此,胡宗南急忙派伍诚仁的四十九师向摩天岭逼近,企图抢占摩天岭制高点,以阻击后续红军,并乘势包围已经穿过摩天岭的红军。红军指挥部识破了胡宗南这一阴谋,并认真分析了当时敌我双方的情况:如果穿过摩天岭的红军继续前进,将会陷入敌人的包围;如果坚持原地战斗,则敌我力量悬殊,不可能持久作战。唯一的办法就是,先敌一步把部队撤到摩天岭隘口,凭借事先构筑的工事和掩体固守,以歼灭敌人有生力量。

退守摩天岭的红军战士奉命在敌必攻之隘口,用木头、石块垒起一道3里长的工事,凭险固守,使敌人无法从摩天岭正面发起进攻。胡宗南闻报红军固守摩天岭,判断红军可能是固守待援,于是他又迅速增调两个旅的兵力,在通往文县的沿途地带设防,以防红军再次下摩天岭进入甘肃境内,并命令四十九师向摩天岭一线的红军展开猛攻。

摩天岭上枪炮声齐鸣,红军官兵冒着敌人的炮火,在摩天岭隘口、南天门、七里茅坪、黑瓮塘等关口与敌激战,死死守住摩天岭这条战略要道。此时,红军增援部队二六七团攀藤附葛赶来接应,一起将进攻之敌牢牢地挡在了关外。

摩天岭的战斗一直持续了18天,敌我双方均有较大伤亡,敌人被歼约1个营,数百名红军战士也献出了宝贵的生命。由于红军兵力不足,补充给养困难,加之敌军不断增援,原拟从摩天岭进入甘南的战略意图已不可能实现。29日,根据上级指示,摩天岭一线的红军作战部队奉命撤离战场。

摩天岭、悬马关大战事之后,胡宗南在碧口公园半山腰修建了一座"烈士公墓",以后每年国民党地方当局都要祭奠一番。在祭文中有这样几句话:"关称悬马,岭号摩天,健儿千百,殄此凶顽。"[24] 可见当时战斗之激烈,敌人伤亡之惨重。[25]

向北进军的红军,虽然在川甘边被敌胡宗南部所阻,未攻下碧口,北出甘南,但达到了阻敌南下、保障红四方面军主力右翼安全的目的。4月下旬,北进红军部队撤离战场后经骑马、房石、青溪转向平武、江油西进。

早在此之前,4月14日,红三十军第八十九师先头部队占领平武,打开了与中央红军胜利会师北上的通道。

21日,红四军一部向西克北川,仅剩江油守敌凭坚据守。至此,强渡嘉陵江战役遂告结束。

强渡嘉陵江战役从3月28日开始,至4月21日结束,历时24天。这一战役的胜利,是红四方面军面对蒋介石亲自部署"川陕会剿"的情况下,以敌人意想不到的进攻样式取得的。红军总计攻克阆中、南部、剑阁、昭化、梓潼、青川、平武、彰明、北川等9座县城,共歼敌约12个团1万余人,给敌二十八军、二十九军以沉重打击,使其不少师、旅失去作战能力。红军控制了东起嘉陵江、北抵川甘边界纵横二三百里的广大地区,创造出了北可出陕甘,南可下成都的战略态势。红四方面军强渡嘉陵江战役的胜利,不仅打破了蒋介石"川陕会剿"计划,而且迫使蒋介石一方面调兵到陕西、甘肃,以防止红军北出甘南;

《红星报》嘉陵江战役捷报

另一方面又将刘湘主力13个旅西调至绵阳地区,以防止红军南下成都。因此,打乱了蒋介石原来的战略部署,不仅牵制了大量川军于川西地区,也牵制了胡宗南的一部分力量,从而有力地配合了中央红军西入云南、北渡金沙江的战略行动,为红军一、四方面军会师创造了有利条件。

[1]　徐向前:《历史的回顾》(中),解放军出版社1984年版,第380页。

[2]　张国焘:《我的回忆》(第三册),现代史料编刊社1981年版,第200页。

[3]　中国工农红军第四方面军战史编辑委员会:《中国工农红军第四方面军战史资料选编》(川陕时期·下),解放军出版社1993年版,第372页。

[4] 中国工农红军第四方面军战史编辑委员会:《中国工农红军第四方面军战史资料选编》（川陕时期·下），解放军出版社1993年版，第371页。

[5] 徐向前:《历史的回顾》（中），解放军出版社1984年版，第388页。

[6] 中国工农红军第四方面军战史编辑委员会:《中国工农红军第四方面军战史资料选编》（川陕时期·下），解放军出版社1993年版，第379页。

[7] 徐向前:《历史的回顾》（中），解放军出版社1984年版，第393页。

[8] 中国工农红军第四方面军战史编辑委员会:《中国工农红军第四方面军战史资料选编》（川陕时期·下），解放军出版社1993年版，第389页。

[9] 程世才:《强渡嘉陵江》，见《艰苦的历程》（下），人民出版社1984年版，第21页。

[10] 张国焘:《我的回忆》（第三册），现代史料刊社1981年版，第208—209页。

[11] 许世友:《我在红军十年》，战士出版社1983年版，第301页。

[12] 树军、新民、解昌:《万里长征亲历记》，中共中央党校出版社1996年版，第430页。

[13] 许世友:《我在红军十年》，战士出版社1983年版，第301—302页。

[14] 许世友:《我在红军十年》，战士出版社1983年版，第302—303页。

[15] 树军、新民、解昌:《万里长征亲历记》，中共中央党校出版社1996年版，第437页。

[16] 徐向前:《历史的回顾》（中），解放军出版社1984年版，第400—401页。

[17] 树军、新民、解昌:《万里长征亲历记》，中共中央党校出版社1996年版，第437页。

[18] 中国工农红军第四方面军革命回忆录选辑:《艰苦的历程》（下），人民出版社1984年版，第28页。

[19] 徐向前:《历史的回顾》（中），解放军出版社1984年版，第400—402页。

[20] 树军、新民、解昌:《万里长征亲历记》，中共中央党校出版社1996年版，第439页。

[21] 王宏坤:《我的红军生涯》，人民出版社1991年版，第251页。

[22] 杨晒轩:《江油守城记》，四川省档案馆存。

[23] 许世友:《我在红军十年》，战士出版社1983年版，第307—308页。

[24] 中共四川省委党史工作委员会:《红军长征在四川》，四川省社会科学院出版社1986年版，第146页。

[25] 《血战摩天岭》因无其他史料可据，重点参考了《红军长征在四川》，四川省社会科学院出版社1986年版，特此注明。

第二章

转兵川西迎候中央红军

红四方面军在徐向前的指挥下,胜利结束嘉陵江战役之后,部队士气空前高涨,为红四方面军下一步的军事行动开创了十分有利的局面。按渡江前红四方面军领导人最后确定的战略方针,红军强渡嘉陵江以后,仍以实现原定的"川陕甘计划"为主要目标,并密切注视中央红军的转战动向,伺机进行有力策应。

撤离川陕,开始长征

强渡嘉陵江后,红四方面军虽然取得了一系列的胜利,但是,如果按照原定方针,打胡宗南部,已经没有足够的力量。徐向前在回忆录中写道:"经过这段进击,红军控制了东起嘉陵江,西至北川,南起梓潼,北抵青川,纵横二三百里的广大地区。如按原计划向甘南进击,深感兵力不足。下一步怎么办?我就发电报给后面的张国焘、陈昌浩,催他们表态。"[1]胡宗南部是蒋介石的嫡系部队,装备精良,有飞机大炮助威。红军别说飞机,就连大炮也十分缺乏,仅有几门迫击炮。红四方面军要北进甘南打击凭险固守的胡宗南部,的确面临不少困难。

嘉陵江战役期间,江油重镇始终被红军攻而未克,主要是红军缺乏攻城的重火器。此时,徐向前仍然想拿下江油。4月25日,徐向前命令红三十军八十八师攻占塔子山敌重要阵地,准备与围城的红军一举攻破城池。26日午后,红军在东门外用地雷轰城,未能奏效。接着又用数十架梯子,爬梯攻城,也没有结果。于是,红军在东门公园挖地道,里面装上炸药准备爆破城墙。不料城内守敌在内城墙脚下安放坛子,听见外面有声音,即令居民运水,把地道中的火药弄湿了,爆破又没有成功。红军鉴于缺乏攻城火炮,乃决定撤离江油,向西转移。

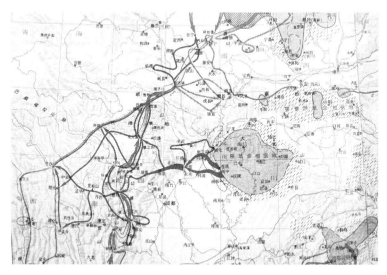

红四方面军长征路线图

面对下一步怎么办的问题,张国焘、陈昌浩不仅没有明确表态,而且在既没有请示中央,又没有与徐向前等前方将领商议的情况下,擅自放弃了川陕根据地。徐向前在其《历史的回顾》中写道:谁知,我们在前面打,后面可就搬了家,放弃川陕根据地。那时张国焘在剑阁,陈昌浩在旺苍坝地区,搞一锅端,大搬家。[2]

这里面虽然文字不多,但涉及一个重大历史事件,就是张国焘擅自放弃川陕根据地。张国焘之所以要撤离川陕根据地,是综合因素作用的结果,决非简单的一两句话所能说清楚的。对此,徐向前曾有一个比较综合的概括,他认为红四方面军撤离川陕根据地的理由主要有三条:整个说来,红四方面军退出川陕根据地,有它的复杂原因。优势敌人的压迫,长年战争和"左"的政策造成的困难,策应中央红军的紧迫战略需要,凑到了一起。在这个意义上说,是历史的必然。[3]

第一,优势敌人的压迫,是红军被迫撤离川陕根据地的首要原因。红军创建并巩固根据地必须具备一定的客观条件,首要的条件必须是在敌人统治的薄弱地区创建根据地。红四方面军刚刚入川时,川陕地区属于国民党蒋介石统治的薄弱地区,蒋介石的军令、政令还难以在此地域实施。四川内部军阀的势力也还未统一，各派之间相互混战，并反对蒋介石的势力染指四川事宜。敌人内部的这种四分五裂的局面使其无力顾及红军，为红四方面军的立脚生存和发展壮大提供了良好条件。

但是，自从红四方面军根据地逐步扩大之后，这个客观条件便发生了相应的变化。红四方面军的不断壮大，直接触及四川各路军阀的切身利益。他们一致认为，不能任红四方面军在此无限制发展下去，否则不是被红军消灭，便是被蒋介石的中央军借口"剿匪"事宜，进驻四川，直接接管四川的川政、军政。他们的首要任务是集中力量消灭红四方面军，或"礼送"红军出境，这是解决所有问题的关键。于是他们在蒋介石的支持下，暂归四川最大军阀刘湘统一指挥，向红军发起了"六路围攻"。

从这时起，敌情条件便发生了变化。四川军阀从内乱走向联合，开始统一对付红军。虽然川陕根据地军民，艰苦鏖战十个月，粉碎了川军六路军阀的围攻。但接下来的问题更加严重，蒋介石开始与四川军阀走向了联合。四川各路军阀不仅同意蒋介石的势力入川，而且在军事上甘愿服从蒋介石的统一调度。这意味着，蒋介石不仅借此机会统一了川政，而且统一了军政。于是，蒋介石迫不及待地纠合其嫡系部队及川陕两省的军阀势力，向红四方面军根据地周围云集重兵，部署"川陕会剿"。这就造成了敌人从四面八方联合压迫红四方面军的严重局面。蒋介石在川陕根据地周围布置的兵力，很快达200个团以上。一旦"川陕会剿"开始，红四方面军势必陷于腹背受敌、进退失据的极端不利境地。

对这种情形，中央红军无论是在井冈山时期，还是在第五次反"围剿"以后，都碰到过，也都根据当时的实际情况，撤离了红军赖以生存的根据地。那种在强敌压境的情况下，不计后果，死死抱住根据地固守的观点，理论上是错误的，实践上也是极其有害的。

第二，川北是挤掉了汁的柠檬。任何革命根据地要支持战争，支持红军的存在和发展，要打破敌人的"围剿"，都离不开有利于红军作战的地形、人民群众的支持和维持红军供给的物质条件。红军打仗，既要吃饭，又要穿衣；既需要补充兵员，又要补充武器弹药。没有必要的人力、物力、财力等物质条件，保存自己、消灭敌人便成为一句空话。

川陕根据地自反"六路围攻"胜利以后，就出现了"民穷财尽"的情况，要粮没粮，要衣没衣，要兵员补充没兵员补充，别说部队打仗，就是生存都成了问题。清江渡会议期间，张国焘曾经与徐向前商议过这个问题。

徐向前回忆道："会议期间,张国焘和我闲谈时,曾问我,你看将来该怎么办? 现在根据地物力、财力很困难,如果刘湘再发起新的进攻,该怎么个打法? 去汉中行不行?"[4]

这一方面说明反"六路围攻"胜利以后,川陕根据地已经到了难以支撑红军生存与发展的地步;另一方面说明,从那时起,张国焘已经有了离开川陕根据地的想法。当时,徐向前认为,汉中地区是块盆地,南面有巴山,北面有秦岭,回旋余地太小,不能去,还是依托老区想办法为好。于是,后来才有了"川陕甘计划"。在这个打破"川陕会剿"的总体计划当中,徐向前回答了张国焘所担心,其实也是红四方面军所有指战员都担心的问题。

该计划之所以选择胡宗南为主要作战对象,主要是想借国民党嫡系与非嫡系之间的矛盾,拿强敌开刀,将蒋介石"川陕会剿"的主力先消灭掉。因胡宗南部虽战斗力较强,但同四川军阀和陕南的西北军均有矛盾,处境孤立。四川军阀是被红军打怕了的,西北军对红军则敬而远之。红军集中主力打击胡宗南,他们有可能按兵不动。这样一来,一方面会起到杀一儆百的震慑效果,迫使其他各种非嫡系部队不战自退;另一方面如果打败胡宗南,我军就能缴获其精良的武器弹药,装备就会因此而大为改观。

该计划之所以要依托老区,就是想使红军有比较大的、比较稳妥可靠的回旋余地,使红四方面军进退自如,消除无后方作战的危险。

由此不难看出,"川陕甘计划"的核心内容中,方方面面都涉及红四方面军如何生存、如何发展所必需的基本条件。如果缺乏支持战争的人力、物力、财力及地形条件,一旦战争来临,即便红军咬紧牙关,勉力支撑,但心有余而力不足,毕竟难以长期坚持。

川陕根据地之所以民穷财尽,徐向前在回忆录中分析主要有两方面的原因:战争的破坏和"左"的政策交互作用的结果,把川陕根据地搞到了民穷财尽的地步。好比一个池塘,水都抽干,鱼还能活吗?[5]

红四方面军从入川到强渡嘉陵江的两年多时间里,仅战役规模的大仗就足足打了16个月。红四方面军虽然取得了军事上的胜利,但战争给根据地带来了巨大的消耗。战争期间,敌人两进两出,在我根据地坚壁清野,烧杀掳掠,破坏尤为严重。除此之外,还有政策方面的失误。徐向前在其《历史的回顾》中指出:"张国焘在川陕根据地推行的还是王明的那一套,许多东西是'左'的。如对地方政策,只要当过保长的,多要杀掉;认定是地主、富农的,也要杀掉。其实,有些保长是穷人，是大家推举他出来干这份差事的。有些地主、富农虽有剥削，但民愤不大，可以改造，不同于罪大恶极的土豪劣绅。不问青红皂白，把他们通通杀掉，只能扩大敌对势力。吓跑中立者，孤立自己。"[6]

张国焘则认为，川北是挤掉了汁的柠檬，单凭在这里求发展是不容易的，主要有两个理由：一是我军的枪支弹药，质量愈来愈低，兵力人数虽在 5 万左右，但实际能作战的枪支不到 2 万，其中多半是土制的，是从与四川军阀作战时缴来的次等货色，而且枪支在作战中损毁极易。因而，同志们多引以为忧，认为只有与蒋的嫡系部队作战，才能缴获较好的枪弹来补充自己。二是川北苏区经过战争的蹂躏，粮食及其他必需品均感不足，到了明年青黄不接的时候，可能发生饥荒，如果红军死守在这里，不仅不能为人民解决粮食问题，恐将与民争食。[7]

第三，策应中央红军的需要。应该说撤离川陕根据地与中央红军的战略转移有着密切的联系。中央红军第五次反"围剿"的失败，牵动着各个革命根据地红军的命运。

红四方面军兵力较多，位于连接西南和西北地区的桥梁地带，对正在向云贵川边和川西北转移的中央红军，无疑具有重要的策应作用。正因为如此，蒋介石也就更加重视对这两支红军力量的分割，以便各个击破。打破蒋介石的分割包围，全力策应中央红军北上，是红四方面军全体指战员义不容辞的责任。红四方面军的一切计划和部署，必须服从这个大局。张国焘在其《我的回忆》中写道：

> 渡过嘉陵江，支援第一方面军顺利进入四川地区，我们认为这是首要的任务。我们认为第一方面军是全国红军的主干，中共中央和许多重要干部也都随一方面军行动，他们正在艰苦挣扎之中，如果我们不能及时赴援，可能招致中国革命的无比损失，也会使我们负疚良深。就因为这种大义所在，我们不惜放弃可以保卫的川北苏区，蹈险犯难，以为应援。不料我们这种驰援行动所招致的，竟是一些不应有的责难，随之而来的，更是争执和分裂。[8]

张国焘的上述解释有些是客观事实，有些则是主观的辩解。其前面所说的基本上属于客观事实，即红四方面军之所以放弃川北苏区，是为了驰援中央红军。这一点，也可以从徐向前的回忆录中得到佐证。徐向前回忆道："从 1935 年 1 月中央来电，令红四方面军全力西渡嘉陵江，配合中央红军作战之日起，我们就把冲破蒋介石的'川陕会剿'计划和策应中央红军的战略任务，紧密结合，变成这一时期全军的战略行动方针。"[9]

应该说,红四方面军领导人在策应中央红军的问题上,态度是非常坚决的,此时的张国焘还不清楚中央红军的实际情况,中央红军在张国焘心目中的地位仍然是至高无上的。但张国焘之所以不顾一切地将红军主力撤往嘉陵江以西,与其保存实力的心理也有着相当大的关系。

自中央红军长征以后,张国焘感到,在敌情方面出现的一个重大变化就是,蒋介石"剿匪"的重心不断由中央红军开始向红四方面军转移,红四方面军面临的敌情压力越来越大。特别是红四方面军胜利地渡过了嘉陵江以后,蒋介石判断出了红一方面军有与红四方面军会师的企图,极力调兵遣将,加大了对红四方面军的围剿力度。张国焘在回忆录中写道:

> 敌人是了解我们的军事企图的。当我军渡过嘉陵江时,敌人即叫嚣:"共匪企图在川西地区会合。"其对策自然就是隔离我们。敌方的电讯中不止一次表示:"朱毛红军已成强弩之末,不难在滇黔地区予以歼灭,贺龙萧克的一股在川黔湘鄂边界流窜,实力最弱,只徐向前的一股在川北地区,极为猖獗……"[10]

当中央红军战略退却到贵州境内时,敌情形势更加不利于红四方面军了。中央红军冲破敌人第四道封锁线后,损失惨重。追击的国民党军队所发出的各种电讯,无不在夸耀他们的胜利。蒋介石的部队,正从各方向向四川云集,有些已经进到四川的重庆,有的正经西安向汉中、天水移动。四川军阀看到蒋介石的部队已大批涌进四川,觉得本身防地已不易保持,于是叫嚣先解决红四方面军,以免南北两路红军互相策应,使其失去立足之地。这种情况下,张国焘不得不考虑如何保存红四方面军的实力问题。

自中央红军长征以后,张国焘无时无刻不关注着中央红军的行动,这种关注程度已经达到非同寻常的地步。张国焘在自己的回忆录中写道:

> 我们事实上放松了对四川军阀作战。仅有的侦察电台,日夜不停地工作,只有小部分时间用在侦察四川敌情,多数时间用来侦察中央红军行进所在及其四周敌情。中央红军行进到广西贵州边境地带时,我们即开始供给中央红军情报。这是一件相当繁重的工作,侦察电台每天都译出敌军大批密码电讯,再由参谋人员扼要做成通报,经我鉴定后拍发给中央红军,我们的电台须守候中央红军电台出现,有时从晚7时余守候到翌晨3点左右。有时我自己也守候在电台旁,解答对方的疑难。[11]

当然,这种做法为中央红军的战略转移提供了大量的情报,起到了"耳目"的作用,其积极意义不容置疑。中央红军在长征途中,有时日夜都在行进中,因而电台没有时间做侦察工作。至少约有两个月的时间,中央红军是完全依靠红四方面军来获得情报的。每当中央红军宿营休息的时候,立即与红四方面军联系,并根据所供给的情报,中央红军再决定行动,发布命令。

擅自撤离,丧失根据地

红四方面军作为中央红军领导下的一支部队,虽然有其军事行动的自由性和独立性,但是在重大军事行动的选择上,必须向中央请示。即使因为当时情况紧急,来不及请示,过后也是要报告党中央的。但是,张国焘并没有就此关系红军全局的重大行动报请党中央批准,而是私自做出了放弃川陕根据地的决定,是违反组织原则的。这就是造成红一、四方面军会师以后,张国焘所说的"我们这种驰援行动所招致的,竟是一些不应有的责难"的根本原因。红四方面军撤离川陕根据地虽然有复杂的客观原因,但张国焘在能够与中央保持联系的情况下,不向中央报告,显示出了其独断专行的一面,这也是造成以后红一、四方面军分裂的极为重要的因素。不仅如此,就连红四方面军内部,张国焘也没有与广大指战员进行协商讨论,就秘而不宣地带领留守根据地的红三十三军、地方武装、后方机关、学校、工厂职工等,撤离根据地,可见张国焘独断专行、一手遮天的本性。张国焘的这种性格,在日后给红军带来了更为严重的后果。

有人可能会为此进行辩解,认为张国焘也可能是迫于情况紧急,才出此下策。因为,红四方面军主要将士均在前方作战,无法抽调回来召开会议,统一思想。这个理由是站不住脚的。当时,徐向前确实正在带领红四方面军的主力在嘉陵江以西与川军进行激烈交战,但与后方的通信联络还是畅通的。徐向前等前方将士能够始终将战况向后方报告,并在战役结束后,就下一步的行动方向多次向张国焘进行电报请示,这就说明通信联络是畅通的。如果情况非常紧急,来不及召开会议是情有可原的,但事先连撤离的任何信息都没有透露给徐向前等前方将士,这在红四方面军内部来说也是违反组织原则的。

张国焘在撤离川陕根据地时,只留下刘子才(时为旺苍县委书记)、赵明恩(时为旺苍县委宣传部长)领导红军一部300余人,基本上将红四方面军主力全部撤走了,没有留下足够兵力坚持游击战争,致使根据地很快陷于敌手,苏维埃政权遭到彻底破坏。刘湘乘根据地红军西撤,紧急调兵西进,于4月中旬控制了嘉陵江以东广大地区,并步步向西进逼,红四方面军失去了武装斗争赖以依托的根据地,而且处于被敌包围于涪江上游地区的不利态势。

红军撤出苏区后,土豪劣绅也卷土重来,他们变本加厉地对根据地人民实行疯狂的政治迫害和经济上的倒算,使根据地的人民过着悲惨非人的生活。

国民党反动派对川陕苏区人民进行了惨无人道的烧光、杀光、抢光的"三光"政策。许多红军掉队人员、苏维埃干部和革命群众被逮捕并惨遭杀害。反动派屠杀人民的方法达到令人发指的境地,致使广大人民妻离子散,家破人亡。许多人无法立足,被迫全家逃亡,有的直到解放后才回来。

据有关资料统计,当时通江县城,原有房屋 3200 多间,人员 3900 多口,被反动派烧杀以后,房屋仅存 50%,只剩 1000 多人口。巴中县被反动派杀害的红军家属及红军干部达 1218 人,仅鱼溪区一地,全家被杀绝的就达到 210 户。南江长池大恶霸何群兰,一夜之间就杀害了 20 多个苏维埃干部。宣汉县被杀绝的红军家属达 1492 户之多。[12]

川陕革命根据地之所以遭到如此惨重的损失,与张国焘在率领红军西撤时,没有留下足够的革命力量有着直接关系。

徐向前后来提到这个问题时,不无遗憾地说,如果把红三十三军留下,情况会好得多。后来的事实也证明了这一点。被留下来的 300 余名红军战士,在当地人民群众的支持下,自 1935 年 4 月起,就开始与敌人进行艰苦卓绝的斗争,一直坚持到 1940 年 4 月,前后达五年之久。

如果留下 1 个军的兵力,依托根据地的有利地形和人民群众的支持,分散展开游击战争,等于是在敌人后方插入一把钢刀,会吸引川军相当一部分兵力的注意力。而且,当地的豪绅地主也不至于猖狂到如此地步,根据地人民群众也不会受到如此惨痛的损失。即使不留下 1 个军,留下 1 个师,甚至 1 个团,情况也会好得多。

"松理茂计划"

红四方面军从强渡嘉陵江起,实际上就开始了长征。前方部队没有再返回川北根据地,而是集中在涪江地区休整。张国焘带着后方部队也随后全部渡过嘉陵江,之后红四方面军陆续向江油集中。此时,江油仍在敌手,红四方面军除留少量兵力监视其行动外,大部队就地休整,发动群众,筹粮扩军。

涪江流域的江油、中坝地区,枕山面水,紧邻川西平原,物产丰富,利于红四

红四方面军在长征中刻的标语

方面军休养生息。红四方面军各部队的武器、弹药、粮食、被服、经费等均在此获得较大补充，同川陕根据地后期的日子相比，已不可同日而语。以红四方面军总部的电话机工作人员为例，仅在三天就补充进来100多名新兵。因电话机有限，只好把他们分配到部队中去。红四军十师二十八团在强渡嘉陵江战役中减员200余人，但经过补充后，新增近900人，全团人数达1700余人。其他各部队也都有了不同程度的补充。红四方面军将士达8万余人，再加上从川陕根据地撤出的党政机关人员、医院和学校的所有人员，总计不下10万之众，可谓兵强马壮。

然而，红四方面军所面临的形势也不容乐观。蒋介石已经非常清楚红一、四方面军的战略意图，为防止红一、四方面军会合，蒋介石在其原来兵力部署的基础上，不断调遣兵力，企图以江油、中坝为中心，对红四方面军实施东西堵截、南北夹击。

北面有国民党第三路军胡宗南第二纵队，南面有四川"剿匪"第一路孙震部、第二路邓锡侯大部及第四路李家钰部，东面及东南面，有唐式遵的第五路、王缵绪第六路及邓锡侯一部。各路敌军均按蒋介石的部署，开始了以江油、中坝为中心的围攻。具体行动是，以从苍溪、南部尾随红四方面军而来的刘湘主力王缵绪部13个旅为右路纵队，由罗江地区出绵阳、魏城，沿涪江东岸向彰明、两河口、重华堰进击；以邓锡侯第二十八军和孙震第二十九军各一部为左路纵队，由三台、绵阳出动，沿涪江西岸经香水场、双合场向中坝、江油进攻；以胡宗南部南下青川、平武，配合左、右两纵队的夹击；广元以北的邓锡侯一部南下，向剑阁推进；唐式遵一部守备昭化至阆中一线，防红四方面军东返；邓锡侯另一部封锁土门及北川河谷，防止红四方面军西进；李家钰部防守阆中及其以西左壁垭、店子垭一线，阻止红四方面军南下。蒋介石四面合围的意图再明显不过了，就是企图就地歼灭红四方面军于涪江地区。

同时，中央红军战略转移的行动方向也发生了新的变化。中央红军四渡赤水河以后，摆脱了敌人重兵的围困，巧渡乌江，经贵州、云南一直向川西挺进。

1935 年 4 月 29 日,中革军委发出《关于野战军速渡金沙江转入川西建立苏区的指示》,该指示提出:由于两月来的机动,我野战军已取得西向的有利条件,一股追敌已在我侧后,但敌已集中 70 团以上兵力向我追击,在现在地区我已不便进行较大的作战机动,另一方面金沙江两岸空虚,中央过去决定野战军转入川西,创立苏维埃根据地的根本方针,现在已有实现的可能了。因此政治局决定我野战军应利用目前有利时机,争取迅速渡过金沙江,转入川西消灭敌人,建立起苏区根据地。[13]

为此,红四方面军立即在江油附近召开了高级干部会议,各军的负责同志均参加了此次会议。会上,张国焘向大家解释了红四方面军撤出川陕根据地,是为了迎接中央红军北上。两军会合后,要在川西北创造根据地,赤化川、康、陕、甘、青等省。实际上,张国焘这种解释有些牵强附会。因为,在张国焘擅自撤离根据地时,中央红军的战略设想是在川滇黔边建立根据地,而不是在川西建立根据地,直到 4 月底,中央红军才决定在川西北建立根据地。

在会上,张国焘还就下一步的红四方面军战略行动提出了如下意见:为打破蒋介石的合围部署,方面军下一步应首先占领北川、茂县、理县、松潘一带地区,背靠西康,做立脚点。他还提出,那带是少数民族杂居地区,应成立苏维埃西北联邦政府,以利开展工作,云云。陈昌浩也发了言。大家没有异议,一致同意按张国焘的意见行动。[14]

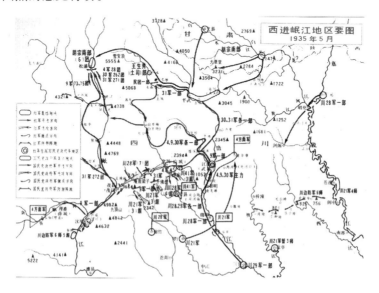

红四方面军策应中央红军北进西进岷江

至此,红四方面军西进方针正式确定下来。红四方面军制订了"开展与巩固松理茂赤区"的计划,以期首先在岷江流域上游的松潘、理番(今理县)、茂县、懋功(今小金县)、汶川地区打开一个新的局面,以摆脱当前不利的局面,进而为以后的发展创造条件。

红四方面军指战员一听说总部关于建立川西北根据地、迎接中央红军北上的计划后,个个士气高昂,纷纷准备投入新的战斗。

西进岷江地区,北川、土门所在的一条狭长走廊是必经之路。北川河谷南面,耸立着伏泉山、千佛山、老君山、观音梁子等高山。那里山峰陡峭,东西蜿蜒百余里,不少地方是悬崖峭壁、深山老林,被人们形象地称为"一山来了一山迎,只堪入画不堪行",是南扼川西平原、北控北川河谷的天然屏障。土门地处北川河谷中段,是东达北川、西进茂县的要隘。

为打破敌人固守北川河谷的计划,实现"松理茂计划",红四方面军总指挥部决定发起土门战役。战役主要分两步进行:第一步,首先向南进攻,夺取伏泉山、千佛山、观音梁子,控制北川河谷,造成红四方面军南打成都的态势,调动川军于安县、绵阳一带;第二步,突破土门要隘,主力乘胜西进岷江。

激战千佛山

1935年5月初,红四方面军先后出彰明、中坝、青川、平武等地,由江油地区向北川河谷进发,敌军随后跟进。

初夏时节,天热多雨。部队西进要经过山谷交错的地区,山路崎岖泥泞,江河水位增高,北川河、湔江及其数条支流,看起来河面很窄,但水流湍急,深不见底,两岸多为悬崖峭壁。人很难直接涉水而过,河面上又很少见渡船,红四方面军官兵大都是攀着铁索桥和竹索桥艰难通过的。

当红军主力进入北川后,敌四川"剿匪"第一路总指挥邓锡侯十分惊恐。多年来,邓锡侯一直兼任松潘、理番、茂县、懋功、汶川屯殖督办,一直将这一带视为自己的地盘。他非常清楚,这次红军前来虽然不是与他来抢地盘的,而是"借路"通过,但是一旦红军西进成功,他很可能就会成为"第二个田颂尧"。退一步讲,即使蒋介石不治其渎职之罪,其他军阀特别是蒋介石的部队也会如影随形般地跟来。这些"客人"可是一个比一个不好惹!不知道他们会不会反客为主?必须阻止红军西进岷江地区!为此,邓锡侯精心制订了守备北川河、封锁土门的作战方案。经蒋介石重庆行营参谋团和刘湘批准后,即令部下李炜如旅为先遣,驰驻墩上;令其第五师副师长兼十三旅旅长陶凯,率8个团约1.2万人,在土门、干沟、观音梁子、土地岭一线布防,封锁红军的必经之路。另调藏族奴隶主的马队600人控制干沟。邓锡侯认为,有了这些人马,再加上险要的地形,完全可以阻挡红军西进的脚步。5月1日,陶凯部抵达土门,在此布下三道防线:以一部兵力驻军墩上,为前进阵地;以5个团又2个营兵力在观音梁子一线构筑主阵地;以不足两个团的兵力占领土地岭一线,为第二阵地;藏族奴隶主马队置于干沟附近。敌军凭借有利地形,筑垒据守,层层设防,企图阻止红军西进。

5月1日,红三十军政治委员李先念率领八十九师、红四军一部率先进入北川河谷,向墩上守敌发起进攻,击溃敌陶凯所部1个团;又在东狱宫一带歼敌李炜如部1个团,追击逃敌于凉风垭。红军打开了"北边城墙"的突破口。

5月3日后,徐向前总指挥率方面军主力到达北川河谷,与先头部队会合,然后以红九军二十五师和红三十军八十八师作为主攻部队,开始向漩坪、伏泉山一带的守敌展开激烈进攻。

5月4日,红四方面军以优势兵力包围了盘踞在伏泉山的敌孙震部李炜如旅。这一带的山多呈马鞍形和锯齿形,山头与山头相隔不远,火力可以互相支援。敌人占据有利地形后,从山脚到山顶,层层布防,又以密集的炮火封锁。红军强攻没能得手,且损失巨大。

红三十军八十八师师长熊厚发与政委郑维山经过商议,决定以第二六八团从正面佯攻,吸引敌人的注意力,以第二六五团迂回到敌侧后,从敌人认为无法攀登的一条峡谷绝壁摸上去,这里敌人守备极其薄弱,乘势夺取制高点。

第二六五团的特点是擅长"夜摸",打过许多漂亮的夜战,曾荣获"夜老虎"的光荣称号。他们常常能在敌人眼皮子底下行动,搭人梯、登悬崖、攀绝壁、钻草丛、潜深沟,悄悄接近敌人阵地,给敌人以措手不及的打击。

这个光荣称号是全团指战员在艰苦的训练和实战中用勇敢、智慧和血汗赢得的。时任该团二营政委林彬回忆了训练细节:

> 夜战训练从哪里开始呢?遇到的第一个问题就是夜间怎么走路。于是,我们先练夜行军。夜间行军首要的问题是肃静,要做到无声无息、神不知鬼不觉。这就需要着装科学。战士们带上全副装备,认真穿好以后,就在原地变换着姿势,一个劲地猛跳,如果发现有响声,立即停下来重新着装,一直到无论怎么跳也没有一点儿声响为止。一切都收拾利索了,再把马蹄裹上棉花和麻布,开始练行军。先在白天按夜间行军的要求,反复训

练，再在夜间按实战要求行动。同时规定了夜间行军纪律，不准抽烟、不准说话、不准掉队、跌倒不喊、滚到沟里不嚷等等。战士们还在一节竹筒子里插上一根粗香。行军时把香点燃，筒口朝后，这样前边什么也看不见，而后边的人却能看见香头上的一点红光，行军时就能保持队形不乱、不断。[15]

在练走的同时，他们还练习夜间战斗的战术动作，包括攀登悬崖、擒拿格斗、夜间如何冲击、相互掩护和支援等等。

二六五团总是选择最坏的天气和最难走的道路，一次又一次地练习。每次夜间训练之后，都有人摔伤腿、碰破手，一个个弄得像泥猴似的，可是战士们越练越精，有的连、排行动起来连一点声响都没有。有的连、排在几分钟内就能搭起很高的人梯，用长竿子攀登悬崖既快又静。等他们掌握了夜行军、爬悬崖和各种夜间战术动作后，还要经过实地演练，根据敌人的部署和地形，设置假想敌进行演习。1934 年 8 月，在冲破敌人"六路围攻"的反攻阶段，该团根据徐向前总指挥的命令，执行夜袭任务，当摸到敌团部时，敌团长还在睡大觉，战士们从被窝里把他拉了起来，命他立即下命令投降。就这样，敌人还未醒过来就都乖乖地当了俘虏。

二六五团接受任务后，由团政委黄英祥带领第一营先行，师政委郑维山与团长邹丰明带第二营、第三营随后跟进，秘密行军。夜深人静之后，他们秘密地从敌人防御阵地之间的一条峡谷洼地往上摸。沿途尽是密密麻麻的灌木丛和峭岩，战士们有的脸被荆棘划破了，有的手被尖石笋刺伤了，但谁也不叫一声苦、一声痛。这样，经过四五个小时的攀援，"夜老虎"团官兵终于爬上山顶，于凌晨 3 时到达主峰。

敌人做梦也没有想到红军会从如此险要的地方摸上来！红军到来时，他们还正在睡梦中。随着红军投出去一排手榴弹的爆炸声响，有的敌人被送上了西天，连自己到底是怎么死的，都没有搞清楚。有的敌人还没有来得及醒过神来，就见到了明晃晃的大刀，随即成了红军战士的刀下鬼。侥幸活下来的敌人，不知红军从何而来，更不知究竟来了多少人，一时间乱作一团，争相逃命。在混乱的敌群中，只见到处是臂系白布的"夜老虎"，到处是闪着寒光的大刀。不一会儿，红军就攻上了伏泉山主峰。二六五团拿下主峰阵地后，一面组织兵力坚守阵地，一面以一部分兵力由山顶向下进攻。

就在二六五团战斗打响的同时，山下红军二六三团、二六八团等部队也乘机由山下向山上攻击。一时间，山上山下都是红军的喊杀声，遭受两面夹击的残敌难以招架,不是夺路而逃,就是举手投降。很快,伏泉山阵地全部被红军占领。

当邓锡侯得知伏泉山阵地被红军攻破时,十分震惊。伏泉山被红军占领,意味着其苦心布防的北川河谷防御体系被打破,红军创造出了南取成都的战略态势。于是,他紧急调派第二十九军第二纵队司令王铭章率3个旅9个团,从安县赶到伏泉山南侧的擂鼓坪一带集结。为配合王铭章进攻伏泉山并收复墩上,邓锡侯又命令第二十八军第三师师长陈鼎勋指挥5个旅14个团,经茶坪、东大垭口向墩上前进。临走前,邓锡侯向其面授机宜:主要是防止红军南下成都,其次才是阻止红军西进。这个"猴子"真是够精明的!与此同时,他还派特科司令游广居率7个团赶到草鞋街一带策应,企图夺回伏泉山阵地。

5月5日午后,王铭章在强大火力和飞机的掩护下,将兵力分布在曹山坡、苏仓沟一线,向扼守伏泉山的红军发起全线进攻。

红军指战员面对敌人的凶猛进攻,始终坚守阵地,敌人冲上来一批,被打退一批,在红军阵地前留下了成堆的尸体,也未能攻破红军防线。但敌人并没就此罢休,当看到正面攻击不能奏效,于是以主力向漩坪东侧运动,企图迂回夹击红军。不料,敌人在半路上又遭到从治城方向前来增援的红军第二十五师、第二十七师的迎头痛击,只得再退回擂鼓坪一线固守。红军几支队伍会合后,乘胜猛烈追击,向西扩大战果,于5月6日至7日,先后攻占了东大垭口、百家林等敌人的主要阵地。5月9日,红军兵临千佛山。

千佛山是北川河谷南侧的最高点,主峰海拔2250米,为"北边城墙"的中心支柱。其山势十分险峻,在高耸的主峰山顶上有一佛祖庙,左右是万仞绝壁,只有半山腰有一个天然石洞,被人们称为"天门洞",确有"一夫当关,万夫莫开"之势。

守卫千佛山主峰的敌人是四川军阀豢养的"金堂帮"头目赖金亭,他带着由各地民团拼凑起来的"剿共"自卫团和帮会分子,盘踞在佛祖庙,扼守住"天门洞",配合川军封锁红军西进之路,气焰十分嚣张。

开始,红军从正面发起仰攻,未能得手。几次攻击失利后,红军再次采取"夜摸"的拿手好戏。10日黄昏以后,红军一支精干的突击队携带短枪、大刀、手榴弹,乘夜由"天门洞"侧后悬崖攀摸上去,突然出现于敌后,一举歼灭敌人1个排,拿下了"天门洞"。后续部队也乘机攻上山顶,占领了佛祖庙。

与此同时,红二十五师也以猛烈的攻势,占领了千佛山周围几个制高点。5

月 11 日,红二十五师一举攻下千佛山西侧的大垭口,歼灭守敌陶凯 1 个团。

在千佛山东面,红军第四军、第三十一军经过激战,打退了从茶坪方向赶来增援的敌林翼如率领的 4 个团,先后攻占了巴罗山、皇宫山、大坪山等敌据点。至此,北川峡谷通道基本上被红军所控制。

攻破土门

攻占千佛山主峰的第二天,红四方面军指挥部命令红三十一军一部从桃坪方向上来接防,徐向前亲自率领红军第八十八师、第二十五师、第二十七师等部队迅速转兵西向,夺取红四方面军西进的最后一道屏障——土门。

土门位于茂县、北川、安县交界处,北有连绵耸立的群峰,南有观音梁子、上下横梁子为屏障,易守难攻。防守土门的陶凯,曾在江油、中坝战斗中被红军打得一败涂地。这次受命封锁土门后,他便设置了三道防线,每一道防线配置各种火力,形成密集交叉的火力网。

经过侦察摸清敌情后,红四方面军总部决定,集中兵力先攻取敌人的主阵地观音梁子,由徐向前亲临前线指挥。

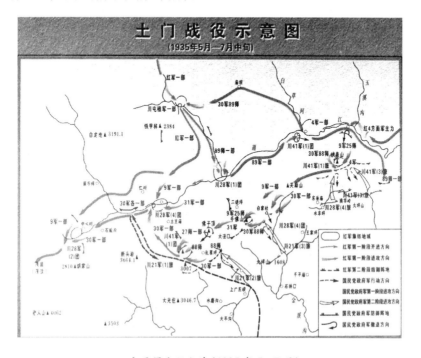

四方面军土门之战(1935 年 5 - 7 月)

5月15日拂晓,红军向土门发起总攻。第二六五团1个营夜袭敌主峰阵地一举成功,二十五师两个团担任正面主攻,二十七师一部和二六八团、二六五团2个营从两侧迂回同时发动攻击。顿时,枪炮声、手榴弹的爆炸声、喊杀声交织在一起。两个小时后,敌前沿阵地被突破。红军第二六三团奉命扼守阵地,其他部队乘胜追击。只见红旗所指,兵锋所至。尽管追击途中,不断有红军战士倒下,但红军追击的速度并没有丝毫减慢。红军指战员们纷纷冲向敌群,同敌人展开白刃战。

激战至中午左右,敌人出动几架飞机前来增援。但由于山高林密,再加红军已经与敌人混战在了一起,敌机一时找不到合适的投弹目标。其中,一架敌机不知是被红军打中了还是自行撞到了山崖上,最终坠毁了。

下午2时左右,红军终于攻占了观音梁子阵地,敌人北川最后一道防线就在红军眼前了。

下午4时许,红军兵分两路攻取土门:一路经冷水坪,出大沟口向土门逼近;一路自老君山直指雨淋磴。进攻的两路红军像伸出的铁臂一样,把包括土门在内的敌右翼阵地紧紧围住。这时,占领墩上、桃坪等地的红军部队也赶来支援,对土门守敌形成了南北夹击之势。

防守土门右翼阵地的敌军共5个团,由陶凯亲自指挥。战斗一打响,由于敌军被红军分割包围,彼此不能相顾,敌人开始纷纷乱窜,为躲避红军的追击,许多敌人钻进了密密麻麻的箭竹林中,使红军不能集中消灭敌人。因此,战斗一直持续到第二天早上才结束。土门封锁线被红军全部攻克,川军7个团被歼灭,守敌陶凯带着残部狼狈而逃。

土门封锁线被红军摧毁后,整个北川通道尽掌握于红军手中,红四方面军西进与中央红军会师的大门已经完全打开。

15日晚,蒋介石的参谋团得知土门防线被攻破,大为恼火,严电刘湘派其一、二、六各路军,重整旗鼓,趁红军立足未稳之机进行全线反扑,限5月17日向伏泉山、千佛山阵地发起总攻,夺回全线阵地,堵截红四方面军西进岷江流域。邓锡侯、孙震、王缵绪等川军头目接令后,聚集安县紧急会商,以时间仓促为由,决定推迟一天发起攻击。

18日,敌人共纠集了30多个团,分路从绵阳、江油、绵竹、灌县等几个方向压过来,向伏泉山、千佛山一线发起疯狂反扑。与此同时,敌机也飞临上空向红军阵地俯冲扫射。坚守伏泉山、千佛山阵地的红四军、三十一军、三十三军,以坚韧不拔的意志,与敌人展开浴血奋战。方面军副总指挥王树声等亲临前沿阵地组织指挥,鼓舞士气。由于处于仰攻的不利地位,敌人死伤惨重。但敌人并没有就此罢休,而是组织一次又一次的进攻。

其间,敌第六路军第三旅旅长刘兆藜命令第九团团长王三友率该团进占白家林,炮击红军阵地。红军指战员凭险据守,与敌血战,形势一度非常危急。幸好后赶来增援的红二七九团和红九十三师重机枪连,从左右两翼扫射敌群。王三友中弹身亡,进攻之敌顿时陷入混乱,部队失去控制,争相往山下溃退。殿后之敌第七团、第八团也跟着逃窜。红军反守为攻,夺回了白家林阵地。王缵绪命令其第六路军教导师二旅于18日进抵干沟、水茶店之间截击红军,配合敌全线反攻。该旅旅长于渊是中共地下党员,他机智地故意拖延至19日才到达干沟,当即受到红军的夹击,伤亡数百。于渊借此机会,有意丢下大量辎重,轻装撤往高川坪一带。敌一、二路军因以前遭受过红军的痛击,为了保存实力,仅向红军阵地盲目射击,虚张声势,或隔山观战,且战且退。红军经过两天两夜激战打败了敌人30多个团的总反扑,又牢牢地控制了千佛山全线阵地。

5月22日,蒋介石判断红四方面军主力已西去与中央红军会合,于是下令邓锡侯、孙震、王缵绪停止向千佛山全线阵地的进攻。同时,命令邓锡侯的二路军撤出千佛山一线,转移至岷江流域堵截红军,由孙震的一路军、王缵绪的六路军构筑碉堡固守,与红军对峙。

坚守部队扼守阵地期间,掩护红四方面军后续部队和党政机关全部顺利地通过了北川峡谷,其中包括从川陕根据地撤出的兵工厂、被服厂、造船队、医院、妇女组织、地方干部等,队伍相当庞大。他们抬着机器、粮食、担架等笨重物资,行军非常艰难,经过数日才转移完毕。

经过两个多月的阻击,部队在完成掩护和牵制任务后,于6月中旬由东至西逐次撤出阵地,7月14日,最后一批红军全部撤离防线。

千佛山、土门战役是继红四方面军强渡嘉陵江、剑门关、中坝战役之后的一次大规模的山地阵地争夺战,也是西进岷江流域的一次重要战役。为封锁和夺占北川峡谷通道,敌我双方都投入了大量的兵力,几经反复激战,红四方面军终于击破敌人防线,歼灭敌7个团,打通了西进岷江的通道,吸引和压制了川军10余万人的兵力,粉碎了蒋介石在涪江流域歼灭红四方面军的企图,为红一、四方面军胜利会师创造了条件。

进占松理茂

5月中旬,红四方面军先头部队占领茂县后,势如破竹,一部沿岷江南下,迅速占领并控制了文镇沟、雁门沟、威州等地;另一部直逼汶川,占领理番。红军后续部队第四军、第三十一军一部,则由北进至松潘、平武以南的镇江关、片口等地。在此期间,除攻打松潘的红军没有按原定计划占领外,其余各部在进军途中均没有遇到强敌阻碍。

松潘是个地震区,位于岷山山脉与千里草原之间,是座古城,城墙厚达20~30米,周围是崇山峻岭,是川西北地区通往甘南的咽喉要道,敌在此筑有坚固防御工事。早在1935年4月,蒋介石担心红四方面军经松潘出西北,严令胡宗南火速抢占松潘,以防红军向西北发展。胡宗南受命之后,即率所部27个团由文县、碧口等地向松潘疾进。在胡宗南部到来之前,松潘县城守敌为不足1000人的地方民团,分别设防于县城四周的制高点上。5月10日,胡宗南第六十一师林英团首先赶到松潘设防。

其实,不仅蒋介石看到了松潘战略地位的重要性,红四方面军领导人同样早已将目光盯在了这里。只不过在土门封锁线未被打破之前,红四方面军没有机会派兵前往占领。就在攻击川军土门封锁线的同时,红四方面军一部约2个团,奉命进占松潘。该部红军在进军途中,巧遇一名被国民党追捕的当地土司安登榜。红军在安登榜的引领下,沿途顺利消灭了松潘县一带的地方反动武装,并于5月14日占镇坪,继而占领松潘县城南重镇镇江关。不久,由茂县北上的红九军第七十三团、七十五团也先后赶到,红军即沿岷江东西两岸向松潘县城进攻。但是,还是比胡宗南部先头团晚来了一步。由茂县到松潘,山高林密路险,又因地震关系,山石不断塌方,极难通行。部队一边排除塌方,一边行进,每天只能通过一个团。三十一军有个班,行进途中遇上塌方,全部牺牲。

胡宗南部林英团赶到松潘后,将主阵地设在面向红军前进的方向——塔子山上。塔子山位于松潘县城东南面,与城仅一箭之遥,且河窄水浅,若塔子山守不住,则松潘县城难保。为此,守敌林英一面命令部下紧急构筑工事,一面发电请求后续部队迅速前来增援。

5月18日晚,岷江东岸红军利用夜幕掩护,开始向塔子山敌阵地迂回逼近。19日凌晨,红军向守敌发起了攻击。敌团长林英一面严令下属拼死抵抗,一面急电请求已离松潘县城不远之敌第一师李文第二旅火速增援。擅长夜战的红军战士不断向敌发起冲锋，经三小时激战，攻占了塔子山制高点，全歼敌1个机枪连，并将残敌压向半山腰地带。但就在红军乘胜消灭残敌之际，敌援兵李文旅赶到并立即投入战斗，敌人一面凭借优势兵力和精良装备固守，一面组织"敢死队"向红军阵地轮番强攻。此时红军虽然控制了制高点，但在攻克制高点的过程中已有相当伤亡，且后续部队没有上来。控制高地的红军缺乏粮弹补充，攻占松潘已不可能，再坚守下去，也只能意味着付出更大的牺牲。于是，红军开始逐步向南撤退至松潘县以南的镇江关，与敌形成对峙。此次战斗，红军消灭敌1个机枪连，毙敌300余名。但是，由于敌人在此地连占先机，致使红军未能攻占松潘，为红军后来的行动增添了极大的困难。

至此，红四方面军控制了以茂县、理番为中心的广大地区。

红四方面军总部设在茂县，该县位于川西北西进藏区、北进回民区域的要道之上，全县约六七万人口，羌族占总人口的百分之八十以上，是川西北羌族集中的县份。

红四方面军到来后，面临的首要困难是能否在茂县、理番一带站住脚的问题。一方面，部队虽然控制了茂县、理番一带地区，但敌人并没有放弃对红军的围攻。红四方面军到哪里，敌人就如影随形般地跟到哪里，并很快从红四方面军所占地域四周围过来，不断发起新的进攻。所以，敌我双方的激战一直不停，由于兵力有限，红四方面军只能暂取守势，稳固所占地域，积极策应中央红军的北上行动。另一方面，这里少数民族由于长期受汉官、军阀的压迫和掠夺，对汉人积怨较深，戒备心很重。在红军到来以前，邓锡侯部在这里大肆进行反动宣传，诬蔑红军"烧杀抢掠"、"共产共妻"，甚至把红军描绘成"青面獠牙"、"头长八只角"、"专吃人脑花和娃娃"的恶魔形象，更加深了羌族人民的疑惧。不少人弃家出走，逃进了深山老林里。再加上这里山高路远，地广人稀，交通闭塞，语言不通，红军如同没根的浮萍一样，失去了根基。连最起码的给养也无法解决，更不要说迎接中央红军了。

在这种情况下，首要的问题是做好当地人民群众的工作，打开这里的革命工作局面，以稳定军心。这时，红一方面军已经进入川康边，正经会理、冕宁向北疾进，两军会师，已指日可待。为此，红四方面军在茂县召开了各军领导同志的会议，研究如何打开革命局面和迎接中央红军等相互关联的重大事宜。

在这次会议上，红四方面军总部首先决定立即派第三十军政治委员李先念、第九军军长何畏率第三十军第八十八师及第九军第二十五师、第二十七师各一部,西进懋功地区,扫清这一地带的敌人,迎接中央红军。第四军、第三十一军的一部在松潘以南的镇江关、松平沟地区,抵御北面的胡宗南部;另一部在北川、片口一线抵御东面的川军,以保障会师的顺利实现。

会议要求全军各部队迅速动员,做好两军会师的思想准备与物质准备工作;各部队要层层发动,以坚守战斗岗位、多多消灭敌人、认真执行民族政策、大力筹集和捐献慰劳品等实际行动,欢迎中央红军的到来。根据川西北高原天气变化多端、昼暖夜寒温差大的特点,会议特别强调要多筹集些羊毛羊皮,制作毛衣、毛袜、皮背心,做慰问品。

但是,在这次会议上,陈昌浩为鼓舞红四方面军士气,提出了"欢迎三十万中央红军"这样不符合实际的口号,对两军会师以后红四方面军官兵产生了一定的负面影响。徐向前对此回忆道:

> 我印象最深的是,陈昌浩在会上提出了"欢迎三十万中央红军"的口号。当时我有点反感,觉得这是吹牛,就说:"恐怕中央红军没有那么多吧,还是留有点余地为好。"但是,会后还是那样宣传的,标语也是那样写的。会师后的事实证明,中央红军还不到两万来人,哪来的三十万嘛!我们的宣传打了自己的嘴巴,弄得四方面军的指战员议论纷纷。可见,不论任何情况下,政治宣传都要实事求是,留有余地,绝不能忘乎所以,信口开河。[16]

会议结束后,红四方面军各部分头开始行动。

徐向前为便于指挥前线部队作战,移往理县下东门。理县境内藏民人数比较多,而且越向川西北和西康地区深入,藏民越多,约占到总人口的百分之六七十。为了发动藏民,团结藏民,部队派人做了不少调查研究工作,使红四方面军第一次对藏族有了大致的了解。

赤化川西北

这时,接应中央红军的工作成为红四方面军压倒一切任务的头等大事,为使此项工作不出一点儿纰漏,徐向前特地把九军二十五师师长韩东山找来,亲自向他下达任务,讲明注意事项。韩东山后来回忆道:

> 一天接到紧急通知,命令我立刻赶到总指挥部去。徐向前总指挥一见到我便兴奋地说:"告诉你个大喜讯,我们马上就要和中央红军会师了!"
> "真的?"我实在不敢相信。

　　"真的。"徐总指挥收敛了笑容，神情严肃地说道，"有项重大的政治任务交给你：你师立刻做好战斗准备，为中央红军进入懋功打开通道。会师后，向中央首长汇报我们四方面军的情况，还要掩护中央红军安全通过夹金山，以后的具体行动，将由三十军政委李先念指挥你们。"

　　接着，徐总指挥又详细地讲解了这次会师的意义。他说："毛主席和中央首长率领的红一方面军撤离中央苏区后，蒋介石调集大量敌军前堵后追，天上还有飞机轰炸。但是在毛泽东同志正确指挥下，四渡赤水，突破乌江，强渡大渡河，抢占泸定桥，即将翻越大雪山和我们红四方面军在懋功会师。这是一个具有伟大意义的历史时刻，你韩东山是迎接毛主席的第一个红四方面军的代表，说不定将来还得给你上书呢！"这次谈话足足有两个小时，会师前后应注意的事项尤其是如何保卫毛主席的安全和搞好和一方面军的团结指示得非常具体，反复强调了多次。[17]

送走韩东山以后，徐向前似乎还不放心，总觉得还有什么事没有考虑周全。对了，中央红军连续转战行军，其物资供应肯定不足。于是，徐向前又把川陕省苏维埃政府副主席余洪远找到指挥部，命令其火速组织迎接中央红军筹粮工作队。余洪远每当回忆起这段往事，犹历历在目：

　　瓢泼大雨一阵紧似一阵，我带着警卫人员在中坝通往北川的山路上策马疾驰，当我们从雨幕中钻出来，走进北川城郊徐向前总指挥住处时，一个个活像落汤鸡。徐总指挥一见，连忙迎上来拉着我的手说："来得这样快，看淋成这个样子！""接到你的命令，搁下筹粮扫尾工作就急忙赶来了。"我答道。"是要越快越好哇！"徐总一面叫炊事员为我们做饭，一面拿出自己的衣服叫我换，然后把我换下的衣服拧了拧水，在火炉上边烤边说："毛主席、党中央率领中央红军已强渡大渡河，飞夺泸定桥，正向天（全）芦（山）宝（兴）地区开来了！我们正准备致电党中央，报告所处位置和敌情，并坚决表示我四方面军全体同志，正以十二万分的热忱，欢迎我百战百胜的中央红军。先念同志已率八十八师和二十五师、二十七师各一部，由岷江地区日夜兼程西进，迎接中央红军去了。叫你来，是想要你带领省政府、省委机关一部分和妇女独立团，赶去懋功一带，为迎接中央和一方面军做物资准备，主要是筹措粮食……懋功这个地方是少数民族地区，群众基础没有根据地好，出产也比较差，在那里筹粮困难是很大的。但中央机关和一方面军长征以来，长途跋涉，历尽艰辛，急需得到粮秣补充。不管有多大困难，也希望你一定完成好，并且要做到十二万分热忱。"听完徐总的话，我已掂出了这次任务的分量，当即表示："请总部放心，我们坚决完成任务。"[18]

直到余洪远受领任务而去，徐向前才觉得心情轻松了许多。

当时，张国焘、陈昌浩仍留在茂县，开始筹划建立中华苏维埃西北联邦政府事宜。

其实，红四方面军在进入松理茂地区之前，于1935年5月5日，就发出了《关于少数民族工作须知》，对成立西北特委和西北联邦政府奠定了思想和政策基础。《须知》首先对西北的概况及其对中国革命的意义进行了概括：

> 中国西北，系四川、西康、陕西、甘肃、青海、新疆、西藏等省，占全国面积约有一半，在这广大的区域内有丰富的矿山，大量的牲畜，很多的粮食，上万万富于革命热情的少数民族，在地形上来说是在中国高原地，向东南北方向发展，都是居高临下，为古来用兵必争之地，如果我们赤化西北的任务完成了，争取苏维埃中国的胜利就易如反掌。[19]

其次，《须知》对回、番、藏民族的分布及生活方式、民族性格等进行了扼要阐述，以便红军官兵了解这一地域少数民族的生活状况。

《须知》坚决反对过去一种落后意识，认为自己是大汉民族，回、番为蛮夷之人，不愿意接近他们，忽视了少数民族在中国革命中的重要性的错误观点。强调指出，回、番民族是中华民族之一，他们具有丰富的革命力量，是我们反对帝国主义国民党的民族革命战争中一个有力的支柱，将他们组织并领导起来，参加革命战争，是每一个党员和红军干部最主要的任务之一。为此，提出了红四方面军在对回、番民族工作中必须注意的十大工作要点，主要包括：每位干部战士都要了解回、番民风习俗；向少数民族揭露国民党反动派的罪恶；要学会少数民族的语言文字；加强对少数民族的教育，使其信仰共产党与苏维埃红军；培养大批回、番民族干部并大胆使用；不准乱动回、番民族群众家中的一切物件；尊重少数民族的生活习惯；等等。

为了适应在少数民族地区的工作，四方面军在张国焘主持下成立了中华苏维埃西北联邦临时政府，张国焘任主席，下设回番夷少数民族委员会，以领导少数民族的解放斗争，周纯全任委员长。这是红四方面军第一次在少数民族地区建立根据地，开始群众工作，一切工作均从零开始。

5月20日，中华苏维埃西北联邦临时政府回番夷少数民族委员会发布布告。布告揭露和批判了国民党军阀反动的少数民族政策，表明了苏维埃政府的立场。布告还宣布了解放少数民族的 12 条主张。

红四方面军在发挥政治宣传工作作用的同时，还派战士们想方设法接近少数民族群众，以实际行动感化少数民族群众，赢得少数民族群众的信任。红军的模范行动和政策宣传起到巨大的作用，颇见成效。当少数民族群众看到，红军指战员长得和常人一模一样，而且不烧不杀，不抢不夺，不仅使敌人对红军的反动宣传不攻自破，也使原本对红军心存疑惧的人打消了这个念头。他们开始把红军视为亲人，纷纷屠牛宰羊，献馍敬酒，载歌载舞，慰劳红军。那些跑进深山老林的群众，也陆续返了回来，不少青壮年还积极报名参加红军，红四方面军有些羌族干部就是那时入伍的。

为了进一步加强少数民族地区的工作，也为了给以后的发展创造一个良好的条件，5 月 30 日，红四方面军正式宣布组成中华苏维埃西北联邦政府、少数民族委员会和西北特区委员会。张国焘任联邦政府主席，熊国炳、刘百成任副主席，周纯全任少数民族委员会委员长，执行委员共 48 人。

西北联邦政府成立的当天，张国焘发布了《中华苏维埃共和国西北联邦政府成立宣言》，并以西北联邦政府主席的身份，发布了《中华苏维埃共和国西北联邦临时政府布告（第一号）》。

为使西北联邦政府的工作更好地展开，西北特委依据《布告》纲要，专门制定出了《关于党在番人中的工作决议》，详细阐述了番族政治经济状况和开展番族解放运动的重大意义，着重就共产党领导番人解放运动的基本路线和策略进行了全面阐述，其内容非常具有可操作性，包括番人革命斗争所要依靠的基本力量，番族解放斗争中的政权形式、武装形式，以及番人中共产党和共产青年团如何工作等各方面都说得面面俱到，是一个非常完整的、适合在少数民族地区建立苏维埃革命政权的施政大纲。

红四方面军广大官兵，在上述各项政策的指导下，身体力行，以实际行动向少数民族群众进行广泛宣传。他们热情帮助当地百姓背水劈柴、救人治病，熟习当地民众的各种生活习惯，包括学习当地人用手吃糌粑。红四方面军战士素以大米为主要食物，改吃糌粑非常不习惯，吃法不适应，肠胃也不适应。但为了与当地少数民族打成一片，红四方面军上上下下开始学习吃手抓糌粑，总政治委员陈昌浩还亲自向红军官兵做示范，吃糌粑曾一度成为他政治工作的主要项目。

少数民族委员会委员长周纯全也积极带领所属人员在地方展开工作。他们在茂县物色了各部落的代表,参加政府工作。他向这些代表解释,红军与各部落亲如一家,红军是来帮助他们解除军阀压迫的,绝不是反对他们的头人和宗教习俗,只要求他们与红军和平相处。他还向这些代表描绘了西北联邦政府今后的发展前景,将来要设立各民族的自治区,如藏族的自治区、回族的自治区和蒙古族的自治区等。他请求这些代表将政府的纲领和红四方面军的意向,传达到西北各个部落去……

筹集见面礼

经过红四方面军强大的政治宣传和红军指战员各方面的艰苦工作,松理茂革命根据地的建设打开了崭新的局面。徐向前在其回忆录中写道:

> 这里的条件远不及通南巴,发动群众的工作困难重重。一是语言不通,障碍甚大。二是历史上形成的民族隔阂很深,短期内不易消除。三是地广人稀,走上百多里山路,往往见不到一个寨子。四是少数上层反动的土司、喇嘛,利用他们的统治势力和影响,暗地进行破坏活动,甚至公开组织反革命武装。尽管如此,由于红军抓住了汉、藏统治阶级同广大劳动群众之间的尖锐对立这一主要矛盾,打倒汉官,反动土司,分田分粮,不断进行艰苦细致的工作,因而发动群众是有成绩的。许多藏民分得土地后,把"分配土地证"当神物供奉起来,烧香念佛,祈求神灵保佑土地,保佑红军。各县、区、村的人民政府相继建立,吸收了一批藏民积极分子当家做主。藏民地方武装组织,也逐步建立。有些地方还建立了党、团支部。总之,党和红军的影响,已经在藏族人民中日益扩展开来。[20]

分得土地的群众,纷纷把自己的财物捐献出来,使部队在短时期内就筹集到羊毛、羊皮、牛羊、盐巴、茶叶等大批物资。群众工作愈深入的地区,筹集工作就做得愈好。一时间,从前线到后方,从总部机关到连队,从地方政府到人民群众,处处在为迎接中央红军而忙碌着,气氛热烈,情景感人。

当年在红四方面军总医院宣传队工作的孟瑜,对此印象非常深刻,后来她写下"熬盐迎亲人"的动人故事:

> 当我们来到村尾,发现从一间破屋里射出一丝昏黄的灯光。"有群众!"我们高兴地跑进屋去。只见一位藏族老人正慌慌张张地收拾桌上的一个小瓦罐。"盐!"走在最前头的"小地牛"(红军总医院宣传队里年龄最

小的姑娘，名叫杨秀春，大家给她起了个外号叫"小地牛"）惊喜地叫道。大伙凑上去，只见瓦罐里果然盛着半罐雪白的盐。李队长用商量的口气对老人说："老大爷，我们是红军，路过这里，已经好久没吃盐了，请卖给我们一些吧。"藏族老人紧紧抱着瓦罐，一声不吭，用慌张而愤怒的眼光盯着我们。李队长掏出几块银元指着老人手中的盐，比比划划又说了一阵，老人仍不开口。忽然，他一转身，抱着瓦罐出了房门，走了。我感到很扫兴。这时，"小地牛"咦的一声，原来她看到桌上有一小撮盐花，那是老人刚才不小心撒落的。"小地牛"小心翼翼地把盐花收拾起用纸包好，准备带走。"放下！"李队长严厉制止她，并把包盐的纸包放回桌上，随即领着我们打扫老大爷的房子。房子破烂不堪，四面透风，西墙快倒塌了。我们找来木料和草，七手八脚地修了起来。[21]

这天，不仅孟瑜所在的小组没有筹到任何粮和盐，其他小组也没筹到，上级交给的任务没有完成，怎么办？

但是，第二天，情况有了转机。因为有几个老乡悄悄回村来探虚实，当他们发现红军不但没有拿他们的一针一线，还把村子打扫得干干净净时，便消除了怀疑，开始大胆地回到村子里，并陆陆续续把山上的群众叫了回来。这时，昨天红军碰到的那位藏族老大爷主动找上门来，还带着一位通司（翻译），硬要把半瓦罐盐送给红军，并夸赞红军"耶莫耶莫（好）！"，宣传队李队长就是不肯收。老大爷还告诉队长，离这儿不远的白云山有一种白石头，缺盐的时候，当地百姓用它熬过盐，只是味道有点苦涩。队长一听到这个好消息高兴极了，详细地了解有关熬盐的方法，将情况向上级做了汇报。上级决定部队就地开展筹粮熬盐活动。于是，红军战士从当地群众那儿借来铁锤、筐子，在藏族老大爷等几位乡亲的带领下向白云山进发。在藏族老大爷的引导下，红军找到了那种石头。

"小地牛"举起铁锤敲下一块，放在嘴上舔了舔，大叫起来："啊，真有咸味！"又见她皱着眉头认真地品尝了一会儿，肯定地说："嗯，一点不错，和盐一样！"

大家很高兴，纷纷挥锤敲打"宝石"。顿时，高山上响起一片"叮叮当当"的声音。

起初，大家很起劲，"叮叮当当"的锤声连续不绝。时间一久，同志们体弱腹空，渐渐支持不住了，敲击声慢慢稀落下来。我的胳膊发酸，"小地牛"

见我没有力气,调皮地说:"到底是女孩子,这点儿能耐都没有。我告诉你一个法子……"说着,她拿起一块石头舔了舔,"这么一来,保险你就有劲了。"这时李队长也鼓励大家说:"同志们,中央红军老大哥已挺进到夹金山,快要和我们会师了。我们多加一把劲,多熬一些盐,送给中央红军!"真的,当我们想到缺盐的情景,想到即将和盼望已久的中央红军会师,劲头就上来了,那"叮叮当当"的敲击声,回响在整个山谷……

接连几天,我们白天上山敲石头,夜晚生火熬盐。一钵钵的白盐,全部集中起来,准备送给中央红军。我和"小地牛"也悄悄地在荷包里装了两包最细最白的盐,准备与中央红军会合时,作为送给亲人的见面礼。[22]

为了准备迎接中央红军的礼物,指战员们不仅忙着打草鞋,还学会了剪制皮衣服,学会了撕羊毛、捻毛线,用来织毛衣、毛背心、毛袜子。也许这些制成品并不一定都合体,但一件件都浸透着红四方面军战士们对一方面军指战员们兄弟般的情谊。

南下迎亲人

就在红四方面军组织西北联邦政府,发动群众,筹备粮草的同时,接应中央红军的先头部队也迅速展开了行动。

为了及时与中央红军取得联络并请示今后的行动方针,6月2日,张国焘、陈昌浩、徐向前致电中共中央,内容概要为:我们已派出接应部队向西南进入懋功,与你们联络。待与你方先头部队确取联络后,请即指示以后行动总方针。我方情况请问我先遣指挥员同志即可知得大概。四川一带情况有利于我们消灭敌人作战,巩固后方根据地。

此时,中央红军已经渡过大渡河,进占天全。6月8日,中革军委向各军团发出关于一、四方面军会合以开展新局面的战略任务的指示:

今后我军战略任务,是以主力乘虚迅取懋功、理番,以支队掠邛崃山脉以东,迷惑敌人,然后归入主力达到与四方面军会合,开展新局面之目的。现敌杨森取守势,薛岳、邓锡侯到达需时,我军必须以迅雷之势突破芦山、宝兴线之守敌,奇取懋功,控制小金川流域于我手中,以为前进之枢纽……我军基本任务,是用一切努力,不顾一切困难,取得与四方面军直接会合。但在遇特殊情况,使我们暂时无法直达岷江上游时,则以大、小金川流域为临时立足之地,争取在以后与四方面军直接会合。取得懋功及小金川流域,是关系全局的枢纽。各兵团首长必须向全体指战员指出其意义,鼓动全军以最大的勇猛、果敢、迅速完成战斗任务,以顽强意志克服粮食与地形的困难,此时政治工作须特别努力。[23]

自李先念从总部受领任务以后,便立即同三十军政治部主任李天焕、二十五师师长韩东山等,研究迎接中央红军的具体行动计划,动员部队尽快做好出发前的准备工作。

随后,李先念又带少数部队,从茂县迅速赶往理番、汶川,向八十八师师长熊厚发和政治委员郑维山等传达总部命令与部署。李先念一到汶川,就告诉熊厚发和郑维山:中央红军在毛主席、周副主席、朱总司令率领下,已在泸定突破天险,渡过了大渡河,正向懋功方向前进。他此次来汶川,就是根据徐向前总指挥的命令,带八十八师两个团和红九军二十五师、二十七师一部,西渡岷江,经懋功,南下宝兴、芦山、天全,去迎接党中央和红一方面军。

"中央红军就要来了!"消息很快传开,战士们个个心里乐开了花。几个月来,部队不顾连续作战的疲劳,盼望中央红军到来,憧憬两大主力会合后的大好革命形势。现在眼看会师就要实现,怎能不格外高兴呢!

经过讨论确定,熊厚发率二六三团继续留在理番同敌人作战,郑维山率二六五、二六八团随李先念等人一起行动。

5月底,部队分两路出发:一路是红军第二十七师一部,从汶川向西南的卧龙方向前进,阻击由巴朗山方向西进的敌人;一路是九军二十五师和三十军八十八师主力,分别从汶川、理番出发直取懋功。

余洪远在接受任务之后,也以最快的速度将川陕省苏维埃政府、川陕省委机关一部分和妇女独立团组成了迎接中央红军筹粮工作队。他们考虑到去懋功后准备物资有困难,于是找来几头大骡子,驮上从中坝带出来的食盐、豆豉、海椒面、酱菜和资阳豆瓣,把每个同志的水壶里也全部装上这些东西,干粮袋也装得满满的。一切准备就绪后,工作队由1个工兵营开路,1个战斗团和警卫营掩护,立即向懋功疾进。

从汶川、理番到懋功有三百多里,中间多为崇山峻岭,而且必须翻越海拔4000多米的红桥山。山顶积雪终年不化。从汶川、理番出发的红军以九军二十五师为先头部队,三十军第八十八师两个团随后跟进,以日行百里的急行军速度向懋功方向飞奔,只经过一天多的行军就来到红桥山下。

真是百闻不如一见。虽然已是六月天,但红桥山仍然巍巍不见山顶,只见雾气腾腾,云缠山腰,寒气逼人!对红四方面军官兵来说,他们虽然有打过硬仗、恶仗的经验,有走过险路、强渡江河的经历,但翻越这样的雪山还是头一次。由于当地人烟稀少,也找不到向导,时间不等人,大家心急如焚,为完成迎接党中央的光荣任务,红军指战员只好自己寻找爬山之路。时任红三十军八十八师政委郑维山后来回忆起第一次爬雪山的经历:

这里的天气也怪,先是万里无云,骄阳似火,一开始爬山便人人挥汗如雨了。当爬到半山腰时,突然狂风大作,满山满谷涌出乌云,顷刻间,瓢泼似的大雨夹着冰雹,劈头盖脸地砸下来。战士们用斗笠遮住头脸,硬往上走。走着走着,将到山顶时,大雨又变成纷纷扬扬的鹅毛大雪,铺天盖地地洒向山头,覆盖了我们前进的道路,顿时大家都变成了"雪人",整个天地间白茫茫的。李政委和我,这时正在二六八团后面跟进。只听到前面雪雾里有人瓮声瓮气地说:"娘咯,这是人走的路吗!"

"我们走过去,不就成了一条大路嘛!"另一个人似乎不同意前一个人的说法,富有深意地反问。

"乖乖,那个山上出太阳啦!"时间不长,我们又听到前面传来一阵欢呼声。当我们爬上山顶,极目远眺,不禁为这雪峰奇景和战士们的乐观情绪所感染。顿时,使人领略了"会当凌绝顶,一览众山小"的杜甫著名诗句。看着一望无际、波澜壮阔的银山云海,向往会师后中国革命灿烂的前景,我们心怀开朗,觉得征途上任何艰难困苦都不在话下,不过是过眼烟云。此时,李政委也若有所触,意味深长地对我说:"是啊!干革命如同登山,艰苦中孕育着欢乐,欢乐中要不忘艰苦。认准方向,勇往直前,方能从一架高峰攀上更高的山峰!"[24]

没想到下山后,由于强烈雪光的刺激,部队中许多同志得了雪盲症,眼睛看不清东西,还有很多同志高山反应头痛得厉害,部队只好暂作休息,以使眼睛慢慢地恢复正常。但当他们听到邓锡侯正率部由邛崃、大邑向懋功方向蠢蠢欲动,妄图截阻红军两大主力会师的消息时,红军官兵们又不顾疲劳,忍受疾苦,急速向懋功挺进了。

接应中央红军的先头部队二十五师,在师长韩东山的率领下,以急行军的速度前进,仅用三天时间就挺进到了懋功,沿途还打了大小二十多仗。当他们到达懋功东北20余里的抚边镇时,遭遇邓锡侯部两个营及地方反动武装近千人部队的拦阻。

此地南靠群山，北临大河，消灭敌人非强渡大河不可。6月8日，当夜幕降临后，韩东山带领二十五师冒着敌人密集的炮火，抢搭浮桥，冲过大河。接着全师猛冲，不到半个小时便攻克了懋功，共歼灭700多敌人，邓锡侯的残部则纷纷逃进深山里。战斗结束时，天还没有亮。韩东山命令两个营据守懋功县城，他带领其余部队星夜兼程奔赴县城东南的达维镇，并将师部设在那里。

6月9日拂晓，韩东山命令七十四团团长杨树华带领三营从达维镇向夹金山方向出发，一方面警戒灌县之敌，一方面寻找中央红军。

达维位于夹金山以北的山窝里，是个近百户人家的村庄。村里的居民大都是藏族同胞，生活很贫困。为了迎接红一方面军的到来，驻留红军官兵开始整理空闲房屋，清整院子，张贴标语，准备粮食……

寻找中央红军的三营官兵在七十四团团长杨树华带领下继续向夹金山方向搜索前进，当他们前进到巴朗地区时与一部分敌人遭遇了，战斗中全营上下争先恐后，奋不顾身向敌冲击。大家只有一个念头，消灭敌人，用胜利迎接毛主席！战斗胜利了，但营长陈玉清等60余名同志牺牲了，这是会师前的最后一仗。他们没能看见中央红军，但他们用鲜血铺通了两大主力红军会师的道路。

1935年6月12日，是一个令韩东山和二十五师全体官兵终生难忘的日子，也是中国工农红军长征史上一个极其重要的日子。韩东山回忆道：

> 6月10日中午[25]，一个参谋冒冒失失跑进指挥所，人未到声先至："师长，师长，电话，电话！"我腾地跃起来问："什么电话？哪来的电话？"只见这名参谋手舞足蹈，结结巴巴地报告说："来了！来了！七十四团[26]……电话……和中央红军……会师了！"[27]

[1] 徐向前：《历史的回顾》（中），解放军出版社1984年版，第403页。

[2] 徐向前：《历史的回顾》（中），解放军出版社1984年版，第404页。

[3] 徐向前：《历史的回顾》（中），解放军出版社1984年版，第409—410页。

[4] 徐向前：《历史的回顾》（中），解放军出版社1984年版，第384页。

[5] 徐向前：《历史的回顾》（中），解放军出版社1984年版，第408页。

[6] 徐向前：《历史的回顾》（中），解放军出版社1984年版，第408页。

[7] 张国焘：《我的回忆》（第三册），现代史料编刊社1981年版，第201页。

[8] 张国焘：《我的回忆》（第三册），现代史料编刊社1981年版，第208页。

［9］徐向前：《历史的回顾》（中），解放军出版社1984版，第409页。

［10］张国焘：《我的回忆》（第三册），现代史料编刊社1981年版，第210页。

［11］张国焘：《我的回忆》（第三册），现代史料编刊社1981年版，第202页。

［12］中国工农红军第四方面军战史编辑委员会：《中国工农红军第四方面军战史资料选编》（川陕时期·下），解放军出版社1993年版，第444页。

［13］中央档案馆：《中共中央文件选集》第10册，中共中央党校出版社1991年3月版，第499—501页。

［14］徐向前：《历史的回顾》（中），解放军出版社1984版，第412页。

［15］林彬：《夜老虎团》，见《艰苦的历程》（上），人民出版社1984年版，第512页。

［16］徐向前：《历史的回顾》（中），解放军出版社1984版，第416页。

［17］韩东山：《攻克懋功　会师达维》，见《艰苦的历程》（下），人民出版社1984年版，第48—49页。

［18］余洪远：《光荣的使命》，见《艰苦的历程》（下），人民出版社1984年版，第42—43页。

［19］中国工农红军第四方面军战史编辑委员会：《中国工农红军第四方面军战史资料选编》（长征时期），解放军出版社1992年版，第19页。

［20］徐向前：《历史的回顾》（中），解放军出版社1984版，第418页。

［21］中国工农红军第四方面军战史编辑委员会：《中国工农红军第四方面军战史资料选编》（长征时期），解放军出版社1992年版，第202页。

［22］中国工农红军第四方面军战史编辑委员会：《中国工农红军第四方面军战史资料选编》（长征时期），解放军出版社1992年版，第204页。

［23］中国工农红军第四方面军战史编辑委员会：《中国工农红军第四方面军战史资料选编》（长征时期），解放军出版社1992年版，第47页。

［24］郑维山：《难忘的两次会师》，见《艰苦的历程》（下），人民出版社1984年版，第59—60页。

［25］据各方面史料考证，此时间应为6月12日中午。

［26］据《陈光关于红四团已同红四方面军第八十团取得联络致军委电》，1935年6月12日，首先与中央红军先头团会师的应是八十团，七十四团因也在达维地区，故参加了达维会师。九军之八十团、八十五团、七十四团，三十军之二六五团、二六八团在懋功，参加了懋功会师。

［27］韩东山：《攻克懋功　会师达维》，见《艰苦的历程》（下），人民出版社1984年版，第50页。

第三章

红一、四方面军
懋功会师

达维喜相逢

会师了,两军终于会师了!

6 月 12 日中午,红四方面军九军二十七师八十团与中央红军第一军团第二师第四团,在达维以南、夹金山北麓的木城沟胜利会师。随后,韩东山率领的红二十五师七十四团也与红四团在达维会师。

红四团翻过夹金山刚到山脚,一条深沟切断了去路,他们只得沿着沟边绕道而下。这时,山脚下突然响起一阵枪声,战士们一个个警惕地注视着前方,握紧手中武器,准备向前冲杀。

政委杨成武拿起望远镜,看了看,只见山下不远处是一个村庄。在村子周围的树林中,影影绰绰地有不少人来回走动,他们身上背着枪,头上戴着大檐帽,显然是部队,但是这到底是什么队伍?[1]

杨成武赶紧与团长王开湘商量,决定立即派出三个侦察员前去探明情况,并叫司号员用号音同他们联络。对方也用号音回答了,但从号音中判断不清是敌是友。因距离太远,对方听不清楚,杨成武等人只好命令部队保持战斗队形继续前进。

双方间的距离越来越近,红四团的指战员依稀听见了"我们是红军"的呼喊声。四团的同志听到之后,几乎不敢相信自己的耳朵。"是红四方面军的同志!""红四方面军的同志来了!"

与此同时,山下传来了清晰的"我们是四方面军"的喊声。

顿时,整个山谷响起了一片欢呼,震得山鸣谷应。红四团蜂拥而下,同四方面军的同志紧紧握手,热泪夺眶而出,欢呼着涌进山下的村庄——达维村。[2]

达维会师纪念碑

红一、四方面军的先头部队会师的喜讯像长了翅膀一样,很快飞遍了两大红军主力的每一个角落。

红三十军第八十八师政委郑维山刚刚听到两军会师的消息后,就迅速向三十军政委李先念汇报了这一特大喜讯。此时,李先念已率第八十八师主力进驻懋功。喜讯传来,群情振奋!李先念立即发电报向红四方面军总部。之后,他们一面分析敌情,察看地形,部署警戒;一面打扫街道,腾出房子,筹备给养,编排节目,写欢迎标语,准备热烈迎接党中央和一方面军的同志们。驻在茂县的张国焘得到报告后,于当天致电朱德、周恩来、毛泽东:

我们先头团已于8号占懋功,大部正向懋功进,先头部队向达维进,对灌筑工事警戒,掩护你们会合,探报丹巴有敌1团,邓锡侯残部,似6团有由淮(县)向懋功开进,企图与懋功、灌敌以□□松潘胡宗南部约12团正与我在镇江关激战，邓、杨两敌由雅（安）向芦山进企图，薛敌大约快到雅，望立即恢复电报、交通，经我懋功电台拍发，请立发整个战略便致作战今后两军行动大计，请即告之，如有必要请指定会面地点。数月来我方战略另与西（征）军配合行动，今日会合士气大为振奋，西征军艰苦卓绝之奋斗，极为此间指战员所欣服，者（诸）同志意见侵（认）为目前西征军须稍为休息，可立将我军包抄打主要方向，南大（打）薛岳、刘湘，或北打胡宗南。向前在理番，昌浩在北川，弟在茂县。[3]

同时，张国焘从茂县给徐向前打来电话，要他代表四方面军领导人写一份报告，火速派人去懋功，转送中央。因徐向前住理番，距离懋功较近些。徐向前连夜写出了致毛泽东、周恩来、朱德等的报告，第二天一大早就派人送走转发了。徐向前在报告中将川西北的敌情、红四方面军阵地及各军的部署情况做了详细介绍，并向中央领导请示两军会合后的作战方针。报告中写道：西征军（指红一方面军——本书作者注）万里长征，迭克名城，迭摧强敌，然长途跋涉，不无疲劳，休息补充亦属必要，最好西征军暂住后方固阵休息补充，把四方面军放在前面消灭敌人，究以先打胡先打刘何者为好，请兄方按各方实况商决示知为盼。

懋功留下的红四方面军标语01

懋功留下的红四方面军标语02

同一天，红一方面军红四团迅即向师领导汇报了两军会师的喜讯，红二师师长陈光随即向红一军团和中革军委报告了先头部队在达维会师以及红四方面军第二十五师已于 8 日占领懋功的消息。接电后,中央总政治部于 6 月 13 日向各军团发布《关于一、四方面军会合后加强政治工作的指令》,《指令》中指出:

（一）迅速传布已经与四方面军会合的情报,提高红色战士情绪,鼓动不掉队、不落伍、不怕粮食困难,注意卫生,严整纪律,迅速争取与四方面军的全部汇合。

（二）解释两大主力的会合,是为着以更大的战斗胜利消灭敌人,赤化全西北以至全四川。克服以为会合后可以放下枪担、安心休息的情绪。

（三）在部队中发动与四方面军联欢与慰问的盛大运动,号召每个战士准备娱乐,准备礼物,去会亲爱的弟兄。二师应即进行与四方面军先头的联欢。[4]

就在一、四方面军胜利会师的消息向四面八方传播,两方面军的大多数红军指战员见到亲人之前,红一、四方面军的先头部队已经在达维率先进行了联欢活动。

就在先头部队会师的当天,两军官兵互相热烈拥抱之后,红四方面军将最好的住房腾出来让给远道而来的红一方面军的指战员,并把准备的各种礼物送到红一方面军兄弟的手中。村头村尾的每一角落都聚集着一群群的红军战士,他们在愉快地交谈,互相询问情况。随后,红四方面军的同志们热情安排红一方面军的同志吃饭。据杨成武回忆,菜很别致,有牦牛肉、羊肉、马铃薯片,饭是青稞、玉米面糊糊。将士们吃得十分香甜,几乎全都忘掉了雪山途中的疲劳。

晚上,两军战士在达维村的大坪上开了一个会师联欢晚会。熊熊的火焰映红了天空,战士们的脸上闪烁着欢乐的光辉。大家同声欢唱着宣传队刚谱写的《两大主力汇合歌》:

> 两大主力军邛崃山脉胜利会合了,
> 欢迎红四方面军百战百胜英勇弟兄!
> 团结中国苏维埃运动中心的力量,嗳!
> 团结中国苏维埃运动中心的力量,
> 坚决赤化全四川!
>
> 万余里长征经历八省险阻与山河,
> 铁的意志血的牺牲换得伟大的会合!

为着奠定赤化全国巩固的基础，嗳！

为着奠定赤化全国巩固的基础，

高举红旗往前进！[5]

一阵热烈的歌声之后，是具有江西、四川风土味的节目表演，四川民歌、兴国山歌，一个接一个，间隙中，连续爆发震天动地的欢呼声和掌声。这歌声，这欢呼声，不仅道出了红军战士心头欢腾的情绪，而且仿佛是在向全国人民宣布：工农红军南北分割的局面已经结束。红军的两大主力已汇合成一股巨大无比的洪流，这洪流要荡涤旧社会的渣滓，把中国历史推向一个崭新的时代！

晚会结束后，会师的红军官兵余兴未尽，心情仍然非常激动，许多红军官兵高兴得彻夜未眠，他们各自回忆着以前的艰难险阻，畅想着两军会师后的美好前景⋯⋯

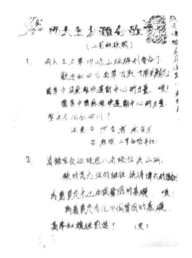

两大主力汇合歌（《红星报》第 21 期载）

川陕甘计划指示电

当红一、四方面军先头部队正沉浸在两军会师的喜悦心情之中时，由余洪远率领的筹粮工作队正艰苦地行进在前往懋功的途中。由于他们的行程远，是从北川经茂县、理番向懋功前进的，加之又携带着许多粮食、酱菜和其他生活用品，行进速度自然比不上战斗部队。但他们也是日夜奔波，经过七八天时间的艰苦行军，行程 700 余里，翻过满是悬崖峭壁的红桥山，于 6 月 13 日晚，到达懋功境内的两河口。

这时，他们才得知红一、四方面军先头部队在达维胜利会师的喜讯，同时也听到了毛泽东主席、朱总司令和周副主席等中央领导将来两河口继续北上的消息。筹粮队的同志们听到这个重大喜讯后，顿时忘却了爬红桥山的疲劳，连夜准备东西迎接一方面军。他们不仅将带来的粮食等物品重新组织安排了一遍，而且将他们自己备用的新米袋、新绑腿、新草鞋拿出来，准备送给中央红军的战士们。还有的同志连自己的口粮也舍不得吃了，小心翼翼地包起来，准备留给即将见面的亲人们。

14 日一大早，余洪远率领工作队开始向距离懋功 20 余里的卓木碉小镇出发，他们接到命令说一方面军一部分即将通过这里。当他们一想到马上就要与中央红军的亲人们见面，不由得加快了行军的脚步。他们到达卓木碉以后，迅速将工作队兵分两路：一路由川陕苏维埃政府副主席兼邮政局长祝义亭带领，到城里去设粮站，余洪远和另一部分同志暂留卓木碉开始埋锅做饭、就地筹粮，并把当地群众也组织起来，等待迎接一方面军到来。筹粮队长余洪远记得：

> 那天的时间好像过得特别慢。开水烧开了一次又一次，人们向南边路上望了一回又一回，鞭炮撑着只等点，锣鼓提着只等敲，可就是不见亲人来。等哪等哪，直到下午两点钟，只听山头放哨的同志一声喊："来了！来了！"顿时，鞭炮齐鸣，锣鼓喧天。看见一方面军的队伍开过来了，同志们迎上前去，热烈拥抱，欢呼跳跃，幸福的热泪夺眶而出。一袋袋来自江油、中坝的大米，一包包来自南部盐井的白盐，一壶壶来自资阳、郫县的豆瓣，还有川北山地的茶叶，川西平原的海椒面，阿坝草原的酥油糌粑和我们缝制的绑腿、米袋、草鞋及一针针编织的毛衣、背心、毛袜、手套……这些凝结着全川人民和四方面军指战员深情厚谊的物品，送到了一方面军同志们的手里。一方面军的同志们捧着这些东西，真是感激不尽。[6]

在以后的几天里，中共中央、中央红军的领导人和红四方面军的领导人之间往来电报频繁，热烈祝贺两军胜利会师。

6 月 15 日，张国焘、陈昌浩、徐向前代表红四方面军全体指战员向毛泽东、朱德、周恩来及中央红军全体指战员发去了一封热情洋溢的贺电，贺电中说：

> 懋功会合的捷电传来，全军欢跃。你们胜利地转战千余里，横扫西南，为反帝的苏维埃运动与神圣的民族革命战争，历尽坚（艰）苦卓绝的长期奋斗，造成了今日主力红军的会合，定下了赤化西北的最有利的基础的条件。我们与你们今后在中国共产党统一指挥之下，共同去争取西北革命的胜利，直至苏维埃新中国胜利。[7]

同一天，中央红军总政治部在《红星报》上，以《伟大的会合》为题发表了社论，高度评价了一、四方面军会合是历史上空前伟大的事件，是决定中国苏维埃运动今后发展的事件。这一伟大会合的成功，是五次战役以来最大的胜利。社论中指出：

> 红四方面军是现时中国苏维埃运动三大主力的最大的一个。它的长期的光荣的战斗历史，是不亚于中央红军的。它于 1928 年产生于鄂豫皖

边，创造了鄂豫皖苏区，成为当时长江北岸最大的苏区。1932 年底，它向西转移到川陕边，几年的奋斗中，创造了川陕边苏区，并从万余人的队伍扩大了 10 万左右。配合着中央野战军的西移，四方面军以猛烈的进攻和粉碎敌人的围攻，不仅保持了原有的苏区，并且先后消灭刘存厚、田颂尧、罗泽洲等四川军阀，大败杨虎城、杨森、邓锡侯、刘湘和蒋介石嫡系的胡宗南部，占领陕南的宁羌、褒县，川北、川西北的阆中、苍溪、南部、平武、北川、茂县、理番、懋功等县，开展了广大的游击区域，和建立了茂县一带的新苏区。红四方面军的这一伟大的胜利，正与中央野战军西移的胜利配合着。中央红军和四方面军的胜利会合，是中国苏维埃运（动）新的大开展的基点。[8]

6 月 16 日，朱德、毛泽东、周恩来、张闻天代表中央红军全体指战员给张国焘、徐向前、陈昌浩和四方面军全体指战员们发出了复电，电文内容是：

中国苏维埃运动二大主力的会合，创造中国革命史上的新纪录，展开中国革命新的阶段，使我们的敌人帝国主义、国民党惊慌战栗。我们久已耳闻你们的光荣战绩，每次得到你们的捷电，就非常欣喜。此次会合，使我们更加兴奋。今后，我们将与你们手携着手，打大胜仗，消灭蒋介石、刘湘、胡宗南、邓锡侯等军阀，赤化川西北。我们八个月的长途行军，是为苏维埃而奋斗。我们誓与你们一起，为苏维埃奋斗到底。[9]

同日，鉴于徐向前、张国焘曾在 12 日发电中央请示下一步行动方针，加之两军会师后确实需要统一思想，朱德、毛泽东、周恩来、张闻天等中央领导给张国焘、徐向前、陈昌浩等红四方面军领导发出了关于"中央为建立川陕甘三省苏维埃政权及当前计划的指示电"，其主要内容为：

一是今后我一、四方面军总的方针就是占领川陕甘三省，建立三省苏维埃政权，并于适当时期以一部组织远征军占领新疆。

二是目前计划则兄方全部及我野战军主力均宜在岷江以东，对于即将到来的敌人新的大举进攻给以坚决的打破，向着岷、嘉两江之间发展。至发展受限制时，则以陕、甘各一部为战略机动地区。因此坚决地巩固茂县、北川、威州在我手中，并击破胡宗南之南进是这一计划的枢纽。

三是邛崃山脉区域只能使用小部队活动，主力出此似非良策。

四是我野战军于 12 日已全部通过天全、芦山之线，18 日主力及中央机关可集中懋功、两河口之线，因粮食极少，不能休息，约月底全军可集中理番地区，并准备渡岷江。[10]

中共中央的战略计划非常明确,两大红军主力会师以后,合力粉碎刘湘、邓锡侯、胡宗南以及薛岳、杨森等国民党军队的进攻,建立川陕甘根据地。这一战略计划与红四方面军在强渡嘉陵江之前制订的战略计划不谋而合。此时,张国焘作为红四方面军的总负责人,也不可能不考虑红军下一步的战略行动计划。他也的确有自己的想法,其实他还是想抱定"松理茂计划"不放,这也是红四方面军正在执行的战略计划,包括占领松理茂地区、建立西北联邦政府等等都是为实现这一计划服务的。这个计划的核心是在川西北建立根据地,赤化川、康、陕、甘、青等省。从表面看,这一计划与中央红军的战略计划似乎并无矛盾之处,而且比中央红军的战略计划更为宽泛,但在发展方向上存在着本质上的差异。中央红军的战略计划主张向北发展,而红四方面军的发展方向有两种方案:一是向西发展,到西康、青海、新疆等这些经济、文化落后的区域去建立根据地;二是南下,直取成都,出长江,打到武汉去。

很显然,中央的方针和张国焘的计划有矛盾之处。张国焘接到中央关于今后行动方针的指示后,经过与陈昌浩磋商。他于6月17日复电中央,表示同意向川陕甘发展,但对两军的具体行动路线提出了不同的意见。张国焘认为,北川一带地形、给养均不利于大部队行动,再者水深流急,敌已有准备,不易东出北川和北打松潘。因而主张一方面军沿金川地区北进占领阿坝,四方面军则从茂县、理番北上进占松潘以西,然后两军西去青海、甘肃,并以一部组成远征军占领新疆,觅机东向陕西发展。为解决红军给养问题,同时也为了隐蔽作战意图,红军暂时可南下先取岷江以西的天全、芦山、名山、雅安等地。

中央红军和红四方面军的领导人还没有见面,在战略发展方向及具体行动路线等问题上已经产生了分歧,应该说这是极为正常的事情,两军会师的根本目的就是要统一行动,形成合力。两军高层领导人都考虑到双方会面指日可待,于是准备将这些问题放在会面时再加以解决。

"欢迎一方面军老大哥!"

6月17日凌晨,毛主席、周副主席、朱总司令和刘伯承、王稼祥等中央领导人从新寨子出发,翻越了海拔4000米终年积雪、空气稀薄、道路险峻的夹金山,于当日下午来到了达维。

"毛主席来了!"

"中央红军来了!"

"欢迎一方面军老大哥！"

达维小镇顿时欢声如雷，惊天动地的欢呼声响彻云霄。早已在此等候的红四方面军二十五师指战员们列队夹道欢迎中央红军领导的到来。但由于以前红一、四方面军各自征战，彼此素未谋面，别说是红军基层官兵之间互不认识，就是红一、四方面军高级将领也大都是只闻其名而未见其人。红四方面军二十五师师长韩东山后来回忆道：

> 我急忙迎了上去，可首长们一个都认不得，我只好一一敬礼。正当我焦急万分的时候，我的老师长陈赓同志突然出现在我面前，紧紧地握住我的手。因为我以前听说老师长从鄂豫皖根据地回上海养伤时被捕了，还担心他被害了。这一见面甭提多高兴了。在老师长介绍下，我才认识了毛主席、周副主席等中央首长。这时，一、四方面军的指战员早就像久别重逢的亲人一样，紧紧地握手，热烈地拥抱在一起，人人都满含着激动的泪水，跳呀蹦呀，喊呀说呀……[11]

毛泽东等中央领导同志在韩东山的引领下住进了一座喇嘛寺庙，这是当地最好的建筑。中央领导同志非常关心红四方面军的建设情况，刚刚安顿好，就立即关切地询问起四方面军的情况来，询问得十分仔细，从军队的建制、干部的成分、思想状况，战士们的生活、训练、学习，一直问到师团的历史、党组织建设、部队战斗力、军民关系等等。

由于韩东山初次经历这种场面，心情十分紧张，说得有些急比较乱，毛泽东等中央领导便和蔼地叫他慢慢讲。周恩来副主席爽朗地笑着，边递过一碗水边说："师长同志讲得很不错嘛，别慌，别慌！"在中央领导的鼓励下，韩东山开始放松下来，把他知道的关于红四方面军的情况都扼要地讲了出来。最后韩东山说道："我们部队的指战员都是来自鄂豫皖和四川的贫苦农民，打仗都非常顽强勇敢，一上战场没有一个怕死的，都是拼命地往前冲。"毛泽东听后高兴地笑了，从座位上站起来："是啊！这就是红军的作风！我们从江西出发那天起，飞机在头上飞，敌人在地上追，我们还是闯过来了，而且……"毛泽东边说边把两个拳头举到胸前，有力地合到一起，"更发展了，更壮大了！"屋内所有的人都会意地笑了。这笑声里充满了对蒋介石的蔑视，对会师的喜悦，更充满着对明天胜利的希望。

当天晚上，红军总政治部组织了一、四方面军联欢会。联欢会场设在达维镇外的一个晒场上，在晒场一端搭起了一个简易的讲台，讲台四周悬挂着几盏油灯,四周挂上了许多军用篷布,以便挡风。联欢会由周恩来主持。周恩来第一句话就是:"今天,我们在这里召开联欢晚会,欢迎四方面军的同志!"话音刚落,台上台下立刻爆发了一阵笑声和掌声,周恩来这种"反客为主"的风趣开场白,立刻使会场活跃起来。

当主持人周恩来宣布由红四方面军代表韩东山讲话时,中央领导和一方面军同志们热烈地鼓掌。韩东山第一次经历这样大的场合,心情万分激动,尽管早有准备,但是一上台就把原来想好的词全给忘光了。韩东山急中生智,猛然想起徐向前总指挥在交代给他任务时的指示,想起了红四方面军走过的战斗道路,就放声讲了起来。他的话音刚落,还没有来得及敬礼,就掌声雷动,口号声四起了。

红一方面军的同志们高喊:

"向四方面军学习!"

"感谢四方面军对我们的帮助和欢迎!"

"庆祝伟大的会师胜利!"

红四方面军的同志则高喊:

"向一方面军老大哥学习!"

"向中央首长致敬!"

"争取更大的胜利!"

千百人的欢呼声像松涛,似狂潮,压过高空长风,在无垠的旷野中久久回荡。

紧接着,毛泽东、朱德先后发表了鼓舞人心的讲话。红四方面军的官兵们第一次聆听毛主席、朱总司令的讲话,大家都屏住呼吸,仔细听着每一句话,千百双眼睛都聚精会神地盯着毛主席和朱总司令,听到精彩处,都情不自禁地鼓起掌来。韩东山等人对此印象极为深刻。据韩东山回忆,毛泽东在讲话中说道:

　　这次会师具有伟大的历史意义,是红军战斗史上的重要一页,是中华苏维埃有足够战胜国民党反动派政府和完成北上抗日任务的力量表现。我们在中央苏区就知道四方面军同志在党的领导下,作战勇敢,创建了川陕苏区,消灭了很多敌人,各方面都有很大成绩。

　　我们中国工农红军是打不垮的队伍,是劳动人民求解放的队伍。我们从离开苏区那天起,每天都是同超过我们几倍的敌人作战,但是敌人前堵后追不仅没能消灭我们,而我们却大量消灭了敌人。战斗中虽然有一些伤亡,但我们却锻炼得更加坚强,扩大了革命影响,沿途撒下了革命种子……

今天胜利会师了,我们一、四方面军是一家人,要在党中央领导下,努力工作,互相学习,搞好团结,为彻底消灭蒋介石反动派,赶走日本帝国主义而共同奋斗![12]

朱总司令在讲话中谈到了各地红军的历史作用和会师的意义,以及今后任务。

讲话结束后,周副主席宣布军委文工团的演出开始。那些既简朴又生动、歌颂红军艰苦卓绝征程的节目,真实地反映了红军的现实生活,广大红军指战员倍感亲切,并受到很大鼓舞。许多节目在雷鸣般的掌声中只好一次次重演。晚会一直持续到深夜。散会后,满山遍野的歌声还经久不息!

懋功沸腾了

6月18日清晨,一轮红日从雪山峰顶后升起,整个达维笼罩在彩色夺目的朝霞中。毛泽东一行即将告别红二十五师官兵,前往川西重镇懋功。红二十五师全体指战员早已列队完毕,依依不舍地等待着欢送一方面军的同志。毛泽东等中央首长虽然整夜未睡,可依然精神抖擞地来到队伍前面。韩东山疾步而出,向毛泽东等敬礼请示。毛泽东亲切地握着他的手交代当前的主要任务就是警卫布置好,提高警惕,掩护部队顺利通过;并将五军团三十七团交给他来指挥,等懋功重要会议召开后二十五师才能向懋功行动。

"明白!徐总指挥也早指示我们要在这里坚守七天,坚决完成掩护警戒任务!主席放心,我保证完成任务!"

"好,好!韩师长同志,再见啦。"毛泽东再次紧握了他的手,又转身对部队全体指战员挥手喊道,"同志们,再见!"

"再见!""再见啦!"

几千人的辞别声在山谷中轰响着,几千顶军帽在手中挥舞着,几千双眼眶里滚动着泪珠,几千颗心脏都在沸腾着、激荡着。当时许多红军将士都以为最艰难的岁月已经过去了,黑夜消失了,黎明来临了。全体红军都将在中共中央直接指挥下行动,中国革命的胜利就要到了![13]

毛泽东等中央领导告别红二十五师官兵后,开始率部向懋功前进。这时,等候在懋功的红三十军政委李先念及八十八师的部分官兵们早已按捺不住激动的心情,迎着中央红军赶来的方向前去接应。他们自从 12 日到达这里之后,一直在做各方面的准备工作。许多同志晚上睡不着觉,有的天不亮就起来到镇外高坡处,向夹金山方向眺望,这样的日子已经过了五六天了,指战员们早就盼望党中央和一方面军的战友来到懋功。

李先念等迎接毛泽东、朱德等中央领导到懋功的猛固铁索桥

这一重要时刻终于来临了!当李先念、郑维山正率八十八师官兵行进时,其先头部队向李先念报告:在山前大路上发现一支部队,正向懋功方向走来,八十八师政委郑维山立即举起望远镜观察:只见队列里的人衣帽褴褛,各式各样的服装都有,不少人还穿的是国民党的灰军装,但帽子上没有青天白日徽章。据此,郑维山命令部队原地停下来,用军号询问。但问了好久,也问不出个名堂来。郑维山后来回忆道:

"可能是中央红军!"李政委经过观察分析,做出了判断。为防万一,我们当即派出小分队前去侦察、联系,同时部署部队做必要的战斗准备。不多时,小分队回来了,说:"就是中央红军到了!"

"中央红军到了!欢迎中央红军!"顿时,部队沸腾起来,战士们再也顾不得队形是否整齐,飞也似的向中央红军扑去。就在这夹金山、红桥山汇

合的谷口,两支兄弟部队会合了!

　　"欢迎党中央!"

　　"欢迎毛主席!"

　　"欢迎中央红军!"

　　"中国工农红军万岁!"

　　"中国共产党万岁!"

　　满山谷爆发出了震耳欲聋的口号声、欢呼声。指战员们高举着枪支,挥舞着红旗,跳着、喊着、唱着,每个人都热泪盈眶,尽情地享受这会师的欢乐。

　　为了让经历了无数艰难险阻、远道而来的兄弟部队休息好,红三十军请中央红军住在懋功城内,自己住在城外小金川岸边的村庄,同时派部队担负了懋功城外四周的警戒任务。[14]

　　当晚,毛泽东、周恩来、朱德、张闻天等同志和一方面军的几位领导人,在其所居住的法式建筑风格的天主教堂内会见了红三十军政委李先念。

懋功会师纪念碑　　　　　　红三十军政治委员李先念

　　李先念第一次见到这么多中央领导同志,心情特别激动,也有一点拘谨。毛泽东充分肯定了四方面军的战绩,给予四方面军很高评价,然后说,过去两支红军独立作战,现在会合了。这样,我们的力量更大了。他打开地图,边看边问:岷(江)嘉(陵江)地区的气候怎样?地形怎样?人民群众的生活条件怎样?还能不能再打回去?李先念则汇报道:岷、嘉两江之间地区,大平坝子很多,物产丰富,人烟稠密,是汉族居住地区,部队的给养和兵源都不成问题。从战略地位看,东连川陕老根据地,北靠陕甘,南接成都平原,可攻可守,可进可退,回旋余地大。如红军进入这一地区，有了立足之地，可以很快休整补充，恢复体力，再图发展。而且这时茂县、北川还在我军控制之下，可以打回去，否则再打过岷江就难了……[15]

懋功会师，使中央红军和红四方面军的指战员备受鼓舞。两支兄弟部队开展了互相慰劳的活动。当李先念得知聂荣臻骑的骡子在宝兴过铁索桥时损失了，就热情地送给聂荣臻一匹骡子，后来，聂荣臻就是靠这匹骡子的帮助，一路长征到达陕北的。红四方面军第九军司令部把十万分之一的四川地图送给中央红军红九军团司令部。红四方面军的部队还进行了慰劳中央红军的捐赠活动，从北川、茂县、理番至懋功的沿途，络绎不绝的马队、牦牛队把一批批慰劳品送到中央红军驻地。

会师后，两支兄弟部队广泛开展了互访、互学活动。朱德总司令到红四方面军部队驻地，询问红四方面军部队休整的情况，介绍中央红军长征的经历，表达对红四方面军的关怀。李先念和郑维山当时住在一起，被朱老总突然"袭击"了一回，朱总司令径直来到他们的住处。通信员要把他们叫醒，朱总司令不让，说："他们很辛苦，不要喊，我坐下等等。"便和通信员悄声聊开了天。郑维山一睁眼，发现这是日想夜盼的朱老总时，非常激动，又非常不安，一面喊李政委，一面连鞋也顾不上穿，立即翻身下地。朱老总见状，边笑边慈祥地说："莫急，莫急，穿好鞋，洗个脸嘛！"俩人哪顾得上洗脸，边穿衣边和朱老总攀谈。[16]

举行红一、四方面军懋功会师干部联欢会的天主教堂

为庆祝两大主力红军会师，总政治部召开了一次联欢庆祝大会。在会上，红八十八师政委郑维山代表红四方面军致欢迎辞，表示坚决听从党中央的指挥，一定虚心向中央红军学习，团结奋斗，并肩前进，争取新的胜利。毛泽东、朱德分别发表了讲话。毛泽东在讲话中指出：两大主力红军会师，开创了中国革命史上的新纪录，是对国民党反动派的重大打击。他号召红一、四方面军的同志要在党中央的领导下，互相学习，搞好团结，开创中国革命新局面……他们的讲话不时博得阵阵热烈的掌声，口号声此起彼伏，气氛非常热烈。

6月21日，在懋功一座富丽堂皇的天主教堂里，中央红军和红四方面军举行了一次干部同乐联欢会，使庆祝会师的活动达到了高潮。

两河口会议

两军胜利会师后的喜悦之情，并没有冲淡红军指战员的敌情观念。他们深知，两大红军主力的会师对敌人来说无疑是其战略上的一次重大失败，敌人并不甘心，正在加紧调整部署，从东、南、北三个方向继续向红军进逼，企图把会师后的红军困死在人烟稀少的川西北少数民族地区。

据徐向前介绍：会师前夜，蒋介石判断我一、四方面军"急图合股川西"，"不外横窜康、青，北向甘、陕两途"。因而以胡宗南部27个团，布于松潘至平武一线，遏我北进；以刘湘、孙震、李家钰等部90余团，固江油、汶川、灌县一线；以杨森、邓锡侯部50余团至名山、芦山、雅安、荥经一线，防我东出；以刘文辉、李韫珩（李抱冰）、薛岳等部，自南而北推进，追堵红一方面军，并策应岷江东岸；以甘、青两省的马家军，防我西出青海。我北面的四军、三十军一部，在松潘以南的镇江关、松平沟地区，与胡宗南部对峙；东面的四军、三十一军各一部，在汶川、观音梁子、千佛山、土地梁、北川、片口一线，与川军对峙。敌人不断向我进攻，激战一直不停。我们当时以一部主力南下接应中央红军，一部兵力在茂、理、汶一带发动群众，筹集粮食、物资。前线兵力有限，处于守势。[17]

前线的战斗，相当激烈。北面的胡宗南部、东面和东南面的川军，频频向红军阻击部队发起进攻。红军凭借山险和工事固守，不断予敌以重大杀伤。当时，徐向前最担心的还是从灌县、汶川方向来的敌人，因为那里有从川西平原通向川西北的大道，运输极为方便，增兵容易。于是，徐向前命令阻击部队利用山险河谷，布下好几道防线扼守。战局处于敌攻我防的态势，部队天天在打消耗战。

对红军高级领导人而言,他们对目前所处的境地是非常清楚的。虽然两大主力红军已经会师,但他们仍然处在蒋介石和四川军阀的重重围困和封锁之下。如何摆脱当前敌人的围追堵截,如何利用两军会师的有利条件,为中国革命开创新的局面,这是他们必须尽快做出决断的头等大事。就在中央红军领导人进驻懋功的当天,中革军委就向红四方面军发出了"关于集中兵力突破平武"的指示电,指出:

> 目前形势须集中火力首先突破平武,以为向北转移枢纽。其已过理番部队,速经(马)塘绕攻松潘,力求得手。否则兄我如此大部队经阿坝与草原游牧区域入甘、青,将感绝大困难,甚至不可能。向雅、名、邛、大南出,即一时得手,亦少继进前途。因此力攻平武、松潘,是此时主要一着,望即下决心为要。[18]

同日,中央红军总政治部向各兵团政治部主任发出了关于赤化川陕甘和今后任务解释的指示,进一步明确了红军今后的任务,重点是:赤化以四川为中心的川陕甘三省广大地区,是此后野战军与四方面军共同行动的基本任务。[19]

6月19日,在川敌猛攻下,红四方面军阻击部队被迫放弃北川县城,从笔架山撤至神仙场一线,继续凭险阻敌。南面的红一方面军,也在杨森部的优势兵力压迫下,撤离宝兴。北川已失,红军出平武的困难加大。于是,张国焘、徐向前复电中央,就红一、四方面军行动方面提出他们的看法:

一、平武地形不利我方进攻,先念深知,请详问明。

二、胡宗南12团并指挥原十九路9团,钟松、王耀武6团,共27团以上,在松潘、平武线。许绍宗指挥17团在江油、北川线,孙震约30团在安县、北川一带。王治易30团在绵竹、茶坪、大坝线。范绍增12团在灌县、汶川线。李家钰部3团昨攻我威州前板桥阵地,战竟晚,我军出击敌溃,毙敌500余,缴枪百数十支。

三、同意打松潘。松潘占后,平武、南坪就好打了。但胡集10团以上兵力于松潘,我为给养、地形所限,任何通松潘道路都容不下10团兵力。因此打松潘须用分路合击、多方游击的战术。

四、五十三师李抱冰部及刘文辉6团防泸定,丹巴、绥、崇为战略要点,须速占并坚决巩固之。两河口通松岗、卓克基到阿坝路,请详查明。据现实看一方面军南打大包山,北取阿坝,以一部向西康发展;四方面军北打松潘,东扣岷江,南掠天、芦、灌、邛、大、名,因目前给养困难,除此似别无良策,请即决示行。岷江东岸地现扣好,好在将来须向平武打时亦不太远。须大大向番众各族和喇嘛做工作,他们最怕我们占他园地,吃他粮食。应坚决争取过来,不使土司再联合鼓动番众对我。焘巳到东门外,向前拟明晨来懋功面谈一切,如何乞示。[20]

实际上,红四方面军的意见主要由张国焘左右,徐向前的意见与中央基本一致。

徐向前曾和李先念交换过意见,认为还是原来的川陕甘计划比较好。如果中央红军上来,两军的力量加在一起,北上消灭胡宗南一部分主力,争取在川陕甘边创立根据地,与通南巴的游击区打通联系,再图发展,似为上策。[21]

北川被敌人占领后,虽然红军北出平武的困难增大,但徐向前仍然同意中央提出的北上战略。他认为北川已失,出平武困难,唯一的出路是想法拿下松潘。于是他和陈昌浩一面派兵加强东面的千佛山、观音梁子一线,阻击川敌,扼控茂县;一面调两团兵力向松潘方向运动,并派人侦察黑水地形,拟西取黑水作后方,援应攻打松潘的部队。[22]

中央领导人看到张国焘、徐向前的来电后,鉴于两军在战略方向的选择上有不同意见——张国焘虽然同意攻打松潘,但发展方向仍在西面,而中央红军认为今后两军的发展方向是北面。张闻天、朱德、毛泽东、周恩来共同商定后,决定再给张国焘发电,阐明中央对下一步行动的战略主张,并约请张国焘来懋功商谈这一关系全局的重大行动计划。

20日,中革军委复电张国焘:

从整个战略形势着想,如从胡宗南或田颂尧防线突破任何一点,均较西移作战为有利,请再过细考虑! 打田敌方面是否尚有若干可能? 如尚有可能,则须力争此着;如认为绝无办法,则需暂时抛弃川陕甘方针,改变为向川西南发展。因此出草原游牧地,此时极少可能,只有坚决的川西南方针是出路。如此战役部署,则应以有力一部在东岸佯攻,西岸松潘方面亦不必使用多的兵力,主力速向懋功开进,向雅、名、邛、大打去。这一动作关系全局,须集中20个团以上突然出击,且后续飞速跟进,方能一下消灭敌人大部,夺取广大地区,展开战局。兄亦宜立即赶来懋功,以便商决一切。[23]

接到电报,张国焘立即动身。他和黄超及十余骑兵卫士,翻越一座座高山,穿过茂密的原始森林,跋涉一些杂木丛生的乱石坡,加之山洪暴发时一些河岸道路被急流所冲毁要绕道而行,这样走了三天多的时间,才到达懋功北面约90里的抚边。[24]

　　毛泽东、张闻天、周恩来等中央领导人在懋功休整了三天之后,见张国焘还没有到来,便沿抚边河北上,向两河口进发了。李先念率红四方面军的部分部队奉中央命令,继续留在懋功和达维,负责后卫和东面防御,并派出一部分部队沿小金川河西进丹巴,再沿大金川河北进,以保障党中央北上的左翼安全。

　　中央领导人到达两河口以后,便以喜悦与焦急的心情等待张国焘的到来。这次与张国焘的会面是具有历史意义的,两大红军主力会师如同两条河流汇聚到了一起,这就像他们所居住的地方——两河口一样,红军的力量更强大了,喜悦之情油然而生。但是,中央领导人也从最近与张国焘的电报往来中发现,张国焘对中央北上的战略方针似乎并不热衷,总是提出这样或那样的理由加以部分否定,并多次阐述他的西进或南进计划。所以,他们急于想与张国焘进行面对面的沟通,将其思想统一到中央的战略方针上来。为此,6月24日,中共中央负责人张闻天撰写了《夺取松潘赤化川陕甘!》一文,刊登在中共中央、红军总政治部主办的《前进报》上。文章深刻论述了建立川陕甘根据地的可能性和必要性,明确指出:

梦笔河和虹桥河两条河交汇处称为"两河口"

　　为了实现我们在川、陕、甘苏区根据地的战略方针,我们现在必须集中我们的全部力量。首先突破敌人北面的防线,将红军主力转入川、陕、甘的广大地区内,寻求在运动战中大量地消灭敌人。因此,夺取松潘,控制松潘以北的地区,消灭胡宗南的部队,目前成为整个野战军与四方面军创立川陕甘新苏区的最重要的关键,也是我们工农红军目前的紧急任务。[25]

以张闻天的名义发表的这篇文章,实际上代表了中央红军领导人的基本意见,将两军会师后的战略方针问题论述得一清二楚,发表的根本目的在于统一红一、四方面军各级指战员的思想,也为两河口会议做了思想上的准备。

两河口会议旧址

为了迎接张国焘的到来,中央已经在两河口布置了欢迎会场。这是一片山间坡地,这个地方是由邓发和罗瑞卿两位政治保卫局局长选中的。他们调来工兵干了三个小时,伐木铲土抛石头,把一片荒坡开辟成会场。上边就着自然的坡度削成了小小的方台,就是主席台。下边用沙土铺平地面,代替欢迎贵宾的红地毯。没有房屋和墙壁,欢迎的大幅标语就挂在树枝上:"欢庆一、四方面军胜利会师!""中国共产党万岁!""中国工农红军万岁!"会场是如此的简陋,却又是如此的庄严。

6月25日,两河口热闹纷繁。尽管天空中浓云密布,大家的热情却丝毫未减。毛泽东、周恩来、朱德、张闻天、博古、刘伯承等中央政治局委员们和一些高级军政干部四五十人,很早就等在镇外的会场上,一方面军的指战员们也排着整齐的队列,准备欢迎张国焘的到来。

突然间,大雨倾盆而下,真是天公不作美,等候的人们不由得焦急起来。但为了表示对张国焘的尊重,毛泽东、周恩来、朱德、张闻天、博古、刘伯承等中央领导人硬是冒着瓢泼大雨,来到抚边的帐篷里继续等候。

由于下雨,道路泥泞,张国焘等人姗姗来迟。直到下午5点,他才骑着一匹白色快马,在警卫员的护卫下,来到两河口。

透过浓密的雨丝,人们看到一行人骑着马急奔而来。听到由远而近的马蹄声,毛泽东、张闻天、周恩来、朱德等几十人急忙从帐篷中走出来,冒雨站在路旁。张国焘见受到如此隆重的欢迎,非常兴奋。他翻身下马,同迎上来的毛泽东等人热烈握手拥抱。在场的红军战士欢呼起来,口号声响彻云天。会场上响起了嘹亮的歌声——《两大主力汇合歌》。在歌声中,毛泽东、张国焘并肩走上主席台。

毛泽东与张国焘是老相识了,他们曾一起参与创建中国共产党,在1923年广州举行的党的三大之后,十二年间,两人未再谋面。周恩来、朱德、刘伯承等人与张国焘也有过交往,1927年南昌起义时他们曾在一起共过事,后与朱德在广东东北的梅县三河坝分手,从此,各奔东西。一别也有八年之久。尽管他们过去并无深交,但毕竟是久经患难,且都是早期的革命者。如今他们都已经成为红军的领袖,决定着中国共产党乃至中国革命的命运,又为着同一目的至此重逢,情绪之欢欣是难以形容的。但是,当张国焘再仔细打量中央众领袖时,发现中央领导人个个都不像他想象中的有派头:毛泽东面黄饥瘦,长发披肩,衣衫褴褛;朱德满脸皱纹,似乎历尽沧桑;周恩来胡子拉碴,一脸病容,完全没有在黄埔军校任政治部主任和南昌起义时的英俊潇洒。至于博古、张闻天等人的面容也好不到哪里去。这些中央领袖们到底怎么了,好像是都经历了一场大难一样。回头看看自己身材魁梧,满面红光,与众位领袖形成了鲜明的对比。其实,众位领袖确实经历了一场前所未有、古今少见的大难,那就是终于摆脱了国民党几十万大军的围追堵截! 在此期间,众位领袖不仅要与普通红军官兵一道,经历长征路上的一切艰难险阻和长途跋涉、忍饥挨冻之苦,而且他们要承担巨大的心理负担:如何在敌众我寡的极度劣势的环境下,寻求红军的生存之路和发展之路! 考虑中国革命的前途与命运,这种历史责任感和使命感,常常迫使众位领袖彻夜不眠,这是常人难以想象的。此外,领袖的年龄相对于广大红军官兵来说又比较大。这种情况下,他们的面容自然异常憔悴,如同生过一场大病一样。但就是在这样的情况下,众位领袖依然保持着高昂的斗志,以百倍的热情欢迎张国焘的到来!

朱德总司令首先致欢迎辞。他在讲话中说道:同志们! ……两大主力红军的会合,欢呼快乐的不只是我们,全中国的人民、全世界被压迫者,都在那里庆祝欢呼! 这是全中国人民抗日土地革命的胜利,是党的列宁战略的胜利。[26]

张国焘接着代表四方面军讲话:"我们今天在这里胜利大会师,是两军指战员们英勇的结果,我们欢庆我们的成功! 我们欢庆我们的胜利! 我代表四方面军的全体同志,向党中央致敬! 四方面军过去一直远离中央,没有直接接受中央领导。现在好啦,中央就在我们身边,和我们在一起。今后我们要在中央的直接领导下，去战斗，去奋进。这里有着广大的弱小民族（藏、回），有着优越的地势，我们具有创造川康新大局面的更好条件，我们一定能够取得更大的胜利！"[27]

两河口的张国焘雕像

欢迎会在热烈的气氛中愉快地结束。当晚，毛泽东等中央领导同志设宴招待张国焘。毛泽东、张国焘、朱德、周恩来、张闻天、博古以及张国焘的秘书黄超等相互敬酒，共同为一、四方面军的会师干杯。久经患难的战友，今日终于相逢。酒宴上大家互诉离别之情，披肝沥胆，充满赤诚的欢欣。但张国焘却觉得索然无味，他在回忆录中这样写道：

> 在当晚的聚餐中，要人们不谈长征和遵义会议的经过，甚至也没有兴趣听取我关于红四方面军情况的叙述。毛泽东这个吃辣椒的湖南人，将吃辣椒的问题，当作谈笑的资料，大发其吃辣椒者即是革命的妙论。秦邦宪这个不吃辣椒的江苏人则予以反驳。这样的谈笑，固然显得轻松，也有人讥为诡辩，我在悠闲谈笑中则颇感沉闷。[28]

吃完饭后，朱德陪同张国焘回到住所，两人一坐下来，便打开话匣子，犹如长江巨流，一泻千里。据张国焘回忆，他与朱德谈了一个通宵，朱德有时谈得兴奋，有时陷入悲痛。如果把当晚剪烛夜谈的内容全部记录下来，也许是非常有价值的史料。

张国焘碰壁

6月26日,中央政治局在两河口召开扩大会议,开始就两军会师后的战略方针问题进行讨论。会议由张闻天主持。出席会议的有张闻天、毛泽东、周恩来、朱德、博古、王稼祥、张国焘、刘少奇、邓发、凯丰,以及刘伯承、李富春、林彪、聂荣臻、彭德怀、林伯渠等同志。

会议首先由周恩来代表中共中央和中革军委做报告。他回顾了中央红军撤离中央苏区后战略方针的几次变化,随后,分析了两军会合后的形势,着重就今后的战略方针、战略行动和战争指挥等问题进行了阐述。

关于战略方针问题,周恩来指出:一、四方面军会合以前,四方面军是决定西去懋功向西康;一方面军是决定到岷江东岸。两个方面军战略方针是不同的。至于在什么地方创建新苏区,首先要有利于我们作战。因此,在地区的选择上,应力求:1.地域宽大,好机动(松潘、理番、懋功地域虽大,但多是狭路,不易反攻);2.群众条件要汉族人口多(松潘、理番、懋功、汶川、抚边等8个地区人口20万,而少数民族占多数);3.经济条件比较优裕(松潘、理番、懋功一带粮食缺少,多是大草原和游牧地)。党中央认为,川、陕、甘三省地区则具有上述优良条件,因此,决定我军去川、陕、甘开创革命根据地,并应迅速前进。报告明确指出,一、四方面军会合后,新的战略方针即是集中主力向北进攻,创立川陕甘革命根据地。[29]

关于战略行动问题,周恩来在报告中分析了敌情的变化,然后指出,目前一、四方面军的战略行动向南不太可能;向东过岷江,目前也不可能,因为敌人在东岸部署了130个团,对我们很不利,向西北是广大草原。党中央和中革军委认为,现在只有一个去向,首先到甘肃南部,向岷山山脉以北发展。那里道路多、人口多、山少,可以开展运动战消灭敌人,实现开创川陕甘革命根据地的战略方针。为此,红军战略转移的具体行动要求是:第一,向松潘与胡宗南作战,向松潘北转移,基本条件是要迅速;第二,高度机动,使敌对我估计发生动摇,使其部署赶不上我们;第三,坚决统一意志。两个方面军部队集中在一起后,力量大,要特别坚决地统一指挥。其中,第三条是最高原则,必须实现。

关于战争指挥问题,周恩来强调了三条最高原则:一是应集中统一,指挥权要集中于中革军委;二是为使作战更有力量,须组织为左、中、右三个纵队;三是加强政治工作。

周恩来报告完毕后,会议开始对此报告进行讨论。

张国焘首先发言,他表示反对北上建立川陕甘根据地的战略方针。理由是北有雪山、草地,气候严寒,行动不利,部队长途行军会有大的减员。更重要的是北边有胡宗南部20余团兵力,如打不下胡敌,即便到了甘南也站不住脚。他认为,西康西边有800万人口,如能以松潘、理番、懋功、西康为后方发展根据地,消灭胡敌当更有把握。

张国焘对今后的行动提出了三个计划:一是以现在所占领的地区为起点,向川北甘南至汉中一带发展后方,可命名为"川甘康计划";二是转移到陕甘北部行动,夺取宁夏并将其作为后方,以外蒙为靠背,即"北进计划";三是转移到兰州以西的河西走廊地带,以新疆为后方,这就是其"西进计划"。

张国焘还依次分析了这三个计划的利弊,并倾向于执行第一个计划。

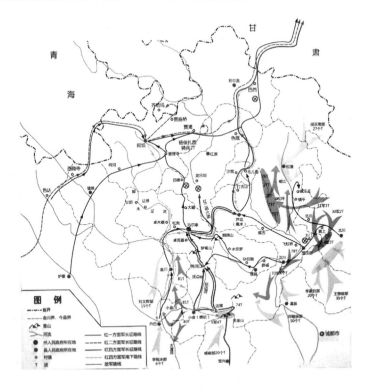

红一、四方面军懋功会师后敌我态势图

毛泽东继起发言,明确表示同意周恩来的报告,反对张国焘提出的计划,并就此提出了五点意见:

（1）中国红军要用全力到新的地区发展根据地。在川陕甘建立根据地，可以把创造苏区运动放在更加巩固的基础上，这是向前的方针。要对四方面军同志做解释，他们是要打成都的。一、四方面军会合后有实现向北发展的可能。

（2）战争性质不是决战防御，不是跑，而是进攻。根据地是依靠进攻发展起来的。我们过山战胜胡宗南，占取甘南，迅速向北发展，以便建立新的根据地。

（3）应看到哪些地方是蒋介石制我命的，应先打破它。我须高度机动，这就有走路的问题。要选好向北发展的路线，先机夺人。

（4）集中兵力于主攻方面，如攻松潘。胡宗南如与我打野战，我有20个团以上，是够的；如不与我打野战，守堡垒，就一定要打破驻点，牵制敌人。现在就是迅速打破胡敌向前夺取松潘。今天决定，明天即须行动。这里人口稀少，天冷衣食困难，应力争在6月突破，经松潘到决定地区去。

（5）责成常委、军委解决统一指挥问题。[30]

朱德、王稼祥、博古、彭德怀、邓小平、刘少奇、刘伯承、聂荣臻、凯丰等领导同志都先后发了言，一致同意周恩来代表中共中央和中革军委提出的北上战略方针，认为一、四方面军会合，打开了一个新局面，使红军在川、陕、甘建立根据地有了可能。

张国焘一看众位领袖的意见与其相左，在会议上完全陷于孤立无援的境地，为了摆脱这种尴尬的被动局面，最后被迫表示同意中央北上建立川陕甘革命根据地的方针。

张闻天最后做了总结性发言。他强调指出，北上的战略方针大家取得了一致意见，应以一致的行动来实现。这个战略方针是前进的，是唯一正确的方针。要实现北上这一战略方针，首先要进攻或控制松潘。

两河口会议虽然只开了半天，但这是两大红军主力会师后的一次重要会议。会议正确地分析了两军会师后面临的形势和川陕甘、川康边的实际情况，确定了两军共同北上，在川陕甘创建根据地的战略方针，为两个方面军的行动指明前进的方向。当时，无论从国际、国内形势来看，还是从当时的敌情来看，中央决定北上的战略方针是顺应时代潮流的。

从国际上看，当时的中国革命已经是以苏联为首的世界革命的一部分，深受共产国际的影响。中国共产党的高级领导人大都是从苏联留学回来或由苏联派来的，他们始终接受着共产国际各方面的指示，这与中国共产党成立不久，力量还比较弱小有关。当时的共产国际在他们的心目中具有至高无上的权威性,包括各国共产党的最高领导人都是由共产国际来指定或委派的。中央红军在进行第五次"反围剿"时期,共产国际曾来电指示,说中国红军在不得已时可以向蒙古靠拢,以便得到苏联的军事援助。中央红军实施战略转移后,由于电台出现故障,与共产国际失去了联系。但中央红军的高级领导人都知道此事,这就是中央红军领导人的意见为什么会如此一致的一个重要原因。张国焘对此事并不知晓,情有可原。但是,当张闻天告知张国焘此事之后,张国焘仍然以"事隔十月以后的现在,能否仍照前议"为由反对中央提出的北上方针,就明显带有其他方面的色彩了。

从国内看,两军会师正值日本帝国主义向华北步步进逼的紧急关头。在民族危机日益加深的形势下,国民党蒋介石政府仍然坚持"攘外必先安内"的政策,一面加紧"围剿"红军和镇压抗日救亡运动,一面对日妥协退让。6月10日,国民党政府颁布《敦睦邦交令》,公开宣称要严惩一切反日的言论、行动和团体。7月6日,又以承诺日本方面6月9日"觉书"的形式,与日达成《何梅协定》,使中国在冀察两省的控制权大部丧失。随后,国民党政府把驻河北省的东北军于学忠等部调往西北"剿共"前线。日本的加紧入侵和蒋介石的倒行逆施,激起了全国人民的极大愤慨,抗日反蒋的新高潮即将到来。这表明,中国的政治形势正向有利于革命的方向发展。而张国焘没有看到这种形势的变化,他认为中国革命当时处于低潮期,中央红军撤离中央苏区,以及红四方面军撤离川陕根据地都是革命处于低潮的具体表现,所以他坚持"偏于西北的保守(退却)战略",以观时局的变化。

从当时的敌情看,张国焘的主张也是极其错误的。早在红一、四方面军会师之际,蒋介石就对红军会师后的战略动向做了种种揣测,并不断调兵遣将加紧围攻。6月20日,蒋介石行营参谋团的判断是:红军会合后,势必合力攻占汶川、灌县,进而袭取成都,以谋赤化全川。如果不逞,再向甘、青北进,以期达接通国际路线之目的。根据这种判断,国民党确定了如下作战方针:

> 我军以先巩固碉线封锁,再行觅匪进击之目的,除于甘、青边境,趁时宣抚番夷,坚壁清野,筑碉设防外,对川西地区,应限期巩固各纵横碉堡封锁线,并分集重兵于要点,防匪进犯,及准备尔后之进剿。[31]

根据上述战略方针,蒋介石责成行营参谋团制订了十分详细的作战计划,调动胡宗南部、薛岳部、邓锡侯部、孙震部、李家钰部、杨森部、刘文辉部等全力对付已经会合的红军主力。由此,不难看出,张国焘的计划早已在蒋介石的预料之中,从战略上看已经先输敌一招。如果将张国焘提出的计划付诸实施,正中蒋介石的下怀,其后果不堪设想。

中央北上战略方针,是在充分考虑国际、国内和当面敌情的基础上制定的,是切实可行的正确的战略方针。

事实一再证明,"不谋全局者,不足谋一域,不谋万世者,不足谋一时"。张国焘提出的战略主张之所以不被大家所接受,是他根本没有把当时红军的处境与国际、国内形势联系起来看,而且他对敌情的判断存在着极大的失误,对战略形势的新变化缺乏足够的认识。虽然此时他实力雄厚,如果不坚持中央正确的战略方针,仍然摆脱不了失败的命运。

制订"松潘战役计划"

张国焘初次与中央红军的高层领导碰面就被弄得灰头土脸,其所谓雄心勃勃的战略计划也被中央否定。但他此时还不敢做出违背中央决定的事情来。徐向前、陈昌浩也频频来电请示,有向北取松潘之意。6月27日,张国焘就战略方针及北进部署要点向徐向前、陈昌浩发电,电文中指出:

(甲)战略以首先集中兵力消灭松潘之胡敌,迅速转到甘南,用运动战向前灭敌的方略,创造川陕甘赤区。同时,以小部在洮河、夏河区域行动,以便将来在甘(肃)、青(海)、新(疆)、宁(夏)广大区域发展成为后方。

(乙)战役部署草案:进攻松潘区分为两纵队,左由马唐(塘)、墨洼(今麦洼),右由芦花、毛儿盖分进。松平沟、红土坡方面出右支队,制小姓沟之敌。岷江东岸留钳制部队。懋功方面留掩护部队,理番、卓克基、阿坝地域为作战后方。

(丙)金、什、彭(均是红四方面军部队代字,依次指三十军二六五团、二六八团和九军七十四团——本书作者注)三弟即开马塘,向墨洼进。

(丁)速令黑水部队,设法向石碉楼、芦花进,占要点,侦察敌情、地形,集粮食。纯全(周纯全)速筹干粮、皮衣、帐篷,河东粮食速运威州,河西彩病号速运。威州桥搭好否?二六七团或可由马塘去芦花。六包树、锁江桥、都坝河一带尽量游击,不必增兵力去,必要时收到小坝底可西来。[32]

6月28日,中共中央政治局根据两河口会议精神发出了《关于一、四方面军会合后战略方针的决定》指示电,强调各政治部负责一直传达到团,但必须绝对保持战役部署的秘密。

电文中指出：

一、在一、四方面军会合后，我们的战略方针是集中主力向北进攻，在运动战中大量消灭敌人，首先取得甘肃南部，以创造川陕甘苏区根据地，使中国苏维埃运动放在更巩固、更广大的基础上，以争取中国西北各省以至全中国的胜利。

二、为了实现这一战略方针，在战役上必须首先集中主力消灭与打击胡宗南军，夺取松潘与控制松潘以北地区，使主力能够胜利地向甘南前进。

三、必须派出 1 个支队向洮河、夏河活动，控制这一地带，使我们能够背靠于甘、青、新、宁四省的广大地区有利于向东发展。

四、大、小金川流域在军事、政治、经济条件上均不利于大部红军的活动与发展。但必须留下小部分力量，发展游击战争，使这一地区变为川陕甘苏区之一部。

五、为了实现这一战略方针，必须坚决反对避免战争退却逃跑，以及保守偷安停止不动的倾向，这些右倾机会主义的动摇是目前创造新苏区的斗争中的主要危险。[33]

电文中的"反对避免战争退却逃跑"、"保守偷安"显然是意指张国焘方案负面作用的评价。

同日，中革军委就进攻胡宗南部的战役部署致电徐向前、陈昌浩、林彪、聂荣臻等人，决定将一、四方面军分为左、中、右三路军，向松潘及其西北地区前进。

6 月 29 日，中共中央政治局常委召开会议。会议听取了博古关于华北事变、日军向北平进攻等情况的报告，决定以中共中央名义发表宣言或通电，写文章，准备向国民党军派工作人员。为了统一军事指挥，会议决定张国焘为中革军委副主席，徐向前、陈昌浩为军委委员。

同日，中革军委根据两河口中央政治局扩大会议的精神，制订了关于松播战役的详细计划。

《计划》首先对当面敌情进行了分析：蒋介石判断我一、四方面军会合后，将入西康、青海或北上陕甘，故集结川军主力刘湘、孙震、李家钰等部约 90 个团以上，固守江油、汶川地带。以胡宗南所部 27 个团固守文县（甘肃）和松潘（四川）、平武（四川）、江油（四川）地区。以杨森、邓锡侯等部约 50 个团，由宝兴、大川、牛头山地段向我方筑垒推进。以刘文辉、李抱冰等部约 15 个团，在康定、丹巴、泸定地域筑垒并扼守大渡河右岸。以薛岳部周(浑元)、吴(奇伟)两纵队向绵阳集中;郭勋祺集结新津,均策应岷江东岸的行动。万耀煌留清溪、雅州筑垒。同时,于学忠调为川陕甘"剿匪"总司令。[34]

根据敌军部署,中革军委做出判断:敌人的这一部署是企图从东西南北四个方向将红军围困在川西地区就地歼灭。如果发现红军进攻松潘并向甘南发展时,胡宗南部将首先向南坪、松潘集中兵力,以遏阻与截击红军,川军和薛岳部将以主力出剑门、昭化、广元,一部出碧口、文县沿陕甘南部侧击红军,以配合由潼关、汉中、西安两边之敌和甘肃"五马"(马麟、马步青、马步芳、马鸿宾、马鸿逵)与红军作战。

据此,中革军委明确了松潘战役指导思想和纲领:红一、四方面军根据目前的战略方针,以运动战消灭敌人的手段,北取甘南为根据地,以达赤化川陕甘之目的,首先进行的战役,就是要迅速、机动、坚决地消灭松潘地区的胡敌,并控制松潘以北及东北各道路,以利北向作战和发展。

这一战役纲领重点是:一、岷江东岸留钳制支队。二、岷江西岸为我进攻松潘之主力,分三路北进,中心在左路及中路。以便从两河口、黄胜关迂回攻击松潘地区之敌,而坚决消灭之;并先机切断平武、南坪东援之敌的来路,和取得北出甘南的道路。如胡敌坚守城堡,不利攻击,则我军应监视该敌,严防截击,并缩短行军长征,以利迅速北出甘南作战。[35]

为执行战役计划,红一、四方面军部队编为左、中、右三路军。左路军以林彪为司令员,彭德怀为副司令员,聂荣臻为政治委员,杨尚昆为副政委,率一、三、五、九军团及八十九师,共16个团,经卓克基、大藏寺、嘎曲河、色既坝,向两河口前进。

中路军以徐向前为司令员兼政委,率二十五师、八十八师、九十三师,共10个团,经马塘、壤口、墨洼、洞垭,向黄胜关前进。

右路军以陈昌浩为司令员兼政委,率十师、十二师、九十师,共8个团,经黑水、芦花、毛儿盖,向松潘前进。

岷江支队以王树声为司令员兼政委,率8个团在岷江东、西两岸钳制敌人,并掩护北上红军。

附右支队为十一师及二九四团,共3个团,经松平沟、红土坡、小姓沟,向松潘城前进。

以上三路及各支队,均须于7月7日至16日分别集中于箭步塘、壤口、芦花、红土坡之线。

懋功支队以何畏为司令员兼政委，率二十七师共 4 个团，部署在夹金山、巴朗山、达维、懋功、丹巴东岸、崇化、绥靖等地，担负钳制任务。

以周纯全为后方警备司令员兼政委，指挥理番、杂谷脑、马塘、卓克基各地之警备部队及各后方机关，并处理后方事务。

中革军委及总司令部随中路军前进，约 7 月 3 日开到马塘附近。

张国焘倍感失意

6 月 30 日，毛泽东、张闻天、周恩来、朱德等中共中央和中革军委领导人离开两河口北进。张国焘也离开了两河口返往茂县。

两河口之行，对张国焘来说是非常不愉快的。首先是他的战略计划被中央否定，连一个支持他的人都没有，让这位在红四方面军从来说一不二的"一把手"倍感失意，好像众位领袖都没有将其放在眼里。其次，张国焘此次与中央领导人及红一方面军的高级将领会面，从中得知了中央红军的真正实力，也令其大失所望。由此，他怀疑是中共中央的政治路线出了什么重大问题，导致军事上的一步步失败。

更令张国焘恼火的是，就在两河口会议结束后的当天，其秘书长黄超拿给他一份中共中央出版的《布尔什克报》，上面第一篇文章就是中共中央宣传部副部长凯丰所写的《列宁论联邦》。其大意说，列宁曾反对"欧洲联邦"，因此说张国焘成立的西北联邦政府是违反列宁主义的；再则这个所谓的西北联邦政府，也违反了中共中央的苏维埃路线……

张国焘在回忆录中说：

> 我看了这篇文章，非常生气，我知道中共中央一到懋功就赶着出版《布尔什维克报》，发表反对我的见解的文章，这绝不是一件很平常的事。我推测一定是中共中央曾经开会慎重商讨，决定"反对张国焘的机会主义"，才会由凯丰署名发表这篇文章。我觉得这篇文章的论点立足不稳，列宁虽反对欧洲联邦，认为在资本主义的基础上面建立联邦是不正确的，但他并未根本反对联邦制。现在西北联邦政府，主要是承认西北少数民族的自治政府为联邦之一员，在中共第二次代表大会宣言上也提出过中华联邦共和国这个口号，这与列宁之反对欧洲联邦是不能相提并论的。我慨叹中共中央的留俄人物，竟生硬地拿着列宁的教条来任意批评我。[36]

此外,他想从一方面军拉拢几位掌握军权的实力派人物,也没有得到什么结果。中央红军中,红一军团和红三军团是主力部队,张国焘首先开始"关照"这两支部队的领导人。

张国焘借与聂荣臻曾有过同事之交的机会,请聂荣臻与彭德怀过来吃饭。张国焘与聂荣臻都参加过南昌起义,那时,张国焘是中央特派员,聂荣臻是第十军党代表。从南昌起义部队失败后,两人各奔东西。一晃八年过去了,张国焘成了统帅四方面军的首领,聂荣臻当了红一军团的政委,两人相会,自然感慨万千。席间,张国焘对一方面军长期转战所遭受的艰难困苦发出许多感叹,而对一方面军最终摆脱敌人,与四方面军会师又表示万分钦佩和高兴。考虑到一方面军减员严重,张国焘还告诉他们,他决定拨两个团补充过去。但由于聂荣臻和彭德怀对张国焘有所警惕,没有对他说什么情况,张国焘也感到很失望。聂荣臻后来在回忆录中谈道:

> 在两河口会议结束后的第二天,有这么一件事,引起我警惕。张国焘忽然请我和彭德怀同志两人去吃饭。席上,开始他东拉西扯,说我们"很疲劳",称赞我们"干劲很大"。最后说,他决定拨两个团给我们补充部队,而实际上不过是相当于两个营的兵力,1000人左右。我们从张国焘住处出来,我问彭德怀同志,他为什么请我们两人吃饭?彭老总笑说,拨兵给你,你还不要?我说,我也要。往下我再没有说下去,因为我那时脑子里正在打转转。[37]

如果说张国焘来两河口有收获的话,唯一收获就是他被中革军委委任为军委副主席。

[1] 树军、新民、解昌:《万里长征亲历记》,中共中央党校出版社1996年版,第268页。

[2] 树军、新民、解昌:《万里长征亲历记》,中共中央党校出版社1996年版,第268页。

[3] 中国工农红军第四方面军战史编辑委员会:《中国工农红军第四方面军战史资料选编》(长征时期),解放军出版社1992年版,第50页。

[4] 中国工农红军第四方面军战史编辑委员会:《中国工农红军第四方面军战史资料选编》(长征时期),解放军出版社1992年版,第54页。

[5] 树军、新民、解昌:《万里长征亲历记》,中共中央党校出版社1996年版,第270页。

[6] 余洪远:《光荣的使命》,见《艰苦的历程》(下),人民出版社1984年版,第44—45页。

[7] 中国工农红军第四方面军战史编辑委员会:《中国工农红军第四方面军战史资料选编》(长征时期),解放军出版社 1992 年版,第 55 页。

[8] 中国工农红军第四方面军战史编辑委员会:《中国工农红军第四方面军战史资料选编》(长征时期),解放军出版社 1992 年版,第 56 页。

[9] 中国工农红军第四方面军战史编辑委员会:《中国工农红军第四方面军战史资料选编》(长征时期),解放军出版社 1992 年版,第 57 页。

[10] 中国工农红军第四方面军战史编辑委员会:《中国工农红军第四方面军战史资料选编》(长征时期),解放军出版社 1992 年版,第 58 页。

[11] 韩东山:《攻克懋功 会师达维》,见《艰苦的历程》(下),人民出版社 1984 年版,第 51—52 页。

[12] 韩东山:《攻克懋功 会师达维》,见《艰苦的历程》(下),人民出版社 1984 年版,第 54 页。

[13] 韩东山:《攻克懋功 会师达维》,见《艰苦的历程》(下),人民出版社 1984 年版,第 55—56 页。

[14] 郑维山:《难忘的两次会师》,见《艰苦的历程》(下),人民出版社 1984 年版,第 61 页。

[15] 中国工农红军第四方面军战史编辑委员会:《中国工农红军第四方面军战史资料选编》(长征时期),解放军出版社 1992 年版,第 190 页。

[16] 中央党史研究室第一研究部:《红军长征史》,辽宁人民出版社 1996 年版,第 255—256 页。

[17] 徐向前:《历史的回顾》(中),解放军出版社 1984 版,第 421 页。

[18] 中国工农红军第四方面军战史编辑委员会:《中国工农红军第四方面军战史资料选编》(长征时期),解放军出版社 1992 年版,第 60 页。

[19] 中国工农红军第四方面军战史编辑委员会:《中国工农红军第四方面军战史资料选编》(长征时期),解放军出版社 1992 年版,第 61 页。

[20] 中国工农红军第四方面军战史编辑委员会:《中国工农红军第四方面军战史资料选编》(长征时期),解放军出版社 1992 年版,第 62 页。

[21] 徐向前:《历史的回顾》(中),解放军出版社 1984 版,第 422 页。

[22] 徐向前:《历史的回顾》(中),解放军出版社 1984 版,第 424—425 页。

[23] 中国工农红军第四方面军战史编辑委员会:《中国工农红军第四方面军战史资料选编》(长征时期),解放军出版社 1992 年版,第 63 页。

[24] 张国焘:《我的回忆》(第三册),现代史料编刊社 1981 年版,第 217—219 页。

[25] 中国人民解放军历史资料丛书编审委员会:《红军长征·文献》,解放军出版社 1995 年版,第 530 页。

[26] 莫休:《大雨滂沱中》,见《党史资料》1954 年第 1 期。

［27］莫休:《大雨滂沱中》,见《党史资料》1954 年第 1 期。

［28］张国焘:《我的回忆》(第三册),现代史料编刊社 1981 年版,第 221 页。

［29］中共中央党校党史教研室资料组:《中国共产党历次重要会议集》(上),上海人民出版社 1982 年版,第 159 页。

［30］中共中央文献研究室:《毛泽东年谱》(上卷),中央文献出版社 1993 年版,第 460—461 页。

［31］四川省档案馆:《国民党军追堵红军长征档案史料选编》(四川部分),中国档案出版社 1986 年版,第 281—282 页。

［32］中国人民解放军历史资料丛书审委员会:《红军长征·文献》,解放军出版社 1995 年版,第 535—536 页。

［33］中国人民解放军历史资料丛书审委员会:《红军长征·文献》,解放军出版社 1995 年版,第 537 页。

［34］中国工农红军第四方面军战史编辑委员会:《中国工农红军第四方面军战史资料选编》(长征时期),解放军出版社 1992 年版,第 75 页。

［35］中国工农红军第四方面军战史编辑委员会:《中国工农红军第四方面军战史资料选编》(长征时期),解放军出版社 1992 年版,第 75—76 页。

［36］张国焘:《我的回忆》(第三册),现代史料编刊社 1981 年版,第 233—234 页。

［37］聂荣臻:《聂荣臻回忆录》,解放军出版社 1986 年版,第 279 页。

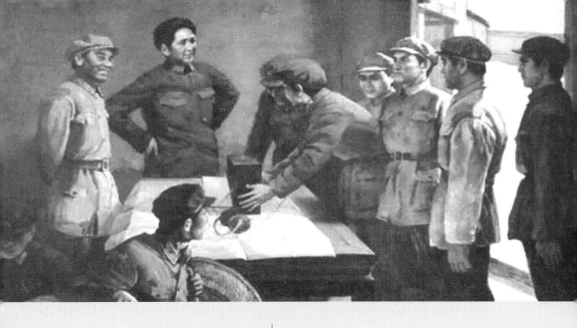

第四章

张国焘的小算盘

张国焘向中央争权

张国焘从两河口返回茂县途中，经下东门见到徐向前。徐向前急于想知道张国焘会见中央领导及两河口会议的情况，这正好问到了张国焘的痛处，张国焘不愿多谈。他只告诉徐向前，中央红军一路很辛苦，减员很大，和四方面军刚到通南巴时的情形差不多。

徐向前问下一步向哪个方向打，张国焘回答说：中央的意见，要北出平武、松潘，扣住甘南，徐图发展。我看还是先取川西南比较好，否则，粮食、给养都不好办。

红四方面军领导人张国焘

徐向前认为：北打有北打的困难，南打也有南打的困难。平武那边，地形不利，硬攻不是办法；松潘地区不利大部队展开。他告诉张国焘说：我和昌浩商量，准备扣住黑水，分路迂回突击，或许能够取胜。南下固然能解决目前供应上的困难，但一则兵力有限，二要翻越雪山，且不是长久立足之地，万一拿不下来，北出将会遇到更大的困难。

张国焘沉思良久，最后表示同意先打松潘，但仍坚持南取邛崃山脉地区的意见。因此起草了一份电报给中央,并且要徐向前第二天去懋功,当面向中央陈述他的意见。第二天,因李家钰部猛扑红四方面军威州前沿阵地,战事紧张,徐向前要指挥部队作战,无法脱身,结果没有去成。[1]

张国焘回到茂县后,又打电话给徐向前,要他按中央的决定攻打松潘。具体部署是:以王树声率岷江支队4个团于岷江东岸,控制北川至茂县一线阵地,继续阻止和牵制川军,并吸引胡宗南部南下;以徐向前、陈昌浩分别率中路、右路,分别经黑水、芦花北进,出毛儿盖,迂回松潘。

7月2日,红一军团和红八十九师一部翻越长板山雪山,进至芦花、黑水地区。随后翻越打古(达古)山、拖罗冈雪山,于10日进到松潘以西的毛儿盖地区,并于11日攻占哈龙,16日攻占毛儿盖,歼灭胡宗南部第一师补充旅约1个营,俘敌300余人,缴获长短枪200余支、轻重机枪19挺、电台1部,并击落敌机1架。与此同时,红三、红五、红九军团也进至黑水、党坝地区。

就在中央红军按照中革军委制订的松潘战役计划,分头展开行动之际,张国焘却又突然命令红四方面军按兵不动,以尚未解决组织问题为借口,开始了向党中央争权的一系列活动。

7月1日,张国焘就速决统一指挥的组织问题致电中央:

(甲)现毛儿盖开始战斗,胡敌测明我们企图,将集结兵力于松潘及其东北地区抗战。

(乙)我军宜速决统一指挥的组织问题,反对右倾。要能以坚决的意志,迅出主力于毛儿盖东北地带,消灭胡敌;特别要不参差零乱地调动部队,而给敌以先机之利,及各个击破或横截的可能。此刻应速抽岷江部队分路北上,开展我毛儿盖先头部队的战局地域。[2]

张国焘终于找到了对抗中央的理由!

7月6日,中共中央派出以总政治部代主任李富春为团长的慰问团赴杂谷脑(今理县县城)红四方面军总部所在地进行慰问,并传达两河口会议精神。

中央红军慰问团的到来,本来是促进红一、四方面军团结,加强两军相互了解,增进双方感情的重要行动,但在张国焘看来,却是来者不善。他怕中央领导人更多地接触红四方面军官兵后,给他自己过去的一些错误行为带来不利影响,于是以迎接慰问团的名义,匆匆忙忙赶到杂谷脑,限制慰问团的行动,对慰问团实行封锁。同时向李富春表示非常关心"统一组织问题",提出要充实红军总司令部。

鉴于此事关系重大,李富春于7月6日向朱德、周恩来、王稼祥、毛泽东等中央领导同志发电:

> 国焘来此见徐、陈,大家意见均以总指挥迅速行动,坚决打胡为急图,尤关心于统一组织问题,商说明白具体意见,则为建议充实总司令部,徐(向前)、陈(昌浩)参加总司令部工作,以徐为副总司令,陈为总政委。军委设常委,决定战略问题。我以此事重大,先望考虑。立复。[3]

从上述电文中可以看出,张国焘明显有欺骗中央慰问团的地方,特别是在统一军事组织问题上,张国焘根本没有与徐向前商量。徐向前后来回忆道:

> 就在我们出发的当天(指7月6日徐向前与陈昌浩分别率部队从理番、茂县出发——本书作者注),中央慰问团抵杂谷脑,慰问四方面军。慰问团成员有李富春、林伯渠、罗迈(李维汉)、刘伯承等同志。张国焘去杂谷脑,迎接慰问团。后来我听说,张国焘曾在那里借口"统一军事指挥",向中央要权。还煽动一些同志,向中央建议由我当红军副总司令,陈昌浩当总政治委员,周恩来当总参谋长等。陈昌浩也发电报要求由张国焘任军委主席,朱德任前线总指挥,周恩来兼总参谋长。我当时被蒙在鼓里,对这些事情一概不知。[4]

张国焘这一着真够"高明"的,很明显是他对中革军委任命的军委副主席一职不满足,却故意不提自己,说是经过与徐向前、陈昌浩等人商量过,打着"统一军事指挥"的旗号为徐向前、陈昌浩争军权。张国焘非常清楚,将徐向前、陈昌浩分别推到副总司令和总政治委员的位置,这无疑是为自己向中革军委讨了一个很高的价码。如果中革军委同意这个建议,那么他的位置又该如何考虑呢?总不会将他这位红四方面军的"一把手"置于副总司令和总政委的领导之下吧!

张国焘借故拖延行动

张国焘不仅开始明目张胆地向中央要军权,而且开始在红四方面军各级会议上煽风点火,制造要权的气氛。7月8日,张国焘抓住凯丰发表的《列宁论联邦》一文,批评"西北联邦政府"这件事大做文章,专门召开了中共西北特委第二次常委会议。他在会上散布对中央的不满情绪,攻击中央一些同志对他的批评,发泄其在两河口会议以来所受压制的怨气。张国焘是中央政治局委员,红四方面军中只有他能出席中央政治局会议,他又是红四方面军的最高领导人,因此,他散布的话很容易迷惑和欺骗一些不明真相的人。

在张国焘的策动下,随四方面军长征的中共川陕省委,7月8日以组织的名义致电中共中央,反对中央某些领导人对西北联邦政府的批评,建议在全党开展反倾向斗争。电文中指出:

> 中华苏维埃共和国和西北联邦政府,是在两大主力未会合以前适应客观环境的需要成立起来的。在理论上、在组织上都是正确的,事实上现在已团结了广大的群众在联邦政府的旗帜下而斗争。最近看到《前进报》上凯丰同志对联邦政府的批评,据云并未经过组织局正式计划,这一批评,我们认为是不正确的。在目前,苏区必须建立政权,才便利于实际领导群众,仍用西北联邦政府名义或改名,究用何名及如何组织,请指示。[5]

7月9日,周纯全、刘瑞龙、黄超、张琴秋、李维海、谢富治、吴永康再次以中共川陕省委的名义,致电中共中央,为统一指挥各路红军,迅速向敌人发动进攻,建议加强总司令部力量,徐向前任副总司令,陈昌浩任总政委,周恩来任参谋长。军委设主席一人,仍由朱德兼任,下设常委,决定军事和策略问题。请中央政治局速决速行,并希望立即复电。

如果说张国焘在以前还是通过李富春等中央领导同志向中央转达他所谓的"红四方面军的建议"的话,在仅隔三天之后,他通过挑拨下属来直接向中央争军权了。不仅如此,张国焘还以"组织问题尚未统一"为借口,故意拖延行动。

中革军委领导人自离开两河口以后,连续翻越梦笔山等大雪山,于7月10日,到达上芦花(今黑水县)。在这里,他们一面筹备粮食,一面耐心地等待张国焘率军北上,按时完成松潘战役计划。面对党内这场突如其来的"政治风暴",中革军委领导人不是没有心理准备,但并没有立即回复红四方面军以某些组织或个人的来电,而是采取了冷静观察的态度。中革军委领导人头脑是非常清醒的,两军会师后之所以很快出现这种局面,是由多种因素促成的,但其中张国焘起了决定性作用,他是在借机向中央发难,向中央争权。因此,7月10日,中革军委领导人朱德、毛泽东、周恩来直接致电张国焘责令红四方面军迅速北上。电文毫不客气地指出:

> 分路迅速北上原则,早经确定,后忽延迟致无后续部队跟进。切盼如来电所指,各部真能速调速进,勿再延迟,坐令敌占先机。目前四方面军主力未到黑河坝东北,沿途番民捣乱。三军团须使用于配置警戒及打通石碉楼方面。一军团及八十八、八十九两师3团在毛儿盖未攻下前,不便突入。

并指示张国焘和徐、陈速来上芦花与中革军委一起集中指挥。[6]

面对中革军委的责令，张国焘于 11 日复电，解释红四方面军主力未能按时集结的原因是各路红军挤在芦花一处，红土坡不能使用更多的兵力，加上黑水交通阻隔，致使主力不能如期集结。目前，三军团一部率工兵已去接应徐向前、陈昌浩等部，但接应部队不知道在什么地方，现正在想办法补救。而且，其在此电文中再次向中革军委建议，由于右、左、中三路大军集结到一起，应该让徐向前、陈昌浩统一前敌指挥。

张国焘所讲的客观原因倒是存在的。据徐向前介绍：

> 我带的一路部队，7 月 6 日从理县地区出发，斗折蛇行，沿黑水河北岸行进。黑水河河面不宽，约三四十米，但水流湍急，浪涛翻滚，深不可测。据老乡说，没有索桥是过不去的。沿岸的溜索桥本来就很少，敌人为防红军渡河，几乎破坏殆尽。两岸山势陡峻，小道崎岖，大片大片的原始森林，茂密无间，遮天蔽日。敌机虽不易发现我们，但部队运动受地形条件的限制，一天只能走五六十里。沿途经过些藏民山寨，大都空空如也。他们受反动宣传的影响，早已牵上牲口，驮着粮食，转移到了深山老林里，有的还不断向红军放冷枪。民族矛盾是历史上形成的，"冰冻三尺，非一日之寒"。[7]

但是，张国焘过分强调客观原因，有失偏颇。红四方面军主力之所以没能按时集结，主要是张国焘造成的。当中央红军各部纷纷展开行动时，张国焘不是积极调动其主力北上，而是忙着向不明真相的下属散布不利于红一、四方面军团结的种种是非。正如徐向前所回忆的那样，红四方面军主力于 7 月 6 日才开始北上，再加上交通不便，最终导致没按时集结兵力。

这时，彭德怀率三军团已进抵黑水、芦花地区。当其进到黑水寺时，军委命令他率一部沿黑水河东进，至石碉楼迎接四方面军主力渡黑水河，三军团主力和军团部留芦花。彭德怀率十一团到达亦念。当彭德怀军团长得悉徐向前部正向维谷开进时，亲率十一团前来接应。在这里，两军终于隔河相望了。由于维谷渡口的索桥遭敌人破坏，徐向前率领的红军不能马上渡河。那里水流甚急，水声很大，双方说话也听不大清楚。徐向前见对岸有个身材粗壮、头戴斗笠的人，走路不慌不忙，估计是彭德怀军团长。他们相互招手后，徐向前便掏出笔记本，撕下张纸，写道：我是徐向前，感谢你们前来迎接。写好字条后，将信捆在一块石头上，扔过河去。两岸的同志都十分高兴，互相喊话、招手、致意。第二天早晨，徐向前从维谷赶到亦念附近，找到一条绳索，坐在竹筐里滑过河去，与彭德怀见了面,谈了些敌情及沿途见闻,还商谈了部队架桥事宜。两人彼此都留下了很好的印象。徐向前评价彭德怀是个开门见山、性格爽直的人。

两军团结是主流

在中央的电令一再催促下,张国焘于 7 月 16 日到达芦花,再度与中央领导人会面。但此次张国焘与中央领导人见面,心里充满了"底气",因为其属下已经被他"发动起来了",频频"逼宫"。而中央领导人对此保持忍耐和缄默。

张国焘的名堂确实不少。7 月 16 日,陈昌浩致电中革军委,除向中革军委报告毛儿盖的战况外,主要讲他非常希望指挥统一,以振全军官兵士气,提高军队的纪律和党的纪律,并坚决反对右倾和肃反。这表明,张国焘对下属所做的工作还是"相当有成效的",先是以川陕省委向中央致电,要求解决军事组织和政治路线问题,后由红四方面军的主要领导人陈昌浩致电中央,重申上述意见,容易给人留下"这是红四方面军全体官兵的意见"这样的印象。更让人不可思议的是,又隔两天之后,陈昌浩竟向张国焘、徐向前发电并转朱德,建议张国焘任军委主席,朱德任前敌总指挥,周副主席兼总参谋长,以集中军事领导,不然无法顺利歼敌。[8]

面对张国焘咄咄逼人的夺权气势,党中央及中革军委为了顾全大局,为了团结张国焘,对此做了灵活、慎重的考虑。据张闻天夫人、时任中央队秘书长的刘英回忆当时的具体情况:

> 后来,毛泽东、张闻天等同志一直商量怎样使一、四方面军团结一致,统一行动,认为关键就在张国焘。恩来同志发高烧,病中仍为此事烦心。我听到毛主席和闻天反复商量,谈得很具体。毛主席说:"张国焘是个实力派,他有野心,我看不给他一个相当的职位,一、四方面军很难合成一股绳。"毛主席分析,张国焘想当军委主席,这个职务现在由朱总司令担任,他没法取代。但只当副主席,同恩来、稼祥平起平坐,他不甘心。闻天跟毛主席说:"我这个总书记的位子让给他好了。"毛主席说:"不行。他要抓军权,你给他做总书记,他说不定还不满意,但真让他坐上这个宝座,可又麻烦了。"考虑来考虑去,毛主席说:"让他当总政委吧。"毛主席的意思是尽量考虑他的要求,但军权又不能让他全抓去。同担任总政委的恩来商量,恩来一点也不计较个人地位,觉得这么安排好,表示赞同。[9]

对张国焘的争权活动和红一、四方面军之间出现的种种不团结的现象,时任红四方面军总指挥徐向前缺乏思想准备。但他在后来的回忆录中指出了问题的实质。他认为，张国焘怀有野心，想当头头，一再制造分歧，破坏了两军会合后的团结局面。此外，教条主义者没有贯彻毛主席的团结方针，对四方面军吹毛求疵，横加指责，让张国焘抓住了"把柄"，为其攻击中央红军提供了口实，对分裂红军起到了推波助澜的作用。

尽管张国焘有这种要权的企图及煽风点火带来的不团结因素，但徐向前等广大红四方面军的将士在两军团结上做了许多工作，两军之间总的来说是团结的。当然，毋庸讳言，由于张国焘以及红一方面军中某些教条主义者的原因，两军团结战斗的旋律中出现了一些不和谐之音。徐向前介绍当时两军存在的分歧情况：

> 后来，听说四方面军有些同志议论一方面军部队装备不好，打了败仗等。为此，我严肃批评了他们，嘱咐部队要学习一方面军的长处，不准背后议论。再往后，教条主义者对红四方面军的那些指责就听得多了，不少干部都向我反映。我虽然教育干部不要向底下散布这些东西，但说老实话，心里是不痛快的。四方面军这支部队，是从鄂豫皖的一支三百来人的游击队伍发展起来的，打了那么多硬仗、恶仗，是党领导的队伍，发展到八万多人，很不容易。尽管部队存在这样或那样的缺点，但本质是好的，是坚决打蒋介石的，是实行土地革命的，是拥护第三国际的，是听党的话的，是和人民群众血肉相连的，是竭诚拥护同中央红军会合的。怎么又是军阀，又是土匪，又是落后，又是逃跑的?! 不看主流，把四方面军说得漆黑一团，对两军团结对敌，没有任何好处。我确实想不通。后来同彭德怀同志谈起这些问题，他对我说，这是教条主义那些人搞的。会合的时候，毛主席主张讲团结，团结第一，大局为重。我说：要是按毛主席的意见办就好了。[10]

7月17日，徐向前率部经过艰难的行军，抵达芦花。在这里，徐向前终于见到了毛泽东、周恩来、朱德、张闻天等中央领导人。两军会师虽然已经有一个多月了，但由于徐向前一直在前方指挥作战，还没有与中央领导人见过面。毛泽东详细询问了敌情，并告诉徐向前，今后一、四方面军的行动方针，就是北上抗日，建立川陕甘革命根据地，促进全国抗日高潮的发展。红一、四方面军要在党中央的统一领导下，互相学习，亲密团结，完成党交给的任务。毛泽东还代表中华苏维埃中央临时政府，授予徐向前一枚五星金质奖章，以表彰他在红四方面军的贡献，这使徐向前和红四方面军的指战员受到很大鼓舞。

此时，红四方面军八十八师和一方面军先头部队已占领毛儿盖。王树声率后卫部队陆续撤出岷江东岸，向黑水、芦花、松潘地区集中。胡宗南部正加强对松潘的固守，薛岳一部亦进抵平武、文县，欲配合胡宗南部阻止红军北出甘南。面对敌情、我情的不断变化，中央领导人在妥善处理党内矛盾的同时，积极协调部队，发布命令。朱德总司令以其模范行动，代表中央高层给红四方面军将士带来了春风般的温暖。

当时徐向前和朱总司令接触最多，几乎天天在一起核对敌情，调动队伍。徐向前对周围敌军的兵力部署、番号、装备、位置、作战特点及红四方面军各部队的住地、人数、行进方向等，全装在脑子里，记得滚瓜烂熟，能有问必答，朱总司令对这点比较满意。他赞扬红四方面军的干部年轻，有朝气，部队生龙活虎，纪律严明，是支难得的有战斗力的队伍。他说一方面军过去也是这样的，但经过万里转战，损失不小，十分疲劳，亟待休养生息，恢复元气。他希望一、四方面军的指战员互相学习，取长补短，团结一心，渡过眼前的困难，争取更大的发展。这些顾全大局的肺腑之言，给徐向前等人留下了难忘的印象。朱总司令作风朴实，宽厚大度，平易近人，所有接近过他的红四方面军干部、战士无不为之称道。[11]

徐向前从朱总司令那里得知，一方面军保存的干部较多，兵员较少，便和陈昌浩商量，建议从一方面军派些干部来四方面军工作，同时调几团兵力补充一方面军。为此，他们一起去张国焘住地，征得了他的同意，报请中共中央。中共中央采纳了徐向前的建议，从红四方面军抽调 3 个建制团补充到红一方面军，即四军三十二团、三十军二七〇团和三十三军二九四团，共约 3800 人。同时，中央红军又抽调张宗逊、陈伯钧、李天佑、李聚奎、李荣等一批干部到红四方面军担任参谋长。徐向前的建议，对加强两军的团结和部队建设、增强中央红军的战斗力起到了积极作用。

为了统一部队的指挥，加强两军团结，胜利完成北上的任务，7 月 18 日，中共中央政治局在芦花召开扩大会议，主要讨论组织问题。会议由张闻天主持，他首先提出关于人事安排的建议：

军委设总司令，国焘同志担任总政治委员，军委的总负责者。军委下设小军委（军委常委），过去是 4 人，现增为 5 人，陈昌浩同志参加进来，主要负责还是国焘同志。恩来同志调到中央常委工作，但国焘同志尚未熟习前，恩来暂帮助之。这是军委的分工。

在讨论中，张国焘强调要提拔新干部，还提出要向中央委员会增补成员。毛泽东说：提拔干部是需要的，但不需要这么多人集中在中央，下面也需要人。张国焘只得暂时作罢。张闻天最后总结说，大家意见一致，很好，现在主要任务是集中力量打好这次战役。并宣布决定：张国焘为红军总政治委员，徐向前、陈昌浩为前敌总指挥部总指挥和政委，博古为总政治部主任。[12]

同日，中革军委向各兵团首长发出通知：

> 各兵团首长：
>
> 奉苏维埃中央政府命令：一、四方面军会合后，一切军队均由中国工农红军总司令、总政委直接统率指挥。仍以中革军委主席朱德同志兼总司令。并任张国焘同志为总政治委员。[13]

由于张国焘为争军权故意拖延军事行动，松潘战役计划已经不能按原定的计划实现。19日，中革军委又制订了"松潘战役第二步计划"。

由于红军调动未能高度迅速，及地理、气候、民族关系，致使红军先遣部队与后续部队相隔过远，各方面的配合亦尚未完全协调。根据敌情的上述变化，中革军委对原定松潘战役纲领做了如下补充：

> 岷江沿岸的钳制支队，茂州上游两岸所留约两团兵力，特别在我主力与胡敌决战之前及决战当中，应向归化（今岷江镇）、安顺关积极活动，以牵制和吸引胡敌一部及川敌向自己方面；茂州下游至理番一带所留约两团兵力，尽力扼守岷江西岸，在茂州不守时，应彻底破坏一切渡桥及沿河架桥器材，阻敌西渡；草坡、耿达桥方面，则以三十三军尽力遏阻范（绍增）、邓（锡侯）等敌北进，以掩护理番、杂谷脑及黑水流域。各钳制支队移动时期及次序，须视松潘战役的进展情形规定。[14]

20日，中革军委对军队组织系统做了如下调整：

中革军委：主席朱德，副主席张国焘、周恩来、王稼祥。

中国工农红军：总司令朱德，总政治委员张国焘，总参谋长刘伯承。

红军前敌指挥部：总指挥徐向前（兼），政治委员陈昌浩（兼），参谋长叶剑英，副参谋长李特。

一军：军长林彪，政治委员聂荣臻，参谋长左权。

三军：军长彭德怀，政治委员杨尚昆，参谋长萧劲光。

五军：军长董振堂，代政治委员曾日三，代参谋长曹里怀。

三十二军：军长罗炳辉，政治委员何长工，参谋长郭天民。

（以上各军为原一方面军的一、三、五、九军团）

四军：军长许世友，政治委员王建安，参谋长张宗逊。

九军：军长孙玉清，政治委员陈海松，参谋长陈伯钧。

三十军：军长程世才，政治委员李先念，参谋长李天佑。

三十一军：军长余天云，政治委员詹才芳，参谋长李聚奎。

三十三军：军长罗南辉，政治委员张广才，参谋长李荣。

（以上为原四方面军各军，番号未变；方面军总部仍保持原建制）。[15]

21 日，中革军委以新的编制体制对进攻松潘的中央红军和红四方面军进行了重新调整部署，混编为 5 个纵队和 1 个支队，对各部集中的时间与地点也进行了重新划分。

通过一系列的调整，张国焘虽然没有得到他所想要的军委主席位置，但担任了红军总政委的职务，且徐向前和陈昌浩分别就任前敌总指挥和政委，前方一切作战部队均归其统率指挥。这就意味着红军所有的作战行动均由总司令部责成前敌总指挥和政委来号令三军。在张国焘看来，徐向前与陈昌浩又是红四方面军的人，张国焘可以通过他们获得对红一、四方面军的实际指挥权，于是欣然就职，并将红一方面军各军互通情报的密电本收缴上来，连原一、三军团和中革军委通报密电本也收缴了。从此以后，红一方面军各军之间以及与中央之间就完全隔绝，只能通过前敌总指挥通报联络了。

四方面军总指挥徐向前（左）与红军前敌总参谋长叶剑英（右）

芦花风波起

为了进一步统一认识，促进两个方面军的团结，7 月 21 至 22 日，中共中央政治局在芦花召开扩大会议，会议的中心议题是总结四方面军从鄂豫皖根据地到川陕根据地这段历史的经验教训。出席会议的人员有：毛泽东、张闻天、朱德、周恩来、张国焘、博古、王稼祥、李富春、邓发、凯丰、刘伯承、徐向前、陈昌浩。

会议首先听取张国焘关于四方面军发展历史情况的报告。他全面汇报了四方面军从鄂豫皖根据地到川陕根据地的斗争情况。他承认由于对敌情的判断错误,以及作战方针和兵力部署上的失误,造成部队在鄂豫皖根据地第四次反"围剿"中的较大伤亡。他说,四方面军在反敌人四次"围剿"中,是用尽力量与敌人战斗的,但由于红军在平汉铁路东西两侧都挡不住敌人的进攻,又由于没有动员广大群众进行反四次"围剿",所以最后决定将主力向平汉路西侧撤退。而退出鄂豫皖根据地,为的是保存兵力,继续作战。他还说,四方面军从鄂豫皖根据地到四川通(江)南(江)巴(中)建立根据地,"未伤元气","元气很足",总的战略战术一般是正确的,但也存在错误和缺点。

接下来,由徐向前发言,汇报红四方面军军事斗争的一些情况。徐向前着重指出:红四方面军的优点是工农干部多,对党忠诚;服从命令听指挥,纪律较好;作战勇敢,打起仗来各级干部层层下放,指挥靠前,兵力运动迅速敏捷,长于夜战,尤其以第二七四团、第二六五团夜战最好;他们在平时就非常注意军事训练,对射击、手榴弹的操练非常勤,战后又注意总结经验。红四方面军的缺点是文化程度低,军事理论水平及战略战术的素养不够,参谋业务能力薄弱。

随后,由陈昌浩发言,对红四方面军的政治工作进行了简要汇报。他说:"平日每一个政工人员,必须带头执行党所交给的任务;他们无一例外地又带兵又打仗,以自己的勇敢行动保证政治工作发挥更大的威力。"他还特别详细地介绍了敌军工作小组的成立,及对敌军官兵的瓦解和争取工作方面的情况。

中央领导人专门召开会议听取红四方面军的报告,这在张国焘看来是其"斗争"的极大胜利,这充分表明了红四方面军在中央领导人心目中的分量。他早就想将红四方面军所取得的成绩向各位中央领导人炫耀一番,以抬高其地位和身价。因为他所领导的红四方面军与当时红一方面军的实力形成了鲜明的对比,这只能说明他领导的正确性,事实胜于雄辩。所以,张国焘发完言后,坐下来静候中央领导人的褒奖。

但是,接下来发生的事情,让红四方面军"一把手"渐渐坐不住了!

中央领导人对以上三个报告分别进行了讨论。他们对四方面军取得的成绩给予充分的肯定,也对四方面军存在的错误提出了批评。

毛泽东发言说:红四方面军从鄂豫皖起,关于红军的扩大巩固,两个苏区的发展和巩固,无数次击破敌人,总的看路线是没有问题的,但有缺点和错误。军事指挥上的缺点,军委将另行讨论。在鄂豫皖粉碎敌人第四次"围剿"时,没有充分准备,没有准备打,又打得不好。在通南巴打退了刘湘部队,胜利后又放弃,是个严重错误。毛泽东还指出:红四方面军领导对建立政权有不足和错误的地方,没有严格了解建立政权与建立红军的密切关系,提出西北联邦政府在组织上、理论上都是错误的。[16]

张国焘听到毛泽东对红四方面军的批评后,脸上一阵红一阵白,十分不服气。张国焘自己后来回忆说:

> 我当即起而答辩,指出川北苏区固应保卫,松潘亦应当控制,但这决定于四方面军的力量,而非决定于主观愿望。我并且说明,我们当时的主要努力是策应一方面军,而我们的兵力有限,不能过分分散使用。如果中央并不以为四方面军策应一方面军的行动是多余的或错误的,就不应苛责四方面军不能完成力不胜任的其他军事任务。川北苏区即使当时留置了较多的兵力,事实上也不能达到保卫的目的,而一方面军当时能否渡过大渡河顺利到达懋功,尚成疑问,四方面军果真全力北向夺取松潘,中央不会批评我们隔岸观火,看轻休戚相关的大义?[17]

周恩来在发言中充分肯定了红四方面军的长处,也批评了张国焘的错误,指出轻敌、分散兵力是第四次反"围剿"失利的主要原因,撤出鄂豫皖是不对的;撤出通南巴是为了与中央红军配合,是对的,但退出后缺乏明确的发展方向;在少数民族未发动的情况下成立西北联邦政府是不妥的。

朱德在发言中认为,对四方面军应给予正确的估量。他肯定了四方面军在创建革命根据地、扩大红军力量、多次打破敌人"围剿"中取得的成绩,也分析了在部队政治工作、地方工作及战略战术配合等方面存在的缺点和不足,希望总结教训,加以改进。朱德还主张目前正处在行军作战期间,一切服从战争的胜利,暂缓讨论军事以外的问题。

博古、凯丰、邓发等人也分别就红四方面军所取得的成绩与缺点提出了他们的看法。最后,张闻天对大家的意见进行了总结。张闻天在总结发言中首先肯定四方面军很有战斗力,同时指出其缺点和错误在于:在第四次反"围剿"开始时领导对形势估计上有"左"的倾向,后来敌人分兵合击时,未能抓住敌人弱点,集中打他一路;通南巴打了胜仗还是放弃了,反映对根据地的重要了解不够;退出通南巴时把所有干部、游击队通通带走也是不好的;出通南巴后缺乏明确的战略方针,没有一定的发展方向,造成了现在一些困难。张闻天还指出,四方面军对待少数民族也有些问题,如在两河口把藏族人民的土地拿来分,引起群众反对;关于西北联邦问题,实际也未弄清楚怎样才算"联邦",少数民族还没有发动就首先成立"联邦",结果必将是徒然的。他还强调,在新的环境下创建新苏区是当前的中心任务,揭示过去工作的弱点是为了总结经验。[18]

芦花会议全面总结了四方面军的历史经验,中央领导人对四方面军的评价是一分为二的。一、四方面军领导人在会上开诚布公地交换意见,对增进一、四方面军之间的相互了解与兄弟团结,统一部队组织与指挥,起了一定的作用。但张国焘对中央的批评十分不满,以至于怨恨情绪不断膨胀,不断深化。张国焘在其回忆录中写道:

> 那次会议的经过更激起了四方面军的愤怒,有的认为中央始终歧视四方面军;有的主张做一次全面的检讨,不仅要检讨四方面军,也要检讨一方面军,更要检讨中央的领导是否正确;有的表示中央的所作所为不公平、偏私和感情用事,其目的无非是玩弄打击四方面军的手段,来掩盖它领导的失败;有的忧虑失败主义笼罩了中央,除了制造党内纠纷外,不会有什么新生之路。[19]

事实上,是张国焘本人对中央心存不满而已,他却说成是红四方面军对中央领导不满;是张国焘感觉中央执行的政治路线和军事路线存在问题,他也将其说成是红四方面军的干部对此有议论。因为在芦花会议上,四方面军领导人只有张国焘、徐向前、陈昌浩等少数人参加,而且在芦花会议进行的第二天,即7月22日,徐向前与陈昌浩两人率军从芦花出发,向毛儿盖地区进军了,并没有出席第二天的会议。

"松潘战役计划"改"夏洮战役计划"

芦花会议结束后,红军主力部队开始陆续北上,执行松潘战役第二步计划。

徐向前和陈昌浩、叶剑英带一部兵力,向毛儿盖进军。举目所见,尽是崇山峻岭和原始森林。部队披荆斩棘,翻山越谷,走得非常艰苦。等进占毛儿盖以后,他们一面了解敌情,做攻打松潘的战役准备,一面为中央红军筹集粮食和牛羊,并为中央领导同志安排住处。这时,红四军先头部队,经与胡宗南一部激战,已经攻占了距松潘10余里的毛牛沟。红军后续部队,陆续向松潘逼近。中共中央和中革军委领导人在会议结束后,也离开芦花,翻越仓得(昌德)山和打古山,于28日抵达毛儿盖。

红军的一举一动始终牵动着敌人的神经。早在红军执行松潘战役第一步计划时期,蒋介石行营参谋团于7月18日制订了《川甘边区歼匪计划大纲》,国民党对红军的战略动向进行了分析,认为红军的意图是:

现朱、徐两匪,各一部,窜至毛儿盖、哈龙冈、羊角塘、班佑一带,企图袭取松潘。原踞北川、墩上各处股匪,已向茂县撤退,威州、茂县间之村庄,全被匪焚毁。依据匪之过去行动,均系避实攻虚,且青海南多属软地,类皆不毛,是可判断该两匪,先以部分向毛儿盖、阿坝探进,其余必跟续分途北进,并以大部经毛儿盖,进窜岷县,一部经阿坝,进窜夏河,期达越过洮、夏两河,接通"国际路线",或由陇中窜向陕北、宁夏,与陕匪合股,如其不逞,仍回窜川北。[20]

国民党为防止红军越过夏、洮两河,力求将红军消灭在临潭、临夏、夏河、同仁间,认为应首先巩固陇南最前线之碉堡及各要点之碉堡群,并在当地坚壁清野,一面集结兵力于适当地点,待机出击,一面抽出部分兵力分途追击。

为实现上述目的,蒋介石将其各路部队分为守备部队、追击部队和战略预备部队三类。对守备部队的部署是:胡宗南部严守岷县、西固(今舟曲)、南坪至松潘沿线,重点防守松潘地域;以王均第三军布于洮河沿线,主力控岷县,并派一部兵力守临潭;于学忠第五十一军布于天水、甘谷、武山、陇西一线,主力控陇西;以青海、宁夏的马家军布于贵德、同仁、循化、皋兰、临夏地区,主力控临夏。

对追击部队的部署是:以国民党第四十五军的6个团为第一追击队,出懋功,向抚边、阿坝、齐哈玛寺方向追击;以国民党第二十一军的9个团为第三追击队,越岷江出耿达桥,向理番、毛儿盖、班佑、桑杂方向追击;以国民党新编第六师李家钰部的9个团为第五追击队,出威州、茂县,向镇坪、松潘方向追击;以暂编第二师彭诚孚部为第七追击队,出白草场,向镇坪方向追击。以上各路追击队均分成两梯队,交替向前推进。

战略预备部队杨森部控制懋功,郭勋祺部控制新津,王缵绪部控制绵竹,薛岳部控制平武。

国民党根据上述部署,其守备部队、追击部队和战略预备队已经分头展开行动。当红军到达毛儿盖时,胡宗南主力已经在大松潘地区完成集结,并沿黄胜关、漳腊、南坪一线构筑堡垒,待机出击,另外派出小股分队活动于阿西茸、包座、热当坝地域,并与当地土司番兵勾结在一起防止红军北进。此外,胡宗南还在松潘城北修建了飞机场,配置了作战飞机。

徐向前和陈昌浩、叶剑英商定,以多路突击的办法,攻打松潘。但是,由于松潘地区地形险要,胡宗南的兵力众多,凭碉固守,红军缺乏大炮,不论正面突击或迂回攻击,均未成功。

这时,薛岳部已由雅安进抵文县、平武地区,逐步向松潘靠拢。川军杨森、刘文辉、邓锡侯、刘湘、李家钰已乘机先后占领懋功、绥靖(今金川)、北川、茂县、威州及岷江东岸地区,从东、南方向迫近,压缩对红军的包围,企图将红军围困和消灭于岷江以西、懋功以北地区。红军已经处于腹背受敌的危险局面。

8月1日,驻共产国际的中共代表团以中华苏维埃中央政府、中国共产党中央名义起草并发表了《为抗日救国告全体同胞书》(即《八一宣言》),号召全国同胞团结起来,停止内战,抗日救国,组织全国统一的国防政府和抗日联军。

面对不断变化的客观形势,中共中央和中革军委抵达毛儿盖以后,为贯彻北上抗日的主张,依据敌情的变化果断决定,放弃攻打松潘的战役计划部署,改为执行夏洮战役计划。

8月3日,红军总部详细制订了"夏洮战役计划",对上述敌情的变化做了充分的估计,并提出了新的战役目标和战役纲领。该计划指出,松潘战役由于预先估计不周,番兵阻碍及粮食困难,颇失时机。现改为攻占阿坝,迅速北进夏河流域,突击敌包围线之右侧背,向东压迫敌人,争取在洮河流域消灭遭遇到的敌军主力,形成在甘南广大区域发展之局势。

为实现这一新的战役意图,徐向前和陈昌浩提议,集中红军主力,向一个方向突击,但张国焘主张分左、右两路军行动。最终张国焘的意见得到采纳并规定:中央红军第五、第三十二军和四方面军第九、第三十一、第三十三军共20个团,编为左路军,由总司令朱德、总政委张国焘指挥,以主力一部迅速经卓克基,打通到大藏寺、查理寺、阿坝道路,消灭番兵马队。待攻下阿坝后,则应以主力速向北控制前进,以一部兵力打通阿坝到墨洼线路,以接应右路军。

中央红军第一军和四方面军第三十军共12个团,编为右路军,由前敌总指挥徐向前、政治委员陈昌浩指挥,经竹勋坝向班佑、阿西侦察,准备走此路遭遇和消灭胡敌一部,然后向北转移,争取进占夏河流域的先机。另以得力一部沿小姓沟至羊角塘钳制松潘之敌,以掩护我左、右两路军及一切后方前进,万一由阿西北进无路,则再改经阿坝前进。

除左、右两路军外,红四方面军第四军第十、第十一师和第三十五团共7个团,为钳制支队,沿岷江沿岸及耿达桥方向部署,尽力控制要点,隐蔽意图,配合河西支队,向松潘方向积极佯动,以便吸引住敌人。另以一部兵力在抚边、党坝坚守要点,积极打击,以掩护红军主力转移,同时川敌如进,应坚决遏阻,在有利时机应集中兵力一部,实行回击而消灭之。各钳制支队的逐渐收拢及最后转移,须视红军进占阿坝及其以后情况而确定,目前须坚决向敌方活动,以掩护杂谷脑、卓克基地域的安全。

在黑水流域的红三军和红二六九团、红二十九团共 6 个团,为总预备队,策应各方,并首先打通茨坝、杂窝到波罗子道路,以便在有利时机,经此路循右路军后北进;如情况不许,则准备经卓克基北进阿坝。

"计划"还对后方工作做了专门规定。中共中央和中革军委为保障"夏洮战役计划"的顺利实施,制订了"夏洮战役政治保障计划"。

红军各部根据所担负的任务分头展开行动,左、右两路军开始派人侦察北进道路,做北上准备。

张国焘向中央开"天价"

在此期间,张国焘又节外生枝。他对中央领导人在芦花会议上对红四方面军的批评一直不满;另外他为红四方面军领导人没有更多地进入中央领导层也感到不公平。他利用红军各部准备的间隙,要求中央召开政治局会议:一是检讨党的全盘工作和当前军事问题,二是要求中央从红四方面军中选拔一些新人参加中央政治局会议和中央工作。在张国焘看来,只对红四方面军的政治路线和军事路线进行总结是不够的,党中央的政治路线和军事路线同样存在问题,如果只批评红四方面军的政治路线和军事路线,而不解决中央的政治路线和军事路线问题,以后的军事行动还会遭到失败。

张国焘为了达到目的,在红四方面军内部召开了一次紧急干部会议。在会上,他宣布中央执行的是机会主义路线,指责遵义会议是调和主义,要求博古退出书记处与政治局,周恩来退出军委。张国焘提出要将四方面军的十几名干部分别批准为中央委员、政治局委员及书记处书记,并起草了一份人员名单,上面明确写上了红四方面军进入中央委员会和政治局的人员,交由傅钟转送中央。此外,他还积极动员陈昌浩、傅钟等人向张闻天反映此意见。张国焘此举无疑是向党中央开了一个"天价",使其向党中央争权活动达到了顶峰,给红一、四方面军的团结造成了异常恶劣的影响,也为今后两军的共同军事行动投下了巨大的阴影。

在大敌当前,张国焘又掀起波浪的复杂形势下,为了抵制张国焘的错误方针和破坏团结、反对中央的行为,从全局和全党全军的团结出发,求得共同北上计划的实现,也为了促进张国焘的转变,争取四方面军的干部战士,毛泽东、张闻天、周恩来等中央领导同志决定在距离毛儿盖约 10 公里的沙窝举行中央政治局会议。

会前,张闻天、毛泽东、周恩来、博古等人就沙窝会议的内容进行了商讨,提出两项议程:一是关于一、四方面军会合后的形势与任务;二是组织问题。

关于第一项议程,张闻天经同毛泽东等人交换意见后,拟就了一个决议草案,并经过征求四方面军的陈昌浩、傅钟等的意见,得到了他们的赞同;关于第二项议程,主要是解决张国焘提名的将四方面军同志增补为中央委员、中央政治局委员的名单问题。毛泽东看了名单之后说:中央委员可以增加几个,政治局委员不能增加那么多。张闻天同意毛泽东的意见。随后,毛泽东、张闻天又找陈昌浩、傅钟等其他同志商量了几次,基本取得了一致意见,为沙窝会议做好了准备工作。

8 月 3 日,张闻天致电张国焘、陈昌浩、徐向前:

> 请准于明日 10 时到达沙窝开政治局会议,并请通知傅钟、博古、邓发、凯丰、富春赶来到会。[21]

中央在沙窝修补两军团结

沙窝是当时中共中央机构临时所在地,这里三面环山,山上树林茂密,山沟中有一个藏人的小村庄,自成天地。

8 月 4 至 6 日,经过无数艰苦磨难的中共中央领导人,为了中国革命的胜利前途,在毛儿盖十八寨之一的沙窝这个小寨子里,再次同张国焘进行了斗争。静静的沙窝,经历了这样一场中共党内两种不同意见的激烈交锋,沙窝这个名不见经传的小村庄由此在中国共产党的历史上留下了重重的一笔。

出席这次会议的有张闻天、毛泽东、周恩来、博古、朱德、张国焘、邓发、刘伯承、陈昌浩、凯丰、傅钟共 11 人。会议开始首先由张闻天就第一项议程做报告。张闻天根据已起草好的《关于一、四方面军会合后的政治形势与任务的决议》草案,对形势与任务做了系统的分析和阐述。

在讨论这一报告即第一项议程时,毛泽东首先发言,就决议草案做了补充说明。他着重分析了西北地区的有利条件和困难条件。毛泽东指出:"西北地区的特点,是统治阶级薄弱的一环,帝国主义势力最弱的地方,少数民族最集中的地方,因靠近苏联,在政治上物质上能得到帮助。西北地区的困难是人口稀少、物质条件缺乏、交通不便、气候条件不好等,这些都能克服。要用全力实现在西北首先是甘肃地区建立根据地的战略方针。"[22]

这次会议之所以召开的根本原因就在于张国焘的捣乱,但他在这次会上故意装出一种轻松的姿态。他发言表示,红军之间发生分歧,是丝毫不值得大惊小怪的,梁山泊的好汉不打不相识,争争吵吵并无关系,红一、四方面军都有多年奋斗的经历,寻求谅解应该不是一件很难的事,而开这次会的目的,就是要获得谅解,并不是要扩大分歧。

随后,张国焘抓住他所听到的一些流言蜚语,在党的正式会议上采取倒打一耙的策略,来了个恶人先告状。张国焘说道,早在抚边相会时,就应该痛痛快快把问题谈清楚,这样就不会酿成一些不必要的隔阂,甚至产生一些不应有的言论。譬如有人说张国焘是军阀,要凭借军事实力要挟中央;也有人说张国焘是老机会主义,非打击不可;或者说张国焘自视资格老,瞧不起所有政治局委员,要在"纠正中央错误"的名义之下,诋毁整个中央;也有人引经据典地说西北联邦政府反叛苏维埃;总政治委员的职务完全抹杀军委主席和整个中央的职权等。凡此流言,似乎把张国焘描绘得不成样子。

张国焘说到这里,毛泽东则针锋相对地指出:这种流言是很多的,譬如有人说毛泽东是曹操,中央成了汉献帝;有人相信中央的政治路线错了,现在只是用军阀官僚的手段来统治全党全军,这次会议正要解决这个问题。

当毛泽东一说到中央的政治路线这个问题时,张国焘感觉到自己有些站不住理了,赶忙采用了迂回的战术。他没有直接指出中央政治路线是错误的,而是采取了一种更加巧妙的说辞指出了中央路线的错误:

（中央的）政治路线可能是错了,也可能是共产国际错了,也可能是我们执行错了,也可能是时移势易而必须改变。但是,我们要求检讨中央的政治路线,决不等于推翻整个中央。我们都经过艰苦奋斗,都为共产主义卖过力,党不能舍弃我们,我们也不能舍弃党。第六次大会的时候,就有人说犯过错误的同志,仍是党内最好的同志,而且这样的同志,现在更加少了。因此,我们讨论政治问题的时候,不要把责任问题牵连在一起。

对这个预拟的文件我提出批评,并提出我的建议。这次会议,也许不宜贸然肯定中央的政治路线是正确的或是错误的,但苏维埃运动不是胜利了,而是失败了,却是显而易见的事实。现在所有的苏区都丧失了,红军遭受了重大的损失,我们退到了藏族地区,这些失败的事实是无法否定的。至于苏维埃运动遭受挫折的原因,既不能说成是敌人飞机大炮的厉害,也不能当作只是我们军事上的失算，主要还是这一运动不合时宜，没有为广大群众所接受。遵义会议肯定中央政治路线正确，却说军事路线错了，这似乎有些倒果为因。[23]

张国焘还讥讽这次会议布置得如此严密，而且预先拟好了决议草案，不但是故作神秘，而且会妨碍彼此间自由交换意见的机会。他要求将预拟的草案暂行搁置一旁，先不受拘束地加以检讨，并希望中央领导人不要用有色眼镜来看待他所提出的意见。

张国焘提出不要讨论草案这种无理要求，甚至还提出要召开扩大会议，那样一来，红四方面军的干部能参加会议的人就多了，他的意见就不会一再不被重视了。张国焘在回忆录中声称：

> 为了统一党内的意志，我主张召集一次高级干部会议，并说明我在鄂豫皖和川西北时，曾屡次举行这样的高级干部会议，成绩都很美满。特别是现在一、四两方面军的干部互有隔阂，对中央也有不满，这样，扩大的会议更有必要。我们不用惧怕这种会议，认为一定会吵架散场，如果我们现在研究好一致的意见，提交高级干部会议讨论，解释一些过去的误会，嘉许两军奋斗精神，提倡互相学习，反而会收团结的实效。[24]

随后，朱德、邓发、凯丰、陈昌浩、刘伯承、周恩来、傅钟、博古等相继发言。发言者赞同张闻天的报告，并对决议草案的内容提出一些补充意见。同时，强调必须提高党在红军中的威信，认为这是增强红军战斗力的关键。这实际上是不指名地批评了张国焘的错误。

针对张国焘要求清算中央政治路线的问题，多数人发言表示同意遵义会议对这个问题所做的结论，即中央的政治路线是正确的，没有粉碎敌人第五次"围剿"的主要原因是军事路线上的错误，经遵义会议已得到了纠正。毛泽东也不主张清算中央的政治路线，因为当时军事问题最具紧迫性。

针对张国焘提出的召开两军扩大会议的建议，根本不符合当时的实际情况，因为，当时敌情每天都在发生变化，军以上指挥员大多离不开战斗岗位，所以没有人响应他的提议，张国焘深感失望。

张闻天就第一项议程的讨论做结论说：对决议案大家意见无大分歧，同志们也都是一致的，这是红一、四方面军胜利前进的保障。他还说：关于一方面军，四方面军的批评是好的，是帮一方面军来纠正缺点的。但须注意可能发生的不好影响，过分的批评会妨害团结的。会议基本上通过了决议案，并责成政治局常委对决议案进行最后修改。

在进行第二项议程，即讨论组织问题时，张闻天代表中央政治局提出预先经过磋商的名单，提升红四方面军的徐向前、陈昌浩、周纯全为中央委员，何畏、李先念、傅钟为中央候补委员；两位同志进政治局，陈昌浩为委员，周纯全为候补委员。张闻天提出这个名单后，交由大会讨论。

张国焘一听这个名单就急了。原来，按张国焘意图，需要增加四方面军9人进政治局，这也是由他提名交由傅钟转送张闻天的人员名单。因为当时中央政治局委员共8人（张闻天、周恩来、毛泽东、博古、朱德、张国焘、邓发、凯丰），张国焘是想让红四方面军进入政治局的人员数量超过原政治局的人数，这样他就不会势单力孤了。即使中央不完全同意他的提名，打一下折扣，至少也能多进几个，再加上他自己就在政治局，最起码也得平分秋色，谁知道只进了两人，10名政治局委员之中，红四方面军只占了3名，而且还有1名是候补委员。所以，张国焘首先发言，他十分不满地说，在坚决提拔工农干部的原则上，还可以多提几个人嘛！

毛泽东发言指出，四方面军有很多好的干部，而我们只提出这几个同志，是很慎重的。本来政治局不能决定中央委员，现在是在特殊情形下才这样做的。其他干部可以到各军事、政治领导机关工作。

张国焘即起应答，"本来我们的意见，要提这几个同志都到政治局的，这样可以提拔工农干部，他们有实际经验，又可以学习领导工作。"

毛泽东肯定地说："国焘同志的意见是很好的，四方面军的好干部将来可以吸收到中央机关及其他部门来。"

张国焘仍不死心，又将召开高级领导干部会议与增选新人进政治局联系在一起搅和，与中央领导人争来争去。张国焘后来回忆：

> 中央应遴选一些新人参加中央工作，这可以巩固中央的领导作用。我指出在座的政治局委员，也不全是六次大会选举出来的中央委员（张闻天、秦邦宪、王稼祥、朱德均非六次大会选举出来的中央委员），非中央委员列席政治局会议更是常有的事。如果我们从一、四两方面军遴选少数干部列席政治局会议，并参加军委会和其他中央机关的工作，将有百利而无一害。譬如我自己是中央一员，但常被视为是第四方面军的代言人，我们为何不让四方面军的干部，直接向中央表达他们的意见？
>
> 召开高级干部会议和吸收新人参加中央工作，只是实施党内民主，并

不是什么推翻中央领导的阴谋。我说明我提议的高级干部会议，其职权可以从长计议，它的作用，有时可类似于中央扩大会议，有时则只向中央提供意见。现在中央事实上与全国各地组织隔离了，实际只是指导一、四两方面军，因而由一、四两方面军的干部组成高级干部会议，是合法的，也是必要的。如果有人过度敏感，以为这样的高级干部会议将由四方面军的同志占多数，不免是想入非非。我可以声明，四方面军的同志决不会在高级干部会议中要求占多数，只是想有发表意见的机会而已。最后，我着重指出，实施党内民主，将使党内各项歧见易于解决。例如军事行动问题，经过一次高级干部会议讨论以后决定下来，将来在执行时可以表现更大的决心与信心；反之，如果中央拒绝举行高级干部会议，不让新人参加中央工作，政治上、军事上的重大问题也不让同志们有发表意见的机会，这就无异阻塞了团结之路。[25]

张国焘的话里面已经不是建议的问题，而是带有威胁的意思在里面，把红一、四方面军的不团结归咎于党中央拒绝举行高级干部会议和不让新人参加中央工作。张国焘的意图非常明显，无论增加新人进中央政治局也好，还是召开高级干部会议也好，其根本目的就是想逐步削弱党中央的权力，进一步控制党中央。所以，毛泽东、张闻天等中央领导人在这两个问题上坚决不松口。但为了大局计，也为了尽一切可能与张国焘搞好团结，在组织问题上还是做出了一些让步，决定增补陈昌浩、周纯全两人为政治局委员。这样一来，中央政治局正式委员由原来的8人增加到了10人。会议还决定成立由周恩来担任司令员兼政委的一方面军司令部，由陈昌浩任总政治部主任，周纯全任副主任。

8月5日，沙窝会议通过了《关于一、四方面军会合后的政治形势与任务的决议》，该决议共分七个部分，特别提到了加强党在红军中的领导，增强"一、四方面军的兄弟的团结"。必须使一、四方面军的每一个同志了解一、四方面军都是中国工农红军的一部分，都是中国共产党中央所领导的。在我们中间只有阶级的友爱与互助，而没有分歧和对立。只有这样，一、四方面军的团结一致才是坚固的与永久的。

针对张国焘提出的"革命形势处于低潮"的悲观观点，《决议》指出，苏维埃革命运动，虽是由于长江下游的几个苏区暂时变为游击区，而遭受到部分的损失，然而这些苏区中广大的游击战争是继续坚持着的。红二、六军团在湘鄂赣不断取得新的胜利，巩固了原有苏区根据地；红二十五军、二十六军及二十九军

（应为红二十七军——本书作者注）在川陕甘三省的活跃，尤其是一、四方面军两大主力在川西北的会合，造成了中国苏维埃运动在西北开展极大胜利的前途。中国革命形势依然存在，苏维埃革命并未低落而是继续发展着。针对张国焘提出的"西进"、"南进"主张，《决议》重申两河口会议精神，指出"在一、四方面军会合后，我们的战略方针是集中主力向北进攻，在运动战中大量消灭敌人，首先取得甘肃南部，以创造川陕甘苏区根据地，使中国苏维埃运动放在更巩固更广大的基础上，以争取中国西北各省以至全中国的胜利。这一决定无疑是正确的。创造川陕甘的苏区根据地，是放在一、四方面军面前的历史任务"。

《决议》还就创建川陕甘新苏区，强调了红军目前应做的 12 项工作。《决议》强调要看到苏维埃革命胜利的前途，并与两条错误路线做斗争。由于张国焘向党中央提出的各项条件均未得到满意的答复，而且《决议》中对张国焘的错误行为进行了不点名的批评，在张国焘看来，《决议》中的每一项内容都是冲着他自己来的。因此，他憋了一肚子火。

后来张国焘、陈昌浩将会议情况通报给徐向前。徐向前见张国焘满肚子不高兴，脸色阴沉，不愿说话。陈昌浩向他发牢骚，说中央听不进国焘的意见，会上吵得很凶。徐向前对张国焘、陈昌浩说：现在不是吵架的时候，这里没有吃的，得赶紧走，我们在前面打仗，找块有粮食吃的地方，你们再吵好不好呀！当时的确到了闹粮荒的严重地步，徐向前看在眼里急在心里。部队天天吃野菜、黄麻，把嘴都吃肿了。供应中央领导机关的粮食，眼看快要吃完。郑义斋、吴先恩他们是"老后勤"，愁得不行，向徐向前反映，徐向前也无计可施。周恩来副主席患疟疾，病得起不了床。徐向前去看望他时，带去几斤牛肉，算是头等补养品。面对这么严重困难的情况，全军将士的安危要紧。徐向前遂一再催促张国焘、陈昌浩早走，以后再吵。至于当时争论的焦点是什么，谁是谁非，徐向前并不了解，他只是从一名军事将领的角度来思考当前的问题。[26]

当时的情况的确如此。由于红军先是执行松潘战役计划，后改为执行夏洮战役计划，主动放弃了茂县、北川和懋功以南地区，主力已经进至毛儿盖、卓克基一带。一方面，敌人如影随形般步步紧逼，红军的活动区域逐步缩小；另一方面这一地区是半耕半牧的藏族集居之所，人口较少，粮食不足。如果红军在这一带停留时间长了，就会发生供应短缺的问题。由于张国焘一再生事，红军从抚边到达卓克基、毛儿盖，就用了二十多天的时间，如果再停留下去，敌人会调集更多兵力封锁红军，实现其聚歼红军于川西北的战略企图。

为了实现夏洮战役计划，沙窝会议之后，左路军各部开始以卓克基为中心集结，右路军各部开始以毛儿盖为中心集结。

8月10日，前敌总指挥部徐向前总指挥、陈昌浩总政委发布了《右路军行动计划》，决定右路军分三个梯队，采取阶梯队形，交互掩护，蝉联北进，并以红三十军第二六五团、第二六四团为先遣兵团经墨洼过草地向班佑侦察前进，占领班佑、撒路、包座地域，以其主力控制固守，掩护右路军主力北上；以一部兵力向松潘之敌佯攻，以吸引胡宗南部大部于松潘城附近；岷江两岸的牵制部队殿后，逐段掩护，适时向主力靠拢，衔接前进。

8月11日，红一方面军新任司令员兼政委周恩来就红一方面军北上准备工作向红一、三军发出指示电，要求两军依据总司令部夏洮战役计划，准备在七天到十天内经班佑前进。一军应集结波罗子、杂窝（今扎窝）之线，三军集结芦花、亦念之线，并与王宏坤及一军取得联系。抽出二六九团，担任维护仓得、打古、下郎、油溪一带交通与警戒，一军教导营待该团派队接防后，即经芦花、杂窝归还建制。抓紧最近七天时间，定出紧张的整理具体计划，根据总政治部保障计划，进行充分的深入连队的政治动员，加紧实际工作检查。[27]

8月13日，前敌总指挥部徐向前、陈昌浩将右路军行动计划电告了张国焘。

张国焘秘密杀害曾中生

各路大军均已做好了北上准备，但此时张国焘仍然在打着自己的算盘。自沙窝会议之后，张国焘就带着满腹的不高兴回到毛儿盖，在朱德、刘伯承到来之前，以传达会议精神的名义召开军以上干部会议，再次提出要西出阿坝，占领青海、甘肃边远地区的主张，而不是按照原定经阿坝北进东出的计划行事。在此期间，张国焘怕自己过去的错误路线被人揭发，又做了一件丧尽天良的勾当：秘密杀害红四方面军原参谋长曾中生。

曾中生，原名曾钟圣，1900年6月10日出生于湖南省资兴县东乡犀牛坳的一个破落地主家庭。黄埔陆军军官学校第四期学生，曾入莫斯科中山大学学习，在莫斯科参加过党的第六次全国代表大会。历任国民革命军第八军政治部组织科长、中共南京市委书记、中共鄂豫皖特委书记兼军事委员会主席、鄂豫皖中央分局委员、红四军政治委员、西北革命军事委员会（即红四方面军）参谋长、中共川陕省委委员等职。

张国焘为什么对曾中生恨之入骨，非要置其于死地才善罢甘休呢？这事要从 1930 年说起。

1930 年,党的六届三中全会后,曾中生受党中央的派遣,以中央特派员的身份,到鄂豫皖苏区担任特委书记兼军委主席。从 1930 年 12 月到 1931 年 3 月,曾中生领导鄂豫皖苏区军民,经过四个月的艰苦奋战,粉碎了敌人一次又一次的进攻,巩固和扩大了革命根据地。根据地的各项建设都有了大踏步的进展,根据地人口达 200 余万,红军发展到近 2 万人。

1931 年 4 月 11 日,张国焘以中央全权代表的身份被派到鄂豫皖根据地,主持党政军全面工作。张国焘上任不久,无视根据地党政军建设的大好形势,宣布撤销鄂豫皖特委,成立鄂豫皖中央分局和新的军事委员会,自任分局书记兼军委主席。他还诬蔑攻击曾中生,并调任曾中生为红四军政治委员,排斥了曾中生对鄂豫皖根据地的领导。

6 月,张国焘竟限红军一个月内攻下英山,出潜山、太湖,进攻安庆,威胁南京等大城市,以援助中央根据地。曾中生等坚决反对这一错误方针。红四军在曾中生、徐向前率领下挥戈南下,于 8 月 1 日攻克英山县城。在一个月内连克英山、浠水、罗田、广济四座县城,歼敌 7 个团 5000 余人,威震九江、武汉,有力地配合了中央根据地的反"围剿"斗争。但张国焘不顾胜利的事实,以违抗分局决定为借口,严令部队回师。9 月 1 日,曾中生、徐向前被迫放弃大量歼灭敌人的有利时机,率部队返回根据地。曾中生万万没有想到的是,一场本是战略方针的分歧,却给打了胜仗的红四军带来了空前的灾难。他和张国焘的南下与东进之争,不仅给自己惹下了杀身之祸,而且导致张国焘发动了骇人听闻的"白雀园大肃反",许多优秀的红军指战员在这次大肃反中被迫致死。

张国焘对曾中生的意见和做法非常恼火。他挖空心思炮制了红四军中有一个"反革命的中心组织"和"全盘反革命计划"的假案,诬蔑红四军南下,是曾中生受了"反革命分子的怂恿和蒙蔽",于是,撤掉曾中生的红四军政委职务,以陈昌浩代之。

10 月,张国焘又在波皮河召开团以上干部会议,对曾中生实行"围攻"、"斗争",诬蔑曾中生是"动摇党在红军中的威信",最后,给曾中生硬扣上"反抗中央分局"、"纵容反革命分子"的罪名,宣布曾中生调离部队接受审查。

12 月,在广大指战员的请愿和强烈要求下,张国焘被迫恢复了曾中生的工作,让他担任红四方面军黄安独立师师长。

1932 年 6 月,蒋介石对鄂豫皖根据地发动了第四次大规模的"围剿"。张国焘右倾恐敌,丧失了粉碎敌人"围剿"的信心,迫使红四方面军退出鄂豫皖根据地,西越平汉线,无计划、无目的地向西退却,部队伤亡很大。危急关头,曾中生不顾个人安危,挺身而出,和旷继勋、余笃三等一起,批评张国焘在退却转移中的错误,建议立即结束无后方作战的局面,重新建立新的根据地。张国焘见众怒难犯,换上了一副笑面孔,表示虚心接受大家的意见。

红四方面军转战川东北。根据地开创时期,正是用人之际。1933年2月,中共川陕省第一次代表大会在通江县城召开,正式成立了川陕省委,曾中生被选为省委委员。中旬,召开了川陕省第一次工农兵代表大会,宣布成立川陕省工农民主政府,曾中生参加了政府领导工作。6月23日,中共川陕省二大在通江县新场坝召开,曾中生代表省委做了政治报告。在他的具体指导下,会议通过决议,要求加强党的建设,加强红军和地方武装建设,深入和扩大土地革命,巩固根据地。会后,红四方面军在南江县木门召开军事会议,决定对部队进行整编,并成立了川陕地区的最高军事领导机关——西北革命军事委员会,曾中生任参谋长。为提高广大指战员的军事素质,组织部队开展大规模的军事训练,曾中生把主要精力投入到研究军事科学和总结过去作战的经验教训的工作中。8月份,他先后写出了《与川军作战要点》《游击战争要诀》等军事著作,对提高广大指战员的军事技术和指挥能力起了重要作用。

1933年夏,红四方面军经过艰苦奋战粉碎了四川军阀的"三路围攻"。张国焘以为红四方面军已站稳了脚跟,便又一次在红军和地方党组织中进行所谓的"肃反",疯狂地报复迫害与自己意见不同的人。旷继勋、余笃三等被秘密杀害;曾中生被诬蔑为"托陈取消派"、"右派首领",被撤销了西北革命军事委员会参谋长职务。8月初,曾中生正在为红四方面军撰写《与"剿赤军"作战要诀》一书,突然被非法逮捕,遭到严刑拷打和监禁。

为了彻底整掉曾中生,张国焘等人煞费苦心地为曾中生罗织了五条罪状:第一,主张红军不应离开鄂豫皖,应分散游击,是企图让敌人来各个消灭红军。第二,在西征途中,提出"到哪里去"的问题,主张回鄂豫皖,计划派人向中央反映情况,这是根本取消革命,要红军向敌人投降,是公开组织开小差。第三,议论和批评张国焘搞个人独裁、军阀投机、家长制度,这是以反对个人来掩饰其反对革命,企图以推翻党的领导来间接推翻红军。第四,提出四川山大人稀、军阀太多、群众滑头不革命、红军不能创建苏区的理论,可是事实打了曾中生的嘴巴,曾中生又想把狐狸尾巴夹起来,待机而动。第五,早在鄂豫皖时期,曾中生就是一个"立三主义者",李立三的"半托洛茨基"的观点,得到了惯于军事投机的曾中生的极端拥护,曾中生以这种立三路线的观点反对鄂豫皖中央分局的正确路线,形成小组织式的斗争,结果助长了"改组派""AB团""第三党"。

曾中生从此掉进了无边的苦难深渊之中。他被逮捕、关押之后,受到严刑拷打,并被强令写"自首书",交代小河口会议和鄂豫皖时期的错误。

曾中生在被关押期间,以坚强的毅力继续写完了《与"剿赤军"作战要诀》。这本小册子系统地总结了红四方面军历次反"围剿"战斗的经验,深刻地阐明了中国革命战争的规律和作战原则,为中国革命留下了一笔宝贵的军事遗产。小册子写好后以西北革命军事委员会名义印发,受到广大指战员的热烈欢迎。当时,连张国焘也不得不承认,"本书甚有价值,红军干部应人人手执一本再三探讨"。后来这本小册子随广大指战员艰苦转战,传到延安,为毛泽东1936年写作《中国革命战争的战略问题》提供了丰富的素材,构成了毛泽东军事思想的重要组成部分。

当徐向前听说曾中生被关押之后,非常吃惊,立即去找陈昌浩。徐向前问:"这是怎么回事,中生同志也成反革命啦?"陈昌浩告诉他,从苏联回来的余笃三、王振华、朱光、杨白、赵箴吾等,过去就和托派有联系,被共产国际开除或处分过,现在查清,他们都是混进党内的"托陈取消派"。曾中生和他们在一起搞非组织活动。他的问题严重,所以中央同意免他的职,进行审查。接着,陈昌浩对徐向前说:"你不了解情况,不要过问这些事。"徐向前回答:"别人历史上的问题,我不清楚,不敢打包票,但中生同志我们大家都了解他,中央也了解他,有话慢慢说嘛,关起来总不合适吧!"陈昌浩说:"不会关多久的,搞清问题就放他,放心好了。"徐向前感到很不是滋味,但嘴里也不好再说什么。

由于曾中生不屈服于张国焘的压力,便被长期监禁起来。1935年3月,红四方面军西渡嘉陵江,向川西转移。这时,曾中生在看守人员的关押下,拖着饱受摧残的身体,拄着拐杖,艰难地走上长征之路。

6月12日,红一、四方面军会师。曾中生听到这个消息后非常高兴,他认为自己的冤案终于可以了结了。7月初,当中央慰问团来到四方面军总部所在地——杂谷脑慰问红四方面军时,曾中生也听到了这个振奋人心的消息。他兴奋得一连几个晚上睡不着觉,连夜赶着给中央写了一封申诉信,申明自己无罪,要求彻底平反,还列举了张国焘从鄂豫皖到川陕的种种罪行。不幸的是,这封信还没送到中央慰问团的手里,就被张国焘扣下了,曾中生的申诉犹如石沉大海。

事也凑巧，在当时中央慰问团成员中就有一人专门打听曾中生的情况，这就是刘伯承参谋长。

刘伯承与曾中生是在莫斯科认识的，当时刘伯承在伏龙芝军事学院，曾中生在中山大学，虽然两人不在一个学校，但经常在一起参加中国学生的集会，彼此来往不少。1928年夏天，他们共同出席了在莫斯科举行的中共"六大"。自1928年分手之后，两人已经七年没有见过面了。

刘伯承只知曾中生在鄂豫皖，当他作为中央慰问团成员到达杂谷脑后，其中一件事就是向张国焘打听他的老朋友曾中生的下落。张国焘先是心里一惊，随即以坦然的口气回答说："中生同志在鄂豫皖根据地的战斗中负了重伤，我留下他养伤，伤好了就回来。"

刘伯承信以为真。他哪里知道，曾中生当时就被关在离他不远的一间阴暗的小屋里。

问者有情，听者心惊。刘伯承莫不是在代表中央询问曾中生的情况？难道有人将曾中生的情况透露给了中央？张国焘又怕又惊。慰问团走了以后，立即把曾中生叫了来，亲自审问，严刑拷打，然后令手下人将曾中生带到了卓克基。

张国焘担心曾中生放出去之后必然会向中央反映情况；如果继续关押，曾中生的问题迟早也要暴露出来，因为有刘伯承同行，他迟早会打听到曾中生的下落，张国焘遂决意杀害曾中生。

一天夜晚，曾中生被关押的地方来了两个人，将曾中生押出了监禁他的地方。突然，一根绳索紧紧勒住了他的脖子，他痛苦地挣扎了几下，便永远离开了人世。一位戎马疆场、战功卓著的红军将领，在卓克基以北的森林里永远告别了他为之奋斗的事业。曾中生被秘密杀害后，有人在卓克基的南面大声叫喊："曾中生通敌逃跑了！向敌人投降去了！快追呀！"一些武装人员装模作样地到附近的山上进行"搜索"，折腾了一夜。第二天，便有人说："曾中生通敌，掉进河里淹死了。"接着，看管曾中生的人被抓起来，审讯、关押，大有追查到底的气势。这样张国焘导演的这场闹剧终于落下了帷幕。

曾中生被害后，由于张国焘的严密封锁，当时党中央还不知道曾中生已被害，直到1945年，在延安召开党的第七次全国代表大会上，中央为曾中生平反昭雪。

执意西进阿坝

张国焘谋害曾中生以后，像没事人一样，开始要求左路军部队做好北上的一切准备。8月15日，当朱德、刘伯承从毛儿盖回到卓克基以后，左路军先头部队开始出发北上，执行夏洮战役计划。

同日，朱德、张国焘给徐向前、陈昌浩回电并请他们转朱瑞、林彪、聂荣臻、彭德怀、杨尚昆，其电文大意为：我一纵队现在已经陆续北进，19日可进攻阿坝，然后继续向夏河前进，并以一部分兵力出班佑方面与右路军联络；右路军及三纵队应迅速由徐向前、陈昌浩部署，马上蝉联北进，经班佑向洮河左岸出动；除对松潘、黄胜关之敌警戒外，三军在北进时，应令二十九团在后面游击掩护，然后接管二六九团防务并在其防务地东部活动。最后，还就红三军的北进道路及选择等问题与徐向前、陈昌浩进行了沟通，请他们酌情而定。

就在左路军出发的当天，尚在沙窝的中共中央领导人对左、右两路军行动计划进行分析以后，根据客观实际，决定改变原夏洮战役计划中关于左路军主力经阿坝北上东出的决定。于是，中共中央致电张国焘，电文中指出：

（一）不论从敌情、地形、气候、粮食任何方面计算，均须即时以主力从班佑向夏河急进。左路军及一方面军全部，应即日开始出动，万不宜再事迁延，致误大计。

（二）新麦虽收，总数不多，除备行军十五天干粮外所余无几。此事甚迫切，再不出动，难乎为继。

（三）目前洮、夏敌备尚薄，迟则堡垒线成，攻取困难。气候日寒，非速到甘南夏（河）不能解决被服。

（四）毛儿盖到班佑仅五天，到夏河十二天。班佑以北，粮、房不缺，因此一、四方面军主力，均宜走右路。左路阿坝，只出支队，掩护后方前进。5K（红五军）、32K（三十二军）即速开毛（儿盖）。

（五）目前应专力北上，万不宜抽兵回击抚边、理番之敌。

（六）望立复。[28]

中央来电一下子击中了张国焘的要害，他本想瞒天过海，等到阿坝以后伺机执行其"西进"企图，没承想连阿坝也去不成了。张国焘并不甘心，仍旧指挥左路军先头纵队向阿坝前进。

8月17日，朱德、张国焘又以红军总司令部的名义，对左路军各领导人发出指示电,内称:王树声已经率九军 4 个团及五军到达石匠宫、龙耳头一带,明日可达查理寺,三十一军 4 个团随后跟进,19 日可达查理寺;由于向导、通司少,查理寺通班佑方向的道路情况不明;总司令部 19 日由大藏寺向查理寺前进;各部注意解决带粮和收容办法;因给养不良,病号日增,速补救;毛儿盖、打古及侧格以下伤病员,由王宏坤责成各部向仓得、侧格、下郎、油溪运送;一、三军团何时沿何路开动;以后右路军的一切行动直接向徐向前、陈昌浩报告,并由徐、陈直接指挥,王宏坤由总司令部直接指挥;工作队人员不可分散他调,笨重东西及非作战部队可于右路军左边行进。

18 日,陈昌浩、徐向前就右路军出动情况及对左路军行动意见致电朱德、张国焘,电文首先报告了当面敌情、我情,然后指出,四方面军走右路,一方面军走左路,平行推进,兵力十分集中。建议以主力向洮县、岷县带发展进攻,左路军大部不应深入阿坝,应迅速向右路军靠紧,速齐并进,以免兵力分散。

朱德、张国焘根据陈昌浩、徐向前来电,于 19 日凌晨 2 时回电,称:已令董振堂带电台率五军主力于 19 日由查理寺向班佑探查北进平行路,为一纵由班佑向前进具体准备。将来一纵全部亦有走班佑路前进可能,主力决不能从黄河两岸进。坚持“阿坝仍须取得”,一是财粮策源,必要时可助右路,二是可多辟北进路,三是可做后方根据地。大金川、大藏寺有三四条平行路向阿坝北进,人粮甚多,比芦花、毛儿盖好多了。[29]

同日,朱德、张国焘关于左路军出查理寺、班佑问题再次致电徐向前、陈昌浩,决定于 21 日以二十五、九十三两师攻打阿坝。敌人 18 日已进至崇化,红三十三军准备在理番歼灭敌一部。石匠宫的房子能驻 4 个团,但没有粮食。查理寺情况不明,由查理寺至班佑的道路更未查明。事实上,右路军与左路军联络困难,若左路军不向阿坝攻击,将无粮食并受到许多股番骑兵的扰害。现已令王树声速侦察到班佑的情况。

由此可以看出,张国焘在找种种理由与借口,蒙蔽中央领导人和广大红军指战员,拒不执行中央北上的战略方针,也不执行中央关于左右两路经班佑向夏河进击的指示,执意派部队攻打阿坝,大有架空中央夏洮战役计划的危险。

针对张国焘这种极端错误的路线,8 月 19 日,中共中央政治局在沙窝召开常委会议。到会者有张闻天、毛泽东、博古,王稼祥列席,周恩来因病未参加。会议主要讨论了中央常委的工作分工问题和宣传问题,同时讨论了对待张国焘的错误方针问题。会议决定:张闻天兼管组织部工作,毛泽东负责军事工作,博古负责宣传部工作,王稼祥负责红军政治部工作,凯丰负责少数民族委员会工作。常委会每周至少一次,各部有临时发生事件,由各部书记商量,必要时召集临时常委会。这一决定,使得在党内矛盾趋于尖锐的形势下,统一领导的权力集中于常委会和党中央书记。

中央变右路军为北进主力

为克服张国焘的阻挠,实现北上抗日的战略方针,中央政治局于 8 月 20 日在毛儿盖再次召开会议,详细分析了敌我双方的情况,对中央政治局两河口会议的决定又做了具体的补充。

出席这次会议的有中央政治局委员毛泽东、张闻天、博古、王稼祥、陈昌浩、凯丰、邓发以及非政治局成员徐向前、李富春、聂荣臻、李先念、林彪等。周恩来因病缺席,朱德、张国焘、刘伯承已去左路军,叶剑英已经带右路军先头部队出发,彭德怀率三军殿后,故均未参加会议。会议由张闻天主持,毛泽东做报告。

会议开始后,首先由毛泽东做关于夏洮战役后红军行动问题的报告。毛泽东指出:我们到达夏洮地区以后,有两个行动方向:一向陕西,一向青海、新疆、宁夏方向。报告认为,红军主力应向东向陕甘边界发展,不应向黄河以西。其理由有四点:

从敌情来说,如向黄河以西,敌人则在黄河以东筑封锁线,把红军限在黄河以西。这个地区虽然大,但多是草地、沙漠,人口也很少,将会发生很大的困难。因此,要迅速攻破敌人迫我向黄河以西的封锁计划,第一步占洮河流域,第二步占天水一带,第三步在平凉一带击敌,向陕西发展。求得在运动战中消灭敌人。

从地形来说,由兰州至潼关一带地域广大,需要在广大的区域建立政权,创造后方。

从经济条件来说,西北要比黄河以东差,同时气候寒冷,给养困难。

从民族条件来说,黄河以西大部是回族、蒙古族,汉族很少。红军到西边去,只能扩大回族的人民革命军,而不能扩大红军本身。

基于上述四方面的条件,红军主力应向黄河以东,支队向黄河以西去破坏敌人的封锁计划。报告认为,向东是转入反攻,向西是退却。蒋敌之部署,正是迫红军向黄河以西。向东发展,则可以洮河流域作为开创川陕甘革命根据地的基础。这一区域,背靠草地,四川军阀很难来,而北靠黄河,便于作战。同时,又可以黄河以西为退路。并指出,洮河作战步骤,极大关系于将来的行动。

　　毛泽东的报告结束后，会议开始展开讨论。陈昌浩、王稼祥、博古、凯丰、林彪、徐向前等先后发言，一致表示同意毛泽东的报告，主张以岷州洮河为中心向东发展。

　　博古发言说：我们现在有两个口号，一是创造苏维埃新中国的口号，那就应当向东，而另外一个是向西到达新疆，新疆少数民族还没有进到土地革命阶段。向西不仅是军事上的退却，而且是政治上的退却，是放弃创造苏维埃中国的退却，所以我们应当向东发展，支持毛泽东北进陕甘的意见。

　　徐向前发言指出：原则上的问题，中央早已决定。北进夏河后，坚决向东发展的意见我赞成。我军北出甘南后，应坚决沿洮河右岸东向，突破岷州王均部的防线，向东发展。万一不成，再从河东岸向东突击。

　　陈昌浩也坚决主张快速北进，集结最大兵力，向东突击，以实现中央既定方针。

　　大家一致认为，不应把向东向西看为一个小的问题，这是一个根本原则问题。因此，应克服一切困难，坚决向东发展。

　　关于左右两路军配合问题，与会者一致认为，要达到这一战役的战略目的，左路军一定要向右路军靠拢。会议明确决定，左路军的行动应以右路军的进展而转移。

　　由于没有了张国焘的阻挠，大家很快就当前红军亟待解决的重大问题达成了一致意见，毛泽东十分高兴，还特意表扬了陈昌浩。

　　最后，会议决定由毛泽东起草一个决议，以补充6月28日中央政治局两河口会议通过的《关于一、四方面军会合后战略方针的决定》。

　　同一天，中央政治局通过了由毛泽东起草的《关于目前战略方针之补充决定》，当时为保守军事秘密，暂时发到师以上领导机关。其大意是：

　　根据目前敌我情况，为实现6月28日关于目前战略方针之基本的决定，要求主力部队迅速占取以岷州为中心之洮河流域东岸地区，并依据这个地区，向东进攻，以便取得甘、陕之广大地区，以作为中国苏维埃运动继续发展之有力支柱与根据地。开创甘、陕地区，不论目前与将来的发展，对红军都是有利的，而且依据我们现有的力量，是完全能够实现的。为着实现这个战略决定，当前的战役是一个有决定意义的关键。目前战役之疏忽与失着，将使整个战略计划之实现发生困难，甚至失败。因此，当前的战役，应力争控制洮河，首先是控制其东岸地区，粉碎敌人兰州、松潘封锁线之计划，以使我们处于有利的机动地位，而便利于继续战胜敌人;集结最大限度的主力于主要方向,坚决与果敢地作战,灵活与巧妙地机动,是该战役胜利的保证。

毛儿盖会议是两河口会议的继续和深入。这次会议,改变了夏洮战役计划的具体部署,变右路军为北进主力,对提高红军广大指战员对北上路线的认识,克服张国焘的阻挠,确保北上抗日战略方针的实现,起了一定的作用。

[1] 徐向前:《历史的回顾》(中),解放军出版社 1984 年版,第 426 - 427 页。

[2] 中国工农红军第四方面军战史编辑委员会:《中国工农红军第四方面军战史资料选编》(长征时期),解放军出版社 1992 年版,第 81 页。

[3] 中国工农红军第四方面军战史编辑委员会:《中国工农红军第四方面军战史资料选编》(长征时期),解放军出版社 1992 年版,第 83 页。

[4] 徐向前:《历史的回顾》(中),解放军出版社 1984 年版,第 427 页。

[5] 中国工农红军第四方面军战史编辑委员会:《中国工农红军第四方面军战史资料选编》(长征时期),解放军出版社 1992 年版,第 84 页。

[6] 中国工农红军第四方面军战史编辑委员会:《中国工农红军第四方面军战史资料选编》(长征时期),解放军出版社 1992 年版,第 85 页。

[7] 徐向前:《历史的回顾》(中),解放军出版社 1984 年版,第 427 页。

[8] 中国工农红军第四方面军战史编辑委员会:《中国工农红军第四方面军战史资料选编》(长征时期),解放军出版社 1992 年版,第 89 页。

[9] 刘英:《在历史的激流中——刘英回忆录》,中共党史出版社 1992 年版,第 79 页。

[10] 徐向前:《历史的回顾》(中),解放军出版社 1984 年版,第 427 页。

[11] 徐向前:《历史的回顾》(中),解放军出版社 1984 年版,第 432 页。

[12] 程中原:《张闻天传》,当代中国出版社 1993 年版,第 241 页。

[13] 中国人民解放军历史资料丛书编审委员会:《红军长征·文献》,解放军出版社 1995 年版,第 585 页。

[14] 中国人民解放军历史资料丛书编审委员会:《红军长征·文献》,解放军出版社 1995 年版,第 589 页。

[15] 徐向前:《历史的回顾》(中),解放军出版社 1984 年版,第 433 页。

[16] 中共中央文献研究室:《毛泽东年谱》(上卷),中央文献出版社 1993 年版,第 463 - 464 页。

[17] 张国焘:《我的回忆》(第三册),现代史料编刊社 1981 年版,第 254 页。

[18] 程中原:《张闻天传》,当代中国出版社 2000 年 8 月版,第 285 页。

[19] 张国焘:《我的回忆》(第三册),现代史料编刊社 1981 年版,第 255 页。

[20] 四川省档案馆:《国民党军追堵红军长征档案史料选编》(四川部分),中国档案出版社 1986 年版,第 285 页。

[21] 中国人民解放军历史资料丛书编审委员会:《红军长征·文献》,解放军出版社 1995 年版,第 602 页。

[22] 中共中央文献研究室:《毛泽东年谱》(上卷),中央文献出版社 1993 年版,第 465 页。

[23] 张国焘:《我的回忆》(第三册),现代史料编刊社 1981 年版,第 255 页。

[24] 张国焘:《我的回忆》(第三册),现代史料编刊社 1981 年版,第 259 页。

[25] 张国焘:《我的回忆》(第三册),现代史料编刊社 1981 年版,第 259 - 260 页。

[26] 徐向前:《历史的回顾》(中),解放军出版社 1984 版,第 438 - 439 页。

[27] 中国人民解放军历史资料丛书编审委员会:《红军长征·文献》,解放军出版社 1995 年版,第 624 页。

[28] 中国人民解放军历史资料丛书编审委员会:《红军长征·文献》,解放军出版社 1995 年版,第 626 页。

[29] 中国人民解放军历史资料丛书编审委员会:《红军长征·文献》,解放军出版社 1995 年版,第 631 页。

第五章

红一、四方面军
携手过草地

初识水草地——"殿后"部队的艰辛征程——打开北上通
路——等待左路军北上——争取张国焘北上

初识水草地

毛儿盖会议结束的当天晚上,徐向前、陈昌浩立即将会议决定的内容电告朱德、张国焘,直言不应该分兵出击西宁。左路军主力应迅速攻取阿坝,不然则向右路军靠近,以便集中兵力歼灭敌人。8月18日,右路军先头部队——三十军两个团在叶剑英的率领下,向班佑进发;左翼的红一军也以红四团为先头,于21日由毛儿盖出发,踏上了征服泽国草地的艰难历程。右路军其他各部,在先头部队之后,都相继进入草地。

8月21日,陈昌浩、徐向前接到张国焘回电,但电文看不清楚,于是当天晚上再次致电朱德、张国焘,电文大意为:攻占查理寺后又打下了阿坝,左路军不必肃清该敌,可以一部经阿坝迅速向目的地前进。中央政治局决定主要是以岷州为根据地向东发展,首先以岷、洮、哈达铺为主要目标,争取在洮河东岸与敌决战。今后红军或向东南的甘肃文县、武都、成县和陕西汉中县方向发展,或向东北的天水、庆阳方向发展,这要依据当时的情况而定。目前,红军主力向西发展或争取西宁均不妥当。三军23日或24日可全部到达毛儿盖,二十九团已经于昨天晚上到达木苏、维古一带,林彪率第二师已于今晨向班佑进发,李先念仍在洞垭,二十八团和三十六团今天已经到达腊子山,三十五团和三十军预计22日或23日到达腊子山,十一师25日到达腊子山。三军紧随其后,准备经洞垭前进,如果遇到敌人则走斐以掩护三军团。我们今天起身。请将左路军情况及行进道路、时间告诉我们。

就在徐向前、陈昌浩这封电报发走的当天,右路军开始陆续从毛儿盖北上,踏上了茫茫草原。其行军序列为:林彪一军团先行,紧随其后的是党中央领导机关、红军大学等,再往后是三十军、四军,彭德怀率领的三军团殿后。徐向前与陈昌浩随三十军行动。无疑,这是一、四方面军携手并进、跨越草地的伟大行军。

8 月 22 日,徐向前、陈昌浩离开毛儿盖,随三十军进入若尔盖大草原的边缘地带,开始了穿越草地的艰苦行军。

若尔盖大草原,位于青藏高原与四川盆地的连接地段,纵横几百里,远远望去,像一片灰绿色的海洋。草原上不见山丘,不见林木,没有任何人居住,也没有任何道路,东西南北,茫茫无际。有两条河流由南至北纵贯其间,这就是白河(即嘎曲河)和黑河(即墨曲河),河道弯弯曲曲,支流纵横。由于草原上地势平坦,水流相当迟缓,形成了大片的沼泽地。漫漫沼泽地上,积年累月的水草盘根错节,联结而成一簇簇草甸。草甸下面积水淤黑,腐草堆积,泥泞不堪,浅处齐膝,深处没顶。人畜在草地上行走,须脚踏草丛根部,沿草甸跳跃前进。不然的话,就会陷入泥潭。无论是人还是牲畜一旦陷入其中,越挣扎则陷得越深,如无人救助,很难自拔,直到污浊的泥水淹过头顶,被草地吞噬。这里虽是水草地,但由于水流不畅,水质相当恶劣。恶臭的沼泽水不仅无法饮用,而且对稍有外伤的人和牲畜而言,泡水后即红肿溃烂,很不容易医治。

为了实现中央提出的北上战略方针,红军义无反顾地踏上了这块充满神奇和死亡危险的水草地。每年的 5 月至 9 月是草地的雨季,年降水量的 90% 都在此期间注入地表。红军正是在雨季末期进入水草地的,这无疑更增加了行军的难度。徐向前在其回忆录中写道:

这是军事上罕见的艰苦行军,是人同自然界的殊死斗争。在这片神秘的土地上,既显示着大自然力量的凶猛无情,更表现着具有高度觉悟的人——红军指战员的无穷智慧和力量。天气令人莫测地变幻着。中午还是晴空万里,烈日炎炎,下午突然黑云密布,雷电交加,暴雨、冰雹铺天盖地而来。夜间气温达零度以下,冻得人们瑟瑟发抖,彻夜难眠。黑色的泥沼,被深草覆盖着,一不小心,人和牲口陷进里面,就会被吞没。水塘不少,但大都含有毒汁,喝下去又吐又泻。四野茫茫,渺无人烟,找不到粮食。野芹菜、草根、马鞍、皮带,成了指战员充饥的食物。一方面军的部队减员尤多,因为他们长途转战,体力消耗太大,实在经不起恶劣环境的折腾。为减少死亡和发病率,党中央、前敌指挥部和各军领导同志,想了些办法。如令前锋部队在沿途标上安全路标,指示道路;组织有经验的人挖野菜、尝"百草",个人不要乱挖乱吃;尽量减少一切不必要的辎重和干部坐骑,腾出马匹、牦牛,供宰杀食用;夜间组织联欢会,点起篝火,大家围在一起,边活跃情绪,边取暖御寒;加强政治思想工作,发扬团结友爱和革命乐观主义精神,不准丢弃伤病员,从绝境中求胜利;等等。[1]

尽管如此,指战员们仍然要忍饥受寒,死亡和疾病时时威胁着他们的生命,有不少人因此永远长眠在这人迹罕至的荒原上。

"殿后"部队的艰辛征程

如果说主力部队过草地已经感到十分困难,那么后卫部队行军过草地就更加困难了。担任右路军后卫的是红四方面军第三十军第二六九团,这支部队是在战火中诞生成长的硬邦邦的部队,该团组建于1933年7月,在川陕苏区两年多的时间里,先后参加了大大小小数十次战斗,每次都能出色地完成任务。全团从干部到战士,上上下下劲儿总是鼓得足足的,在战斗中总啃"硬骨头"。特别是红一、四方面军会师以后,全团官兵想到今后能够在党中央的直接领导下战斗,情绪更加高昂了。这次过草地,该团虽说没有当上"先锋",但担负着阻挡追击之敌和收容全军掉队人员的"殿后"重任,官兵们也觉得非常光荣。

出发前,该团官兵计算好过草地的全部路程,准备了七天的粮食。在主力部队出发三天后,全团3000多人精神饱满地踏上了征程,开始大踏步向草地开进。

在进入草地前,全团官兵尽管已经做好了各方面的准备,特别是心理方面的准备,但是一进入草地便遇到了各种想象不到的困难。

他们首先遇到的问题是如何把握前进方向。当时,这个团一无电台,二无向导,就靠一个指北针来确定前进方向。按理说,主力部队已经在前面走过去了,只要沿着前面部队走过的脚印行进,一直朝北走不就行了嘛!但实际情况并非如此,在那茫无边际的草地上,水草深浅高矮不一,有的地方草长半人高,人踩过之后,草很快又恢复原状。再加上草地雨雪风雹来去无常,变幻莫测,时而晴空万里,骄阳似火;时而迷雾重重,模糊不清;时而阴云密布,风雨交加;时而电闪雷鸣,冰雹骤下;时而雪花飞舞,银色漫天。这样一来,前人走过的路很快会被雨水冲刷或被雪花盖住,后面的人,很难看出前人走过的足迹。方圆数百里的草地,一片荒凉,没有人烟,甚至连飞鸟都很少见到,到处是沼泽和泥潭,他们为了避开这种危险地带,不得不经常绕道而行。这样拐来拐去,就迷失了方向,有时走了好半天又转回到老地方。第二六九团走进草地后不到三天,就再也找不到前面部队的踪迹,同主力部队失去了联系。加上他们收容了一部分伤病员,所以行进非常缓慢,离主力部队的距离越来越远。

他们遇到的第二个问题是疲劳和寒冷。川西北草原,平均海拔在 3000 米以上,这里空气稀薄,自然氧供应量小,人行走起来很容易疲乏,水草地上又没有直行的道路,战士们不得不跳来跳去,这不断地消耗着战士们的体力。草地一昼夜的气温变换非常大。夜间非常寒冷,那时候红军既没有雨衣,也没有御寒的衣服。等他们晚上休息时,只能三五人一伙,将枪架起来,蒙上两层破被单,挡风遮雨。大家身上淋湿了,也没有任何衣服可换,只有相互靠紧,实在冷得没有办法了,就干脆起来燃起兽粪以取暖。

草地宿营(速写)/黄镇

他们遇到的第三个难题是饥饿。原来,他们只带来七天的粮食,但由于种种意想不到的困难,粮食很快就吃完了,他们饿着肚子又走了两天,仍然望不到草地的边缘,又找不到大部队的踪影。其实,即使找到大部队也无济于事,大部队面临的情况同他们一样,也在忍受着饥饿的困扰。没有办法,他们只好把骡马杀掉，分到连队去让干部战士们吃，然后又在驻地周围挖野菜吃，野菜中灰灰菜是上等菜，其次是大黄叶子、野芦菜、野韭菜、籽籽菜、刺儿菜、花菜、锯齿菜、野蒜等。其实他们也不知道这些野菜的真名，只是他们根据这些野菜长的形状起的名字。他们在寻找野菜时，不管是哪个单位或个人发现有大片野菜，就立刻通知兄弟单位来挖，大家共同分享。由于他们连续吃野菜，又缺盐，再加上水质不干净，做燃料的牛粪也难找，有时野菜煮得半生不熟就没有火了。许多官兵吃了以后，出现了浮肿，病号开始增加，给部队行军带来了更大的困难。亲历过这一艰难历程的红二六九团干部潘峰回忆道：

> 不久，连营地周围的野菜也吃光了。我们只好转移到新的营地。一天，有几个同志发现一种罕见的山萝卜，类似山药蛋形状，颜色是灰的。当时因为采的数量很少，大伙儿还互相谦让，由部分同志分着吃了。哪晓得到了半夜，这些同志上吐下泻，有的还大叫大闹。卫生队长带着医生立即查明情况，原来是吃"山萝卜"中了毒，精神错乱。闹到天明，中毒轻的同志呕吐、头晕、头痛、四肢无力，中毒重的同志竟被夺去了宝贵的生命。根据这种情况，我们决定马上向北转移到新的营地寻找野菜充饥。[2]

伤病员是后卫部队面临的又一重大难题。后卫部队的全部任务就是阻击追击之敌和收容全军掉队的伤病员。在渺无人烟的水草地上，阻击追击之敌的任务并不重，但收容伤病员的任务却异常繁重。他们除沿途收容主力部队的伤病员外，后卫部队自身也由于饥饿、疲劳、误食、寒冷等出现了许多病号。实际上到了这时，全团身体好的官兵已经不多了，行动中就是轻病号抬着重病号，而此时所谓的轻病号在正常情况下也都是重病号。潘峰回忆道：

> 即使在这种情况下，我们的同志依然很乐观，战士们编了许多顺口溜，如"身无御寒衣，肚内饥，晕倒爬起来，跟上去，走到宿营地"，"天上无飞鸟，地上无人烟，茫茫草原，蓝蓝的天，只有红军亲眼见"，"天当被，地当床，暴雨来了当蚊帐"，"翻雪山，过草地，锻炼红军真本事"，"同志们鼓足劲，前面就是宿营地"。用这些顺口溜，鼓动着大家前进。[3]

后卫部队同主力部队一样，也时时刻刻面临着死亡的威胁，那就是夺命的沼泽地和泥潭。他们所经过的地方小片沼泽地、泥潭、死水坑遍布，星罗棋布。稍有不慎掉进去，一会儿工夫就被淤泥吞没了，有不少红军官兵就这样献出了宝贵的生命。后来，他们学会了一种营救落入泥潭者的办法。只要谁掉进泥潭都不准乱动，否则越动，陷下去越深，然后由岸上人伸出枪支、扁担或绳子，小心翼翼地把掉进泥潭的人拖出来。这个办法虽然简单,却挽救了许多红军官兵的生命。

后卫部队也不知走了多少天,终于熬出了头。有一天,他们正在途中休息,突然发现左前方来了一支队伍,不知是敌是友,后卫部队的同志们顾不得疲乏和伤病苦痛,立刻抢占有利地形,准备战斗。等那支队伍越来越近,到达他们近前时,他们才看清原来是自己部队。后卫部队官兵顿时欢呼雀跃起来,与迎接他们的红军兄弟拥抱在了一起。从他们口中才得知,自从第二六九团与红军主力部队失去联系后,党中央非常着急,派部队四处寻找,这支部队就是军领导派来接应他们的。他们带来了食物和药品。在敌人的枪林弹雨面前,这支英雄部队宁可流血但没有流过泪;在大自然考验红军生命的极限面前,每名红军官兵的心理意志从未软弱过。但是,在他们经过九死一生的磨炼之后,面对自己的亲人,他们却都情不自禁地流下了热泪。二六九团终于战胜了千难万险,胜利地走出了草地。

至此,由党中央率领的右路军除红三军殿后尚未通过草地外,红一军、红四方面军的三十军、四军、红军大学、军委纵队等主力红军已经全部走出草地。徐向前、陈昌浩率领部队进入了半农半牧的巴西、班佑和阿西地区。毛泽东和中央领导机关住在阿西,徐向前、陈昌浩、叶剑英及前敌指挥部住在巴西,两地相距较近,联系起来非常方便。这里有房,有粮,有水,对刚刚走出草地的红军来说无异于是天堂。

右路军的红一、四方面军以坚忍的毅力,经过 5 至 7 天的行军,历尽艰辛终于穿过"死海",奇迹般地保存下来。过草地牺牲的指战员数量,不亚于经历过一次大的战役。第一次过草地时,到底牺牲了多少红军? 由于长征中战事连绵,并没有一个完整的数字。红四方面军红三十军原有 2 万余人,除调给红一方面军1600 余人,加上草地的严重消耗,只剩下 13000 余人,因而取消了九十师的番号,只保留八十八和八十九两师的建制。据红一方面军红一军的统计,牺牲在草地里的就有 100 多人;在全军担负后卫的红三军,又找到并掩埋了前面牺牲的战友 400 多具尸体。由于条件所限,还有一些牺牲的战士的尸体没有找到。这些年轻的生命,就这样消失在茫茫的草地中。

横跨草地,是中外军事史上的一大奇迹。草地行军遇到的困难是难以想象的,几乎超越了人体所能承受的生存极限。在极端艰难困苦面前,红军指战员始终保持着高昂的激情,将困难和艰险甩在身后,前仆后继,勇往直前。他们依靠的是团结互助的高尚情操,依靠的是坚忍不拔的钢铁意志,依靠的是乐观进取的革命精神,依靠的是对理想信念的执着追求。他们以自己的鲜血和生命,在万古荒原上奏响了团结奋斗、人定胜天的壮丽凯歌,谱写了一曲曲不怕困难、视死如归的慷慨悲歌,在中国革命史乃至世界军事史上写下了不朽的篇章。

打开北上通路

到达班佑寨的红军先头部队小分队,在班佑村通往巴西区的山谷口,与国民党军的一部分警戒部队接火。这一小股国民党兵且战且退,无意间将红军引向巴西农区。这个山口便是阿俄垭口。历史将铭记这一天——8月24日,红军追着敌军过了山口后,仿佛到了一个世外桃源,放眼河谷,尽是郁郁葱葱的农田,山清水秀,空气中也不再缺氧。红军搜索部队这才蓦然醒悟,原来红军已完全走出了草地,走到了青藏高原的边缘,前方便是通往甘南的门户——巴西河谷。

阿俄垭口战斗不仅打通了红军北上的通道,而且对极度缺粮的红军将士来说,翻过阿俄垭口,通往巴西盛产粮食的农区通道,还意味着越过了一道生死线。全军将士不禁大为振奋。

包座战斗遗址的碉堡

红军虽然摆脱了水草地的千难万险,但接踵而来的是敌人的威胁。红军经过草地北上,出乎敌人的预料。直到右路军先头部队已经走出草地,胡宗南才发现红军北上。8月27日,胡宗南急令其第四十九师从漳腊向包座星夜疾进,企图会同已控制包座地区的国民党守军1个团,在上、下包座至阿西茸一线堵截红军北上。

包座河

上、下包座位于四川省松潘和漳腊以北,在班佑、巴西东南100多里处,上、下包座相距数十里,包座河纵贯其间,山高路险,森林密布,是胡宗南部补给线上的一个重要地点。该地处于群山之间,地形十分险要。守敌为胡宗南部独立旅第二团,其兵力部署是:在其南部的大戒寺驻有敌军1个营,敌团部驻在大戒寺内,其北部的求吉寺驻敌2个营。敌人在这两处凭借山险路隘,修筑集群式碉堡,构成了一个防御区,并备有大批粮食,可以长期坚守。抢在胡宗南增援部队到来之前,攻占包座,打开北上甘南的通路,是摆在右路军面前的紧急任务。如果丧失战机,右路军就有被迫退回草地的危险。

徐向前、陈昌浩考虑到一方面军在长征途中损失太大,战士们长期艰苦行军,体力来不及恢复,加之红三军殿后尚未走出草地,便向中央建议,由四方面军的三十军、四军来承担攻打包座的战斗任务。中央批准了这一建议。

几乎就在中央批准这一建议的同时,徐向前、陈昌浩就以前敌总指挥部的名义向红三十军、红四军发出急电,电文大意是:敌胡宗南部已进占包座,并以四十九师向包座增援,企图阻击我军北进。根据中央的指示,要占领包座,消灭四十九师。你们立即转向东行动,以最快的动作强占包座,尔后歼灭四十九师,保障全军顺利北进!

红三十军接到前敌总指挥部发来的急电后,军长程世才和政治委员李先念做了简短的研究之后,命令部队立即整装,以八十八师和八十九师为前卫,全军火速向包座进发。此役关系重大,所以总部的电报还要程世才和李先念亲自向党中央汇报。他们部署完毕以后,立即策马急行,直奔党中央驻地。到达后,他们在一座寺庙里,见到了毛泽东和其他首长。

徐向前总指挥向毛泽东做过介绍后,毛泽东和他们一一握手。时任三十军军长程世才是第一次见到毛泽东。在他刚参加革命时,就听说了中华苏维埃共和国主席毛泽东。现在亲眼见到真人了,心情又激动又紧张。眼前的主席穿一身普通的灰布衣服,戴着八角帽,高高的身材,由于连续的艰苦转战看上去显得十分清瘦,但眼睛依然炯炯有神。主席握着李先念政委和他的手,很高兴地说:"你们都这样年轻啊!"当时李先念26岁,程世才23岁,都很年轻。毛泽东和蔼可亲的笑容,让程世才很快消除了紧张和拘谨。会见时,周恩来副主席和张闻天、博古、叶剑英等领导也都在场。毛泽东拿过一张川陕甘交界的地图,因为寺庙里没有桌子,就把地图铺放在地上,大家环绕着地图围成一圈,有的坐一块木板,有的干脆蹲下。毛泽东详细地询问了部队的人数、战士们的士气和生活,以及部队的政治工作、后勤补给等等情况,所能想到的都问了。程、李两人一一向毛泽东做了汇报。[4]

毛泽东听完汇报后非常满意,接着就当前的形势和任务做了简明扼要的阐述。最后毛泽东用手指着地图上的甘肃南部,向程世才和李先念布置了攻打包座的作战任务及行动要求。周恩来向他们传达了右路军过草地的进展情况,徐向前等领导则向他们传达前敌总指挥部攻打包座的整体设想:决心在敌人援兵到来之前,速战速决,拿下上、下包座,然后集中力量打援。具体兵力部署是:以三十军八十九师二六四团攻击包座南部的大戒寺;八十八师两个团和八十九师另两个团位于包座西北地区,相机打援;以四军一部攻击包座以北的求吉寺守敌。一军为总预备队,集结于巴西和班佑地区待机,并负责保护党中央的安全。

徐向前一再向他们强调,这次打包座,是四方面军和一方面军会合后打的第一仗,也是走出草地后的第一仗。包座是甘南门户,打开包座,红军就能甩脱敌人的追击。这次任务是他向中央争来的,此仗只能打好,不能打坏。红四方面军是英雄,还是狗熊,就看这次打得怎么样了!

　　程世才和李先念听完指示后,深感责任重大,也为能接受这个艰巨的任务而感到非常光荣。他们当即向毛泽东表示,一定遵照主席的指示去做,保证完成任务。随后,他们辞别了中央领导同志,跟随部队向东急进。

　　巴西距包座约两天的路程,而增援的敌人同样也可能在两三天内到达。他们必须抢在敌四十九师到达之前强占包座,占据有利地形。在行军途中,红三十军召开了师以上干部和前卫二六四团领导参加的作战会议。会上,大家认真研究并确定了作战部署和行动计划:为尽快拿下包座,决定首先集中八十九师强攻包座,歼灭包座守敌。考虑到消灭敌四十九师是一场硬仗,程世才和李先念决定由八十八师担任打援主力,并且集中至少5个团的兵力来对付敌四十九师;到达包座以后,八十九师全力攻取包座,八十八师则隐蔽进入包座西南地区,立即进行地形侦察、战场选择和做好打援的各项准备工作。

　　鉴于这是一场硬仗,也是一、四方面军会师以来的第一个大仗,李先念向大家专门进行了政治动员。会后,他们向徐总电告了其决心与作战部署,徐向前当即予以批准。任务传达到了部队,指战员们情绪十分高昂,大家纷纷表示:打四十九师我们包打保胜,让毛主席、党中央听我们胜利的消息吧!行军途中,天下起了大雨,雨水淋湿了每个人的衣服,但人人心中犹如有一团火,被战斗和胜利的渴望激励着。两只脚不停地在泥泞的道路上飞奔着,全军指战员怀着最大的决心和必胜的信念向包座进发。

　　徐向前将指挥所设在上、下包座之间的末巴山山头上,这里北能看到求吉寺战场,南能观察到大戒寺全貌。为了观察敌人火力配置情况,徐向前亲自来到高出大戒寺、求吉寺几百米的地方,隐蔽在森林中进行勘察。不料,敌人发现了,顿时子弹、炮弹一齐向徐向前等人隐蔽的地方射来。警卫员出于对首长的担心,几次劝徐向前低姿观察,但徐向前回答:"太低看不清楚。这是北上途中关键的一仗,不把敌情、地形搞清楚,怎么行呢?"他不顾飞来的子弹、弹片,一边用望远镜继续观察,一边把敌人暴露的火力配置全部标记在地图上。

　　8月29日,红四军、三十军参战指战员,到达指定位置。

　　当日下午3时,包座战斗打响。红军八十九师前卫二六四团开始向大戒寺守敌一营发起攻击。大戒寺紧靠一座五六百米的大山,寺前有一条小河,虽然只有两丈宽,但因为此时正值雨季,河水深而湍急,对红军的行动造成了障碍。敌人凭借已控制的制高点和外围松林六七个据点,以密集的火力向红军进攻部队疯狂扫射,使红军每前进一步,都要付出代价。刚刚战胜草地这个凶恶敌人的二六四团指战员，打得非常勇猛顽强。他们不顾地形和河水暴涨的不利条件，冒着大雨，从下午一直打到晚上9点多钟，终于攻占了大戒寺外围北山山脚下的几个碉堡和西坡半山腰的一个碉堡，歼灭两个连的敌人，扫清了大戒寺外围的据点，余敌退向大戒寺山后的碉堡里负隅顽抗，等待援兵。

从俘虏的敌军军官口中，红军了解了大戒寺守敌的情况，并且得知敌四十九师将于第二天到达包座。程世才和李先念得知这一重要情报后分析：大戒寺守敌以逸待劳，地形又对敌人十分有利，我军要很快拿下该寺有一定的困难。如果坚持打下去，不但会造成更大的伤亡，最重要的是会由于拖延时间，直接影响和耽误第二天与四十九师的决战。于是他们当即决定，二六四团从西、北和东北三个方向将该寺守敌包围起来，围攻敌人，变强攻为围点打援。同时，将八十九师另两个团立即调往包座西南地区和八十八师一同进行打援的准备。围点打援正是红四方面军特别擅长的运动战打法，而且屡试不爽。四方面军将士们都不会忘记在鄂豫皖时期，苏家埠战役正是以围点打援创造的辉煌。

夜晚，侦察处根据已掌握的敌情和俘虏的口供，绘制了大戒寺守敌要图和增援部队行进路线图，然后将地图和被俘虏的敌军官送到军部。程世才、李先念和彭绍辉参谋长一同审问了俘虏，将他们的口供和侦察处的报告进行了核实，进一步查明了敌人的情况。尔后，他们又连夜去勘察地形，特别对敌四十九师增援来路进行了重点勘察。他们在勘察地形的基础上，反复研究，针对增援之敌仔细地制订了作战方案。

30日上午，红三十军除用1个团的兵力继续围攻包座守敌外，将八十八师和八十九师的大部兵力埋伏在敌援兵必经之路的西南山上，以八十九师二六三团在正面实施假阻击，以引诱敌人，并派1个连控制了东山制高点。这座山地势险要，像一座刀背梁子，西可瞰制增援之敌，北可对大戒寺守敌形成包围。红军战士们攀登而上，占领了该地。前方则派出侦察部队监视敌人，并向松潘方向派出了侦察兵。攻打援敌的准备工作一切就绪，就等敌人来了。

根据俘虏交代，敌人增援部队应该在30日下午到达，但敌人迟迟未来。经过连续急行军的我军非常疲劳，尤其是各级指挥员因通宵未眠，两个眼皮常常不自觉地合在一起。然而，大家都想尽办法抑制瞌睡，焦急地等待着战斗。

直到30日夜，援敌第四十九师才沿着松潘到包座的道路浩浩荡荡开来，其先头部队第二九一团已经进抵大戒寺以南，离红军隐蔽的地点只相距十几里地，红三十军指战员们一下子兴奋起来，终于把敌人等来了！

31日,敌第四十九师师长伍诚仁亲自指挥部队继续前进,令其3个团沿包座河东西两岸进击,企图压迫红军于上、下包座附近而一举将红军歼灭。伍诚仁也十分狡猾,他采取稳扎稳打的方针,先派出一部分兵力搜索前进,待与红军接触后,先以局部战斗夺取有利地形,然后主力再继续前进。

徐向前、程世才、李先念等红军领导人看穿了敌人这一诡计,命令在山上的主力部队隐蔽好,只以正面的第二六三团一部在一些次要的小山头上抗击,给敌人大量杀伤后就节节撤退,诱敌进入伏击圈。

在节节抗击中,红军不仅给了敌人不小的杀伤和消耗,而且摸清了对方的战斗力和作战特点:敌方战术动作和小规模战斗,打得比较灵活,并相当顽强。敌人的火力很强,每次冲锋时,除了有很多轻重机枪掩护外,还用迫击炮、小炮等武器轰击红军前沿和纵深,杀伤实施机动的兵力。当时,距离火线只有二三里的军部指挥所附近,也不断地有炮弹爆炸。针对上述情况,徐向前、程世才等人决定,在红军和敌人进行最后决战时,红军的攻击必须是多梯队的,而且队形要疏开,火力要集中,要快速运动,快速接敌,要冲得猛打得狠!

为了尽快吸引敌人全部进入红军预设战场,徐向前、程世才命令围攻大戒寺的第二六四团加强对守敌的进攻。这一招果然奏效!不久,徐向前、程世才获得了敌人两处重要的情报:大戒寺守敌团长急呼四十九师迅速赶来增援,说有"大批共军正在猛攻大戒寺",他已"很难支持"。胡宗南严令四十九师必须于当晚配合守军击退红军,进驻大戒寺。

这时,敌前卫团已被红军诱至大戒寺以南只有10里地的地区,程世才命令二六三团坚决抗击,不准敌人再前进一步。

敌人顿时加强了攻势,向二六三团发动猛攻,二六三团的阵地上硝烟四起,枪声一阵紧似一阵。同时,敌四十九师师长伍诚仁率领的几个团也排成几路纵队,向该方向蜂拥而来。敌人尽管非常狡猾,但始终没有摸清红军的真正意图,又因包座告急,增援心切,结果还是一步一步走向了红军设置的伏击圈。

为了尽快引敌人全部进入红军预设阵地,程世才和李先念决定:立即以二六五团和二六三团主力出击,决不让敌人突破二六三团的阵地,靠近大戒寺。同时吸引敌后卫团迅速来援,尔后再出动主力全歼敌人。

命令下达后,红八十八师在熊厚发师长和郑维山政委的指挥下,两个团奋勇直插敌阵,一扑下去就先干掉了敌人近1个营,将敌人一劈两半,斩断了前卫团和师本队团的联系。接着二六三团全力围攻敌前卫团,二六五团向南打击敌师本队团。这一招触痛了敌人。敌人眼睁睁地看着大戒寺被围,却就是进不去。现在又被红军一劈两段,前卫团陷入包围之中,在本队团中指挥的敌师长伍诚仁恼羞成怒,一边令本队团全力猛攻二六五团,一边急令后卫团快速推进,企图两团会合在一起打退红军,并解大戒寺守军之围。

31日下午3时,敌第二九一、二八九两个团已经进到包座河西岸,敌第二九四团进到包座河东岸,敌师部进到大戒寺以南,敌人已经全部进入红军预设战场。按照预定计划,在黄昏前发动总攻较为有利,但是敌人既然已经提前到来,就需要红军提前发起总攻击。程世才和李先念向徐总报告了情况以后,徐向前立即批准了他们的作战请求。程世才发出了总攻命令和信号。这时隐蔽在山上的红军主力,一齐向敌人出击。顿时,枪声、炮声、手榴弹爆炸声响成一片,整个六七里长的战场上,成了一片火海,战斗进行得异常激烈。

战斗进行了七八个小时,红军终于把敌人截成三段,一段段啃掉了。敌师长伍诚仁的胳膊被打断,做了红军的俘虏。但后来由于天黑下大雨,伍诚仁乘着战场混乱跳河跑了。

敌战斗部队被歼后,其后勤部队企图逃跑。负责截尾的二六九团一个营猛追敌人不放,缴获了七八百头牦牛和1000多只羊,以及粮食和弹药。由于战士们的体力消耗很大,追不太远,结果敌人的战斗部队和辎重部队600余人还是向松潘方向逃脱了。

围歼敌四十九师的战斗即将结束时,程世才等人又命令留作预备队的二六九团主力迅速回返大戒寺,协同二六四团消灭包座守敌。到半夜两点钟,歼灭了两个多连的敌人,攻占了大戒寺的北山,并从西南面攻入寺内。敌人终于抵挡不住,他们放火烧了寺内的粮库,敌团长带着400余人趁着大雾从东南方向逃往南坪。红军攻入寺院后歼灭了残敌1个多连,并迅速将火扑灭,缴获了敌人的大批粮食。

守在大戒寺后东北高山的残敌200余人,红军为了减少不必要的伤亡,将他们紧紧围住,展开政治攻势。敌人见大势已去,便全部缴械投降。

与此同时,四方面军的第四军第十师按预定计划向求吉寺的两个营守敌发起猛攻。敌人凭险固守,战斗打得非常激烈。徐向前总指挥来到战场指挥作战。红军很快拿下了外围的几个要点,乘势突入寺院内,但求吉寺的墙又高又厚,敌人在庙后的山上筑了坚固的工事,控制着制高点,给红军攻击造成了很大的威胁。同时,敌人不断组织敢死队拼命反扑,想把突进寺内的红军挤出寺外。

红军将士前仆后继,与敌人展开了肉搏战。经过草地恶劣环境磨炼的红军指战员虽然个个面黄肌瘦,但喊杀声仍然十分洪亮,斗志仍然异常顽强。经过数小时激战,敌人终于抵挡不住红军凌厉的攻势,开始向西北方向逃窜。求吉寺之战共消灭了敌人一个多营的兵力,但红军伤亡也很大。战斗中,四军第十师师长王友钧身先士卒,为了掩护部队攻击,他端起机枪,架在警卫员的肩膀上,向敌人猛烈扫射,不幸中弹牺牲。他同千百个在战斗中献出宝贵生命的英雄们一起,为开辟北上道路流尽了最后一滴血。

包座战役之求吉寺战斗遗址

王友钧是徐向前手下的一员爱将,也是一员猛将,系湖北广济县人。在红四方面军历任班长、特务队长、营长、团长,屡建战功,是全军著名的"夜摸将军"。他带领过的二七一团,擅长夜摸、夜袭,神出鬼没,经常出敌不意,出奇制胜。在川陕苏区反"六路围攻"时,他曾带着三十多名手枪队员,夜间从西线偷渡小通江,攀越几丈高的悬崖,摸入敌后方阵地,砍死敌团长,摧毁敌团部,带着缴获的武器、文件、俘虏,安全返回,受到了方面军总部的表扬。他牺牲时,年仅24岁。部队将他和其他战士的遗体,一起掩埋在求吉寺附近的山坡下。徐向前听到王友钧牺牲的消息后,十分难过。

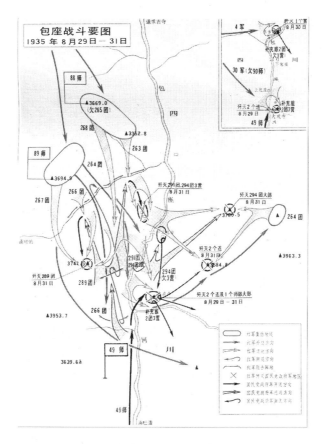

包座之战战斗要图(1935 年 8 月)

包座战斗,红军共毙伤敌 4000 余人,俘敌 800 余人,缴获长短枪 1500 余支、轻机枪 50 余挺、电台 1 部,还有大批的牦牛、骡马、粮食、弹药等军用物资,使北上红军得到了很大补充。

包座战斗的胜利,彻底扫清了红军北上的障碍,打开了向甘南进军的门户,粉碎了敌人阻止红军北进的企图,为红军下一步的发展创造了有利的条件。红军指战员经过草地的艰难行军,不顾疲劳,不怕牺牲,刚出草地就取得了重创蒋介石嫡系部队胡宗南 1 个师的重大战果,充分显示了中国工农红军无坚不摧、无敌不克的战斗力量。广大红军官兵用自己的生命和鲜血,在红军战争史上写下了光辉的一页!

毛泽东在听了徐向前的战斗情况汇报后,高兴地赞扬说:"四方面军干部、战士英勇善战,打得好!"

等待左路军北上

包座战斗之后,右路军红一军已经出阿西进到拉界地区,红三军位于班佑、巴西、阿西地区,红四军、红三十军位于求吉寺、上包座地区,中共中央、中革军委机关和前敌总指挥部驻在潘州寨。按照中央政治局的决定,红一方面军在这里进行了整顿。右路军在党中央的直接领导下,一面休整,一面等待左路军向班佑地区集中,共同北上。

但是左路军张国焘那里仍不见动静,左路军到底在哪里呢?

其实,就在右路军进入草地的同时,左路军先头部队在王树声的率领下,于8月21日占领了阿坝。按中央指示,左路军本该趁此机会向班佑前进。但张国焘对中央关于左右两路分兵北进的主张,置之不理。

8月22日,尚在西进途中的张国焘、朱德到达安得山南。他们接到除向前、陈昌浩21日的两封电报后,究竟怎样决定随后行动方向的,后人不得而知,只是从他们当天发给王树声的电报可以看出,当时张国焘对中央关于左路军向东行动的指示仍心存疑虑。

电文大意是这样的:占领阿坝后,迅速查清道路、敌情,严防敌人的飞机来空袭;如果有良好的追击歼灭敌人的机会,应不顾疲劳,以一部兵力追击敌人;红五军暂驻在查理寺不动;主力由阿坝前进时,应留下相当兵力巩固阿坝;总司令部带二六七团两个营今夜驻安得山南。电文最后告诉王树声,徐向前和陈昌浩已于22日清晨从毛儿盖向班佑进发。

从电报内容可以看出,张国焘是想坚持以阿坝为后方,究竟以后向什么方向走,没有具体的方向,有静观其变的考虑。实际上,这反映了张国焘矛盾的心态。他根本不想执行中央北出甘南的战略方针,而是想执行其西进计划。但他也明白,北上战略方针是中央集体讨论的结果,红四方面军的指战员对会议的精神也有所了解。张国焘自己虽然不赞同,也只能持保留态度,在找到拒绝执行北上战略方针的理由之前,他还不敢与中央明目张胆地对着干,只能采取表面上支持,执行过程中拖延的办法,企图以拖待变。

从懋功会师到毛儿盖会议这三个多月的时间里,中共中央和张国焘之间展开了反反复复的北上与西进的斗争。每次斗争都很激烈,但都是以中央领导人占绝大多数的胜利而胜利,张国焘的主张不断受到中央的否定与批评,张国焘虽然窝火,但是也没有更好的办法,所以他只能在实际执行的过程中,以各种各样的借口加以抵制。究其原因，主要是张国焘对敌人的恐惧心理、对前途的悲观失望情绪，以及急剧膨胀的个人野心所造成的。对这时张国焘的心态，朱德曾有过相当精彩的分析：

> 张国焘这个人，在中央苏区的时候，一般的还不知道他究竟是怎样的人。有些老同志对他印象都不好，但也没有谁说过他的坏话，因为他那时还是一个党的负责同志。也听说到他是一个"机会主义"，但到什么程度也不知道。

> 两河口会议后，在那儿革命军事委员会、党以及苏维埃政府代表们都开了会议，讨论了几天，做下了决议要继续北上。当面张国焘他并不提出反对，却在背后去阴谋来反对这个决议，不执行这个决议——当时我们还不了解他素来就是反对中央的这种情形。他开过会回去后马上鼓动自己部下的队伍来进行反对了。

> 当时他愿意北上，又不愿意北上的原因，就是想争官做。到了毛儿盖后，他悲观失望了，他感觉革命没有前途，拼命想往西，到西藏、青海，远远的去躲避战争，他却不晓得，在那里人口稀少，地理条件虽然好，只想取巧，采用脱离群众的办法。他最错误的观念是想到一个偏僻落后的地方去建立根据地。中央完全否决了他这些意见，中央决定还是北上。

> 张国焘领导四方面军是一贯以个人为出发点，因此党的组织、军事上的组织也就很薄弱了。总之，一切都从个人出发，凡是反对他的，都要遭到他的征服，或者被赶走了，或者被杀掉了。这种机会主义路线和正确的路线是势不两立的，结果，他搞得党、政、军都集中在他一个人手里，成为一个独裁者。[5]

朱德对张国焘思想的分析可谓是入木三分，这是他与张国焘共事后的深刻体会。众所周知，朱德与党内同志共事一向以宽宏大度、谦虚礼让著称，而张国焘这个"独裁者"一贯是目空一切，他在担任红军总政委后，便尽力排斥总司令朱德和总参谋长刘伯承，而以个人意志挟制总部领导，进而同党中央对抗。因而，在张国焘与朱德共事的日子里，虽然有许多电报是以他们两个人的名义发出的，实际上反映的是张国焘的意志。

争取张国焘北上

张国焘、朱德率领的左路军从卓克基向西北行至阿坝，中间要通过草地的边缘。这时正是多雨的季节,给左路军行军带来了许多不便。红军官兵们白天顶着雨行军,晚上又要住在潮湿的水草地上。与右路军过草地不同的是,由于这里是草地边缘,每隔 300 里左右就有一座喇嘛寺庙。草原边上丛林地带,也常见一些牧民搭成的简易牛羊棚,供人畜休息和过冬来用。这些有利条件是右路军过草地时所不具备的,再加上左路军在行军前每人带了三天以上的干粮,途中没有遭受什么过度饥饿的威胁。但是,由于他们以前从未有过草地的经验,露宿的工具极不完备,虽然中间有喇嘛庙、民房等,但往往要过三四天时间才能遇上,而且红军数量众多,大部分人员仍然是露天宿营,加之不停地行军,得病掉队的战士很多。

当张国焘率部到达刷经寺以后,以北进道路未查明为借口,又按兵不动了。

8 月 24 日,正在艰难地通过草地的右路军指挥徐向前、陈昌浩,得知蒋介石命令胡宗南按原计划向岷州移动,敌周岩部第十七旅在旅长丁友松率领下已到隆德截堵红二十五军,夏河县已有马步芳部在活动等等,于是致电朱德、张国焘,电文大意为目前箭已在弦,非进不可:右路军单独行动不能彻底歼灭已有准备之敌,左路军必须马上向右路军靠近,或速走班佑,以便两路集中向夏河、洮河、岷县前进。主力合而后分,实为兵家大忌,事关红军前途,盼望你们立即决定并立刻行动,一旦迟疑,则会耽误中国革命的大事!

徐向前与陈昌浩已经在电报中把话说到如此严重的地步,这是以往任何一封电报中所没有过的,可见张国焘的行动给整个红军带来的影响是多么严重。

为了力促张国焘北上,同日,中共中央也向朱德、张国焘发出了《关于对目前战略方针之补充决定给左路军的通报》,大意如下:

我军到达甘南后,应迅以主力出洮河东岸,占领岷州、天水间地区,打破敌人兰州、松潘线封锁计划,并依据以岷州为中心之洮河区域,有计划地大胆地向东进攻,以便取得甘、陕二省广大地区,为中国苏维埃运动的有力根据地,另遣支队向黄河以西发展。这一计划是估计到政治、军事、经济、民众各种条件而决定的,是目前我们主观力量能够执行的。

依上计划,目前应令右路军全力迅速夺取哈达铺,控制西固、岷州间地段,并相机夺取岷州为第一要务。左路军则迅出洮河左岸,然后并力东进,断不宜以右路先出黑错(镇名,今改名合作,属甘肃省夏河县)、旧城(今甘肃省临潭县县城),坐失先机之利。[6]

8 月 29 日,右路军攻打上包座,陈昌浩在向朱德、张国焘电告兵力部署时,不仅将右路军各部所处的位置及当地的地形情况做了介绍,还特别告诉他们:此地到洮州(今临潭)、岷县、西固只需要七天路程,而且沿途粮房很多。

尽管中共中央电令一再催促,徐向前、陈昌浩也不断劝告,但张国焘那边就是不动。为此,毛泽东找来徐向前和陈昌浩,研究如何做张国焘的工作,催他带左路军上来。徐向前说,如果他们过草地困难,我们可以派出1个团,带上马匹、牦牛、粮食,去接应他们。毛泽东说:"这个办法好,一发电报催,二派部队接,就这么办。"接着,即以毛泽东、陈昌浩和徐向前三人的名义,发出电报。陈、徐两人又令四军三十一团准备粮食,待命出动。[7]

一直到8月30日,张国焘才发出了左路军向班佑集中与右路军靠拢的命令。命令七十三、八十一、二六二、二六九团及红大(红军大学)、郑义斋率方面军供给部,均于9月8日集中箭步塘,由陈海松指挥为第一梯队,向班佑前进。二十七师全部准备9月12日集中查理寺,向班佑进。三十二军应准备9月6日全部集中松岗,9日大藏寺,12日集中查理寺。独立团及三十二军应于13日由查理寺出发,统归倪(志亮)、周(纯全)、王(宏坤)指挥为第二梯队,期于16日左右到班佑。川康省委以阿坝为中心,瑞龙(刘瑞龙,时为川康省委负责人)在阿坝,将来三十一军政治部亦开阿坝,大大开展工作,使阿坝成为苏区一部。[8]

从这个部署可以看出,张国焘虽然下达了向右路军靠拢的命令,但与中央全力东进、共同北上的指示精神相距很远。他对阿坝这个地方还是恋恋不舍,想使其成为苏区的一部分。红军占领阿坝后,喇嘛们大多已经逃亡,留下的粮食足供军队几个月之用。而阿坝以南的大金川、大藏寺也是比较富足的地方,百姓和粮食都比较多。

8月30日,朱德、张国焘率领左路军第一纵队离开阿坝,向东进入若尔盖大草原。他们从卓克基到阿坝中间也经过草地,好在是草地的边缘,不时还能遇到民房、小镇什么的。而这次左路军进入的草原才是真正的草地,与右路军经过的是同一大草原,只不过具体行进道路不同罢了。但他们遇到的困难与右路军没有什么两样。

包座战斗结束后,出现了有利于红军北上陕甘的时机。这种有利时机的出现不仅仅是北上通道被打开了,还有敌情方面的变化对北上也极为有利。蒋介石仍不甘心对红军的围堵失败,急忙进行新的兵力部署,企图继续封堵红军北出陕甘的道路。他急令位于松潘、漳腊地区的胡宗南部绕道文县开往西固堵截红军北出。而胡宗南则要求待薛岳部到达松潘、漳腊、南坪接防后,才能北进。

这时,国民党东北军主力正在"围剿"陕甘红军,于学忠部尚远在陕甘交界的徽县、两当地区。甘肃南部的文县、武都、西固、岷县广大地区敌人兵力空虚,碉堡封锁线尚未筑成。

有鉴于此,9月1日,徐向前、陈昌浩、毛泽东特意就目前有利于红军向前发展的情况致朱德、张国焘,大意为:目前情况极有利于向前发展,右路军须以主力向前推进,以不突出西固、岷州线为度。第一步以一、三两军控制罗达地区,四军、三十军主力控制白骨寺(今白古寺)地区,其一部控制包座。这样就控制了两条平行东向路,并随时可与胡敌5个旅(胡宗南所辖部队实力)进行有把握的作战,绝不会被敌截断。待左路军到达,即以1支队向南坪方向,又1支队向文县方向佯攻胁敌,集中主力从武都、西固、岷州间打出,必能争取伟大胜利。

同时,针对张国焘提出的照顾伤病员问题,特别强调,目前蒋、胡注意力集中西固以东方向,毛儿盖通班佑路短、棚多,提议以3至4个团掩护能行之伤病员及资材,从卓克基经毛儿盖缓缓前进,免致抛弃。[9]

中共中央、中革军委在一面催促左路军东出北进的同时,开始侦察北进道路,做具体的准备工作。

9月2日,左路军前敌总指挥部徐向前、陈昌浩就迅速查明岷州方向前进道路致电林彪、聂荣臻,电文大意为:红三十军已经派出部队分别向南坪、黄胜关前出120余里侦察无敌情,向东北方向50里侦察也没发现敌情。蒋介石虽然命令胡宗南部以一部守备松潘、南坪一线,主力迅速向岷州集中,但至今仍不见动静。左路军已经到达阿坝(先头部队其实已经进入草地),我二、六军团(指贺龙、任弼时部)已占桑植、石门两县,现已经迫近津市、常德。你们应迅速侦明向罗达、岷州、哈达铺、西固方向的大小道路、敌情,并控制隘路、前线要点,对河东要地亦须派部队占领,并前出游击、侦察。主力则乘这一段时间加强休息整理,以利作战,希望将你们的侦察结果详细告诉我们。

[1] 徐向前:《历史的回顾》(中),解放军出版社1984版,第443页。

[2] 潘峰:《艰苦的草地行军》,见《艰苦的历程》(下),人民出版社1984年版,第105—106页。

[3] 潘峰:《艰苦的草地行军》,见《艰苦的历程》(下),人民出版社1984年版,第106页。

[4] 树军、新民、解昌:《万里长征亲历记》,中共中央党校出版社1996年9月版,第474页。

［5］金冲及:《朱德传》,中央文献出版社 2000 年版,第 443—444 页。

［6］中国人民解放军历史资料丛书编审委员会:《红军长征·文献》,解放军出版社 1995 年版,第 644 页。

［7］徐向前:《历史的回顾》(中),解放军出版社 1984 版,第 446 页。

［8］中国人民解放军历史资料丛书编审委员会:《红军长征·文献》,解放军出版社 1995 年版,第 649—650 页。

［9］中国人民解放军历史资料丛书编审委员会:《红军长征·文献》,解放军出版社 1995 年版,第 654—655 页。

第六章

"南下是没有出路的!"

嘎曲河畔变卦

但就在同一天,也就是左路军第一纵队刚刚进入草地后的第三天,张国焘又变卦了。张国焘率领第一纵队在前进途中,被南北流向的嘎曲河挡住了。这条位于四川省阿坝州若尔盖县唐克乡索藏村的河流,却成了长征途中一个影响两军共同北上的麻烦。

这条河本来很浅,由于下了一场暴雨正在涨水,一时显得水势滔滔,本来这是非常正常的事情,却被张国焘用来作为拒绝继续穿过草地到班佑会合的借口。

9月2日,张国焘以朱德和他两人的名义致电徐向前、陈昌浩:

(一)嘎曲河水涨大,不易消退,侦察上下30里,均无徒涉点,架桥材料困难,各部粮食只有四天。

(二)嘎曲河水小时能徒涉,我们不能待,现正继续侦察徒涉点,并设法架桥,明日各部均在原地不动。

(三)请你们酌派(带工兵连)一二团兵力,由二十四马鞍腰,经牙磨河草区到达渡河点,与我们会合。嘎曲河右岸有树林,可架桥。

(四)请速查清班佑、阿依、跟康、上下三安曲、查理寺道路,以便将来二纵队改由该路进。

（五）注意右翼，防敌打断我们右翼联络。[1]

从电报内容上看，张国焘似乎本意东进，但客观上却因水涨不能过河。但是到了9月3日，张国焘就完全改变了腔调，又以朱德和他两人的名义发出电报，变成了决意南下：

徐、陈并转呈中央：

（甲）上游侦察70里，亦不能徒涉和架桥。各部粮只能吃三天，二十五师只两天，电台已粮绝。茫茫草地，前进不能，坐待自毙，无向导，结果痛苦如此，决于明晨分三天全部赶回阿坝。

（乙）如此，已影响整个战局，上次毛儿盖粮绝，部队受大损；这次又强向班佑进，结果如此。再北进，不但时机已失，恐亦多阻碍。

（丙）拟乘势诱敌北进，右路军即乘胜回击松潘敌，左路备粮后亦向松潘进。时机迫切，须即决即行。[2]

上述电报虽然是以朱德、张国焘两个人名义发出的，但自朱德来到左路军与张国焘共事以后，凡是以他们两人名义发出的违背中共中央战略方针，甚至反对党中央、分裂党和红军的电报，都是张国焘的错误主张。朱德本人始终是拥护中央、维护党和红军团结统一的，并同张国焘违背中央方针和指示的行为进行了坚持不懈的斗争，为党和红军最终实现团结和统一做出了重要贡献。

朱德后来在1960年11月9日的谈话中也曾说明："到阿坝时，张就变了，不要北上，要全部南下，并发电报要把北上的队伍调回南下。我不同意，反对他，没有签字。"

朱德红军时期肖像

张国焘后来在回忆录中为自己辩解：

我们总司令部率部按照计划，由刷经寺向上、下（包座）包抄前进，不料走了一天之后就遇着大雨，我们深恐为水所阻，积极冒雨前进，夜晚支起军毡做帐篷，露宿在水地上。果然，第三天下午，玛楚河（黄河上游段别称——本书作者注）上游的一个支流，横阻在我们的前面，它原不过是一条小河沟，深不过膝，现在河水陡涨，深逾一丈，宽达三百米，我们无法通过。

看形势几天之内河水没有退落的可能，附近百里地区以内，又找不出任何渡河工具，而我们的干粮又吃了大半，我们无计可施，乃决定回师刷经寺。[3]

作为红四方面军总指挥的徐向前，后来对张国焘的这个说辞则予以驳斥，他毫不客气地说："可是，张国焘离开阿坝，刚进入草地，就变了卦。……可见，这时张国焘连北进的方针也不同意了，实际上是要南下。他的'理由'，并不能成立。一是所谓嘎曲河涨水，无法徒涉和架桥。其实，四方面军有支一百多人的造船队，就在左路军，就地取材，营造简便渡河工具，不成问题。二是所谓粮食缺乏。其实，阿坝那带，粮米较毛儿盖地区要多，张国焘以前来电也说过。我们从毛儿盖出发，每人只带了供两三天食用的炒青稞，还不是通过了草地？他们的粮食，绝不会比我们少，过草地有什么不行？更何况我们还要派部队带粮去接应他们呢！所以，张国焘这是找借口，与中央的北进方针相抗衡。"[4]

朱德总司令夫人康克清当时就在左路军，她的亲历见证更具说服力，她说："过了几天，来到嘎曲河边。董振堂带着红五军正准备涉水过河，张国焘却说河水看涨，谁也不准过河。老总（即朱德）问藏族同胞，藏族同胞说：'这河虽宽，但是不深，只要不涨大水，可以徒涉过去。河面有近百米宽，水流不急，不像涨水样子。'但张国焘一口咬定河水正上涨，不能过。老总说：'空谈无益，还是派人下去试试。'张国焘不肯派人，潘开文（朱德的警卫员）站出来说：'我去！'老总叫他骑上他自己的马。他问明了过河的路线，拿了一根棍子，同红五军的一个战士一起骑马下到河里，不大工夫，到了河中心，用棍子试了试河水深度。到了对岸，听见他高声地说：'水不深，最深的地方才到马肚子，大家快过来吧！'部队立即准备下水，张国焘吼叫：'谁也不准过！叫他们两人给我回来。'然后对老总说：'河水分明在上涨，我不能拿几万人的生命当儿戏。'朱老总说河水并没有涨，即使涨，也涨得很慢，现在正是大队人马河的好时机。刘伯承也过来说，两个人都过去了，证明河水不深，应当抓紧时机赶快过河。董振堂过来请示：'总司令，我们前卫队先过去吧！'张国焘竟然不等老总说话，大声吼叫：'不行！现在谁也不准过河，要等河水不涨了，才能决定。'"

他的蛮横，使左路军只好在嘎曲河边宿营。

第二天早晨，天空密云不雨，河水明显地退了许多。朱总司令正在组织部队过河，作战局向他报告说，四方面军的部队已按张国焘的命令返回阿坝去了。这时红五军军长董振堂来见朱老总，气愤地说，他因为坚持要过河，不等总司令

的命令决不后撤,遭到张国焘的训斥,还被张国焘打了一记耳光……[5]

事实已经非常清楚,这时张国焘已经是铁了心要南下,至于他所说的借口,恐怕连小孩都不会相信。但朱德和刘伯承坚持左路军应向右路军靠拢,共同北上。一向以宽宏大量著称的朱德也忍受不了张国焘的蛮横无理,开始与张国焘发生激烈的争吵。

这时,右路军徐向前、陈昌浩已令红一军一师为先头部队,向俄界地区探路开进。敌文县、武都、西固、岷州线兵力不多,筑碉未成,难阻红军突击。中央一方面希望早日北进,一方面也在考虑如何使张国焘转弯。因为这是关系全局、关系左路军命运的问题,而不是张国焘一个人的问题。那几天,陈昌浩也很着急,几乎天天往中央驻地跑,希望能找出妥善解决问题的方法。

就在党中央和右路军急切地想尽一切办法来扭转这一不利局面时,张国焘却使事态向更加严重的方向发展。

9月5日,张国焘强令已经到达嘎曲河畔的左路军第一纵队返回阿坝,开始二过草地。二过草地正值秋季,气温在一天天下降,部队除了要忍受一过草地时遇到的各种困难外,还要外加寒冷和无粮的困扰。夜晚的严寒侵袭着战士们用破烂的单衣裹着的身体,大家只能背靠背坐在一起,互相温暖着冰冷的身体。随身携带的粮食已经全部吃完,只能靠野菜草根来充饥。风雨、严寒的折磨和饥饿的煎熬,使大家的身体越来越弱。不少人走着走着就倒了下去,长眠在荒无人烟的草地上。据时任妇女工兵营营长林月琴回忆:

> 我们只能吃一点灰灰菜。前面的部队将嫩叶摘光了,我们只好连梗子一起煮了吃。梗子上尽是筋,直拉嗓子,实在难以下咽。勉强咽下去,有时又从胃里翻上来……不少同志肚里无食,连冻带病,头一天躺下,第二天就起不来了。李中兰同志就是其中的一个。她虽然仍然像喜鹊一样,断不了经常说个笑话,可声音越来越小,步履也越来越艰难。一个阴雨天,她拄着棍子一步步往前挣扎,在一块沼泽地里,她摔了一跤,就再也没有爬起来。她已经耗尽了自己的精力,在这茫茫草地里安息了。[6]

9月5日,张国焘在由嘎曲河返回阿坝的途中,以十万火急电令要北上的倪志亮、周纯全率领的第二纵队就地巩固阵地,备粮待命,电文说左路军先头兵团决定转移到阿坝补粮,改道灭敌。第二纵队应巩固现有地域,并伸前游击待命。各部如已北移,应照上令移到指定地点,执行任务,并筹集粮食。其余各部队就现地筹粮待命。总司令部现在位于箭步塘,8号到达阿坝。

张国焘又是在未经中央允许的情况下，撤回左路军，开始按照他的意志重新部署兵力。中共中央和前敌总指挥部领导人面对这突如其来的变化，甚为焦虑，不得不改变既定部署与计划。

9月4日，徐向前、陈昌浩致电林彪、聂荣臻，命令已向俄界地区探路前进的红一军3个团返回求吉寺以北待命。

9月5日，徐向前、陈昌浩又向右路军下达了七天整理计划：前线各军应构筑工事，加强游击侦察及前进准备工作；广泛开展射击、抛掷马尾手榴弹、侦察、搜索和夜战训练，向战士讲授如何在隘路、森林等地作战以及如何与胡宗南部进行攻防作战，特别要研究打敌人堡垒的方法；整理全军武器装备及服装，准备好衣服、袜子和鞋子，准备好二十天的粮食，并大批筹粮；各支部展开政治工作，深入战士中间振奋士气，争取番民，开创苏区；各级首长亲自督促各部休息；等等。

9月6日，红一方面军司令员兼政委周恩来并彭德怀、李富春，也就红一、三军行动计划致电林彪、聂荣臻，要求三军仍回阿西，一军主力应集结俄界，派队向罗达侦察前进。根据总部命令，决定一、三军在原地休整，恢复体力，提高战斗力。[7]

北上与南下之争

在敌情不断变化的情况下，北上与南下的斗争再次成为牵动全局部署和有关红军前途、命运的斗争焦点。

那几天，除右路军各部重新改变原定计划外，等待在阿西的党中央几乎天天开会，谋求妥善解决矛盾的办法。徐向前、陈昌浩对中央北进路线表示赞成，而且不停发电劝说、催促张国焘率左路军北上。9月8日9时，他们致电朱德、张国焘，痛陈北上若干有利条件：红一军前往俄界沿途桥多、粮富，番兵稍有截击。由上包座向南坪、黄胜关各搜索百里无敌情，通南坪路上有粮、房。目前突击南、岷时间甚易，再延实令人痛心。川、陕、甘三省各十万分之一军用图已全有，青、宁五十万分之一图只有一部分。我们意以不分散主力为原则，左路速来北进为上策，右路南去南进为下策，万一左路若无法北进，只有实行下策。如能乘敌向北调时（取）松潘、南坪仍为上策。[8]

电报还向张国焘传达了一个信息，即"中政局正考虑是否南进，毛、张（毛泽东、张闻天——本书作者注）皆言，只有（要）南进便有利，可以交换意见"。为了防止红军出现"分家"悲剧，中央政治局甚至表示如果南进真的很有必要的话，也可以同张国焘商议。[9]

但张国焘接电后，却连与中央政治局商议都不商议了，仍一意孤行，坚持南下主张。而且，张国焘不仅要带左路军南下，还要求右路军也跟着其南下。

9月8日，张国焘以"朱、张"名义致电徐向前、陈昌浩，电文大意为：一、三军暂停向罗达前进，右路军准备南下，立即设法解决南下的具体问题。右路军皮衣是否准备好？立刻复电。

至此，党中央的北进与张国焘的南下之争，已经发展到了针锋相对、互相摊牌的地步。陈昌浩接到此电报后，感到事态已经极为严重，何去何从，在陈昌浩革命生涯中，这是一次严峻的考验。陈昌浩素以处理问题果断干脆而出名，但是在这个关系到十万红军战略方向的大问题上，是北上还是南下，他开始犹豫，拿不定主意。于是，陈昌浩转向徐向前问："总指挥，怎么办？"

徐向前说："你还是再跑一趟阿西吧！""好，你在家听电话，我们再做一次努力。"说着，陈昌浩出门飞马而去。

等陈昌浩赶到阿西党中央驻地时，毛泽东正和彭德怀在讨论什么，彭德怀看了一眼陈昌浩匆匆离去了。毛泽东接过陈昌浩递过来的电文，细细地推敲着说："行动方针问题可就大啰，得召开政治局会议商量才行。"接着，毛泽东亲切地探询道："昌浩同志，你个人的意见怎样呢？"

"我同意党中央的北上方针，左路军应向右路军靠拢，红军宜合不宜分，特别北去的路上有胡宗南、马鸿逵重兵挡道，只有合兵北上才有把握，不过……"陈昌浩看了一眼又走进来的彭德怀，没有再往下说。毛泽东说："把不同的意见都摆一下，看采取何种方案为是。"陈昌浩便接着说："我认为合兵共同北上为上策，分兵南下为下策。"毛泽东又以征询意见的口气问："万一达不到这个目的怎么办呢？"陈昌浩犹豫了一阵，眉头再度蹙成一个箭头，避开了这个问题回答道："力争左右两路红军共同北上。"毛泽东随即说："那我们一起在恩来同志的住处开个政治局会议吧。也通知徐向前同志列席。"

毛泽东之所以提议在周恩来的住处开会，主要是因为周恩来大病初愈，正在休息，不便于走动。

当天晚上，在右路军的政治局委员周恩来、洛甫、博古、毛泽东、王稼祥、陈昌浩，以及徐向前在周恩来的住处就张国焘的来电专门召开会议。会议开始前，毛泽东已经拟好了一份准备发给左路军的电文，交由与会人员讨论。大家一致表示同意。徐向前对此回忆道：

我到那里时，毛主席、张闻天、博古、王稼祥、陈昌浩都在，说：就等你来了。在座的都是政治局委员，只有我不是，所以我是个听会的态度。会前，毛主席他们已经拟好了一份要张国焘执行中央北进指示的电文，会上念了一下，要陈昌浩和我表态。陈昌浩表示，同意电报的内容，建议力争左右两路军一道北上；如果不成，是否可以考虑南下。我同意中央的意见，对南下问题考虑不成熟，没有表态。[10]

会后，陈昌浩亲自拿着周恩来、洛甫、博古、徐向前、陈昌浩、毛泽东、王稼祥七人联名的电报发出，徐向前也返回驻地。由中央政治局以七人的名义向左路军发出电报，这种署名方式在红军以往及以后的电报往来中是绝无仅有的，由此可见中央的良苦用心。其电文内容如下：

朱、张、刘（伯承）三同志：目前红军行动是处在最严重关头，须要我们慎重而又迅速地考虑与决定这个问题。弟等仔细考虑的结果，认为：

（一）左路军如果向南行动，则前途将极端不利。因为：

（甲）地形利于敌封锁，而不利于我攻击。丹巴南千余里，懋功南七百余里，均雪山、老林、隘路。康、泸、天、芦、雅、名、邛、大，直至懋、抚一带，敌垒已成，我军绝无攻取可能。

（乙）经济条件，绝对不能供养大军。大渡河流域千余里间，求如毛儿盖者，仅一磨西面而已，绥、崇人口八千余，粮本极少，懋、抚粮已尽，大军处此，有绝食之虞。

（丙）阿坝南至冕宁，均少数民族，我军处此区域，有消耗无补充，此事目前已极端严重，绝难继续下去。

（丁）北面被敌封锁，无战略退路。

（二）因此务望兄等熟思深虑，立下决心，在阿坝、卓克基补充粮食后，改道北进。行军中即有较大之减员，然甘南富庶之区，补充有望。在地形上、经济上、居民上、战略退路上，均有胜利前途。即以往青、宁、新说，亦远胜西康地区。

（三）目前胡敌不敢动，周（浑元）、王（均）两部到达需时，北面敌仍空虚，弟等并拟于右路军中抽出一部，先行出动，与二十五、（二十）六军配合行动，吸引敌人追随他们，以利我左路军进入甘南，开展新局（面）。

以上所陈，纯从大局前途及利害关系上着想，万望兄等当机立断，则革命之福。

　　恩来、洛甫、博古、向前、昌浩、泽东、稼啬（祥）

9 月 8 日 22 时[11]

　　陈昌浩、徐向前走后，毛泽东又找彭德怀、博古、洛甫、凯丰来商谈和张国焘的争论及对策。毛泽东说："七人联名的电文去后，如果他仍一意孤行，我们怎么办？"博古和凯丰都愣住了，洛甫默默地思忖着。不等他们问答，毛泽东继续说道："一是我们跟着他走，万事听他的；二是三十六计走为上，我们率先北上。"彭德怀立即表示反对第一种选择："跟着走，他们仗人多势众，会把中央搞掉，那不行，四方面军如果解散三军团咋办！一军团已走了两天，远水救不了近火，他们暂时无法策应我们，出现紧急情况怎么办？"毛泽东微微一笑，轻蔑地朝大门一瞥，慢悠悠地说："我相信红军。张国焘想挑起红军打红军也是难矣哉，难矣哉啰！"

　　事情果然不出毛泽东的预料，张国焘接到中央这封重量级电报后，根本不把党中央的指示当回事。在中央发出电文的当天，张国焘已经向左路军中红四方面军驻马尔康地区的红三十一军政委詹才芳发出电令，内容如下：

　　　　九十一师两个团，即经梭磨直到马尔康、卓克基待命，须经之桥则修复之。望（往）梭磨、康猫寺路，飞令军委纵队[12]政委蔡树藩将所率人员移到马尔康待命。如其听则将其扣留，电复处置。[13]

马尔康铁索桥

"九九密电"事件

9日10时,张国焘以朱、张二人名义致电左路军第一纵队倪志亮、周纯全,明确指示准备南下,大意为:现各主力团均不到1000人,草地行军冻坏和肿脚者占三分之二,现在天气更冷,红军若再北进,部队必被拖垮。红军准备改道南打,一路由阿坝经绥靖、崇化、丹巴,一路经卓克基、懋功,向邛、大、天、芦、灌、绵、安(依次指邛崃、大邑、天全、芦山、灌县、绵竹、安县)前进为目的。

9日,毛泽东、张闻天等人以党中央的名义再次向张国焘发出指示电并致徐向前、陈昌浩,电文为:

> 陈(指陈昌浩——本书作者注)谈右路军南下电令,中央认为完全不适宜的。中央现恳切地指出,目前方针只有向北是出路,向南则敌情、地形、居民、给养都对我极端不利,将要使红军受空前未有之困难环境。中央认为北上方针绝对不应改变,左路军应速即北上,在东出不利时,可以西渡黄河,占领甘、青交通新地区,再行向东发展。如何速复。[14]

但张国焘并未按照中央的要求"速复",直到当日24时,张国焘才以个人的名义电复徐向前、陈昌浩并转中央,明确表示反对北进,坚持南下。电文如下:

向、浩并转恩、洛、博、泽、稼:

> (甲)时至今日,请你们平心估计敌力和位置,我军减员、弹药和被服等情形,能否一举破敌,或与敌作持久战而击破之;敌是否有续增可能。
>
> (乙)左路二十五、九十三两师,每团不到千人,每师至多千五百战斗员,内中病脚者占三分之二。再北进,右路经过继续十天行军,左路二十天,减员将在半数以上。
>
> (丙)那时可能有下列情况:
>
> 1.向东突出岷、西封锁线,是否将成无止境的运动战,冬天不停留行军,前途如何?
>
> 2.若停夏、洮,是否能立稳脚跟?
>
> 3.若向东非停夏、洮不可,再无南返之机。背靠黄河,能不受阻碍否?上三项诸兄熟思明告。
>
> 4.川敌弱,不善守碉,山地隘路战为我特长。懋(功)、丹(丹巴)、绥(靖)一带地形少岩,不如通(州)、南(江)、巴(中)地形险。南方粮不缺。弟亲详问二十五、九十三等师各级干部,均言之甚确。阿坝沿大金川河东

岸到松岗,约六天行程,沿途有二千户人家,每日都有房宿营。河西四大坝、卓木碉粮、房较多,绥、崇有六千户口,苞谷已熟。据可靠向导称:丹巴、甘孜、道孚、天(全)、芦(山)均优于洮、夏、邛(崃)、大(邑)更好。北进,则阿坝以南彩病号均需抛弃;南打,尽能照顾。若不图战胜敌人,空言鄙弃少数民族区,亦甚无益。

5.现宜以一部向东北佯动,诱敌北进,我则乘势南下。如此对二、六军团为绝好配合。我看蒋与川敌间矛盾极多,南打又为真正进攻,决不会做瓮中之鳖。

6.左右两路决不可分开行动,弟忠诚为党、为革命,自信不会胡说。如何? 立候示遵。

国焘

9 日 24 时[15]

原来,张国焘的这封回电之所以来迟,一则是其忙于南下部署,更主要的是他坚持南下的主张,遭到了朱德的反对。由于朱德力主左路军应该执行中央北上的命令,因而拒绝在该电报上签字,张国焘只得以个人名义发出该电,由此可以想象张国焘与朱德之间在这一重大问题上争吵的激烈程度。

南下、北上的路线交锋这时到了十分尖锐的地步,变化多端的张国焘到底还会为其南下计划做出什么举动来? 谁也无法预料。

多年后彭德怀在自述中写道:

"午饭后再去,陈昌浩完全改变了腔调,说阿坝比通、南、巴还好。一个基本的游牧区,比农业区还好,这谁相信呢? 全国政治形势需要红军北上抗日的事,一句也不谈了。我没吭声,只是听了就是。这无疑是张国焘来了电报,改变了行动方针。我即到毛主席处告知此事。并问毛主席,我们坚持北进,拥护中央,他们拥护张国焘南进方针,一军团已前走了两天,四方面军如解散三军团怎么办? 为了避免红军打红军的不幸事,在这种被迫的情况下,可不可以扣押人质? 主席想了一会,答曰:不可。当时我难过:如强制三军团南进,一军团不能单独北进了;中央不能去,一军团单独北进也起不了作用。一同南进,张国焘就可能仗着优势军力,采用阴谋手段,将中央搞掉。

......

扣押人质的意见是不对的,可是,我没有向第三者讲过,只是在处境危急的时刻,向毛主席提出供考虑,以便求得一个脱身之计。"[16]

彭德怀之所以早就对张国焘有警惕,就是因为张国焘以前曾先后两次拉拢过彭德怀。彭德怀担心中央没有察觉,于是特地到前敌总指挥部和毛泽东住处看望。他每天都去前总,秘密派红十一团隐蔽在毛泽东等中央领导住处不远,以防万一。在前敌参谋长叶剑英处,当他得知林彪率红一军团到了俄界地区。这时,张国焘搜走了红军各部队的密码本,为了便于同一军团联络,彭德怀令人为红三军团电台编了密码本,派朝鲜人武亭带着指北针寻找一军团。武亭刚到林彪处,这天,就发生了"九九密电"事情。[17]

一军团政委聂荣臻对张国焘也早有所提防。聂荣臻后来回忆:

> 两河口会议是张国焘野心暴露的起点。这时,经过万里之行的中央红军,军衣破破烂烂,五光十色,在张国焘的眼里,还不如"他的"队伍有战斗力。本来不管哪个方面军,都是中国工农红军,都是党的部队,谁有战斗力都是好事,可是张国焘他动了野心。我们当时看到四方面军的队伍人员比较充足,除5万多部队外,还从川北带来一些帮他们运东西的男男女女,总共约有8万人。张国焘把这些都看成是他闹独立的资本。另外,在两个方面军会合以后,一方面军中也确有人从一种不正确的动机出发,歪曲地把一方面军的情况和遵义会议的情况,偷偷地告诉了张国焘,也使张国焘起了歹心,认为中央红军不团结,他有机可乘。对张国焘这个人,过去我是了解的。他狡猾阴险,个人野心很大。所以,我对他是有警惕的。[18]

后来北上途中,当张国焘与中央再次发生争执时,聂荣臻曾告诫一军团长林彪说:"你要注意,张国焘要把我们'吃'掉。"

毛泽东在如此重大的关头,还想最后对四方面军的领导人做争取工作。但陈昌浩这时已改变态度,同意南下,受到博古的批评,闷闷不乐地回到驻地。

9日晚,毛泽东到徐向前的住处,站在院子里问:"向前同志,你的意见怎么样?"徐向前回答说:"两军既然已经会合,就不宜再分开,四方面军如分成两半恐怕不好。"毛泽东听后,知道争取徐向前、陈昌浩共同北上已经没有什么希望,于是没有再说什么,只是劝徐向前早点休息,遂告辞而归。

接着,毛泽东、张闻天、博古三人赶到红三军驻地阿西,与在此养病的周恩来、王稼祥举行紧急会议,决定连夜率红三军和军委纵队先行北上;并通知在俄界的林彪、聂荣臻,行动方针有变,要红一军在原地待命。随后,进行了秘密准备。

9月10日凌晨,中共中央率红三军和红军大学等离开巴西地区,紧急向俄界进发。

关于中央突然率红一方面军主力北上的原因,一般党史均认为是张国焘在9月9日向陈昌浩发出一份密电,据毛泽东在1937年3月中共中央政治局扩大会议上说,他从叶剑英的报告中得知了这一电报的内容,"这电报上说,'南下,彻底开展党内斗争'"。

关于这份密电是否存在,史学界和红一、四方面军领导人有两种迥然不同的争论。争论的焦点主要在两个方面:一是有无这封"密电",二是这封"密电"的内容中有无"武力危害"的言论。

红四方面军总政委陈昌浩

赞同有密电的一方认为:9月9日那天,右路军前敌总指挥部正在开会,张国焘发给陈昌浩的密电送来时,陈昌浩在做报告,电报无意间到了右路军参谋长叶剑英手中。叶剑英看到电报后,识破了张国焘的阴谋,感到事关重大,借故离开会场,带着电令飞马跑向党中央驻地,把它交给了毛泽东。毛泽东看了,感到情况紧急,立即用铅笔把它抄下来,并告诉叶剑英处境危险,要赶快回去,务必提高警惕,以防意外。叶剑英迅速返回驻地,若无其事地走进会场。毛泽东立即与张闻天、博古等紧急磋商。大家一致认为,张国焘既然已经背着党中央,下达那个命令,要右路军南下,再继续说服等待张国焘率领部队北上,不仅没有可能,而且会招致不堪设想的严重后果。在这关系到中国革命前途和党与红军命运的严峻时刻,为了执行党的北上抗日的决议,避免红军内部可能发生的武装冲突,中央决定率一、三军团迅速离开。

不赞同有密电的一方认为,张国焘发给陈昌浩的密电并不存在。理由有三:其一,红四方面军的电报中没有发现过这份密电,缺证据;其二,红四方面军电台的安保措施很严,给陈昌浩的电报不可能到叶剑英手里;其三,右路军的红四方面军并未有武力解决中央的准备。徐向前后来对党史研究人员廖盖隆等人说:"接张国焘要我们南下的电报后,我们最大的错误就是同意南下。至于张国焘是否发过要用'武力解决中央'的电报,我负责地对你们说,我是没有看到过的。"[19]当时主管红四方面军电报的宋侃夫说:"至于有人说张国焘给陈昌浩发过一个电报,对中央要'武力解决'。当时我主管机要电报,收发报都要经过

红军时期的叶剑英

我,我不记得发过有此内容的电报。"[20]

不过,宋侃夫认为中央率红一方面军主力先行北上无疑是有道理的,因为"当时的事态已十分严重","在张国焘无视党纪、军纪,公然违抗命令的情况下,党中央为了贯彻已定的正确方针,于10日凌晨率领第一、三军先行北上"。时任红三十军政治委员的李先念认为:"不知道这句话是否是原话,如果电报上有,对这句话的含义可能有不同的理解,说这是带有威胁性质,我看也不是没有道理的。那时很敏感,稍有不慎就有可能出现意想不到的事情。红一方面军经过长途行军作战,损失很大,很疲劳;红四方面军还是人强马壮。在这种情况下,毛主席带领部队北上是完全正确的。"

"哪有红军打红军的道理!"

9月10日凌晨,中共中央率红三军和红军大学悄悄离开巴西河谷的同时,叶剑英到前敌总指挥部作战科,找到副科长吕继熙(吕黎平),要了当时唯一的一份十万分之一的甘肃省地图,以备党中央和一、三军团北上时急用。

党中央在离开巴西之前,考虑到叶剑英的安全,曾经通知他以到三军团参加直属队会议的名义,迅速离开前敌总指挥部。

叶剑英对"九九密电"事件及脱离前敌总指挥部的经过,曾有过如下回忆:

9号那天,前敌总指挥部开会,新任总政治部主任陈昌浩讲话。他正讲得兴高采烈的时候,译电员进来,把一份电报交给了我,是张国焘发来的,语气很强硬。我觉得这是大事情,应该马上报告毛主席。我心里很着急,但表面上仍很沉着,把电报装进口袋里。过了一个小时后悄悄出去,飞跑去找毛主席。他看完电报后很紧张,从口袋里拿出一根很短的铅笔和一张卷烟纸,迅速把电报内容记了下来。然后对我说:"你赶紧先回去,不要让他们发现你到这里来了。"我赶忙跑回去,会还没有开完,陈昌浩还在讲话,我把电报交回给他,没有出娄子。那个时候,中央要赶快离开,否则会出危险。到哪里去呢? 离开四方面军到三军团去,依靠彭德怀。

毛主席提议上三军团开政治局会议,他们临走的时候,张闻天和秦邦宪找到我,对我说,"老叶,你要走啊,这里危险。"我知道有危险。但是我想,军委直属队还在这里。我一走,整个直属队就带不出来了。我要等直属队走后才能走。我对他们说:"我不能走,你们先走吧。如果我一走,恐怕大家都走不了啦。我以后会来的。"

究竟怎样带直属队走?我一时没有想好。忽然,我想起了张国焘要南下的电文,决定利用他要南下的电报做文章。

我先和徐向前讲:"总指挥,总政委来电要南下,我们应该积极准备。首先是粮食准备。先发个通知给各个直属队让他们自己找地方打粮食去。限十天之内把粮食准备好。"他说:"好!"得到他的同意后,我写了个通知,准备发给各个伙食单位。通知上说,今天晚上两点钟出发,自己找地方去打粮。通知写好以后给陈昌浩看,他认为很对嘛,应该先准备粮食。接着,我就找直属队负责人开会。参加(会议)的有李维汉、杨尚昆、李克农、萧向荣等,大概七八个人。我讲了这个事情。我说中央已经走了,今天晚上两点我们也走。大家对表。早一分钟晚一分钟都不行,整整两点动身。我要求大家严格保密,同时要按规定时间行动。

会后,我回到喇嘛庙。我和徐、陈住在一个屋子里,一个人住一个角落。中间还有一盏马灯,我们是亮着马灯睡觉的。

那天晚上我怎么睡得着呢,睡过了两点就完了。我九点钟上的床,心里老在想着时间,十点、十一点、十二点、一点,我躺在床上不敢睡着,一点四十五分左右就起来了。我预先曾派了一个小参谋叫吕继熙,把甘肃全图拿来。我把它藏在我床底下的藤箱子里。我起来后,把大衣一穿,从床底下把地图拿出来就往外走。

我先到萧向荣那里,他也刚起来。我告诉他赶紧把地图藏起来,并说,这张地图你可千万要保管好,不要丢了,这可是要命的东西。当时,全军只有一份甘肃地图。我交地图给他的时候,离两点还有五分钟。我一摸身上,手枪忘记带了,要回去拿,萧向荣说:"你不要回去,回去危险。"我说:"不要紧的,我是公开出来的。出来检查去打粮的队伍。"

我回去拿了手枪,又轻轻推了睡在门口的"死卵"(警卫员范希贤),他没有醒来,我怕惊动旁人就走了。我装作巡视部队出发的样子,因为这是参谋长应该做的工作,不会引起怀疑。[21]

随后,叶剑英与杨尚昆在约定的水磨坊会面,一起前往三军团。

叶剑英与杨尚昆约定见面的磨坊

杨尚昆赶到了,但他的夫人李伯钊却未能赶到。后来毛泽东还风趣地对他说:"尚昆,你是赔了夫人又折兵啊!"事情是这样的:那一天,总政治部的宣传队正要到前敌政治部去报到,队长刘志坚和李伯钊一起来请示,问杨尚昆有什么事交代。这时,杨尚昆已得知中央决定当晚离开巴西。如果他把事情透露给他们,就怕泄漏了机密;让他们临时改变出发时间的话,又怕引起陈昌浩他们怀疑。万一他们得知中央的意图,把中央扣起来,不是坏了大事?思前想后,还是忍住了,什么都没有说,让他们按时去报到,准备到最后时刻再设法通知他们。晚上10点,杨尚昆派警卫员小张去通知他们,宣传队离中央驻地大约10里,谁知道阴差阳错,警卫员走错了路,等信送到时,陈昌浩已经发觉中央出发了,伯钊和送信的警卫员连同宣传部人员在内,都被扣留,被迫一起南下,后来还被当作派去的奸细进行审查。所以,毛泽东开玩笑说杨尚昆损失了一个兵,又赔了夫人李伯钊。直到一年后四方面军再次和中央会合时,伯钊来回共过了三次草地,多受了不少跋涉之苦。[22]

当叶剑英赶到军委纵队行军休息的地方,同志们看到他,都非常高兴。有人开玩笑说:"首长,我们开小差跑出来了。"叶剑英听了,也风趣地说:"不!我们不是开小差,而是开大差,是执行中央北上方针。"

在一个交叉路口,叶剑英碰到了张闻天、博古、彭德怀。他们着急地说:"老叶!你还不快走啊!"叶剑英说:"好,我就走。"

叶剑英和军委纵队从潘州赶到阿西,见到了毛泽东、周恩来、王稼祥。毛泽东非常高兴地说:"哎呀！剑英同志,你出来了,好！好！现在情况紧急,我们不能在此停留,应立即向俄界前进,与一军团会合。"

叶剑英在反对张国焘的斗争中,及时地揭露了张国焘的阴谋,巧妙地率领

杨尚昆与李伯钊

军委纵队北上,使党中央和中央红军脱离险境。毛泽东曾多次提到这件事。1937年3月,在延安党中央召开的政治局扩大会议上,毛泽东谈到长征中左路军和右路军问题时说道:"当时,如果稍为不慎重,那么会打起来的。"新中国成立以后,毛泽东仍念念不忘,赞扬叶剑英是"诸葛一生唯谨慎,吕端大事不糊涂"。有一次,他摸着自己的脑袋,风趣地说:"叶剑英同志在关键的时候是立了大功的。如果没有他,就没有这个了。他救了党,救了红军,救了我们这些人。"

周恩来1972年6月在一次会议上也说到叶剑英将电报报告毛主席,因而使中央脱险,立了大功的事。他说:"这件事情,是毛主席经常讲的,在座的不少同志听到,不是主席总是拿这个古人的事(指宋太宗评吕端)来比喻吗？……就是说,没有剑英同志立这个功,要不是毛主席出来制止,那个局势就很坏了。……在关键时刻才显出是同志嘛！古话说,'疾风知劲草,板荡识诚臣'嘛！"

10日早晨,徐向前和陈昌浩得知了中央率红一方面军部队单独北进的消息,两人十分震惊。徐向前回忆道:

> 那天早晨,我刚刚起床,底下就来报告,说叶剑英同志不见了,指挥部的军用地图也不见了。我和陈昌浩大吃一惊。接着,前面的部队打来电话,说中央红军已经连夜出走,还放了警戒哨。何畏当时在红军大学,他跑来问:"是不是有命令叫走?"陈昌浩说:"我们没下命令,赶紧叫他们回来!"发生了如此重大的意外事件,使我愣了神,坐在床板上,半个钟头说不出话来。心想这是怎么搞的呀,走也不告诉我们一声呀,我们毫无思想准备呀,感到心情沉重,很受刺激,脑袋麻木得很。前面有人不明真相,打电话来请示:"中央红军走了,还对我们警戒,打不打?"陈昌浩拿着电话筒,问我怎么办。我说:"哪有红军打红军的道理！叫他们听指挥,无论如何不能打!"陈昌浩不错,当时完全同意我的意见,做了答复,避免了事态的进一步

恶化。他是政治委员，有最后决定权，假如他感情用事，下决心打，我是很难阻止的。在这点上，不能否认陈昌浩同志维护团结的作用。那天上午，前敌指挥部开了锅，人来人往，乱哄哄的。我心情极坏，躺在床板上，蒙起头来，不想说一句话。陈昌浩十分激动，说了些难听的话，还给张国焘写了报告。[23]

当时情况十分紧急，据老红军李夫克回忆：中共中央率红一方面军北上，被红四方面军发现，在必经的河沟的两面山上，机枪已经架上。空气中弥漫着浓烈的火药味儿，红军内部的战事大有一触即发的危险。

红军前敌总指挥徐向前

"哪有红军打红军的道理！"出自徐向前口中的这句话字字千钧，避免了红军内部的一场内斗。这句话无论是对徐向前个人、四方面军，还是对整个红军所产生的历史作用怎样评价都不为过。如果在这关键时刻没有这句关键的话，其后果可想而知，红军的历史可想而知。陈昌浩虽然听了徐向前的劝告，但心里也不是滋味，他立即写了一张便条给彭德怀，并派副参谋长李特带了几十名红军大学学生策马赶去挽留。

红三军团正急速地往北开进，目标直向俄界。毛泽东、彭德怀和团长杨勇随十团走在最后。突然，后面传来了一阵急骤的马蹄声，队伍立即激起一阵骚动，有人报告说："陈昌浩派人追来了！"彭德怀立即指挥警卫部队四处散开，进入有利地形，向人马来处警戒。

正谈话间，四方面军的副参谋长李特骑马赶来了。他大喊："原来四方面军的同志，回头，停止前进！""不要跟机会主义者北上，南下吃米去！"毛主席很冷静，让他到旁边的一座教堂里去坐下来谈。李特说："你们这是退却逃跑的机会主义。"毛泽东还是规劝他，开导他，说北上的方针是中央政治局决定的。但是李特还是不听，动员原四方面军的人跟他走。最后毛泽东说，你们实在要南下也可以，相信以后总有重新会合的机会。毛泽东又走到教堂外对部队说："我们都是红军，都是共产党，都是一家人，一家人不打一家人嘛！现在愿意北上的跟党中央走，愿意跟张国焘的可以回去。以后我们还会在一起的！"当时红一方面军的人对李特的做法很生气。毛泽东还说："捆绑不成夫妻。他们要走，让他们走吧！以后他们自己会回来的。"这样就同四方面军分道扬镳了。由四方面军补入三军团的人,有不少被他们"动员"回去了。伍修权的饲养员原来是四方面军的,也被拉走了,伍修权只得自己牵着牲口和一、三军团一起继续北上。[24]

红三军团军团长彭德怀和毛泽东走在后卫杨勇带的红十团。在路上走时,彭德怀问毛泽东,如果红四方面军要扣留我们怎么办?毛泽东说:"那就只好一起跟他们南进吧!他们总会要觉悟的。"[25]

毛泽东就率中央和红三军告别而去。走出10里,翻过一个山包,上大路就是四方面军的驻地。那是一定要经过的,没有别的路可走。那里有个垭口,只见山头上站着四方面军的哨兵,红一方面军的部队从沟里走。人们的心都提到了嗓子眼儿上,生怕真正打起来。杨尚昆后来回忆到此,感慨地说:"当时,如果双方一开枪,就打烂了,但谁都没有动手。后来知道,是徐向前同志发了话:哪有红军打红军的道理!在剑拔弩张的时刻,这句话是十分重要的!"[26]徐向前的这句话危机时刻可谓一锤定音!

李特带着警卫员默默地向毛泽东、彭德怀、杨勇等人注视了一会儿,扬了扬手,没有再说什么,算是一种特殊的送行方式吧!

徐向前的痛苦抉择

中共中央离开后,迅速率红三军等部向北急进。因为有叶剑英拿来的军用地图,他们可以走小路,抄近道,非常便捷。

10日黄昏,中共中央到达拉界,中央政治局发出了在阿西临走前所拟的给徐向前、陈昌浩的指令电,电文内容如下:

(一)目前战略方针之唯一正确的决定,为向北急进,其多方考虑之理由,已详屡次决定及电文。

(二)8日朱、张电令你们南下,显系违背中央累次之决定及电文,中央已另电朱、张取消该电。

(三)为不失时机地实现自己的战略计划,中央已令一方面军向罗达、拉界前进,四、三十军归你们指挥,应于日内尾一、三军后前进,有策应一、三军之任务。以后右路军统归军委副主席周恩来同志指挥之。

(四)本指令,因张总政治委员不能实行政治委员之责任,违背中央战略方针,中央为贯彻自己之决定,特直接指令前敌指挥员及其政委并责成实现之。[27]

陈昌浩看了电文后,久久沉默不语,半晌才对徐向前说:"我们只有南下了!

你认为怎样?"徐向前思想上的天平正在不停地晃动着,内心忍受着痛苦的煎熬。一边是军委主席和副主席的命令,又是自己的老领导,一边是党中央,让他左右为难。但最后,还是选择了南下的道路。

徐向前在其回忆录中写到了当时他这种极为痛苦的心情:

"男儿有泪不轻弹。"然而,那两天我想来想去,彻夜难眠,忍不住偷偷哭了一场。我的内心很矛盾。一方面,几年来自己同张国焘、陈昌浩共事,一直不痛快,想早点离开他们。两军会合后,我对陈昌浩说,想去中央做点具体工作,的确是心里话。我是左思右想,盘算了很久,才说出来的。另一方面,右路军如单独北上,等于把四方面军分成两半,自己也舍不得。四方面军是我眼看着从小到大发展起来的,大家操了不少心,流了不少血汗,才形成这么支队伍,真不容易啊!分成两半,各走一方,无论从理智上或感情上说,我都难以接受。这也许是我的弱点所在吧!接着,中央又来电报要我们带着队伍北上。并说,中央已经另电朱、张取消八日南下电令。陈昌浩的态度很坚决,骂中央是什么"右倾机会主义"啦,"逃跑主义"啦,决心南下。我想,是跟着中央走,还是跟着部队南下呢?走嘛,自己只能带上个警卫员,骑着马去追中央。那时,陈昌浩的威信不低于我,他能说会写,打仗勇敢,又是政治委员。他不点头,我一个人是带不动队伍的,最多只能悄悄带走几个人。想来想去,还是决定和部队在一起,走着看吧!这样,我就执行了张国焘的南下命令,犯了终生抱愧的错误。[28]

同日,中共中央致电张国焘,明确批评南下是"完全不适宜的",恳切地指出:"目前方针只有向北,才是出路。向南则敌情、地形、居民、给养都对我极端不利,将使红军陷于空前未有之困难环境。"中央认为北上方针绝对不应该改变,左路军应速即北上。在东出不利时,可以西渡黄河,占领青、宁、新地区,再行向东发展。

也是在9月10日这一天,中共中央向红一、四方面军发出《为执行北上方针告同志书》,呼吁:"应根据党中央正确战略方针,继续北进,大量消灭蒋介石、胡宗南的部队,创建川陕甘新苏区。"再次预测南下将陷入困境,因为"南下是草地、雪山、老林;南下人口稀少,粮食缺乏;南下是少数民族地区,红军只有减员,没有补充。敌人在那里的堡垒线已经完成,我们无法突破。南下不能到四川去,南下只能到西藏、西康,南下只能是挨冻挨饿,白白地牺牲生命,对革命没有一点利益。对于红军,南下是没有出路的,南下是绝路"。[29]

张国焘倒打一耙

9月11日,中共中央率红三军、军委纵队一部、红军大学一部,继续向俄界进发,于当天晚上陆续到达甘南的俄界,与先期到达的红一军会合,开始在党中央的正确领导下共同执行北上战略任务。

当张国焘得知党中央和一方面军一、三军团单独北上的消息后,倒显得颇为冷静,并没有惊惶失措,好像早在其预料之中似的。自从和中央红军会合之后,张国焘就感到处处不如意,事事不开心,他怎么也找不到了在两军会合之前那种"说一不二"、"君临天下"的威严,他所提的建议不是被否定,就是受批评。这时,中共中央率领红一、三军北上,不仅能够让他重新找回以前那种感觉,还能借中共中央秘密北上的事实,将分裂红军的罪名安到中共中央头上。

张国焘在回忆录中写道:"毛泽东因徐陈已打开北进通道,左翼又为水所阻,不能再事等待而坐失良机,竟自动直接下令一、三两军团,以北上先遣队名义,单独向北挺进。"他称"这是毛泽东使出了金蝉脱壳的诡计:他利用四方面军经过重大牺牲所打开的北进通路,悄悄溜走,再也不管其他大多数同志和军队;他使用北上先遣队的名义,暗中挟带着中央机关和各要人,要蒋介石误认中共重心仍在毛儿盖,进攻的箭头不会指向他的那个支队"。他谴责"毛泽东等私撤防线,秘密北进,显然是不顾大局的自私行为"。[30]

很显然,张国焘在这里反守为攻,倒打一耙了! 本来是他借故"嘎曲河水阻拦",下令左路军、右路军南下,此时,却将所有罪名都推到党中央和毛主席身上。

9月10日,张国焘以朱、张二人名义发电给林彪、聂荣臻等人并转中央领导人,对中央率一、三军团单独东进表示"不以为然",随后很"大度地"表示,一、四方面军会合后又分离,党内无论有何讨论,决不应这样。只要能团结一致,我们准备牺牲一切利益;一、三军刚刚向前开进,如果遇到障碍仍请开回。不论北进南打,我们总要在一块,单独东进恐怕会被敌人所击破。

此时,身为红军总司令的朱德听到党中央北上的消息时,究竟是一种怎样的态度和表现呢? 康克清回忆道:

回到阿坝时,得到消息说,中央、军委几位领导毛泽东、周恩来、张闻天、博古只带着一、三军团北上了。因为张国焘严密封锁消息,一时也搞不清是怎么一回事。我问朱老总,他说:"情况一时弄不清楚,我们只有一条,坚信毛泽东和党中央。如果不是出于必要，他们是不会这样做的。"[31]

朱德的话虽不多，但表现出了一位共产党员在大是大非面前坚定的立场与信念，也由此奠定了与张国焘进行长达一年斗争的思想基础。

在朱德过去的生涯中，曾经历过多少坎坷，多少困难，但从来没有像这次心情如此沉重。考虑到这里还有由8万指战员组成的红四方面军，还有编在左路军中原红一方面军的五、九军团和其他同志，不能把他们丢给张国焘不管，朱德下定决心留下来，跟着这支队伍走，哪怕遇到再多的艰难曲折，也要把它最终带回到党的正确路线上来。

中共中央接到张国焘10日电报以后，于11日22时，在俄界再次致电张国焘，令其立即率左路军北上。

张国焘接到中央的命令后，不仅拒不执行，反而对中央秘密北上之举大加指责。9月12日10时，张国焘以亲笔信的方式致电一、三军团领导人并转中央，他横加指责道：由于红一、三军突然撤离，次日胡宗南一部又占领班佑，三十团在向班佑前进途中，与敌人遭遇，三十团团长负伤，红军伤亡100余人。又称：次日清晨胡宗南部即知道彭德怀向北逃窜，请注意反动（分子）乘机告密，党中央无论有何争执，决不可将军事行动泄露给敌人；中央不图领导全部红军，竟率一部秘密出走，你们何以对国际和诸先烈？最后声称：弟自信能以革命利益为前提，虽至最严重关头，只须事实上能团结对敌，无不乐从。诸兄其何以至此，反造分裂重反团结，敬候明教。

张国焘真不愧是历练多年的"领袖人物"，他这么一说，将所有罪名都推到了中央头上，中央及其领导人真是"罪不可赦"了。张国焘的话中，无毒不用其极，甚至连"叛党投敌"的话语也快呼之欲出了，竟怀疑是中央将红军活动情况告诉给了敌人。

张国焘除了攻击党中央外，又将主要注意力集中到了北上掌握军权的领导人身上。当日深夜，张国焘向一、三军团领导人发出电文，煽动一、三军团南下，称"一、三军团单独东出，将成无止境的逃跑，将来真会悔之无及"，"望速归来受徐、陈指挥，南下首先赤化四川，该省终是我们的根据地"。[32]

由此不难看出，张国焘在反对中央北上战略方针，分裂党和红军的道路上越走越远了。

俄界会议毛泽东惊人的预言

为解决张国焘阴谋分裂红军所造成的危局,揭露和批判张国焘的错误主张,明确下一步的行动方针,中共中央政治局于9月12日在甘肃省俄界召开了中央政治局紧急扩大会议。出席会议的有张闻天、博古、毛泽东、王稼祥、凯丰、刘少奇、邓发、叶剑英、林伯渠、李维汉、杨尚昆等21人。

毛泽东在会上做了关于同红四方面军张国焘的争论与目前行动方针的报告。

关于张国焘的错误路线问题,毛泽东点名批判了张国焘的右倾分裂主义,揭发了张国焘反党、分裂红军、反对北上抗日方针、退却逃跑和军阀主义等大量错误事实。

毛泽东指出:我们在两河口一、四方面军会合,中央6月18日决议,现在中央坚持这个方针,有同志反对这个方针,有他机会主义的方针,这方针的代表是张国焘、陈昌浩,中央已经与他有过许多联系,但至今尚未达到。四方面军起初是按兵不动,7月17日要集中第一地点未实现。张到芦花,政治局决定他为总政委,张才把四方面军调动,但未到毛儿盖即动摇,一到毛又完全推翻这一决定,而把主力去阿坝,右路去班佑。张到阿坝后,便不愿意北上,要右路军南下,政治局七个同志(包括徐向前、陈昌浩在内)在周副主席处开了一个非正式会议,决定给电张国焘北上,徐、陈当时表示,要他(们)走路回草地是不好,但北上有王均、毛炳文,走草地没有王均、毛炳文,这是他(们)根据的机会主义观点。所以,张国焘坚决要他(们)回去,他(们)便主张回去。[33]

中央同张国焘作过许多斗争,想了许多办法与他接近,纠正其军阀主义倾向,但是没有结果。会上,多数同志提出要给张国焘做组织结论,开除其党籍。

毛泽东指出,同张国焘的斗争,应采取党内斗争的方法处理。最后做组织结论是必要的,但现在还不要做,因为它关系到团结和争取整个四方面军的干部,也关系到一方面军在他那里的很多干部的安全。你开除他党籍,他还是统率几万军队,还蒙蔽着几万军队,以后就不好见面了。我们要尽可能地做工作,争取他北上。

关于今后行动方针问题,报告强调指出,不管张国焘等人如何阻挠破坏,中央仍然要坚持两河口会议上既定北上战略方针。

与会人员一致同意毛泽东的报告。

会后,毛泽东同志针对张国焘的问题、目前战略方针和组织上的问题等做了总结。他指出:

1. 对四方面军的总结,这是今天做出来的。这个斗争是两条路线的分歧,是布尔什维克主义与军阀主义倾向的斗争。张国焘是发展着的军阀主义的倾向,将来可发展到叛变革命,这是党内空前未有的。在通南巴时的错误,是萌芽,是部分的严重的错误,退出通南巴以后,便形成了另外一条错误路线,将来可发展为军阀主义,苏维埃运动中的陈独秀主义。

2. 目前战略方针,川陕甘计划是有变更,因一、四方面军已分开,张国焘南下,使中国革命受到相当严重损失,但我们并不是走向低落,而是走向大张旗鼓,游击战争打过去,更大规模、更大力量打过来。一省数省首先胜利,是不能否认的,现在如此,将来还是如此,不过不在江西,而是陕甘。[34]

毛泽东有着惊人的预测能力! 他对张国焘从此以后人生预测分析简直超乎了常人的想象。

从1935年10月12日起,到1938年4月初,大致算来还不到三年的时间,张国焘真的如毛泽东所预言的那样,投向了国民党的怀抱,当了可耻的叛徒。

在俄界会议上,还正式做出了《关于张国焘同志的错误的决定》。《决定》指出,听了毛泽东关于与四方面军领导者的争论及今后战略方针的报告之后,政治局同意已经采取的步骤及今后的战略方针。并指出:

"四方面军的领导者张国焘同志同中央绝大多数同志的争论,其实质是由于目前对政治形势与敌我力量对比估计上有着原则的分歧。张国焘同志从对全国目前革命形势的紧张化,特别是由于日本帝国主义的积极侵略而引起的全中国人民反日的民族革命运动的高涨估计不足,更从中央红军在反对敌人五次'围剿'的斗争中及突围后的二万余里的长征中所取得的胜利估计不足,而夸大敌人的力量,首先是蒋介石的力量,轻视自己的力量,特别是红一方面军的战斗力,以致丧失了在抗日前线的中国西北部创建新苏区的信心,主张以向中国西南部的边陲地区(川、康、藏边)退却的方针,代替向中国西北部前进建立模范的抗日的苏维埃根据地的布尔什维克的方针。""造成张国焘同志这种分裂红军的罪恶行为的,除了对目前形势的机会主义估计外,就是他的军阀主义倾向。"[35]

中央出于与张国焘斗争的策略考虑,加之时间紧迫,俄界会议做出的《关于张国焘同志的错误的决定》只是原则通过,当党中央北上到达哈达铺以后,才由张闻天写成并获正式通过,但并没有向下传达,直到1935年12月,才在中央委员范围内公布,并在一方面军高级干部中口头传达。

俄界会议后,中共中央率红一方面军主力与军委纵队改编而成的中国工农红军陕甘支队迅速北上了。根据俄界会议的精神,党中央对张国焘的错误,仍然坚持党内斗争的方针,在严肃指出其错误的同时,希望他悬崖勒马,幡然悔悟。

9月14日,中共中央在北上途中再次致电张国焘、徐向前、陈昌浩,指出:

"中央率领一、三军北上,只是为了实现自己的战略方针,并企图以自己的艰苦斗争,为左路军及右路军四军、三十军开辟道路,以便利于他们的北上。一、三军的首长与全体指战员不顾一切困难,坚决负担起实现中央的战略方针的先锋队的严重任务,是中国工农红军的模范。""中央为了中国苏维埃革命的利益,再一次要求张总政委立即取消南下的决心及命令,服从中央电令,具体部署左路军与四军、三十军之继续北进。"[36]

"南下是没有出路的!"

张国焘此时早已将中央命令抛到了九霄云外,从嘎曲河折回阿坝后,立刻大造反对党中央的舆论,对此,朱德总司令坚决反对,便立即成了张国焘的攻击对象。由于党中央北上的行动是迫不得已而采取的秘密行动,加之对张国焘错误路线的批评没有在党内公开,广大左路军官兵,特别是其中的红四方面军官兵并不明事情的真相。他们中的许多人在张国焘的煽动下,也纷纷指责中央,并向朱德等人发动围攻。张国焘先派人同朱德谈话,要朱德写反对中央北上的文章,朱德坚决拒绝。

9月13日,张国焘又在阿坝一个喇嘛寺——格尔登寺大殿,召开川康省委及红军中党的活动分子会议。参加会议的有省委委员,还有工会、青年团、妇女部的一般干部,100多人。在这个会议上,张国焘把他与中央的争论公开化,公然举起了反对党中央的旗帜。会场外挂着"反对毛、周、张、博北上逃跑"的大横幅。张国焘主持会议并首先讲话,他攻击中央率一、三军团北上是"逃跑主义",鼓吹南下。接着,一些人跟着起哄,要朱德当众表态:"同毛泽东向北逃跑的错误划清界限"、"反对北上,拥护南下。"朱德稳稳地坐在那里,不予理睬。参加过这次会议,时任川陕省苏维埃政府副主席的余洪远回忆这次会议时写道:

> 会议的发言很乱,而且总是带着质问的口气:"北上是右倾逃跑,是错误的!""什么北上抗日,完全是逃跑主义!"……

你一言,他一语,嗓门很高,"帽子"满天飞。我一听这乱哄哄的发言,更感到气味不对。我忙看看朱总司令,他从容镇定地坐在那里听着发言,时而翻翻放在面前的一本书,时而扭转头去看看坐在他旁边的张国焘。张国焘在众目睽睽之下,一个劲地喝水。当人们发言不积极的时候,张国焘就装腔作势地说:"同志们,还有什么意见呀?有意见就讲嘛!"他的话里带着明显的煽动。

接着,又是一阵起哄、围攻,有的甚至拍桌质问:"朱德同志,你必须同毛泽东向北逃跑的错误划清界限!""你必须当众表示态度!反对毛泽东、周恩来他们北上抗日的决议!"[37]

张国焘看到被围攻的朱德一言不发,非常得意,便趁机开导似地说:"总司令,你可以讲讲嘛,你对这个问题的认识怎样?是南下,是北上?"

看到张国焘得意的神色,一直保持沉默的朱德终于发言回击了,余洪远回忆,他镇定自若、和颜悦色地说:"中央决定北上抗日是正确的。现在日本帝国主义侵占了我国的东三省,我们红军在这民族危亡的关头,应该担当起抗日救国的重任。我是个共产党员,参加了中央的会议,举手赞成这一决定,我不能出尔反尔,反对中央的决定。我和毛泽东同志从井冈山会师以来就在一起,他挽救了党和红军的命运,我是完全信得过他的。人家都叫'朱毛,朱毛',我朱德怎么能反毛泽东?遵义会议上确立了毛泽东同志在党和红军中的领导地位,我不能反对遵义会议的决定。"

朱总司令转过头,问张国焘:"遵义会议精神,中央曾电告四方面军,你看到电报了吗?"张国焘支吾不语,只是点了点头,然后,凶相毕露地说:"你必须回答大家提出的问题,承认毛泽东他们北上是逃跑!"朱总司令大义凛然地对张国焘说:"我再重复一下,中央北上抗日的决定是正确的,我决不会反对。毛泽东同志我信得过,你可以把我劈成两半,但你绝对割不断我和毛泽东同志的关系!"[38]

朱总司令义正辞严、有理有力的讲话,使那些起哄的人目瞪口呆,无以对答。张国焘也没有想到,一向温和的朱德竟说出如此强硬的话来,会场一时冷却下来。张国焘一看,又开始煽动大家的情绪,但发言的人慢慢减少了,朱总司令看了看会场四周,感到自己并不是孤立的,相信参加会议的人也不是都跟着张国焘跑的。于是,他又发言,反复讲北上抗日的重要性,讲遵义会议的伟大意义。他庄严地告诉大家,"南下是没有出路的!"朱德的话刚说完,会场气氛又骤然紧张。有人冲着朱德喊:"既然你拥护北上,那你现在就走、快走!"

对此,康克清在其回忆录中写到老总一字一句地回答他们:"我是红军总司令,党中央和军委派我带领左路军北上。现在你们不执行中央、军委的命令,硬要南下,我只有跟着你们。你们到哪里,我也到哪里,我一定要执行党中央、军委交给我的任务,带领左路军北上。"

有些疯狂追随张国焘的人,故意歪曲老总的话,哄闹起来:

"你说北上,又要南下,是个两面派!"

"你既然要跟毛泽东逃跑,趁早滚蛋!"

"撤掉他的总司令!"

坐在一边的刘伯承总参谋长再也看不下去了,站起来说:"你们是开党的会议,还是审案子,怎么能这样对待总司令?"

这些人的气焰不得不有所收敛,但随即又把矛头指向刘伯承,要他表明态度。刘伯承明确表示:拥护毛儿盖会议的决议,赞成北上。他以红军面临的形势说明,北上的必要和有利,指出南下不会有出路,最后还得北上。[39]

张国焘原来设想通过阿坝会议迫使朱德等人屈服,共同反对中央北上战略方针,因为左路军中有红一方面军的五、九军团官兵,作为红军总司令的朱德对其有相当大的影响力。只要朱德改变了态度,其余人的思想就容易统一了,没想到朱德的态度非常坚定,张国焘的企图没有达到。但他所造的声讨毛、周、张、博的声势,仍然起到了很大的煽动作用。

阿坝会议后,张国焘继续利用各种场合攻击党中央,《朱德传》中对此记述道:阿坝会议没有使朱德、刘伯承屈服。张国焘又以各种名义召开大大小小会议,不断攻击党中央,鼓吹"只有南下才是真正的进攻路线"。他和他的追随者给朱德施加压力,甚至谩骂朱德是"老糊涂"、"老右倾"、"老顽固"。

康克清回忆当时的情况说:"朱总很沉着,任你怎么斗,怎么骂,他总是一言不发,像不沉的'航空母舰'。等对方斗完骂完,他才不慌不忙地同他们讲道理。"

有一次,张国焘等在会上造谣:"他们(指党中央)走的时候,把仓库里的枪支弹药粮食,还有一些伤员,统统放火烧了。"朱德立刻愤然说:"这纯粹是谣言!从井冈山开始,毛泽东就主张官兵平等,不准打人骂人,宽待俘虏,红军的俘虏政策就是他亲订的,对俘虏还要宽待,怎么会烧死自己的伤员? 过草地干粮还不够,动员大家吃野菜,怎么会把粮食烧掉? 这种无中生有的谣言,是别有用心的人制造出来的。"驳得张国焘面红耳赤,无言以对。[40]

张国焘见朱德和刘伯承非常"顽固",便将工作重点转向在左路军中的一方面军部队。据时任左路军五军团的保卫局长欧阳毅回忆:

> 一天,张国焘亲自来给五军团的部队讲话。我们希望他根据毛儿盖会议的精神,讲讲关于加强一、四方面军兄弟团结的问题。可是,他对这个问题闭口不谈,却大肆攻击党中央、毛主席北上抗日是什么"逃跑主义",南下建立川康根据地才是什么"正确路线"。那时干部战士都认为,在少数民族地区,言语不通,土地贫瘠,文化落后,无法建立革命根据地。张国焘指着他背后喇嘛庙经幡上的一些藏文经符,唾沫横飞地叫嚷:"有的人说,这里缺少文化,难道这些不是文化吗? 这些不是文化是什么呢? 你们自以为文化高的,那就念给我听听,上面写些什么?"他还恶毒污蔑我们这些戴一方面军小五角军帽的是"尖脑袋",是"机会主义",叫嚷要肃清我们脑袋里的"机会主义思想"。[41]

下达南下动员令

张国焘在加紧攻击党中央北上路线的同时,开始进行南下政治动员。9月15日,张国焘以"中国工农红军总政治部"的名义发布了《大举南进政治保障计划》。

《计划》首先对全国苏区的形势进行了分析,为张国焘南下路线寻找借口和依据。声称只有大举南进,消灭川敌残部,才是真正的进攻路线,才是真正的配合全国红军的行动。[42]

《计划》颠倒是非,继续恶意攻击党中央的北进路线,大力颂扬南下路线,说什么"一、四方面军两大主力的会合,使主力红军在数量上和质量上都大大增加,增加了我们大举消灭敌人的优越条件,可是由于中央政治局中个别右倾分子的逃跑路线,断送了我们大举北进进攻敌人的时机,右倾机会主义故意迟延我们北进中必要的准备工作。目前北方天气渐寒,草地不易通过,敌人在我们的北面已集结相当兵力,碉堡已完成一部,这种情况下,北进是显然不利的。我们南进,当前的敌人是川敌残部,过去都被主力红军打垮过,火力差,士气低落,战斗力薄弱,这使我们能顺利地消灭川敌残部。在南进地区内,人口稠密,好扩大红军,物产丰富,可充实红军物质上的供给,这就使我们能够顺利在广大地区内建立巩固的根据地,准备我们的力量来消灭蒋介石主力。因此我们目前的战略方针是集中主力,大举向南进攻,消灭川敌残部,在广大地区内建立巩固的根据地,首先赤化全川,这是消灭蒋介石主力,赤化川陕甘的先决条件"。[43]

这一南进政治保障计划,不仅是张国焘南下政治动员令,更是其错误路线的集中体现。

在南下政治动员令发布两天后,张国焘正式发布了南下军事命令,提出了"大举南下,打到成都吃大米"的口号。他命令右路军中的四军和三十军从巴西地区南返至卓克基、马尔康、松岗一带;左路军中的四方面军部队和原一方面军的第五、九军团及军委纵队一部,从阿坝地区南下,回到马塘、松岗、党坝一带。

在张国焘的南下命令之下,1935年9月中旬,左路军全部、右路军红四方面军官兵,分别从阿坝和包座、班佑地区南下,向大金川流域的马塘、松岗、党坝一带集结。徐向前和陈昌浩率右路的四军、三十军及红军大学部分人员,回头再次穿越草地。

第二次穿越草地,已是深秋时节,黄草漫漫,寒气凛冽,弥漫着深秋的肃杀气氛。面对浩渺沉寂的大草原,红四方面军有许多官兵不明白,他们为什么不跟中央红军北上?为什么又要经过草地南下?难道以前所提的"赤化川陕甘"的口号是一纸空文?他们就是带着这些疑问又一次踏进了"人间禁地"。

红军第一次过草地时留下的行军、宿营痕迹还依稀可见,有些用树枝搭成的"人"字棚里,还堆着一些无法掩埋的红军尸体。衣衫单薄的红军指战员,顶风雨,踏泥沼,熬饥寒,再次同草地的恶劣自然条件搏斗,又有一批同志献出了宝贵的生命。看着刚刚倒下去的战友的尸体,再看看第一次过草地时战友的遗骨,大家不禁百感交集,心事重重,抑郁不已。回顾几个月来一、四方面军合而后分的情景,展望未来的前途,着实堪忧。

徐向前、陈昌浩率部抵达毛儿盖稍作休息后,旋即沿着黑水、芦花以西的羊肠山路,向党坝、松岗开进。当时正是苹果、核桃、柿子收获的季节,部队沿途找来藏民购买或交换,以充饥果腹。到9月底,红三十军、四军在大金川北端的党坝同左路军会合。在这里,徐向前、陈昌浩与朱德、张国焘、刘伯承、王树声等人再度会面。徐向前见到朱德时,只见其面色黧黑,但目光炯炯,步履稳健,有说有笑,一如既往,似乎天塌下来,也不放在心上。或许是受到朱德情绪的影响,南下路上一直心情压抑,不愿说话的徐向前,顿时心情轻松了许多。

张国焘露出"庐山真面目"

10月5日,张国焘在卓木碉(今马尔康县脚木足乡)召开高级干部会议,出席会议的有朱德、张国焘、徐向前、陈昌浩、刘伯承、王树声、周纯全、李卓然、罗炳辉、余天云等军以上干部,四五十人。会场选在一座喇嘛庙里。会上,张国焘的野心完全暴露了出来,他竟然宣布另立"中央",公开打出了分裂主义的旗帜。

卓木碉会议会址

会议由张国焘主持并首先发言,他全盘否定中央的政治路线和军事路线,他强调指出:中央没有粉碎敌人的第五次"围剿",实行战略退却,不单是军事路线出了问题,政治路线也出现了问题。一、四方面军的会合,终止了这种退却,但中央拒不承认其所犯的错误,反而无端指责四方面军。南下是终止退却的战略反攻,是进攻路线,而中央领导人被蒋介石的飞机、大炮吓破了胆,对革命前途丧失了信心,于是才奉行继续北上的右倾逃跑主义路线,直至发展到私自率一、三军团秘密出走,这是分裂红军的最大罪恶行为。

张国焘的话具有很大的欺骗性和煽动性,特别是对红四方面军高级干部来说更是如此,因为从表面上看,张国焘所说的话似乎是事实,党中央确实率一军团、三军团、军委纵队等约8000人北上了,而其他左、右路军加上地方武装部队约8万人南下了。所以,张国焘所说的话尽管是颠倒黑白,仍然蛊惑了相当一部分红军高级干部和广大红军战士。

恶意攻击完党中央领导人后,张国焘突然宣布"另立中央"!蓄谋已久的阴谋终于和盘托出了,张国焘终于撕下了最后一层假面具,露出了"庐山真面目"!

至此,我们可以将张国焘的面具一层一层揭开,勾画出其思想的演化轨迹。

两军会师前,张国焘十分关注党中央与红一方面军的前途与命运,曾指挥四方面军积极策应其行动;红一、四方面军会师以后,他对所看到的中央红军大失所望,开始怀疑中央的军事路线和政治路线有问题,于是逐步同党中央在战略方针问题上出现分歧,激化到在政治上、组织上同党中央的尖锐对立;从抗拒中央指令坚持南下,发展到另立"中央"。张国焘分裂党、分裂红军的活动,发展到了登峰造极的地步。徐向前回忆道:

> 另立"中央"的事,来得这么突然,人们都傻了眼。就连南下以来,一路上尽说中央如何如何的陈昌浩,似乎也无思想准备,没有立即发言表态支持张国焘。会场的气氛既紧张又沉闷,谁都不想开头一"炮"。张国焘于是先指定一方面军的一位干部发言。这位同志长征途中,一直对中央领导有意见,列举了一些具体事例,讲得很激动。四方面军的同志闻所未闻,不禁为之哗然。大家你一言,我一语,责备和埋怨中央的气氛,达到了高潮。

> 张国焘得意扬扬,要朱德同志表态。朱总的发言语重心长。他说:"大敌当前,要讲团结嘛! 天下红军是一家。中国工农红军在党中央统一领导下,是个整体。大家都知道,我们这个'朱毛',在一起好多年,全国和全世界都闻名。要我这个'朱'去反'毛',我可做不到呀! 不论发生多大的事,都是红军内部的问题,大家要冷静,要找出解决办法来,不能叫蒋介石看我们的热闹!"

> 张国焘又让刘伯承表态。刘讲了一通革命形势相当困难的话,弦外之音是要讲团结,不能搞分裂。张国焘为此怀恨在心,不久,便将刘的总参谋长职务免去,调他去红军大学工作。

> 张国焘见朱德、刘伯承都不支持他,脸色阴沉,但不便发作。接着,就宣布了"临时中央"的名单,以多数通过的名义,形成了"决议"。还宣布开除毛泽东、周恩来、张闻天、博古的党籍。"临时中央"主席,自然由他担任。这样,张国焘的反党行为,就发展到了高峰。

> 这次会议,明显带有突然袭击的性质。所谓"决议",并未经郑重讨论,不过是一哄而起罢了。我在会上没有发言,也没有举手表决,对眼前发生的一切,既不理解,又很痛心。拥护吧,没有多少道理,原来就有党中央,这边又成立一个,算什么名堂? 反对吧,自己有些事还没想清楚,说不出个所以然来。我当时就是那样的水平,头一回遇上如此严重的党内斗争,左右为难,只好持沉默态度。[44]

从中不难看出，"临时中央"的成立，完全是张国焘一手遮天的结果，就连其最信任的陈昌浩也没有事先通气，至于其他红军高级将领更是一无所知。张国焘另立"中央"的组织决议如下：

一、毛泽东、周恩来、博古、洛甫应撤销工作，开除中央委员及党籍，并下令通缉。杨尚昆、叶剑英应免职查办。

二、以任弼时、陈铁铮、陈绍禹、项英、陈云、曾洪易、朱阿根、关向应、李立三、夏曦、朱德、张国焘、周纯全、陈昌浩、徐向前、陈毅、李先念、何畏、傅钟、何长工、李维汉、曾传六、王树声、周光坦、黄苏、彭德怀、徐彦刚、吴志明、萧克、王震、李卓然、罗炳辉、吴焕先、高敬亭、曾山、刘英、郑义斋、林彪组织中央委员会。

三、以任弼时、陈绍禹、项英、陈云、朱德、张国焘、陈昌浩、周纯全、徐向前、李维汉、曾传六组织中央政治局，以何长工、傅钟为候补委员。

四、以朱德、张国焘、陈昌浩、周纯全、徐向前组织中央书记处。

五、以朱德、张国焘、陈昌浩、徐向前、林彪、彭德怀、刘伯承、周纯全、倪志亮、王树声、董振堂组织军事委员会，以朱德、张国焘、徐向前、陈昌浩、周纯全为常务委员。[45]

这一回，张国焘终于达到了目的，"中央委员"、"中央政治局委员"、"中央书记处书记"、"军事委员会常务委员"中，四方面军的干部占了大多数。朱德之所以被张国焘委任一个又一个"要职"，一方面是为了掩人耳目，以免别人说张国焘"独霸天下"；另一方面是为了混人耳目，因为朱德很早就是党和红军的高级领导人，朱德身居要职，更容易让人相信"临时中央"的权威性。

对此，朱德早已看透了张国焘的险恶用心，当即站起来严正声明："我按党员规矩，保留意见，以个人名义做革命工作。"[46]

最终，卓木碉会议在非常不和谐的气氛中结束。

张国焘发现徐向前在会上没有就这一"重大事情"表态，不知道徐向前心里到底在想什么。于是，会后，张国焘找到徐向前谈话。徐向前回忆道：

> 我明确表示，不赞成这种做法。我说：党内有分歧，谁是谁非，可以慢慢地谈，总会谈通的。把中央骂得一钱不值，开除这个，通缉那个，只能使亲者痛，仇者快，即便是中央有些做法欠妥，我们也不能这样搞。现在弄成两个中央，如被敌人知道有什么好处嘛！我的主导思想是希望团结，不要感情用事，免得越弄越僵，将来不堪收拾。张国焘呢？大言不惭地以列宁反对第二国际、成立第三国际的事例为自己辩解，根本听不进我的

劝告。[47]

对自己在卓木碉上演的这场"闹剧",张国焘本人并不健忘,几十年后,他在回忆录中提到:

我们旋即在卓克基(地点不准确,应在卓木碉——本书作者注)举行高级干部会议,讨论毛泽东等的分裂行动问题。在卓克基市镇上一栋房屋的大厅中,齐集着各军政首脑同志约三千人(显然没有那么多人——本书作者注),心情显得悲痛而愤慨。陈昌浩首先报告在毛儿盖的一切经过,说明总司令部移到刷经寺后,他和徐向前与毛泽东等中央政治局委员相处得很融洽,遇事互相商量,并无争执,毛泽东等北逃的那一天,行动却是突然的、秘密的、不顾信义的,也是破坏党和红军的团结的。

接着,第五军团和第十二军(应是三十二军,即原红九军团,张国焘之所以特别提到这两个军,因其属于原红一方面军,而非红四方面军。下同——本书作者注)出席这次会议的同志们,也纷纷指斥毛泽东等行为的不当。他们指出第五军团和第十二军同属一方面军,以往遇有重要军事行动,都曾事先获得通知;但这次毛泽东等私率一、三军团北上,却并未通知他们,发言的人对于这一点,一致表示愤慨。有的坦率指出作为中央的领导者,不应有这种破坏党纪军纪的行动。

在讨论中,到会者一致判定毛等此次分裂行动,是破坏了党的团结和红军一致行动的原则,其根源是失败主义和游击积习,以致堕落到这样的程度。其中最愤慨的言论,直指这是阴谋诡计、自私的、不名誉的、不道德的、中共红军历史上从来没有过的可耻行为;多数则表示不愿再承认这个失去信用的原有中央。

朱德在这次会议中,神情显得懊丧,对已经发生的事认为不应当有,表示惋惜。他这样着重表示:"事已至此,同志们不会承认原有的中央了,但希望留下将来转圜的余地。"[48]

很明显,张国焘对整个会议过程、分裂性质以及每个人态度的回忆,都与事实相左。

张国焘的威信开始下降

张国焘本来想通过另立中央来加强他对部队的控制,没承想事与愿违,不仅一方面军的五军团、九军团强烈反对,就是四方面军中也开始出现了反对的议论，张国焘的威信开始下降，这是张国焘根本没有料到的。由红一方面军调任红四方面军第九军参谋长的陈伯钧就曾直接找张国焘谈话，坚持原则，陈述己见，呼吁团结，反对分裂。这一下得罪了张国焘，被调任到红军大学当了教员。他被调到红军大学任教期间，一面培训干部，一面积极支持刘伯承同张国焘的斗争。

对此，张国焘非常恐慌，于是派人盯紧他们的动向，稍有不慎，即以各种名义处分，肆意进行打击迫害，有的甚至遭到逮捕或杀害。红军总部侦察科长胡底，因反对张国焘的分裂活动，并说了"张国焘是军阀""张国焘是法西斯"等话，被秘密毒死。

朱德、刘伯承看到这种情况后，心里非常着急，他们一面嘱咐一些对张国焘不满的同志要慎重，不要做无代价的牺牲，一面注意保护那些被抓住把柄的同志。胡底牺牲后，朱德找到红军总部通讯联络局局长伍云甫谈话，嘱咐他："注意不要闹，注意团结红四方面军的同志。不要性急，斗争是要斗争，不过是又要团结又要斗争，胡底同志就是因为过于性急，张国焘就把他陷害死了。"刘伯承也对陈伯钧说："斗争应该注意方法，不要以为张国焘不杀人！张国焘是要杀人的！"

红五军原参谋长曹里怀会师后调任到红军总部，任作战局局长。他从机要科得知红一方面军主力已经胜利到达陕北吴起镇的消息，心里非常激动。一天，曹里怀路遇几个熟识的人，大家因他在作战局，了解军事机密，便向他打听会不会北上。曹里怀回答说："你们不要着急，那边（指一方面军）不断有电报来，他们已攻占腊子口，过了岷山、六盘山，到达陕北吴起镇了，我们肯定会要北上的，会与毛泽东同志会合的。"有人把曹里怀的话告诉了张国焘，他大为恼火，立即派人把曹里怀关押起来，并召开紧急会议，说曹里怀泄露军事机密，是反革命，要严加惩处。这时，朱德总司令站起来说："曹里怀就讲了那么几句，你安他的反革命够不上。他这小鬼我知道，井冈山时期就跟我们在一起，你有什么理由乱杀人呢？"张国焘见朱德出来替曹里怀说话，才留了他一条性命，但还是撤掉他作战局局长的职务，开除党籍，送到红军大学当教员去了。

两个方面军会师后调到三十军任参谋长的彭绍辉，给朱德写了一封长信，讲他不赞成南下的错误方针。不料，这封信被截获到张国焘手里。张国焘一看信的内容，十分震怒，立即派人把彭绍辉找来谈话。彭绍辉一进门，有人就上前打了他一个嘴巴，厉声问："为什么反对南下？反张主席？"并拔出驳壳枪，把枪口顶在彭绍辉的胸口上。朱德见状，上前把枪夺下来，气愤地说："打人是不对的，这是党内斗争，应该允许同志讲话！"又质问张国焘："这样谈话怎么行呢？"于是，他让彭绍辉先回去"反省"，这才使得彭绍辉幸免于难。

朱德听说廖承志到四方面军后被张国焘扣押，便设法让康克清和其他人打听，当得知廖承志、朱光、罗世文等人就被关押在保卫局时，便向张国焘提出。张国焘最初矢口否认，后来又说有些事下面不报告，他常常不知道，待查了再说。朱德斩钉截铁地说："这是有根有据的事，廖承志等人确实扣押在你那个保卫局，有人亲眼见到的。这几个人的安全，你一定得负责。"张国焘被迫表示："一定认真去查，若有此事，一定保证这几个人的安全。"直到北上陕甘后，廖承志等人才被释放出来。

还有一次，张国焘派人抓住五军团20多个掉队人员，给他们强加的罪名是："一股有组织的反革命武装，抢老百姓的东西，准备武装叛乱。"五军团保卫局长欧阳毅说明这是些零星的掉队人员，不是一个单位的，不是有组织的反革命武装。后来，欧阳毅将真实情况向总部报告，张国焘的追随者说欧阳毅是"假革命"、"反革命"，掏出手枪对准了他，气氛十分紧张，张国焘却稳坐在一边，无动于衷，任由其追随者滥施淫威。朱总司令站起身来，威严地责问那个举枪的人，为什么那样做，对方无言以对，最终避免了一场悲剧的发生，被抓的20多人也回到了五军团。

受到朱德保护而免遭不测的干部战士还有许多，如总卫生部部长贺诚、红军大学教育科长郭天民等。

面对张国焘的高压政策，朱德、刘伯承等人积极利用与部队接触的机会，耐心地教育红一方面军广大指战员要顾全大局，讲究斗争方法，团结四方面军的官兵，不要上了少数人的当。朱德对他们说："搞分裂活动的只是张国焘等少数几个人，四方面军也是红军，他们也打蒋介石，打土豪分田地，主要是缺少政治工作，你们要留在这里，少说话，多做工作，特别是基层政治工作。"在朱总司令的谆谆教导下，这些原一方面军干部战士的情绪逐渐稳定下来，同志们思想上的许多疙瘩解开了，大家不仅懂得如何掌握正确的斗争方针和策略，而且提高了对毛主席的路线必将胜利的坚强信念。

逆境之中方显英雄本色

由于朱德、刘伯承处处与张国焘"作对"，张国焘开始加紧了对他们个人的

迫害,甚至吩咐手下人不给朱总司令饭吃,其处境十分艰难。康克清回忆道:

过大金川时,已是饥肠辘辘。到了驻地,就准备碗筷,等着通知打饭。可是左等右等,无人通知。小勤务员说,他看见许多人到伙房那边去了,他想去看看。我想每次开饭都有通知,没有叫他去。老总坐在靠窗的桌子边看书。这时,小勤务员气冲冲地回来说:"他们吃过饭,一个个都从伙房溜走了,好像怕我们知道似的。伙房里饭菜全吃完了,什么也没有剩下。大师傅说:'他们只管按规定做饭,谁吃,他们不管。'"

我忙问他:"总政委那边呢?"他生气地把脚一跺,"总政委根本没有来,我们上当了。"听了他的话,大家都沉不住气了,有人发牢骚:"革命革得连饭都没得吃了!"

"我现在就去找他们,凭什么他们自己吃饭,不给总司令吃饭!"贾宋仁说着就往外走。

老总连忙把他拉住:"大家暂且忍耐一下,我们一顿半顿吃不上饭,还不是常事吗?饿一顿怕什么?"

没有吃上饭,心里又憋气,看看老总,想到他也挨饿,大家都不说什么了。

到了晚上,他们搞得更加神秘,等勤务员去看时,伙房里不但锅干瓢净,连人也不见一个。老总只好叫潘开文拿出纸笔,给九军团长罗炳辉(他现在是三十二军军长)写了一封信,叫他骑马送去。很快,他带回罗炳辉给的一袋白面。没有锅灶,支起几块石头,用洗脸盆当锅,分几次煮面疙瘩,总算填饱了十几个人的肚子。

老总对我说:"今后我们要自己起伙。还是你去九军团想想办法,以后就请他们解决我们的粮食吧!"

我到九军团去找姜团长。他听说总司令跟前的人吃不上饭,马上说:"他们不给总司令饭吃,我们给。宁肯我们不吃,也不能让总司令挨饿。你们十几个人的粮食我们包了。从今天起,你只管到我们团来领粮食吧!"

从此,我隔几天就带着饲养员和骡子从他那里驮回粮食来。虽说我们缺油少盐,总算不再挨饿。[49]

姜团长此举,给自己引来了大祸,没过多久他就不明不白地离开了,不知去向。

张国焘为了对朱德实行封锁,不准机要员给他送电报。当朱德找到张国焘那里要电报看时,张国焘故作惊讶地说不知道这事,然后假惺惺地斥责机要员:"你们干什么吃的? 连这点规矩都不懂,凡是给我看的电报,总司令一样看。真是岂有此理!"机要员委屈地想要辩解,但话到嘴边又缩了回去,只答应了声"是"。

此外,张国焘还鼓动不明真相的伤病员去抢康克清的骡子,经康克清解释后,那位为革命负伤的红军战士才明白,康克清也没有舍得骑这匹骡子,而是一直让给别的伤员和生病的同志骑,于是连忙向康克清道歉。

后来,张国焘又指使手下撤走了总司令门前的卫兵。当朱德得知此事后,坦然一笑说:"没有卫兵不会影响我们干革命。我们刚参加革命那会儿,不是也没有卫兵吗? 还是毛泽东说的对,依靠群众,我们就什么也不怕。他们撤去卫兵,我的行动岂不更自由了吗?"随后,张国焘又将康克清从朱德身边调走,让她去四方面军妇女运动委员会工作,同时还派一个女同志"陪伴",实际是监视其行动,但这位同志没有那样做,反而与康克清的关系非常要好。

张国焘就是以如此卑鄙无耻的伎俩来对待红军总司令朱德的。但是,由于朱德和刘伯承在红军中享有极高的威望,一方面军留下来的指战员和四方面军徐向前等许多同志都关心他们,张国焘终究没敢对他们采取极端手段。同张国焘的恶劣态度相反,徐向前对朱德非常尊重。他经常向后勤部门交代,要照顾好朱总司令的生活。每次重要的战役、战斗,徐向前都要直接向朱德请示汇报。他还一直支持朱德反对张国焘另立"中央"的斗争。徐向前和朱德在非常困难的环境中,互相信赖,互相支持,建立了深厚的友谊。

张国焘虽然精心策划并完成了另立"中央"这一闹剧,在中国共产党历史上制造了一场重大分裂。但张国焘除了身败名裂外,并没有从中捞到任何好处。相反,他所成立的"中央"自成立之日起,就像一个大包袱一样,压在他的身上,使他的境地十分难堪,到了左右为难、骑虎难下的地步。

一方面,众所周知,张国焘另立的"中央"是他一手策划的,未经过民主选举产生,违反党章、党规。张国焘本人也是一位老党员,他自己心里非常清楚。张国焘之所以在中央面前加上"临时"二字,原因就在于此。但让张国焘想不到的是,临时"中央"的成立并没有顺应民意,虽然在当时乱哄哄的情况下,以多数票获得通过,但这是在张国焘操纵下产生的结果。红军高级将领中,特别是以朱德、刘伯承、徐向前为首的主要领导人对张国焘的这种做法明确表示反对,这又增加了其内心的压力。另一方面,张国焘成立的临时"中央",未经过共产国际批准,这也使得他不敢为所欲为。当时,中国共产党领导人的更换必须经由共产国际同意方能生效。中共与苏联党和共产国际的关系,作为中共元老之一的张国焘是再清楚不过的。如果没有共产国际批准,他的中央又算什么"中央"?怎样来行使中央的职权呢? 而王明、博古又是斯大林和共产国际所看重与指定的中共领导人。张国焘明白,他的所作所为不仅否定了党中央的领导,也否定了共产国际。一旦共产国际知道这一重大事件,等待张国焘的可能是轻则被否定,重则自己身败名裂。对此,张国焘不免顾虑重重,犹豫不决,不敢公开向国内外宣布,没把事情做得太绝。

徐向前在其回忆录中对张国焘的心理分析可谓到了入木三分的地步:

> 张国焘是个老机会主义者,没有一定的原则,没有一定的方向。办起事来,忽"左"忽右。前脚迈出一步,后脚说不定就打哆嗦。朱总司令看透了他,一直在警告他,开导他,制约他。因而张国焘心里老是打鼓,不敢走得更远。[50]

南下初战取胜

张国焘在搞出临时"中央"这场闹剧的同时,继续命令红军各部南下。

红军大部队行动引起了敌人的高度注意,四川军阀急忙纠集了 50 多个团的兵力,沿大、小金川地区层层设防。刘文辉二十四军的 2 个旅,置于大金川沿岸的绥靖、崇化、丹巴一线;杨森二十军的 4 个旅又 1 个团,布于小金川沿岸的懋功、抚边、达维一线;邓锡侯二十八军的 1 个团,把守着抚边以东的日隆关等地。

敌情的变化,淡化了张国焘争权夺利的野心,削弱了其进一步打压、迫害那些反对南下、支持北上的红军官兵力度。因为张国焘明白,大敌当前,南下之路能否成功,不仅决定着南下红军的命运,更决定他自己未来的命运,是他一手遮天,才导致几万红军将士大举南下的。如果南下不能取得胜利,他将会失去军心、民心,最终将会被钉在历史的耻辱柱上。

朱德虽然不同意张国焘的分裂主义行为,但认为部队既然已经南下,就应打开战局,找块立脚生存的地方。那么多红军,没有地盘,没有饭吃,无异于不战而自毙。同时,他又坚信,只要大家是革命的,最后总会走到一起的。因而,在军事行动方面,积极行使总司令的职权,及时了解敌情,与徐向前等人一起研究作战部署,定下决心。

朱德早在大革命时期就同川军打过交道,熟知川军的作战特点,他对指挥员们说:"川军向来欺软怕硬,惯打滑头仗,我们不打则已,要打就抓住打,狠狠地打!"他要求指挥员们讲究战术,发挥运动战的特长,以快以巧制敌,以小的代价去换取大的胜利。朱德总司令身处逆境中不当"空头司令",尽量发挥自己的作用,体现了一位共产党员对红军的热爱与关心。

为打开南下天全、芦山的通道,方面军总指挥部制订了夺取绥靖、崇化、丹巴、懋功的战役计划,报请红军总部批准实施。

1935年10月7日,张国焘在卓木碉以"中革军委主席"的名义发布了"绥丹崇懋战役计划"。该计划首先分析判断了敌情,然后根据敌情确定了该战役总纲领:

红军以主力采取秘密迅雷的手段,分别由观音河铁索桥及党坝,沿大金川两岸夹河并进,配合夺取绥靖、崇化,跟即分取丹巴、懋功,以作南下出天全、芦山、邛崃、大邑的策源地。另以一部牵制并遏止鹧鸪山、马塘、梭磨、梦笔山一带之敌,以使主力得以各个击破消灭敌人,略取目的地。[51]

为实现战役纲领,总部决定分左、右纵队及左侧支队分头展开行动:以五军、九军二十五师、三十一军九十三师共8个团组成右纵队,以王树声为司令员、詹才芳为政委,沿大金川右岸前进,抢占绥靖、丹巴。以四军、三十军、三十二军、九军二十七师共16个团组成左纵队,由总指挥徐向前和总政委陈昌浩率领,从大金川左岸进攻,直到崇化、懋功。该纵队另一部则取道得胜梯、万里城山,出抚边大路,截断消灭懋功、两河口中间之敌,以助攻懋功,并查明由抚边经别思满沟出将军碑、达维的道路。以三十三军及二十七师七十九团,共3个团组成左侧支队,以罗南辉为司令员、张广才为政委。这一支队以一个团守梦笔山,两个营分守鹧鸪山及马塘要点,并出小部向尽头寨方向游击,主力则控制于卓克基、马尔康地带策应。

10月8日,左、右两路纵队及左侧支队开始行动。

绥靖、崇化、丹巴、懋功地区,位于四川省的西北部,境内地形复杂,沿途多深山绝壁和峡谷急流,易守难攻,不便于大部队展开。战役开始后,右纵队九军二十五师首先向绥靖以北的观音河铁索桥强攻,以便渡河南下,与左纵队的进攻夹岸相应。但因守敌刘文辉部事先将铁索桥砍断,并筑有防御工事,凭坚固守,该部遂改以乘船在其下游6里处强渡,又因敌火力太猛,河流湍急,渡船触石翻沉,强渡未能成功,右纵队前进受阻,影响了整个战役进程。

方面军总指挥部得知这一情况后，立即临时调整部署，命令左纵队的四军从党坝地区出动，强渡大金川，沿西岸袭取绥靖、丹巴；第三十军由大金川东岸进攻崇化，再取懋功；第九军第二十七师向两河口、达维进击。这样，整个战役的进攻任务，几乎全由左纵队承担了。

按新的战役部署，11日，红四军成功渡过大金川河，即沿西岸疾进，12日，攻克绥靖，击溃守敌刘文辉的两个团，后继续向南发展，16日，攻克西康省境内的丹巴县城。

与此同时，左纵队第三十军开始沿大金川东岸向南攻击前进，于11日渡过党坝河，15日占领崇化，随后以一部继续向懋功方向发展。第九军二十七师亦同时向南突击，于15日夜对绥靖以东之两河口守敌杨森部第七旅发起攻击，经过3小时激战，将其全部击溃，并连夜跟踪追击，于16日攻克抚边，歼敌两个营大部；接着，又于19日，夜袭达维守敌，击溃杨森部第四旅。第三十军攻占崇化后，即兵分两路，挥师东进，其中一路于20日攻克懋功，守敌杨森部两个旅向夹金山以南逃窜。进占达维的第二十七师当即主动截击这股逃窜之敌，俘获一部。该师继而迅速向东南发展，先后攻克日隆关、巴朗关、火烧坪、邓生等地。此后，第二十七师与邓锡侯部守敌相峙于牛头山一带。

至此，历时15天的"绥丹崇懋战役"宣告结束，此役共击溃杨森、刘文辉所部6个旅，毙、俘敌3000余人。红军占领了丹巴、懋功两县城，以及抚边、绥靖、崇化三屯和达维、日隆关、卓斯甲等要镇，达到了战前预定的主要战役目的，取得了南下初战的胜利。

徐向前回忆道：

> 这一仗是山地隘路战，很难打。我军机智英勇，灵活迅速，充分发挥夜摸、奇袭和小部队大胆迂回穿插等战术特长，渡激流，穿峡谷，破敌垒，夺要隘，表现了红军无坚不摧的优良战斗素质。九军二十七师连续作战，疾进500余里，打得最出色。夜袭达维之战，行动秘密、神速，当部队摸进街里时，敌人还在睡大觉。故第四旅旅长高德州惊醒后，顾不上穿衣服，仓皇逃走。战后，朱德总司令高度评价红四方面军的战斗力，认为是一支过得硬的红军队伍，继承了叶挺独立团的铁军传统。这次战役的主要缺点是右纵队渡河受阻后，未能及时转移兵力，配合左纵行动，致使近半数兵力陷于无用武之地的状态；追击不力，对溃逃进山林的残敌搜索不够，影响了扩大战果。[52]

再战告捷

南下红军初战得胜,震动了蒋介石。在此之前,蒋介石借着追剿中央红军的机会,派大批嫡系部队入川,进而控制了四川的各派军阀势力。10月初,他已经将在西南地区"围剿"红军的军事重心移到了重庆,正式成立了"重庆行营",派大批军政官员入川,接管了四川的军政大权,并对川军进行了整编,四川军阀完全由蒋介石一手控制起来。整编后的川军,虽紧缩了约三分之一的员额,但调整了体制编制,补充了武器弹药,战斗力比以往有所增强。

"绥崇丹懋战役"结束后,蒋介石和刘湘为了防止红军继续南下,保住成都,命令川军集中主要力量对付南下的红军,在自南而东加强兵力,筑碉堡封锁线的同时,再次调整部署:以刘文辉的二十四军防守金汤、泸定、雅安至汉源一线;以杨森的二十军防守宝兴至大硗碛一线;以邓锡侯的四十五军防守宝兴以东大川场至水磨沟一线;以刘湘的"宠臣"杨国桢任师长的教导师和独立一、二旅守芦山,以其模范师郭勋祺部守天全,并以新任命的二十三军军长潘文华进驻名山,统一指挥驻天全、芦山前线的部队;另从绵竹等地抽调18个团向西增援。企图力阻南下红军于天全、芦山、宝兴西北山区,确保川西平原,进而消灭红军。为达到上述目的,刘湘严厉规定,凡在战场上不卖命的,上一级有权枪毙下一级,连长可以枪毙排长,团长可以枪毙营长,而他刘湘则可以枪毙师长、军长。

蒋介石在集中川军对付南下红军的同时,命令胡宗南部北向甘南,对付中央红军;吴奇伟部南下,对付红二、六军团;李抱冰部则扼守西康一带。根据敌情态势,红四方面军总部经过研究,认为红军趁势南攻,打击川敌,夺取天全、芦山、名山、雅安、邛崃、大邑地区,有较大把握,遂制订了"天芦名雅邛大战役计划"。

10月22日,张国焘第二次以"中革军委主席"的名义发布了这一战役计划。该战役的纲领是:红军击溃刘文辉、杨森共14个团,占领绥靖、崇化、丹巴、懋功后,以主力乘胜速向天全、芦山、名山出动,彻底消灭杨森和刘文辉部,并迎击主要的敌人刘湘、邓锡侯部,取得天全、芦山、名山、雅安、邛崃、大邑广大的根据地为目的。对康定、汉源、荥经、灌县方向,采取佯攻姿势,配合主力行动。

为完成上述任务,红军分为左、中、右三路纵队和左、右两支队,具体作战部署是:一、以第四军、第三十二军为右纵队,以四方面军参谋长倪志亮为纵队司令员兼政委,由丹巴经金汤攻取天全,并以一部兵力向汉源、荥经活动。二、以第三十军、第三十一军九十三师及九十一师之2个团、第九军二十五师为中纵队，以王树声为纵队司令员，李先念为纵队政委。该纵队应首先抢占宝兴、芦山，得手后向名山、雅安及其东北方向发展，积极策应第四军占领天全。三、以第九军二十七师为左纵队，由该军政委陈海松为纵队司令员兼政委。其任务是除以一小部防守抚边、懋功、达维外，以主力攻占巴朗山，并向三江口、水磨沟伸进，以威胁灌县、大邑之敌。四、以第五军为右支队，由该军军长、政委任支队司令员及政委，其任务是巩固丹巴，尽可能占大婆山及其以南通康定路上一带地区，并威胁康定之敌。五、以第三十三军为左支队，仍以该军军长、政委任支队司令员及政委，其任务是除巩固马塘、两河口的原线外，应尽力向杂谷脑、理番威胁，并相机占领威州、耿达桥以西一线，并开辟地方工作。

朱德总司令完全同意整个战役部署，并就具体战术问题做了重要指示。他提出隘路战攻击时应注意几点：先头团要选战斗力强的，火力要强；要用迂回包围；侧击截断敌人退路，才能消灭敌人，并可使守敌动摇；突破敌人隘口时要猛烈追击，使敌人不能节节抵抗；遇某一要点或工事不能打开时，可以派队包围或监视之，大部队可绕路袭取敌后。朱德还把即将发起的这场战役与刚刚结束的战役进行了比较，从中总结出了各自特点，并就防空问题提出了很有价值的见解。

在战役发动之前，朱总司令还以他个人名义发出了《告川军将士书》，该文指出，蒋介石卖国残民，举国共弃，望川中各军不要受蒋介石的愚弄，与红军携手共谋国是。

10月24日，"天芦名雅邛大战役"拉开了序幕。当天，中纵队在方面军总指挥部的率领下翻越了终年积雪的夹金山，以迅猛之势向宝兴、天全、芦山之敌发起进攻。守卫宝兴的杨森部是红军的手下败将，一触即逃，红军随即展开追击，毫不松懈，一路穷追猛打，击溃杨森第二十军的第一、第五、第六共3个旅，于11月1日攻占宝兴。继而乘胜前进，连续打垮刘湘教导师的1个旅和1个团的阻击，直逼芦山城下。沿途总俘虏敌人1000余人，缴步枪2000余支、轻重机枪50余挺。

与此同时，红军左、右两纵队也从两翼日夜兼程，挥师南下。左纵队翻越夹金山后，于11月7日，攻占大川场，歼敌邓锡侯第七旅一部，前锋抵进邛崃县境。

右纵队沿大渡河、金汤河南下，于10月28日攻占了国民党金汤设治局所在地金汤镇，随后向天全发起攻击。

攻占天全是整个战役中比较艰难的一仗。天全是由西康入川西的一道关口，西侧有大岗山和落西山屏障，两山之间有天全河西向流过，形成走廊地带。刘湘以他的王牌——"模范师"驻守该地，其兵力部署是：第一旅部署在灵关河以西，第二旅部署在大岗山和落西山北侧，第三旅为预备队，部署在老场、三江口地区，师部率直属队驻天全城内。另有刘文辉的一个旅部署在天全以西40里的紫石关，自然形成了"模范师"的前哨阵地。守敌曾夸下海口："纵有红军数万，也难飞越天全。"

根据敌人的部署和地形情况，右纵队司令倪志亮与四军军长许世友商定，四军由金汤翻越夹金山，直取紫石关和天全。

金汤距天全约200里，4000多米高的夹金山横亘其间，山上坡陡路险，荆棘丛生，许多地段无路可走。四军以采药农民当向导，用大刀斩荆棘开路，一昼夜翻过了这座终年积雪的大山，随后迅速抵近紫石关。红军的突然出现，使驻守紫石关的敌人大出意外，不知所措，慌乱不堪。在红军的攻击下，敌人有的举枪投降，有的向天全狼狈逃窜。

突破紫石关后，许世友命先头部队第十二师，追击溃退的敌人，相机向天全发起攻击。守卫天全的敌人凭借工事和有利地形，以猛烈的火力向进攻的红军扫射，十二师的几次冲锋都未成功。许世友后来回忆道：

当我赶到天全以西地区时，十二师部队正在与敌激战。我登上一个高地，迅速察看了前面的地形。这是一个河川，地势低洼。宽约四十米的小河子南北向流过，与东西流向的天全河汇合于大岗山西南山脚，唯一的大桥位于麻柳林。敌在河东岸及大岗山构筑了大量工事，以猛烈的机枪火力控制着河西和大桥。我军的数次冲锋都被压了回来。

地形对我不利，不宜正面强攻，我命令十二师暂停进攻，决定采取红军的拿手好戏，派精干的小部队从侧翼夜摸偷袭。

深夜，星月微明，淡淡的浮云在天空徐徐飘动，月光下，一溜长黑影由西向东移动着。我站在高地上，目送突击队的离去。

突击队越走越远，渐渐消失在河对岸的丛林中。我的视线随之转向对面的大岗山。

半个小时过去了，没有动静。一个小时过去了，还是没有任何动静。是路走错了，还是山崖太陡，爬不上去？我正疑虑着，忽见大岗山西南山麓亮起了两个火点,那火点越来越大。

"是突击队发回来的信号,偷袭成功了!"不知是谁高兴地叫了起来。我立即命令发出总攻的信号。

随着明亮的军号声,第十一师和十二师部队徒涉小河子,向东岸发起了猛烈冲击。突击队消灭了驻守半山腰的敌两个连,随即配合主力部队,从后面夹击河东岸守敌。敌人首尾不能相顾,一个团很快便被红军歼灭了大部。红旗插上了大岗山南麓,迎来了彩霞满天的黎明。

与此同时,王近山师长率领的第十师由当地群众带路,于拂晓前徒涉天全河,夺取了城南浮桥,随即向天全城守敌的手枪营发起进攻,歼敌一部后突入城内,经过一番激战,占领了"模范师"师部。[53]

敌师长郭勋祺率残部逃至天全以东 10 里的梅子坡,使用预备队向大岗山反攻,企图先夺回大岗山,再以全力收复天全城。红军还未立住脚跟,敌人的 1 个团就从大岗山北麓沿山脊反扑过来,双方随即在山顶上展开了一场激烈的白刃格斗。

红军战士以大无畏的精神,英勇顽强地与敌人搏斗着,装备精良的刘湘的"模范师",被杀得死伤累累,溃不成军。敌师长郭勋祺见取胜无望,便带着残兵败将向洪雅方向逃窜。

天全之战,红四军共歼敌 2000 余人,取得了南下以来又一个重大胜利。

占领天全之后,右纵队又向东北方向迂回,协同中纵队包围了芦山。刘湘为解芦山之围,急令其独立旅由名山地区增援。红军第三十军、九军各一部,当即分两路对援敌实行钳击,将援敌全部歼灭,进而攻克名山西北的五家口镇,全歼守敌 1 个团。11 月 12 日,芦山守敌在红军猛烈攻击下弃城溃逃,该城遂为红军占领。

"天芦名雅邛大战役"自 10 月 24 日起至 11 月 12 日止,仅 18 天时间,红军连下宝兴、天全、芦山等县城,毙、伤、俘敌 1 万余人,击落敌机 1 架,占领了邛崃山以西、大渡河以东、青衣江以北和懋功以南的川康边广大地区。

还在战役进行的过程中,张国焘与红四方面军总部在是以红军主力西取康定、泸定,还是东进川西平原问题上,发生了意见上的分歧。张国焘主张,重点夺取康定、泸定,将来以道孚为战略后方,在西康地区发展。

10 月 31 日 24 时,张国焘向总指挥部发出电报,提出改变原定的作战计划。电报中称:西康为我唯一后路,不可以西康落后说自误……在敌能守住邛、大、名、天、芦一带碉堡线时,即宜不失时机取康定为好。请你们细察情况处理,并告我。[54]

11月6日,张国焘再次致电徐向前、陈昌浩,强调康、泸一带敌力量薄弱,应迅速查明沿金川两岸的道路,并转移兵力,设法攻取康、泸。

红四方面军总部接到张国焘电报后,朱德、徐向前、陈昌浩通过研究后认为,还是按原定作战计划为好,重点加强左翼的攻击,以夺取天全、芦山、名山、雅安地带为上策。主要有三点理由:一是这一带粮多人多房多,各地已开始成立游击队与扩大红军,物质基础很好,如能深入工作,补充人力、物力比较易;二是我军与川敌曾多次作战,比较容易得手,如能乘胜东下川西平原,可获得更大的补充,度过冬天不成问题;三是距离转战于川黔边的红二、六军团较近,能对他们起到有力的策应作用。如果重点向西康发展,则人、粮不易补充,天气寒冷,过冬困难,且不利策应红二、六军团的转战。徐向前认为:现在不是"山大王"时代了,我能往,寇亦能往,蒋介石决不会让我们僻于一隅,优哉游哉的。陈昌浩也认为,蹲在川康边,容易被敌人封锁住,红军的处境将会更加困难。因而去电不同意张国焘的建议。张国焘未再坚持意见,总指挥部便按原定计划,挥军向名山、邛崃地区进攻。

四方面军南下战若雷霆,声威大震,使张国焘万分欣喜,他认为这样一来,就足以证明其南下战略的正确性。11月12日,他以胜者为王的姿态致电一、三军团军领导人并转毛泽东、周恩来、张闻天、王稼祥、博古等人,电文内容如下:

(甲)我军于占领天全后,又于本月12日攻占芦山,是役击(溃)刘湘之教导师、模范师、新编二师之第□旅、刘文辉之第五旅,并将刘湘独二旅全部缴械。敌仓皇溃退,我军正跟踪追击乘胜夺取名、雅,俘获在5000以上。

(乙)这一胜利打开了川西门户,奠定了建立川康苏区胜利的基础,证明了向南不利(的)胡说,达到了配合长江一带的苏区红军发展的战略任务,这是进攻路线的胜利。甚望你们在现地区坚决灭敌,立即巩固扩大苏区和红军。并将详情电告。[55]

同日,中央复电张国焘:

(甲)我一、三军团已同二十五、二十六、二十七军在陕北会合,现缩编进行粉碎敌人围攻的战斗。

(乙)中央及中央政府、红军陕北间工作,槎正与白区党及国际取联系。

(丙)对时局中央已发表宣言,检查政府及中革军委工作,将来再发宣言号召抗日反蒋战争重申诸协定。

（丁）你们以总司令及四方面军名义,在中央历次对蒙古的范围内发表主张外,不得用此名义作任何表示。

（戊）关于方针你们目前应坚决向天全、芦山、邛崃、大邑、雅安发展,消灭刘(湘)、邓(锡侯)、杨(森)部队,求得四方面军的壮大,钳制川敌主力残部,以利川、陕、甘、晋、绥、宁西北五省局面的大发展。

（己）你们战况及工作情形,应随时电告党中央。[56]

百丈失利

红军南下战役取得的重大胜利,令蒋介石和刘湘十分恐慌。蒋介石一看川军根本顶住红军的攻势,急令他的嫡系部队薛岳两个军迅速参加对红四方面军的围攻。刘湘也迅速纠集川军所有力量,以阻止红军凌厉的攻势,屏障成都平原。在刘湘的紧急命令下,川军主力王缵绪、唐式遵、范绍增等部及李家钰部,星夜赶赴名山及其东北的夹门关、太和场、石碑岗地区,遏阻红军。连同原来的守敌在内,围攻红军的总兵力已达80余团共20多万人;刘湘还组织了地主、土匪、"袍哥"武装参战,企图在邛崃、名山地区与红军主力决战。刘湘与四川的各路军阀,感到危急存亡,迫在眉睫,拿出了与红军拼命的架势。此时,敌强我弱的形势已经非常明显。

但红四方面军领导人对川军死保川西平原的决心和作战能力估计不足,认为川军是红军的老对手,对付川军,红军还是有点把握的。于是决定从名山和邛崃间的通道上,实施夜袭突破,完全切断两城敌军的联系,进而围攻名山,吸引邛崃方向的敌人前来增援而歼灭之,并相机发动攻势,打到岷江西岸,控制青衣江以北、岷江以西、邛崃以南的三角地带。

11月13日,红四方面军的中纵队全部及右纵队四军共计15个团的兵力,由五家口向朱家场、太和场之敌发起攻击,击溃敌暂编第二师2个团,于14日占领朱家场、太和场。16日,又攻占名山东北的重镇百丈。敌人立即出动6个旅的兵力进行反扑,激战半日,红军打退反扑之敌。九军二十七师乘胜沿百丈向通往邛崃的大路进击,势如破竹,当天下午占领了黑竹关、治安场、王店子等地。

由于敌人沿邛、名公路纵深配备,碉堡林立,兵力集中,红军继续突进不利,只得暂停前进。总指挥部命令主力向百丈周围靠近。以九十三师围攻名山,三十二军向名山至洪雅的大路突击,吸引邛崃方向的援敌出动。

11 月 19 日拂晓,敌人组织了十几个旅的兵力,在飞机、大炮的掩护下,从东、南、北三个方向向突出于百丈地区 10 里长的弧形红军阵地发起了猛烈进攻。百丈决战的战幕由此拉开了。

百丈关(今百丈),位于名山至邛崃之间的公路上,是雅安通往成都的必经之道。这一带无险可守。刘湘为了保住成都,向川军下了死命令,要川军拼死夺回百丈,援救名山守敌,临阵退缩者,一律就地枪决。所以,这次战斗,川军不再像以往那样一打即溃。战斗一打响,敌人就集中强大炮火,向红军阵地猛烈轰击,成批的敌机在百丈上空盘旋,疯狂地向红军阵地投弹轰炸。进攻之敌,在大炮的掩护下,整团整营地向红军阵地轮番猛攻。广大红军指战员忍受着疲劳和寒冷,与优势之敌展开了浴血苦战,打退了敌人一次次的进攻。徐向前在其回忆录中记述了这场战斗的激烈场面:

> 部队在开阔地带运动和作战,不易隐蔽,对付敌机又缺炮火,伤亡增大,叫人很伤脑筋。我军坚守在月儿山、胡大林、鹤林场及黑竹关至百丈公路沿线的山岗丛林地带,与敌反复拉锯,血战三昼夜。敌用两旅兵力企图通过水田进占百丈,在我几十挺机枪扫射下,整营整连的敌军,被击毙在稻田里,横七竖八,躺倒一大片。但因该地交通方便,敌人调兵迅速,后继力量不断增加,攻势并未减弱。21 日,我黑竹关一带的前锋部队被迫后撤,敌跟踪前进。22 日,百丈被敌突入,我军与敌展开激烈巷战。我到百丈的街上看了下,有些房屋已经着火,部队冒着浓烟烈火,与敌拼搏,打得十分英勇。百丈附近的水田、山丘、深沟,都成了敌我相搏的战场,杀声震野,尸骨错列,血流满地。指战员子弹打光,就同敌人反复白刃格斗;身负重伤,仍坚持战斗,拉响手榴弹,与冲上来的敌人同归于尽。百丈战斗,是一场空前剧烈的恶战,打了七天七夜,我军共毙伤敌一万五千余人,自身伤亡亦近万人。敌我双方,都打到了筋疲力尽的地步。[57]

在这种情况下,长期固守阵地与敌拼消耗,对兵力处于劣势而又缺乏补给的红军来说,显然十分不利。因此,红四方面军总部决定放弃原定计划,从进攻转入防御。11 月下旬,撤出百丈一带阵地,转进到北起九顶山,南经天品山、五家口,到名山西北附近之莲花山一线,扼险据守。至此,"天芦名雅邛大战役"被迫结束。

在四方面军主力与敌人在百丈决战期间,为了保障红军主力右翼的安全,四军和三十二军分别从天全、飞仙关渡过青衣江南下，于11月25日攻克荥经，随后占领汉源，歼守敌一部，余敌溃逃。12月初，敌薛岳部由东面之洪雅地区向荥经进攻。红军在给予敌人大量杀伤后，自己也付出了惨重代价。红四军三十五团伤亡达三分之二，团长、政委均壮烈牺牲。12月中旬，该部红军被迫撤出荥经、汉源地区，移至青衣江以北地区。在西面大炮山的红三十三军，继续巩固阵地，与李抱冰部对峙。

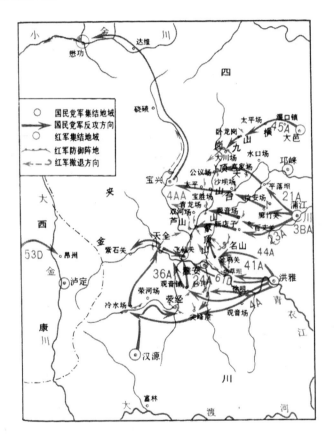

红四方面军南下百丈失利西撤略图

百丈决战的失利，原因与教训是多方面的，徐向前后来总结道：

第一，对川军死保川西平原的决心和作战能力，估计不足，口张得太大。川军是我们的老对手，被红军打怕了的，历次作战中往往一触即溃，闻风而逃。但这次却不同。经过整编，蒋介石向各部队都派了政工人员，多数军官又经峨眉军官训练团的训练，敌军的战斗力有较大加强。为确保成都平原,刘湘亲自坐镇,不惜代价,挥军与我死打硬拼。加上敌人兵力众多,运输方便,地形熟悉,堡垒密布,炮火强大诸条件,便成了难啃的硬骨头。战役过程中,薛岳部又压了上来。对这些情况,我们战前缺乏足够估计,想一口吞掉敌人,打到川西平原去。这是导致决战失利的主要原因。

第二,与此相联系,我军高度集中兵力不够。刘湘在这带集结的兵力,达80个团以上,纵深配备,左右呼应,凭碉坚守。我们只集中了15个团的兵力进击,一旦遇到敌人的拼死顽抗和反扑,深感兵力不足,捉襟见肘。部队两过草地,体力消耗很大,乍到新区,人地生疏,群众还没发动起来,无法积极配合红军作战。这样,就难以取得战役战斗中的优势地位。

第三,战场的选择失当。百丈一带,地势开阔,部队的集结、隐蔽、攻防受很大限制,极易遭受敌机袭击与炮火杀伤。当敌发起反攻时,我军处在十余里的长弧形阵地上,三面受敌,相当被动。另外,部队习惯于山地战、隘路战,而对平地、水田、村落战斗,则缺乏经验。有些干部到了平川地带,连东西南北都辨别不清;敌机来了,无法对付;部队撒出去作战,抓不住,收不拢,影响了指挥信心。仗打得比较乱,有的部队"放了羊";有的部队你打你的,我打我的,协同配合不好;有的部队不讲战术,增大了伤亡。如此种种,都与我们在战役指导思想上的急躁和轻敌有关。广大指战员的浴血奋战精神,是可歌可泣的。[58]

百丈决战,是南下红军从战略进攻被迫转为战略防御的转折点,此役失利标志着张国焘南下方针的破产。对一心南下的张国焘来说,无疑是当头一棒,他记忆非常深刻,并在回忆录中写道:

这一带的战斗中,蒋介石的飞机发挥了较大的威力。我军向天全挺进的那天拂晓,川军防线完全被击破,我军正乘胜沿着山岭要道向县城追击,可是到了九点钟,敌机分批飞临我们上空,做地毡式的轰炸,阻遏了我们的攻势。事后检讨,我军这次三百几十名伤亡中,竟有近三百名是敌机轰炸下的牺牲者,同时,在这次战役中,敌人所建立的碉堡阵地,威力较前也大有进步。这些迹象显示,敌人是利用江西的剿共经验来对付我们。

我们觉得飞机与碉堡确非我们的力量所能摧毁。过去一方面军在江西对敌作战时,曾采取"斩乌龟头"的战术,即乘敌人飞机没有出动的时候,用迅速的手段,消灭敌人伸出碉堡以外的兵力。但这种战术终于不能发生大效,结果江西苏区为碉堡所困,最后,不得不突围西行。毛泽东也曾斥之为"错误的防御战术"。

我们不愿重蹈江西苏区的覆辙,决定在天全芦山的军事行动是暂时性的,不在这里建立川西苏区,我们在这一带的主要任务是解决补给问题。因此,我们一面集中最大限度的人力和畜力,将打土豪得来的稻谷运往宝兴以北的山地去,一面在各个集镇上,搜购布匹棉花赶制冬衣,准备不得已时退回懋功。

战局渐渐不利于红军,不久在江西对共作战甚久的薛岳、周浑元两个纵队,集结到了红军的正面,以步步为营、稳扎稳打的手段,向前进逼。红军与之交锋,占不着便宜。我们素来避免打没有胜利把握的仗,也不愿持久消耗乃退回宝兴以北的山区。敌军也不再深入,他们不敢蹈险和我们在山地争胜负;同时,他们也以为把我们围在山地,终有一天会因粮食不继而自趋崩溃。

我们的南下计划,显然没有什么收获,不到一个月便结束了。这似乎证实了毛泽东所谓"敌人飞机大炮厉害"的话。我们当时曾详加检讨,认为敌方在军事上占压倒优势,这是从来没有人否认过的,不过我们现在所处的区域,相当辽阔,决非敌人所能封锁。兼之区内地形险要,交通阻塞,敌人绝不敢深入进袭。因此我们大可安心在这地区休息过冬,决不会成为瓮中之鳖。[59]

百丈战斗后,四川军阀主力集中于东面名山、邛崃地区,薛岳6个师向南面的雅安、天全地区集结,敌第五十三师李抱冰部则位于西南之康定、泸定地区。各部敌人采取堡垒战术,稳扎稳打,在集结地大肆修筑碉堡,加紧封锁。这样一来,红军继续南下或东出已不可能,处境被动,日渐不利。红军只得以巩固天全、芦山、宝兴、丹巴地区为中心任务,在这一带与敌对峙,发动群众,准备过冬。红军总部和方面军总部,住芦山城北的任家坝。随后,红军内部进行了整编、补充和整理等工作,将红五军和红三十三军合编为红五军,由董振堂任军长,黄超任政治委员,罗南辉任副军长,杨克明任政治部主任,李屏仁任参谋长。

保卫金川根据地

在红军主力南下转战川康边的同时,红军各部和随军行动的原川陕地方党政机关派出大批政治工作者和地方工作干部,积极发动群众,开展党、政、军组织的工作。经过艰苦努力,在懋功、丹巴、宝兴、天全、芦山地区,建立了一些地方党的组织和工农政权。先后成立了以邵式平为书记的中共金川省委、以傅钟为书记的中共四川省委，同时成立了四川省苏维埃政府，发动群众开展了支援战争的工作。1935年11月中旬，他们还帮助藏族人民成立了格勒得沙革命政府。同时，还先后建立了大金独立第一师、第二师及宝兴、芦山两个独立团等地方武装，配合红军主力作战。

尽管红军在发动群众，建立党、政、军地方组织的工作上取得了一定的成效，支援了红军的作战，但是，由于这些地区多为藏族居住区和汉藏杂居区，情况非常复杂，加之历代反动政府长期推行大汉族主义统治，民族之间的隔阂甚深；红军数万大军集中该地区，势必造成与民争粮的矛盾；而藏族上层反动分子，不仅组织反动武装反对红军，而且利用一切机会煽动和威胁群众，不与红军合作。敌人还乘我主力红军南下、后方空虚之际，纠集了一部分兵力，组织反动武装，不断袭击后方红军，企图将我消灭。所以，留驻后方人员经常遭到敌人的袭击。时任红军后勤军事部长的余洪远后来回忆道：

> 天气越来越冷，飞飞扬扬的雪花早已裹住了金川周围的山头。吃过早饭，省委、政府和医院的工作人员又扛着背篓纷纷出门挖野菜，剥树皮，掘草根了。突然，一个血肉模糊的人跌跌撞撞走进了省委和政府的办公室。省委书记邵式平和我都吓了一跳。这不是茅草坪工作队的给养员吗，怎么变成这个样子？"匪徒太残忍了！"给养员愤怒地控诉道，"昨天晚上一千多国民党军和藏族上层反动武装突然包围了工作队，我们三十来个人大多是女同志，寡不敌众，被他们冲了进来。在搏斗中，我的脖子被砍开一条大口子，肩部、腰部也被砍了几刀，躺在了血泊中。醒来时，看见我们所有的人被他们剐死了，鼻子、耳朵被割掉。女同志被削掉了乳房，下身被打进木棒。我因躺在尸体最底层才幸免于死。当时，敌人正在抢东西，我便趁机悄悄爬了出来。首长，一定要为同志们报仇哇！"说完，他痛哭起来。听完给养员的控诉，不由人义愤填膺。前天在卓木碉，敌人刚残酷杀害了我们一个工作队的三十多个同志，今天，类似的事件又发生了。[60]

为了给死去的同志们报仇，保卫金川，打破敌人的封锁，留守后方的省委领导，决定组织战斗部队，采用以攻为守的办法主动出击敌人。省委经过研究决定由余洪远接替军事部长。接着，把机关人员、妇女独立团、筹粮工作队和轻伤员统统组织起来改编成班排连，在周围山上和要道构筑工事，拿上武器担任守备任务，敌人来了就依据有利地形还击。同时，把九军团的一部分约两个营，加上政府警卫营、金川独立团（实际上只有1营人），共1000余人组成战斗队，由余洪远指挥。战士们对敌人的罪行早就恨之入骨了，一听说要打出去，都摩拳擦掌，巴不得一下子把敌人扫个精光，为牺牲的同志报仇。

经过研究分析，省委决定先拿茅草坪开刀。因为这里离金川只有20里，向南可以控制小金川，向北可挟持松岗，拔掉这颗钉子，可以减少对后方的很大威胁。决心定下之后，在一个大雪纷飞的夜晚，余洪远带着后方部队从金川出发，于午夜时突然对敌人发起了攻击。经过激战，打死了一百多敌人，俘虏了一百多，因为包围不严，大部分跑掉了，一部分敌人逃到了松岗。松岗有个很大的喇嘛庙，四周是两丈多高、一丈多厚的寨墙，全用几百斤重的大石头砌成，四角筑有大碉堡，十分坚固。这里，盘踞着好几千相当顽固的敌人。余洪远等人随即率后方部队赶到松岗，将其团团围住，与敌展开激战。余洪远后来回忆道：

> 又是一个风雪交加的夜晚，我们仍然用长途奔袭的办法，将松岗喇嘛庙突然团团围住。我们吸取了打茅草坪的教训，首先在周围布置好封锁火力，连夜赶修工事。为了防止敌人骑马快速突围，我们把凡是牲口能通过的地方都垒上石墙，堆上树干。敌人当时摸不清我们来了多少人，只躲在碉堡里瞎打枪。到了白天，见我们人并不多，便拼命向外冲锋。战士们见敌人冲来，都忘记了一夜的疲劳和寒冷，以猛烈的机枪和手榴弹火力奋勇还击，打得敌人在我工事前死的死、伤的伤，横七竖八倒了一大片，剩下的只得龟缩回去，凭险顽抗了。我们当时没有攻坚的武器器材，若冲上寨墙和打开寨门要付出极大代价。为了减少伤亡，我们采取白天与敌人对峙，加强政治攻势，宣传红军政策，不断喊话劝降。到了晚上，又加紧构筑工事，把交通壕挖到离寨门20米的地方，再搬来许多干柴，一直堆到寨门前。柴下留个洞，然后把七八百斤造手榴弹的炸药从洞里悄悄送上去。在我们一切准备就绪，正要点火爆破开寨门时，敌人慌了手脚，集中一切火力疯狂地扫射，打得火星四溅，寨墙周围的干柴也被他们自己打燃了。火势借着风力蔓延开来，很快接近了炸药，只听"轰隆隆"几声巨响，几个寨门几乎同时都被炸塌了。一眨眼，火苗又卷到了庙宇四周的房顶和庙壁上。这是一座古庙，全是木头壁、木头柱、木板或树皮顶，一着火就燃。霎时间，浓烟滚滚，直冲云天，整个庙宇笼罩在一片火海之中。敌人开始还打枪，后来就只顾奔命了，有的往墙下跳，可跳下来都摔死了。大火直到第二天下午才熄灭。寨子里数千名敌人咎由自取，一个不剩地烧死了。看见疯狂一时的敌

人如此下场,战士们无不拍手称快。但是,看到由劳动人民亲手建造起来的这样一座雄伟壮观的庙宇也在这场大火中焚毁,又感到实在可惜。接着我们又打下了卓斯甲后山森林里敌人的一个老巢,瓦解了近万名敌人。[61]

经过几次战斗,严重地打击了敌人的嚣张气焰,金川周围的敌人基本被消灭殆尽,再也不敢对留守后方的红军袭击骚扰了,但红军筹粮问题仍未解决。后方部队经过找当地人调查得知壤塘有个大牛场,那里有七千来头牦牛,是金川周围七八个大土司的,准备在这里过冬。听说这个消息后,后方人员非常高兴,因为如此多的牦牛足够红军吃一两个月了。省委经过研究决定仍由余洪远率千余人的部队去买牛。

买牛的事情进行得还比较顺利,但是将牛从400里以外赶回来却费了很大劲。余洪远为此详细地记述了这一过程:

> 壤塘离金川四百来里,间隔一座大山。我们在齐腰深的雪里走了五六天到了牛场,买下了七千来头牦牛。牛是买过来了,可各个土司的牛赶到一起怎么也不听使唤,这一群打那一群,奔腾咆哮。特别是那些叫作"骚包子"的公牛,见了生人或生牛就鼓起红眼,挺起犄角,扬起四蹄冲过去拼个你死我活。我们一千多人东奔西跑地"劝架",仍然有些牛打得两败俱伤,甚至肝脑涂地。不少战士受了伤,有的还被撞断了肋骨。为了让牛群增加"了解""和睦共处",加上有些战士患了雪盲,我们不得不在这里住了一个星期才往回走。回来的路上,我们把牝牛绑上毯子驮伤病员,对那些实在不听使唤的"骚包子"或者企图逃跑者,就开枪打死,把肉穿在木棒上用火烤着吃,吃不完的驮着走。烧牛肉没有盐,我们一个个吃得满嘴乌黑,有的同志吃下去还解不出大便。这样走了十来天,把牛赶回金川时,除逃跑和"枪毙"的,还剩五千多头。这可是宝贝呀,大家把牛肉多半分给伤病员,自己尽量吃野菜树皮。[62]

尽管后方部队费了九牛二虎之力筹集粮食,但对南下的数万主力红军来说,仍然不能满足需要,仍然受到天气寒冷和缺粮的困扰,红军的生存受到很大的威胁。徐向前后来回忆道:

> 那年冬季,天气异常寒冷。临近川中盆地的宝兴、天全、芦山,本属温热地区,冬日气候较暖,却一反往常,下了十多年未遇的大雪。位于大小雪山——折多山和夹金山附近的丹巴、懋功地区,更是漫山皆白,地冻三尺。部队派出筹集粮食、牦牛的人员,大都得了雪盲症,有些同志冻死在雪地

里。当地人口稀少，粮食、布匹、棉花无继，兵员扩充有限。敌军重兵压迫，战斗不止。我军处境日趋艰难，广大指战员愈来愈清楚地认识到，张国焘的南下方针是错误的。[63]

正当张国焘率红四方面军南下碰壁、处境艰难的时候，中共中央率红一、红三军坚持北上，已于10月间胜利到达陕北，并在直罗镇战役中，全歼蒋介石嫡系胡宗南的一个师，为党中央把革命的大本营放在中国西北奠定了坚实的基础。南下与北上的结局形成了鲜明对比，铁的事实再次证明，张国焘的南下方针是行不通的，中央关于"南下是绝路"的预见是正确的！

当党中央把这个消息电告前敌总指挥部时，徐向前非常高兴，拿着电报去找张国焘，没想到张国焘的态度非常冷淡。徐向前回忆道：

> 百丈战斗后，我们前敌指挥部收到党中央发来的一份电报，说中央红军在陕北打了个大胜仗，全歼敌军一个师。这就是直罗镇战役。我很高兴，拿着电报去找张国焘。我说："中央红军打了大胜仗，咱们出个捷报，发给部队，鼓舞鼓舞士气吧！"张国焘态度很冷淡，说："消灭敌人一个师有什么了不起，用不着宣传。"我碰了一鼻子灰，转身就走了。心想：这个人真不地道，连兄弟部队打胜仗的消息，都不让下面知道。可是，没过几天，张国焘又准许在小报上登出了这条消息。从这个小小的侧面，也能反映出他那种七上八下的心理状态。消息传开，中央红军北上的胜利与我军南下的碰壁，形成了鲜明对比。张国焘散布的中央"率孤军北上，不会拖死也会冻死"、"至多剩下几个中央委员到得陕北"的谬论，不攻自破。不少同志窃窃私议："还是中央的北上方针对头"，"南下没有出路"，"我们也该北上才对"。全军要求北上的呼声日渐高涨起来。[64]

其间，全国的政治形势也发生着急剧的变化。日本帝国主义侵占冀东22个县和察哈尔北部后，又酝酿"华北五省自治"，激起了全中国人民的同仇敌忾，民族矛盾进一步激化。中国共产党《八一宣言》的发表，中央红军长征到达陕北的胜利，白区地下党组织的英勇斗争，推动着全国抗日救亡运动不断走向新的高潮。1935年12月9日，北平爆发了大规模的抗日救亡运动，矛头直指日本侵略者和蒋介石的不抵抗主义，气势如波涛汹涌，迅速席卷全国，标志着中华民族的伟大觉醒！

[1] 中国人民解放军历史资料丛书编审委员会:《红军长征·文献》,解放军出版社 1995 年版,第 657 页。

[2] 中国人民解放军历史资料丛书编审委员会:《红军长征·文献》,解放军出版社 1995 年版,第 659 页。

[3] 张国焘:《我的回忆》(第三册),现代史料编刊社 1981 年版,第 266—267 页。

[4] 徐向前:《历史的回顾》(中),解放军出版社 1984 版,第 446—447 页。

[5] 康克清:《康克清回忆录》,解放军出版社 1993 年版,第 169—170 页。

[6] 林月琴:《回忆妇女工兵营》,见《艰苦的历程》(下),人民出版社 1984 年版,第 230 页。

[7] 中国人民解放军历史资料丛书编审委员会:《红军长征·文献》,解放军出版社 1995 年版,第 663 页。

[8] 中国人民解放军历史资料丛书编审委员会:《红军长征·文献》,解放军出版社 1995 年版,第 665 页。

[9] 中国人民解放军历史资料丛书编审委员会:《红军长征·文献》,解放军出版社 1995 年版,第 665 页。

[10] 徐向前:《历史的回顾》(中),解放军出版社 1984 版,第 448 页。

[11] 中国人民解放军历史资料丛书编审委员会:《红军长征·文献》,解放军出版社 1995 年版,第 667—668 页。

[12] 蔡树藩纵队是军委纵队一部,军委纵队大部在右路军。后来,蔡树藩也未被扣留,率部北上。

[13] 中国人民解放军历史资料丛书编审委员会:《红军长征·文献》,解放军出版社 1995 年版,第 669 页。

[14] 中国人民解放军历史资料丛书编审委员会:《红军长征·文献》,解放军出版社 1995 年版,第 672 页。

[15] 中国人民解放军历史资料丛书编审委员会:《红军长征·文献》,解放军出版社 1995 年版,第 673—674 页。

[16] 彭德怀:《彭德怀自述》,人民出版社 1981 年版,第 202—203 页。

[17] 彭德怀:《彭德怀自述》,人民出版社 1981 年版,第 201—202 页。

[18] 聂荣臻:《聂荣臻回忆录》,解放军出版社 1984 年版,第 277—278 页。

[19] 1982 年 8 月 14 日,徐向前同中共中央党史研究室廖盖隆(副主任)、缪楚黄、刘经宇、佟英明、叶心瑜的谈话。

[20] 宋侃夫:《红四方面军电台始末》,见《百年潮》2010 年第 4、5、6 期。

[21] 《叶剑英传》编写组:《叶剑英传》,当代中国出版社 1995 年版,第 187—190 页。

[22] 杨尚昆:《杨尚昆回忆录》,中央文献出版社,2001年9月版,第146页—147页。

[23] 徐向前:《历史的回顾》(中),解放军出版社1984版,第452—453页。

[24] 伍修权:《回忆与怀念》,中共中央党校出版社1991年版,第137页。

[25] 彭德怀:《彭德怀自述》,人民出版社1981年版,第203页。

[26] 杨尚昆:《杨尚昆回忆录》,中央文献出版社,2001年9月版,第145页—146页。

[27] 中国人民解放军历史资料丛书编审委员会:《红军长征·文献》,解放军出版社1995年版,第677页。

[28] 徐向前:《历史的回顾》(中),解放军出版社1984版,第453—454页。

[29] 中国工农红军第四方面军战史编辑委员会:《中国工农红军第四方面军战史资料选编》(长征时期),解放军出版社1992年版,第146页。

[30] 张国焘:《我的回忆》(第三册),现代史料编刊社1981年版,第267—268页。

[31] 康克清:《康克清回忆录》,解放军出版社1993年版,第171页。

[32] 中国人民解放军历史资料丛书编审委员会:《红军长征·文献》,解放军出版社1995年版,第680页。

[33] 中国工农红军第四方面军战史编辑委员会:《中国工农红军第四方面军战史资料选编》(长征时期),解放军出版社1992年版,第150页。

[34] 中国工农红军第四方面军战史编辑委员会:《中国工农红军第四方面军战史资料选编》(长征时期),解放军出版社1992年版,第152页。

[35] 中国工农红军第四方面军战史编辑委员会:《中国工农红军第四方面军战史资料选编》(长征时期),解放军出版社1992年版,第153—154页。

[36] 中国工农红军第四方面军战史编辑委员会:《中国工农红军第四方面军战史资料选编》(长征时期),解放军出版社1992年版,第155页。

[37] 余洪远:《"南下是没有出路的!"——回忆敬爱的朱总司令》,见《红旗飘飘》第21卷,中国青年出版社1981年版,第18页。

[38] 余洪远:《"南下是没有出路的!"——回忆敬爱的朱总司令》,见《红旗飘飘》第21卷,中国青年出版社1981年版,第18—19页。

[39] 康克清:《康克清回忆录》,解放军出版社1993年版,第172页。

[40] 金冲及:《朱德传》,中央文献出版社2000年版,第451页。

[41] 欧阳毅:《朱总司令和我们在一起》,见《回顾长征》,人民出版社1985年版,第678页。

[42] 中国工农红军第四方面军战史编辑委员会:《中国工农红军第四方面军战史资料选编》(长征时期),解放军出版社1992年版,第223页。

[43] 中国工农红军第四方面军战史编辑委员会:《中国工农红军第四方面军战史资料选编》(长征时期),解放军出版社1992年版,第223页。

[44] 徐向前:《历史的回顾》(中),解放军出版社 1984 版,第 459—460 页。

[45] 中国工农红军第四方面军战史编辑委员会:《中国工农红军第四方面军战史资料选编》(长征时期),解放军出版社 1992 年版,第 230 页。

[46] 金冲及:《朱德传》,中央文献出版社 2000 年版,第 452 页。

[47] 徐向前:《历史的回顾》(中),解放军出版社 1984 版,第 460—461 页。

[48] 张国焘:《我的回忆》(第三册),现代史料编刊社 1981 年版,第 272—274 页。

[49] 康克清:《康克清回忆录》,解放军出版社 1993 年版,第 177—178 页。

[50] 徐向前:《历史的回顾》(中),解放军出版社 1984 版,第 475 页。

[51] 中国工农红军第四方面军战史编辑委员会:《中国工农红军第四方面军战史资料选编》(长征时期),解放军出版社 1992 年版,第 231 页。

[52] 徐向前:《历史的回顾》(中),解放军出版社 1984 版,第 463—464 页。

[53] 许世友:《我在红军十年》,战士出版社 1983 年版,第 325—326 页。

[54] 中国工农红军第四方面军战史编辑委员会:《中国工农红军第四方面军战史资料选编》(长征时期),解放军出版社 1992 年版,第 255 页。

[55] 中国工农红军第四方面军战史编辑委员会:《中国工农红军第四方面军战史资料选编》(长征时期),解放军出版社 1992 年版,第 266 页。

[56] 中国工农红军第四方面军战史编辑委员会:《中国工农红军第四方面军战史资料选编》(长征时期),解放军出版社 1992 年版,第 267 页。

[57] 徐向前:《历史的回顾》(中),解放军出版社 1984 版,第 470—471 页。

[58] 徐向前:《历史的回顾》(中),解放军出版社 1984 版,第 471—472 页。

[59] 张国焘:《我的回忆》(第三册),现代史料编刊社 1981 年版,第 278—281 页。

[60] 余洪远:《保卫金川》,见《艰苦的历程》(下),人民出版社 1984 年版,第 138—139 页。

[61] 余洪远:《保卫金川》,见《艰苦的历程》(下),人民出版社 1984 年版,第 140—141 页。

[62] 余洪远:《保卫金川》,见《艰苦的历程》(下),人民出版社 1984 年版,第 141—142 页。

[63] 徐向前:《历史的回顾》(中),解放军出版社 1984 版,第 473 页。

[64] 徐向前:《历史的回顾》(中),解放军出版社 1984 版,第 476 页。

第七章

转兵西康迎候红二、六军团

神秘的"国际来客"——林育英耐心劝服张国焘——张国焘的分裂意志开始动摇——撤离天全、芦山——翻越大雪山——张国焘为自己打气——驻足西康

神秘的"国际来客"

正当国内形势发生巨变之际,中共驻共产国际代表林育英由莫斯科回国到达陕北,带来了共产国际的最新指示。林育英以共产国际代表的身份突然出现于陕北,对当时处于分裂状态的红军来说,犹如"天降甘霖",在党史军史上具有重大里程碑意义,不仅对统一全党的思想起到了积极作用,而且对加强红军内部团结,并说服教育张国焘北上,最终促使红一、二、四方面军三军大会师起到了极其重要的"黏合剂"作用。

林育英生于1897年2月25日,与林育南、林彪(原名林育容)出身同一家族,是湖北省黄冈县人。在黄冈县中部,有一座白羊山,山南是林家大湾,这儿因出了这林氏三兄弟而闻名。

林家三兄弟中林育英年龄最大。但他是受堂弟林育南影响才走上革命道路的。

1935年7月,林育英作为中共中央代表团成员,出席了在苏联举行的共产国际第七次代表大会。这一重大会议的召开,本应及时通告党中央的。但在中央红军离开江西苏区开始转移之前,中共中央与共产国际的联系就中断了。在红军长征途中,中共中央曾派陈云辗转到苏联,希望接通与共产国际的联系,但由于红军忙于打仗,中共中央还没有落脚点,联系一直没有接通。因此,这次会议结束之后,当务之急是如何恢复共产国际与中共中央的联系,将共产国际"七大"精神迅速传达给中国共产党。这个历史性的任务就落在了林育英身上。当时从苏联回国,走陆路有三条路线:一是从东北回国,但那里被日本侵略军占领,不能通行;二是从新疆回国,路程太远,耽搁时间;三是从蒙古回国,但这条路线要穿过茫茫沙漠,还要闯过国民党的层层关卡,风险较大。

中共驻共产国际代表林育英(张浩)

为了尽快将共产国际的"七大"精神迅速地传达到国内,林育英最终选择了第三条道路。临行前,林育英做好了充分的准备,他将自己装扮成商人,与在苏联受训的密电员赵玉珍踏上回国之路。为防止泄密,他将文件、密码默记脑中,身上不带片纸只字,并使用化名张浩。张浩这个名字就是从那时候开始叫起来的。

经过一个多月的艰难行走,历经千辛万苦,终于不辱使命,11月初,他们到达陕西定边县,并与定边党组织取得了联系。邓发代表党中央把林育英接到中共中央所在地——瓦窑堡。他立即向中共中央汇报了共产国际"七大"的精神和《八一宣言》的内容。林育英这次带来共产国际的正确意见,对党中央和毛泽东关于反对关门主义,"组织千千万万的民众,调动浩浩荡荡的革命军",反对日本帝国主义侵略的英明决策,起了积极的作用。共产国际的这一正确指示与毛泽东的关于建立反对日本帝国主义的民族统一战线的思想不谋而合。

12月25日,中共中央在陕北瓦窑堡召开政治局会议,听取了林育英传达共产国际"七大"的精神,党中央做出了《关于目前政治形势与党的任务决议》,确立了抗日民族统一战线的策略方针。强调党的任务是团结一切可能团结的力量,建立最广泛的抗日民族统一战线,并提出以"国防政府"和"抗日联军"为统一战线的最高组织形式。从此,由于中国共产党的努力,国内战争开始向抗日民族解放战争转变。林育英对党实现这一次历史性的转变,立下了大功。

林育英来到陕北后才知道,红军内部发生了分裂事件。一次,毛泽东用商量的口气对林育英说:"目前,中央有两件大事需要你来做。一是党的白区工作没有负责人,你能否将中央白区工作委员会书记担当起来;二是中央和红军领导人团结问题也急需你来帮助解决。你是共产国际派回来的,目前只有你做这项工作最合适。"毛泽东说："你现在回来了，可以共产国际代表的身份，配合我们做工作，要尽快设法将他们拉回来。"林育英怕这工作做不好。毛泽东说："目前张国焘与我、闻天和恩来的关系很僵，我们发电报，他听不进去。朱德、徐向前等同志在那里很为难。张国焘比较相信共产国际，你如以共产国际代表的身份做工作，他有可能会听。"

毛泽东所讲的话一分不假，自中共中央先行北上以后，一直与南下的红军总司令部和红四方面军保持着电台联系，一方面转告北上红军的情况以及全国的政治形势，指示行动方针；另一方面在继续对张国焘的南下错误方针进行批评、斗争的同时，也尽力对他进行教育、挽救，以维护党和红军的团结。

对此，张国焘究竟是一种什么反应呢？南下之初，张国焘趾高气扬，极度贬低甚至咒骂党中央，宣布另立"中央"。但自从另立"中央"之日起，张国焘就陷入了极大的被动。如果说张国焘就中央秘密北上一事大造舆论，还可以蒙蔽相当一部分不明真相的红军官兵的话，那么，其另立"中央"的事实，则让相当多被蒙蔽的红军官兵清醒了，反而使张国焘陷入极为被动的境地。

但是，张国焘并没有就此悬崖勒马，回心转意，他一面坚持宣扬其南下"进攻路线"的正确，一面继续进行分裂党的活动。

张国焘自另立"中央"以来，对南下部队的命令，多以"中央"的名义发出，南下碰壁并未使他改变自己与中央抗衡的决心。

12月5日，张国焘以"党团中央"的名义致电彭德怀、毛泽东，电文如下：

（甲）此间已用党中央、少共中央、中央政府、中革军委、总司令部等名义对外发表文件，并和你们发生关系。

（乙）你们应以党北方局、陕甘政府和北路军，不得再冒用党中央名义。

（丙）一、四方面军名义已取消。

（丁）你们应将北方局、北路军和政权组织状况报告前来，以便批准。

党团中央[1]

在此期间，林育英也亲身感受到了张国焘那种咄咄逼人的气势。12月18日，张国焘致电林彪等转林育英，指责毛泽东、周恩来等为"右倾机会主义"，北上行动是"逃跑"，要求"尽力反毛周路线"，并要陕北苏区及红军接受其领导。

林育英耐心劝服张国焘

有鉴于此，林育英坚决支持党中央的决定，并愉快地接受了毛泽东等人交给的这项历史重任。

12月22日,林育英致电张国焘,要求他维护党内团结,一致对敌。电文指出:共产国际第七次代表大会的决议,与中国代表团对中国问题的许多意见,我们会继续尽量地向你们传达,特别是抗日讨蒋的中心策略与实现这一策略的方法与步骤。你们提议召开中共第七次代表大会确实必要,中国代表团已经准备了各种决议案的草案,只要环境许可时便可举行。关于你们所提出的许多问题,当转交代表团及国际,我想这些问题在国际及七次大会上自能圆满解决。因此,我现在只有两点意见,希望你注意。一是党内争论,目前不应弄得太尖锐,因为目前的问题是一致反对敌人,党内允许有争论,但对外则应一致,我已将这个意见同样的向这里诸同志提出;二是共产国际对中国党的组织问题本来有如下意见:因为中国土地广大,交通不便,政治经济不统一且发展不平衡,特别是中国革命在各地的爆发等原因,中共中央势难全部顾及,因此可以组织中共中央北方局、上海局、广州局、满洲局、西北局、西南局等,根据各种关系,有的直属中央,有的可由驻莫斯科的中共代表团代管,此或为目前使全党统一的一种方法。此项意见望你深思熟虑并复电!共产国际及王明(时任中共驻共产国际代表团团长)等同志对四方面军抱有很大希望,你们请求派人一事,不久定可做到。

朱德看到林育英的来电后,十分欣喜。因为张国焘另立"中央"和坚持南下的做法,一直以来都使朱德总司令感到十分苦恼,他虽然多次劝说张国焘改变主意,放弃第二中央,但张国焘总是置若罔闻,一意孤行。林育英以国际代表的身份出现,无疑对做张国焘的工作增加了极其重要的力量。

12月30日,朱德第一次以个人名义致电党中央和一方面军负责人并转林育英同志,电文内容如下:

A. 育英同志电悉,我处与一、三军团应取密切联系,实万分需要,尤其对敌与互通情报,即时建立。

B. 薛纵队调川,胡宗南部到青,亦向川中开进,钟林(松)旅开徐州。

C. 你处敌情近况望告。[2]

党中央接到朱德这封电报后,非常重视。1936年1月1日,毛泽东亲自致电朱德,解释了没有交换情报的原因在于"对反党而接受敌人宣传之分子实不放心",接着指出"今接来电,当就所知随时电告"。毛泽东还在电文中谈到中央红军到陕北后各方面的情况和他所了解的国内国际时局动向,电文中还指出:

我处不但对北方局、上海局已发生联系,对国际亦有发生联系,这是大胜利。兄处发展方针须随时报告中央得到批准,即对党内过去争论可待国际及"七大"解决,但组织上不可逾越轨道致自弃于党。

毛泽东告诉朱德:陕北苏区周围共有敌人 175 个团,其中张学良 60 个团,杨虎城 25 个团,阎锡山 58 个团,陕北地方军阀井岳秀 7 个团,高桂滋 4 个团,宁夏地方军阀马鸿逵 10 个团,蒋介石的国民党中央军 11 个团。以张学良为主力对陕北根据地发动的第三次"围剿"已经被红军彻底粉碎了,共计消灭张学良 4 个步兵师,击溃 3 个骑兵师,活捉了国民党第一〇九师师长牛元峰,打死国民党第一一〇师师长何立中,共缴步枪 7000 余支,轻重机关枪百余挺,敌人现在全部退守城镇,双方处于相峙状态。

毛泽东欣喜地告诉朱德:我们目前正在猛烈扩大红军,用不了多长时间,我们就能扩大一倍,同时游击队也能够扩大一倍,游击战争正向陕北、甘肃、山西、绥远、宁夏五省发展。陕北苏区有极大发展,南面已抵耀县,距长安仅百余里,西南已达泾川、长武,西面已抵庆阳,西北抵靖边,北面已过长城并与蒙古民族取得联系,东面已过黄河,但敌尚有一部占据绥德、米脂、榆林、洛川、韩城等城市,民众斗争十分热烈。苏区富源广大,主要是洋油、食盐、皮毛、棉花、煤炭,对外贸易无阻,中央政府现宣布不收一切租税,以发展经济。一、三军与二十五、二十六、二十七军团结巩固,已开办大规模的红军大学,为造就扩大五万新干部而斗争。

毛泽东还告诉朱德:共产国际除派林育英来到陕北外,还要派阎候雁(阎红彦)同志来,中国共产党在国际有很高地位,被称为除苏联共产党之外的第一大党,中国党已完成了布尔什维克化,全苏欧以及全世界都称赞我们的长征。日本对华北急进,中央已派大批人去指挥抗日战争,东三省抗日战争有大发展。河北、河南、浙江、福建的游击战争转入反攻形势,陕南有大块苏区,苏联准备与日本作战。中央政治局在国际指示之下有新策略决定,另电详告,其主要口号为:民族统一战线、苏维埃人民共和国、国防政府、抗日联军、土地革命与民族革命相结合、国内战争与民族战争相结合,等等。

张国焘接到林育英 12 月 22 日电报和毛泽东的上述电报后,思想上发生了细微的变化,他除了重弹他所谓"反机会主义"的老调以外,以"党中央"的名义开始向共产国际代表林育英"告北上红军的状",并表示服从共产国际的指示。1 月 6 日,张国焘致电林育英,电文内容如下:

为党的统一和一致对敌,必须坚决反对反党的机会主义路线,这种机会主义在于:

(甲)将五次"围剿"估计为决定胜负的战争,在受一挫折的条件下,必然成为失败主义的严重右倾。

(乙)防御路线代替进攻路线。

(丙)在过去福建和北方事变中,和全国抗日反蒋运动中,都因错误策略放弃无产阶级领导的争取。

(丁)机械地了解巩固根据地,因此不能学习四次"围剿"在鄂豫皖红军在强大敌人压迫下退出苏区的教训。

(戊)忽视川陕苏区和整个川、陕、甘的革命局势,因此对川陕赤区没有帮助和指导,影响到苏、红在西北的发展。过低估计少数民族的革命作用,对革命在西北首先胜利的可能表示怀疑。

(己)一、四方面军会合后,放弃向南发展,惧怕反攻敌人。后来又将党向北进攻的路线,曲解成为向北逃跑,最后走到分裂党和红军。上述的一贯机会主义路线,若不揭发,就不能成为列宁主义的党。

最后,党中央表示一切服从共产国际的指示。[3]

针对张国焘拒不悔改的错误思想,党中央一面对其进行坚决斗争,一面对其进行耐心说服教育。1月13日,党中央负责人张闻天关于张国焘另立"中央"、妨碍统一,致电张国焘:

我们间的政治原则上争论,可待将来做最后的解决,但别立中央妨碍统一,徒为敌人所快,决非革命之利。此间对兄错误,未做任何组织结论,诚以兄是党与中国革命领导者之一,党应以慎重态度出(处)之。但对兄之政治上错误,不能缄默,不日有电致兄,根本用意是望兄改正,使四方面军进入正轨。兄之临时中央,望自动取消。否则长此下去,不但全党不以为然,即国际亦必不以为然,尚祈三思为幸。[4]

张国焘接此电后,连电文都不回了。1月16日,林育英根据毛泽东、张闻天的意见,再次以"共产国际代表"的名义,给张国焘发去了一份电报:

共产国际派我来解决一、四方面军的问题,我已会着毛泽东同志,询问一、四方面军通电甚(少?),国际甚望与一、三军团建立直接的关系。我已带有密码与国际通电,兄如有电交国际,弟可代转。再者我经过世界七次大会,对中国问题有详细新的意见,准备将我所知道的向兄转达。[5]

张国焘心里非常敬畏共产国际的权威，但他又不愿意带领部队北上。收到林育英的电报后，他犹豫了好几天，以怀疑林育英被陕北控制为由发出了如下电文：

> 是否允许你来电自由？为何不将国际决议直告？我们一切都经党中央同意，假冒党中央或政府机关名义发表重要文件，此间有公开否认之权。为党的统一和一致对外，望告陕北同志，自动取消中央名义，党内争论请国际解决。盼立复。[6]

张国焘在复电中，不仅不取消他成立的"中央"，反而要党中央自动取消中央名义。

在多次电示、耐心教育但挽救无效的情况下，中共中央政治局于 1 月 22 日召开会议，做出了《关于张国焘同志成立第二"中央"的决定》，严肃指出：张国焘同志自同中央决裂后，最近在红四方面军中，公开地成立了他自己的"党中央"、"中央政府"、"中央革命军事委员会"与"团的中央"。张国焘同志这种成立第二党的倾向，无异于自绝于党，自绝于中国革命。党中央除去电命令张国焘立刻取消他的一切"中央"，放弃一切反党的倾向外，特决定在党内公布 1935 年 9 月 12 日中央政治局在俄界的决定。[7]

在《决定》做出的第二天，朱德致电张闻天，以统一为前提向党中央提出一个建议："党内急需统一"，"提议暂时此处以南方局，兄处以北方局名义行使职权，以国际代表团暂代中央职务，统一领导"。中央领导人接到朱德这一电文后，经过认真研究后认为，只要张国焘取消其另立的"中央"，可以成立西南局，暂时与陕北党中央发生横向联系，直属中共驻共产国际代表团。

毛泽东、张闻天又建议林育英以共产国际代表的名义，给张国焘、朱德发去了《共产国际完全同意中共中央路线，张国焘处可成立西南局》的电报。1 月 24 日，林育英致电张国焘、朱德，明确指出：

> 共产国际完全同意于中国党中央的政治路线。并认为中国党在共产国际队伍中，除联共外是属于第一位，中国革命已成为世界革命伟大因素，中国红军在世界上有很高的地位，中央红军的万里长征是胜利了。兄处可即成立西南局，直属代表团。兄等对中央的原则上争论可提交国际解决。[8]

张国焘的分裂意志开始动摇

张国焘看到上述电报,坚持第二"中央"的决心已经开始动摇。因为明白人一看就清楚,林育英的电报肯定了中共中央的政治路线是正确的,这就意味着他自己的主张和做法是错误的。他自己若再一意孤行,就要背"违背共产国际指示"的罪名。不仅如此,原来追随张国焘的人也开始改变态度。这样一来,张国焘就更显得孤立了,不得不表示在政治上同意瓦窑堡会议的决议,接受抗日民族统一战线的策略路线;在组织上,成立西南局,归由国际代表团暂代中央的指示,其他分歧意见,待日后慢慢解决。实际上这等于被迫同意取消伪中央。

与此同时,在朱德等人的劝阻下,张国焘不得不重新考虑他的南下计划。徐向前后来在其回忆录中写道:

> 张国焘上不着天,下不着地,心里着慌。特别是张浩来电,传达共产国际的指示,肯定中央北进路线是正确的,高度评价中央红军的英勇长征,这对张国焘的分裂主义,无疑是当头一棒。这个时候,陈昌浩也转变了态度,表示服从共产国际的决定。孤家寡人的张国焘,被迫"急谋党内统一"。朱总司令和大家趁机做他的工作。我们还是老主意:取消这边的"中央",其他分歧意见,待日后坐下来慢慢解决。为了给张国焘一个台阶下,有同志提出,这边可组成西南局,直属共产国际中共代表团领导,暂与陕北党中央发生横的关系。这个过渡性的办法,大家认为比较合适,张国焘能够接受。经与中央协商,中央表示同意。[9]

在这种情况下,张国焘于1月下旬在任家坝召集会议,讨论中共中央发来的瓦窑堡会议决议的要点。朱德、徐向前、陈昌浩、周纯全、傅钟等人参加了会议。与会者在发言中表示一致拥护中央的决议,并表示应在党的新的策略路线的基础上,团结起来,一致对敌。张国焘虽然百般为自己的错误辩解,但同时也表示同意抗日民族统一战线的新策略。

1月27日,张国焘将会议讨论的情况及提出的"补充与修改"意见,电告"育英、闻天并转各中委同志",电报内容如下:

> 我们讨论了你们12月25日的决议(即瓦窑堡会议《关于目前形势与党的任务决议》——本书作者注),原则上一致赞同,并有下列的补充与修改:
>
> (甲)在目前形势分析中,对于苏维埃运动的发展,你们单说到陕北的

胜利，把整个的胜利发展抹杀，这是对于中国苏维埃运动还多少保持着偏见的有害观点。我们认为主力红军在四川的胜利，红一、三军和二十五、二十六、二十七军的会合，在陕北的新发展，二、六军团在大规模运动战中的胜利，是中国苏维埃运动新发展的具体形式，只有这样，才是正确的布尔什维克的估计。只有这样的估计，才能使党在民族革命新高潮中正确地决定自己的战略与策略。

（乙）关于统一战线的政权与军队，我们从早于去年十月革命纪念日发出的通电中，已提出抗日救国政府与抗日救国军作号召，为着对外的一致，还是用这个名义的好。而且国防政府可以使人曲解，抗日救国则是民族革命的鲜明旗帜，所以我们还是主张用抗日救国政府与抗日联军的名义。

（丙）行动纲领我们增加了三条：

1.给民众以言论、集会、结社、出版的自由；

2.组织民众的抗日军、义勇军等；

3.实行民族自决，联合国内各少数民族一致抗日，反对在日本卵翼下的反动民族运动。此外最后一条文字上改为与一切表同情，和赞助中国的伟大民族运动，或守善意中立的民族或国家，建立亲密的友谊关系。

（丁）在吸收新党员的条件上，我们增加为党纲奋斗的一点。

以上提议我们认为是必要的，请采纳，并见复。[10]

张国焘能基本上同意中共中央政治策略的转变，一方面在于这是根据共产国际的指示来制定的，他不敢反对；另一方面，对张国焘本人而言也有一定思想基础。1935年12月14日，他曾写过《抗日反蒋与土地革命》一文提出，运用抗日反蒋联合战线策略，来广泛地发动民族革命战争，在抗日反蒋联合战线的运用中，彻底暴露蒋介石的汉奸作用。

同年12月20日，张国焘还就"抗日反蒋运动中策略问题"给何畏、刘伯承写过一封信，信中指出：我们不应当看轻苏维埃和红军，来幻想全国人民救国大会和全国抗日救国军。相反的，应当大大发展苏维埃和红军，同时用后者来争取群众，经过这一过渡口号促蒋抗日，反帝、反蒋领导权争取到苏维埃手中来，这一策略是必要的。[11]

针对张国焘对决议的补充和修改意见，2月9日，张闻天致电——给予了答复，电文指出，接到来电，知道双方在基本问题上已有了一致意见，无比高兴，其他问题可以从长解决。

1月27日,张国焘还就原则上同意中央政治局决议,主张以国际代表团暂代中央致电林育英、张闻天。电报首先重复了原则上完全同意瓦窑堡会议决议,但随即以指责的口气指出,陕北没有将党的策略路线的改变预先与其电商,没有将国际的决议讨论经过和林育英所知道的情况告知他们,对此不但表示负气,而且认为陕北领导人没有以革命利益为前提。电文中提出,既然对目前策略路线已经趋于一致,应急谋党内统一。

张国焘还就组织问题指出,如果强迫别人承认陕北是党中央和正统,会在党史中留下一个不良痕迹。一方让步,必是种下派别痕迹的恶根。互相坚持必是互相把对方往外推。张国焘还以"大度"的口吻指出,在此期间对陕北领导同志不但没有做任何组织结论,也没有将陕北领导人在原则上所犯的错误以及分裂党和红军的事实告诉红二、六军团。对陕北的中央委员同样表示了尊重态度,对外电文仍然用毛泽东、张闻天等人的名义。此间南下红军的正常工作均有团结进步的趋向,正在学习江西苏区原有经验,对军阀、土匪、流氓意识和饥饿情绪做全面的思想斗争。

最后,张国焘在电文中提出:此时党中央最好在白区,但不知条件允许否?此时或由国际代表团暂代中央,如一时不能召集七次大会,由国际和代表团商同我们双方意见,重新宣布政治局的组成和指导方法,在此期间陕北政府和我处也可以乘机改为西北局和西南局。究竟如何定度,还希望三思。

由此可以看出,由于林育英来电已讲了共产国际的意见,张国焘虽然在政治上承认瓦窑堡会议《关于目前形势与党的任务决议》,但在组织上拒不承认陕北党中央,也不再服从于党中央的领导。至少他认为,应该和陕北的中央领导人平起平坐,共同服从于共产国际。此外,张国焘还是不承担分裂红军的罪名,而是将种种罪责完全归于党中央。但气焰显然已经没有先前那么嚣张了。种种迹象表明,在共产国际强大的压力之下,张国焘坚持其"临时中央"的决心已经开始动摇!

1月28日,张国焘以他和朱德两人的名义,就他们所面临的敌我简要情况以及统一战略方针问题致电林育英并转国际代表团,电文首先介绍了他们所面临的敌情。同时称,南下红军共缴获人枪一万三千,扩军近万,地方武装约四千。

随后,张国焘向共产国际介绍了二、六军团的西进情况。由于党中央北上时,中央与各根据地联系的密电码被张国焘收走,于是与红二、六军团失去联系。在此期间,张国焘与红二、六军团曾多次进行电报往来,故他知道红二、六军团的基本情况。

最后,张国焘在电文中提出,目前为一致对敌,夺取战争胜利,应有统一战略方针方不致有利于敌,因我方主力红军之行动关系全局,国际有何指示否?

面对张国焘1月27日、28日连续来的三封电报中所提出的问题,陕北党中央采取了既坚决而又灵活的斗争策略。2月14日,林育英、张闻天致电朱德、张国焘,对张国焘提出的组织问题和战略行动方针等问题进行了答复。

关于张国焘提出要中央改为西北局的无理要求,林育英、张闻天等人认为这实际上是取消党中央的领导,毅然否定了张国焘所提出的办法。电文中指出:

> 统一战线这是基本策略方针。国防政府与抗日联军这是统一战线之最广泛与最高的表现。工农苏维埃之改变为人民苏维埃。十条纲领亦是国际指示,且已在各地宣布。为实现国防政府与抗日联军,此时即应宣传召集全国代表会议,此会议即名曰抗日救国代表会议,内容不日电告。关于党的最高领导机关问题,前电已有所述,此外办法国际部不能同意。[12]

关于南下红军及二、六军团战略方针问题,电文明确指出:

(1)育英动身时,曾得斯大林同志同意,主力红军可向西北及北方发展,并不反对靠近苏联。四方面军及二、六军团,如能一过岷江,一过长江,第一步向川北,第二步向陕甘,为在北方建立广大根据地,为使国内战争与民族战争打成一片,为使红军(成为)真正的抗日先遣队,为与苏联红军联合,反对共同敌人——日本,为提高红军技术条件,这一方针自是上策。但须由兄等估计敌情、地形等具体条件的可能性。

(2)二、四方(面)军在现地巩固的向前发展,粉碎"围剿",第一步把苏区迫近岷江,第二步进入岷、沱两江之间,这是夺取四川计划。但需估计堡垒主义对我们的限制,需不失时机以主力跃入堡垒线外,在外消灭敌人,发展苏区。二、六军则靠近川南苏区,在云、贵、川三省之交建立根据地,与四方面军互相呼应。

(3)四方面军南渡大渡河与金沙江,与二、六军取得近距离会合,甚至转向云、贵、滇、川发展,寻求机会的前进。以上三种方针,请兄等考虑选择之。[13]

中央统一战线策略的制定和中央对四方面军的不断关怀,连同四方面军

《红色战场》报刊不断刊载陕北红军的战斗捷报,无不在南下部队里引起了强烈反响。尽管张国焘仍然坚持自己的立场,认为中央执行的是机会主义路线,但陕北红军胜利的消息却使他的诬蔑不攻自破。张国焘公开分裂党和红军,和南下碰壁的事实,也从反面教育和提醒广大指战员。因此,在南下红军中,要求维护党的团结,要求北上抗日与中央会合的情绪,日益高涨。

此时,张国焘虽然仍坚持与中央平分秋色,但与毛泽东、周恩来等人相比,他显然落了下风。在政治方面,毛泽东等人得到了共产国际代表林育英的支持,他们根据共产国际"七大"精神制定的抗日民族统一战线政策,符合国情,深得人心。虽然张国焘可以拿自己的入川纲领、西北联邦政府等来自慰,但这些毕竟没有理论上的系统性,也还没有产生全国性的效应。现在,大势所趋,他对毛泽东等人的正确策略不得不采取拥护的态度,尽管他在拥护的同时仍然重提解决党内矛盾的问题,但可以看出,林育英也好,陕北的同志也好,都有抛弃前嫌,急谋党内统一的要求。这一点连张国焘自己也不得不承认,他在回忆录中写道:

> 我们这些中共巨头们虽是闹翻了,红军也分成两部分分别行动,但我们之间的关系没有继续恶化下去。卓克基会议后,毛泽东等接到我们另行成立临时中央的电报亦没有做意气用事的不满表示。从此,我们彼此在电讯上都避免用刺激对方的言词,不再提起过去纷争的事。我们会师后所编定的新电码稳妥可靠,电讯畅通。我们据此互相报告情况,措词都相当诚恳。也许是由于分裂的痛苦和不幸的遭遇,把我们大家都锻炼得更心平气和了。[14]

实际上,张国焘所说的并非完全属实。分裂风潮之初,张国焘的言辞是相当激烈的,即使在电文中也不例外。只不过是自张国焘掀起分裂风波之后,同他一起南下的朱德、刘伯承、徐向前等人,一直反对他的分裂行为,处处抵制张国焘的错误思想,这才使张国焘的言辞有所收敛。徐向前自南下以来,一直支持朱德总司令的意见,几次劝张国焘放弃第二"中央",但张国焘就是不听。徐向前也没有什么办法,常常借口军事工作忙或身体不适,不去参加总部的会议,以此无声地抗议。在南下红军领导人当中,张国焘特别怵朱德。因为无论从资历上看,还是从威望上讲,朱德都不逊于当时的张国焘。而恰恰是如此一个"重量级"的领袖人物,自从张国焘另立"中央"后,就一直在这个问题上和他进行斗争。朱德在做广大红军官兵工作的同时,也对张国焘采取耐心说服的方法。张国焘虽然向来权力欲重,比较霸道,但他拿朱德实在没办法,既说服不了,也不敢过于得罪。自共产国际代表林育英去到陕北,传达指示以后,连一向支持张国焘的陈昌浩,也改变了态度,这使张国焘在政治上逐渐成了孤家寡人。

在军事上,他曾认为毛泽东等人率军北上是死路一条,不料,他们不仅没有被拖死和冻死,反而发展壮大起来,有了坚固的根据地。而南下的部队,虽然一开始打了一些胜仗,但由于蒋介石调动主要力量来对付南下部队,结果百丈战斗失利,部队遭敌重围,减员严重,供给不足。两相对比,优劣分明。再拿搞统一战线来说,陕北方面在争取张学良方面已有了很大的成就,而张国焘虽然曾致书四川军阀,要搞统一战线,要求他们一致抗日,共御外敌,但对方却毫无反应。

所以,张国焘自己也承认,他在党内的地位开始下降。他在回忆录中写道:

> 当时我们在西康,目光所在主要自然是西南方面的实力派。我们曾多方设法,经过康定,向四川和云南一带的军人活动,要求他们一致抗日,共御外侮。但我们的努力,不是落空,便是毫无反应。反而陕北方面,却找着了一个军事巨头张学良。这种事态的发展使我自己在党内的地位开始转居劣势。[15]

撤离天全、芦山

1936 年 2 月初,天全、芦山的形势日益严重,敌人集中了薛岳等部六七个师及川军主力,开始向天全、芦山地区大举进攻。红四方面军处于前有强敌、后无根据地的困境,粮弹得不到补充,仗打得十分艰苦。经过一系列激战,南下红军伤亡较大。于是,红军被迫撤离天全、芦山等地。南下红军总部由芦山任家坝转移到宝兴灵关。下一步究竟向何处发展,成为南下红军急需解决的战略性问题。

南下红军领导人接到林育英和张闻天关于今后战略方针的指示电后,对共产国际给出的三个方案进行了认真研究,一致赞同继续北上的方案。这也正是中央认为的第一方案。只不过中央为顾全团结大局,只说明第一方案是上策,如何实行,由四方面军视敌情、地形条件而定。

南下红军之所以选择第一方案,主要因为朱德、刘伯承、陈昌浩和徐向前,过去就一直同意中央的北进方针,只是由于张国焘坚持南下,才造成了现在的局面。张国焘南下碰壁,又见斯大林同意主力红军靠近苏联,准备与苏联红军联合抗日,自然顺水推舟,同意北上的方案。至于夺取四川或南下云贵滇的方案,大家认为,根据敌情、我情及地形条件,难以实现。关于策应红二、六军团北进的任务,自然应由四方面军承担,但这要视发展情况再做决定。

为实现上述计划,2月上旬,南下红军制订了"康(定)道(孚)炉(霍)战役计划",决定以一部分兵力(九十一师2个团)位于大硗碛、邓生、达维地区,牵制东南之敌,而以主力迅速西进,经懋功、金汤、丹巴进取道孚、炉霍、甘孜,并相机占领康定地区,争取在这一地区进行休整补充,筹集粮秣、物资,尔后再伺机北上。至此,张国焘南下建立川康边根据地的方针宣告破产。

究其原因主要如下:

从政治上看,它与中共中央的北上方针相对立,完全脱离了波澜壮阔的全国抗日救亡运动,只能使红军陷入越来越狭小的范围,处于愈来愈孤立的境地。

从军事上看,红军南下遇到的敌人,虽然仍然主要是川军,但根本不是什么"川军残部",而是经过蒋介石整编后的川军,战斗力比以往大为增强。而且,此次红军南下不再是四川的"过客",而是想"打到成都吃大米",成为四川的"主人",这涉及川军生死攸关的核心利益,他们不能不与南下红军拼命。再者,围追中央红军的蒋介石嫡系部队也跟着进川,带来了飞机、大炮,使南下红军面对数倍于己的强敌,不断遭受重大损失。这与中央红军在第五次反"围剿"时面对的敌情极为相似。

从根据地的条件看,所选择的川康边地区,是少数民族杂居区域,地瘠民穷,人烟稀少,物资匮乏,环境险恶,不利于红军的生存和发展,只能使红军得不到兵员、物资的保障和补充。因此,张国焘南下方针虽然初期发展还比较顺利,但越往南攻,红军遇到的阻力越大。南下方针碰壁和破产是必然的,是不可避免的。

2月中旬开始,红四方面军分为三路纵队,撤离天全、芦山、宝兴地区,向道孚、炉霍、甘孜进军。第一路为先锋纵队,由三十军八十九师组成,刘伯承、李先念率领,负责为全军开路;第二路纵队由三十军、四军、五军及九军二十五师组成,红军总部与方面军总部率领;第三路纵队由三十一军、三十二军组成,王树声指挥,配合主力红军取康定,并对天全、泸定方向之敌实行警戒,掩护后方医院的转移。

西进命令下达后,南下红军开始了又一次艰难的征程。南下红军总部也从宝兴出发,随第二路纵队向西进发。

初春的川西高原,没有一丝春意,天寒地冻。远远望去,一座座高山仍然被大雪覆盖,到处呈现出一片银色的世界。红军要西进,必须翻越横亘在川西高原上的这些雪山。红军官兵在缺衣少食的情况下,历尽之艰辛是可想而知的。

翻越大雪山

西进路上,红军首先要翻越的是位于宝兴和懋功之间海拔 3000 多米的夹金山。翻越这座雪山,对红四方面军官兵来说已经是第二次,对南下红一方面军官兵来说,已经是第三次了,他们前两次翻越此山分别是在夏、秋两季,而这次是初春时节。当地有首歌谣:"正二三,雪封山,鸟儿飞不过,神仙也不攀。"从中道出了在这一季节翻越此山的难度。夹金山上下有百十里路,为了避开午后凶恶的大风暴,部队选择凌晨出发。山高、路滑、夜黑,不知有多少人摔进雪窝后再也没有出来。中午时分,部队爬上了山顶,身上的汗水早已浸透了单薄的衣服,微风一吹,冰凉直透肌肤。总指挥部和红军七十六团走在一起,费了好大的劲,也终于攀上顶峰。徐向前总指挥望着眼前这冰雪的世界,心里生出许多感慨:去年 6 月初,一、四方面军就是在这一带会师的,这是座不平凡的雪山,它永远铭记在人们的心中! 红军官兵们登上山顶后,有人编出了如此独特的诗句:"夹金山呀,夹金山,高耸云霄戳破天,我站在你头上歇歇脚,凑着太阳抽袋烟。""夹金山,有人说离天只有三尺三,人过要弯腰,马过要卸鞍。红军战士多豪迈,不弯腰,不卸鞍,要拨开乌云见青天。"下山了,一片乌云遮住了太阳,突然云雾翻滚,狂风大作,山风卷着雪花,发出刺耳的呼啸声,冰凉湿冷的单衣被狂风一吹,战士们被冻得浑身哆嗦,只能咬牙坚持着,加快步伐向山下走去,遇到光滑的冰雪道,索性像坐滑梯一样滑下去。天黑时分,部队终于翻过了夹金山,来到了有人烟的地方。

翻过夹金山,部队又行程百余里,跨过两座悬挂在大渡河上的铁索桥。桥下波涛汹涌,浪花翻滚,吼声如雷。人走在摇摇晃晃的铁索桥上,如同走在漂流在河里的木筏上,头晕目眩,心惊肉跳,似乎随时都有掉下去的危险。过了铁索桥,部队在丹巴休息了一天,便沿着奔腾咆哮的大渡河支流格石扎河,向西北继续前进。

沿着格石扎河行军两天之后,一座更加雄伟多姿的大雪山——折多山挡住了红军官兵的前进道路,其主峰党岭山海拔 5000 多米,顶天矗立,直插云端,山上终年积雪,有"万年雪山"之称。山上空气稀薄,不时有风暴、雪崩发生,当地藏族人把它奉为"神山"。当地人还告诉红军官兵,人到山顶上不能说话,一说话就要被天神搞死。

经过长途跋涉的红军战士,忍受着饥寒和疲劳的折磨,一步一步地向山上挪动。越往上走,空气越稀薄,越觉得头昏脑涨,四肢无力,呼吸困难。走在前面的须刨开冰雪,辟路前进。白天还好一点,夜间真是寸步难行。由于空气稀薄,走快了喘不过气来,走慢了又冷不可支。上山汗流浃背,浸透军衣,一到山顶,汗湿了的衣裤都成了冰甲。天气变化无常,有时狂风夹着大雪,使人立足不稳,有时雨雹并作,使人心慌、腿酸、眼花。想坐下来休息一下,但又不能坐下,一坐下就有死亡的危险。在这种时候,全军指战员发扬了高度团结友爱的精神,党员、团员、干部都起了模范作用。大家争着帮助伤病员和体弱的同志,抢着代背武器和背包,一人晕倒,几人扶持,同时互相鼓励,彼此照顾,终于翻越了大雪山。

红军在甘孜走过的雪山

徐向前后来回忆了翻越这座雪山的情景:

我们住在丹巴的一个村子里,又向藏族老乡做了调查。他们说:翻越党岭山,必须赶在中午十二点钟以前。每天下午要起风暴,人到那里,就别想活命。我们令部队充分做好征服大雪山的准备工作。规定每人带足三天以上的干粮;备有两双草鞋和一副铁脚码子;尽量筹集御寒取暖的衣被、毛皮、辣椒、生姜、青稞酒、干柴；每个班、排配有刨冰攀崖用的铁锹、绳索等。各级政治机关大力进行思想动员，号召发扬不怕艰难困苦和团结友爱的精神，万众一心，向雪山进军。

总指挥部和七十六团一起行动。头天下午出发，在半山腰过夜，以便翌日上午通过党岭山。高原地带，爬山特别费劲。越往上走，越觉得头晕脑涨，四肢无力，气都喘不过来，只能一步一步地挪。夜间，寒风怒号，大雪弥漫，气温达零下二三十度。指战员们的衣服冻成了冰筒，眉毛、胡子结满冰霜。有些同志被冻僵在雪堆里，长眠在折多山上。牦牛是个宝，数量虽少，但出了大力气。这种动物，不仅肉可食，皮可衣，而且适应高原的恶劣自然条件，驮运物资，爬山履雪，比马匹还顶用。我们通过党岭山后，那些驮着辎重的牦牛，把四肢收起，扒在雪坡上下滑，一气就能滑下山去。同志们都风趣地把它们称作"革命牛"、"救命牛"。[16]

已年过半百的朱德总司令，顶风冒雪，迈着稳健的步伐，和战士们一起跨过了党岭山。在翻越这座雪山之前，徐向前考虑到朱德总司令身体及安全，专门令部队给他备好坐骑、担架，但朱德都把这些让给了伤病员用，自己坚持步行。夜晚宿营在半山腰时，大家冻得无法入睡，朱德总司令便忍受着严寒的袭击，一边给战士们讲故事，一边鼓舞战士们战胜风暴雪山，胜利实现北上计划。

许世友在其回忆录中也写到了翻越党岭山的经过：

随着时间的消逝，长龙般的队伍已进入白云缭绕的半山腰。忽然，西北方向涌起一块乌云，挨着山头压了过来，这预示着一场暴风雪将要来临。为争取时间，大家都不约而同地加快了脚步。

雪山的天气变化很快，不过一刻钟，暴风雪就来了。霎时，天昏地暗，狂风大作，刮得人们站不住脚，睁不开眼。紧接着，鹅毛大雪越下越大，气温骤然下降。

由于天黑、风急、雪大，难以继续行进，只好原地休息，待风雪停后再前进。我们要求部队选择避风的地方，以连为单位围在一起休息。因人多围在一起，可以较好地抵御风雪的袭击，可以人们自身的温度相互取暖。

好不容易挨到风停雪止，天色微明，大家互相搀扶着艰难地站立起来，又迈开了前进的步伐。

冻得失去了知觉的双脚已不听使唤，走一步跌一跤，爬起来再走，走出二三十步才慢慢恢复了知觉。不少同志的脚冻裂了，鲜血渗透了裹在脚上的破布和草鞋,在雪地上留下了斑斑血印。

越往上爬,积雪越厚,天气越冷,空气也越稀薄了。同志们一步一停,一步一喘,每走一步都要用出全身的力气。有的同志晕倒了,大家就互相搀扶着向上攀登。

在这最艰难的时刻,政治工作发挥出特有的威力。王建安政委不顾自己身体虚弱,不断地给部队做鼓动工作。各级干部以短促有力的口号,宣传队员们敲响锣鼓,打起"呱嗒板",活跃气氛,鼓舞部队的士气,激励大家去战胜困难。

距顶峰越来越近了。突然,前面传来一阵欢呼声。走在我身后的警卫员一步跳到我跟前,手指着山顶高兴地说:"军长你看。"我抬头一看,只见一面鲜艳的红旗耸立在顶峰,在皑皑白雪的衬映下,是那样的光彩夺目,那样的振奋人心。

"前卫团到达主峰了!"胜利的消息随着山峦的回音,拨动着每一个同志的心弦。同志们忘记了严寒,忘记了饥饿,忘记了疲劳,一鼓作气向上冲刺,来到主峰,真好像到了另一世界。片片白云绕着山头轻轻地飘过,银装素裹的雪山,在阳光的照耀下显得分外妖娆。在空气稀薄的山顶上,同志们无暇观看这雪山美景,加快步伐向山下行进。

一过主峰,我们都倍感轻松,队伍里谈笑风生,更加活跃。王建安政委风趣地说:"孙大圣大闹天宫,蟠桃、仙丹,吃的、喝的,应有尽有。我们是在缺吃少穿的情况下'大闹天宫'。看来,孙大圣在我们红军面前也要甘拜下风了。"[17]

但是,南下红军在征服党岭山的过程中,又有许多官兵付出了宝贵的生命。

几万红军将士就是在付出巨大牺牲后,终于征服了长征途中遇到的最大的雪山。

翻越党岭山后,红军先头部队三十军于3月1日攻占道孚。3月2日,张国焘致电金川省委,提出攻取康定,建立西北抗日根据地的主张。

张国焘为自己打气

3月上旬,四方面军总部制订了"康道炉战役补充计划",对红军今后的行动做了进一步部署,"补充计划"在对当前敌情进行分析的基础上,进一步明确了战役纲领:

我主力进出于道、炉、甘一带,相机取康定,准备消灭由康定方面进攻之敌,并肃清西北一带之藏反。争取这一广大地区中部队之补充、整理、休息,待机行动。派一部出观音河地区活动,以开通将来主力北进之道路。对夹金山、巴朗山、虹桥山、大炮山、木壳口梁子应尽力牵制,并积极采取佯动姿势。[18]

按照计划,3月15日,三十军攻克炉霍后,继续西进,占领西康东北部重镇甘孜。四军则经炉霍向西南疾进,攻占瞻化(今新龙县),俘敌国民党西康宣抚使诺那喇嘛以下百余人,三十一军九十三师及九军二十五师,分别由丹巴、道孚南下,钳击泰宁,守敌李抱冰五十三师一部弃城南逃康定。三十二军及九军二十七师,在懋功以南完成掩护主力转移任务后,跟进道孚、炉霍。三十一军九十一师在宝兴南关、大垭口多次与追敌激战,击溃敌人两个团,胜利完成后卫任务后,也从懋功、丹巴向炉霍地区转移。

从张国焘错误地坚持南下到被迫北上,只不过半年之余,但在这半年之中,南下红军遭受的损失却是惨重的,部队从南下开始时的45个团8万多人,减少到28个团4万多人,人员数量锐减一半,其中还包括红一方面军留下的红五、九军团在内。实践是检验真理的唯一标准,也是检验错误路线的试金石。南下红军官兵对张国焘的不满情绪与日俱增。

张国焘为了给自己打气,于3月15日红军总部进驻炉霍以后,便迫不及待地召开了红四方面军干部会议,以统一认识。

在会上,张国焘作了《关于中国苏维埃运动发展前途》的报告。在报告中,张国焘首先分析了"中国苏维埃运动发展的情形究竟怎么样",他认为,五次反"围剿"之后,中华苏维埃运动陷于低潮,到现在是处在两个高潮的中间,新的苏维埃运动的高潮不可避免地快要到来……接着,张国焘话锋一转,仍然攻击党中央的北上进攻战略是退却和逃跑,大肆鼓吹他的南下方针是正确的。他指出:

在相当的意义上说,南下是胜利,达到了我们的预定目的。除了主力红军取得巩固与扩大外,南下还给全国红军以极大的配合。假如当时一、四方面军全部到陕北去,那么薛岳、胡宗南、王均等共有100多个团可以跟着我们到陕北去,使我们发生更大的困难。正因为当时主力红军的南下,牵制与吸引了敌人,使一、三军能够顺利到达陕北。同样也使二、六军能顺利发展运动战。在这方面来说,南下也是有极大意义的。

我们这次离开天、芦、雅，主要的原因是敌人有着比较优势的兵力，我们不愿意去和敌人拼消耗，而转移到敌人力量比较薄弱的地方去寻求新的发展。这当然也是一种退却的行动，可是这一退却是有秩序的出于我们自己的主动。

同志们！我们还必须了解，我们与毛、周、张、博争论的中心是进攻路线与逃跑路线的问题，而不是所谓南下与北上的问题。所以我们此次夺取西北与他们的向北逃跑是没有丝毫相同之处。[19]

张国焘的上述辩解，我们应当加以鉴别，应当客观、全面地看待。张国焘无端攻击北上中央红军，将分裂红军的罪名强加到北上中央红军头上，这是极端错误的，是将他犯的错误硬扣在中央头上！

但对南下红军所起的作用，我们应该给予实事求是的评价。也就是说，我们应该将张国焘所犯的路线错误，与广大红军在南下过程中英勇奋战的功绩分开来看。南下红军不仅在初期胜利地打开战局，消灭了许多敌人，给蒋介石及川军以极大的震撼，迫使国民党反动派不断调整兵力部署，客观上的确起到了掩护北上红军的战略性支援作用；同时南下红军也在与敌人的激烈交战中，吸引了几乎所有的川军和蒋介石的部分嫡系部队，从而有力地掩护了红二、六军团的西征和北上。如果否定了这一点，也不符合历史事实。但是，这是广大南下红军官兵浴血奋战的结果，而不是张国焘本人的功劳。南下红军官兵所起到战略牵制或支援的作用，也并非是张国焘的本意。张国焘的根本目的就是另立中央，这已经被历史所证实。张国焘在这里之所以提到这些功绩，意在以广大南下红军的功绩来掩盖他自己分裂红军的历史性错误。张国焘说此番话还有另一层用意，就是让广大红军官兵对此深信不疑。因为，他并没有完全胡说八道，好像是在用事实说话。从这个意义上说，张国焘是在以广大南下红军官兵的生命和鲜血为代价，以实现其个人的野心！而且，他还想继续利用下去，这就是张国焘极其阴险狡诈之处。此外，张国焘不仅不承认南下失败，反而强调南下胜利，简直是信口雌黄！事实胜于雄辩，不仅广大红军官兵对此有清醒的认识，即使张国焘本人也不过是想为自己打气而已！

张国焘在标榜了南下的正确和功劳之后，还就下一步南下红军的战略方针和针对部队中有关南下的议论进行了辩解：

我们现在还是要相机消灭李抱冰，会合二、六军来顺利地遂行夺取西北，创建西北抗日根据地的战略方针……

我们现在要在这里停留一个时期,要去打康定的敌人。二、六军在康定附近与我们会合有极大可能。所以我们的战役计划还未终结,完成这一战役计划与将来胜利的行动是密切联系着的。现在我们要进行许多准备工作,我们在这里不是借路经过,而是要整理部队,建立政权。摆在我们面前的任务是夺取少数民族,建立政权,正确执行粮食政策,争取相机消灭李抱冰,拿下康定的战役胜利。[20]

最后,张国焘为制止南下红军官兵中的种种议论继续蔓延,强硬指出:

现在又有些人在造谣,说什么要走三个月的草地,这一谣言影响到我们通信连发生个别开小差的企图,这种谣言必须坚决扫清才行。

......

我们是有政权与军队的党,党内的民主是受到一些限制的。每个同志现在要好好地约束自己,不要信口开河随便乱谈。在一切政治问题上服从党的决议,任何一种暗中三五成群议论党的决议而发生破坏作用的现象,都要遭受铁锤的打击。每个党员有意见可事先向领导机关提出,但决定后便要一致执行。故意引起猜疑,类似小组织的活动等等,只是一种帮助敌人损害自己的行为。每个同志应该慎重地来约束自己。[21]

张国焘的上述报告,根本目的在于美化其南下战略,攻击北上战略,抑制部队干部战士对他的议论和批评,但无论其怎样辩解,事实胜于雄辩。南下广大红军官兵有越来越多的人增强了"免疫力",不再盲目听信张国焘那一套了。原四方面军的一个干部王加善,在其回忆录中向我们生动描写了他本人及一名宣传员的思想转变过程,真实反映了大多数南下红军官兵思想的变化:

9月10日(应为9月14日——本书作者注),张国焘下达了严厉的命令:红四方面军转回大、小金川。在中途十七拐地方(应为卓木碉——本书作者注),张又召开会议,另立中央。这是张国焘一个人的假中央,但许多人是举了手的。

我当时未识破张的阴谋,也是举了手的。记得那时红四方面军有一个宣传员还编唱了一首歌,有两句是"1、2、3、4、5,反对毛周张博"。"毛"、"周"不用再解释,"张"指张闻天同志,时任党中央总书记。"博"指博古,即秦邦宪同志。

红四方面军虽在川康边区占领了天全、芦山、宝兴、金汤、丹巴等大片地区,但人烟稀少,给养困难,国民党的军队又围攻不舍,原来要在川康边境建立根据地的设想日趋幻灭,广大指战员对张国焘益加不满,但因张国焘的高压手段,敢怒而不敢言。我们很自然地想到党中央,想到毛主席。

……

1936 年 1 月 22 日,党中央、毛主席从陕北根据地给张国焘发来电报,要张立即取消反党组织,停止非法活动。此时张面临种种危机,在敌军严重压迫之下,想在川康边境割据下去已不可能,迫不得已才于 1 月 29 日电告党中央、毛主席同意北上会师。同月 30 日,张国焘下令红四方面军和各机关返回草地集中。我们开始了第三次通过草地的艰苦行军。时间是在冬季,给人的考验也特别严峻。这时前面提到的那位宣传员又唱开了:"1、2、3、4、5,去找毛周张博";"反对"改成了"去找",这对张国焘来说,是一种讽刺,张国焘哪里容得。不久这位宣传员便失踪了,有人估计是遭到张的暗害。[22]

驻足西康

至 4 月上旬,红四方面军控制了东起丹巴,西至甘孜,南达瞻化、泰宁,北连草地的大片地区,南下红军由此转入了一个相对稳定的时期。

这一带原属四川军阀刘文辉的势力范围,是以藏族为主的藏汉杂居区域。藏汉两族间的关系十分恶劣,这种恶劣的关系并非始于现在,而是有历史根源的,主要是中国历朝历代对待藏族一直以大汉族主义自居,若有反抗者,多以武力征服,这种政策一直延续到四川军阀刘文辉入康。

这里的生活习俗与其他地方截然不同,张国焘在其回忆录中写道:

一妻多夫的制度盛行于这一带,但妇女的地位却又特别低。藏人兄弟数人往往共娶一妻,她周旋于这些兄弟之间,要维持他们的和睦,如发生争风吃醋的事,不问原因何在,概归咎于妻子。妇女出街要戴面罩,而且有些还毁了容(所谓毁容,就是故意将面部划破,涂上黑灰,变成黑疤)。喇嘛们在街上逛游时,妇女们要远避,否则就被视为不道德,如果一位年轻貌美的女子,竟引诱喇嘛们注视,那更是邪恶之举。凡是引起争风的妻子,或引起喇嘛欲念的妇女往往送去当尼姑。道孚市郊的一座小山上,便有一个规模颇大的尼姑庵,住满了这类尼姑。

……

藏族的文化较低。藏人一年四季,不分冷暖,总穿着一件油渍的羊皮统子，这件皮统子往往重达三十磅，成了他们日常生活很大的负累。他们虽有自己的文字，但结绳记事的方法，还是很普遍。而且文字也极不完备，很多较复杂的概念，就无法表达出来。譬如"团体"这个名词，在他们的文字中就没有，我和他们研究，藏文中只有"一心一意"这个名词，较接近于"团体"这名词的意义。[23]

这里的地势平均海拔 3000 米以上，虽地域辽阔，但物产贫瘠，人烟稀少，再加上气候寒冷，对红军的生存和发展都很不利。红四方面军原不打算在这一带久留，只想筹集到必要的粮食、物资后，即刻转移。

然而，就在这时，红二、六军团北上的消息传来，策应他们北进的任务，提上了日程。朱德提议，在这一地区停留下来，就地休整补充，接应红二、六军团北上，张国焘、徐向前、陈昌浩等人同意了这个意见。

朱德、张国焘虽然都同意迎接红二、六军团北上，但是他们各有各的考虑的。朱德后来在同原红二方面军的同志谈起这次决策经过时说，"他（指张国焘）没有决定北上前，是想叫二方面军在江南配合他，他好在甘孜待下来保存实力，他的中央就搞成了。他想北上时，才希望二方面军渡江北上"。同时，他又"怕二方面军和他作对，搞不到一起"。"我想二方面军过江对我们就气壮了，所以总想你们早点过来好。""过江不是中央指示，是我们从中抓的，抓过来好，团结就搞起来了"，"二方面军过江，我们气壮了，北上就有把握了"。[24]

其实，当时张国焘的想法还不是北上，而是继续向西北发展，建立西北抗日根据地，而非与北上中央红军会师，张国焘在 3 月 15 日所做的《关于中国苏维埃运动发展前途》的报告中已经明确指出了这一点。4 月 1 日，张国焘在道孚又召开了机关活动分子会议，会上张国焘又作了《中国苏维埃运动发展的前途和我们当前任务》的报告。该报告洋洋洒洒近万言，与 3 月 15 日的报告内容大体上是一致的，只不过是后者比前者的内容更细致些。报告中，张国焘明确提出：

> 我们当前的任务是要创建西北抗日根据地，就是说我们要在四川、陕西、甘肃、青海、新疆、宁夏、西康的几省中建立广大革命与抗日的根据地，这于中国革命是有着极其重大意义的。当然，这一地区比之于湖北、江西较为落后，可是我们有着伟大的前途。因为中国革命有如下发展的可能：可以在比较落后的区域，敌人的统治比较薄弱而其冲突与矛盾特别厉害的地方首先得到胜利，使整个中国的土地革命和民族革命与弱小民族解放运动结合起来，使国内战争与民族革命战争结合起来，这样去取得中国革命

最后胜利。[25]

在这次报告中,张国焘老调重弹,继续攻击党中央,他在报告中指出:

> 毛、周、张、博的错误,在于一、四方面军会合时,一方面军在八个月长期行军后,需要休息和整理,同时正当两个主力结合起来,可以反攻敌人的时候,他们对这一力量估计不足,而在"北上进攻敌人"的掩盖下准备继续退却,于是便发展到分裂红军。[26]

为了实现向西发展的目的,张国焘还派余洪远和邵式平探寻去青海的道路。余洪远回忆说:

> 张国焘叫我和邵式平两个到甘孜,任务有两个:一个是查明德格到青海的道路,一个是迎接二方面军。当时我一路调查,一路找喇嘛开座谈会,以后从甘孜一个铁棒喇嘛、绒坝岔一个喇嘛和德格一个喇嘛那里了解到这条路要走48个马站,就是马也要走48天,而且中间都是小路,没人烟,没粮食。他们喇嘛走都是马驮上粮食,边走边采野果补充,才能走到。有些地段水都没有,马还得驮水。我把情况告诉邵式平,发电报给张国焘,说此路根本走不通。[27]

向西发展的道路走不通,对张国焘打击很大。张国焘再无计可施,不得不停下来等红二、六军团上来以后再说。

4月1日,红军总部和红四方面军总部接连发布了《关于目前我军行动任务的指示》《红四方面军关于目前战斗准备工作给各军的指示》《战斗准备时期政治保障》。此后,南下红军就在"北上创建西北广大抗日根据地"、"迎接二、六军团"的口号鼓舞下,积极开展部队整编、军事训练、筹集粮食和御寒物资等工作。

此时,红二、六军团仍在滇、黔边的宣威、盘县一带行动,敌重兵不断进击或堵截,但均被红二、六军团的运动战所摧破。他们不断与四方面军联系,并逐步向其靠拢。但就在南下红军上述指示发出的当天,陕北共产国际代表林育英的一封来电,不同意南下红军的计划,给南下红军领导人的思想造成了一定的混乱。徐向前对此回忆道:

> 二、六军团转战在川黔滇边,同党中央失去了电台联系。中央对二、六军团的指示,便由四方面军转发。朱总司令是中央革命军事委员会的主席,极为关心二、六军团的命运。鉴于二、六军团已转战到滇西北地区,拟北进与四方面军会合,朱总司令提议,四方面军暂在现地休整补充,接应

二、六军团北上,大家都同意。不知怎么搞的,林育英来电,反对这个计划,说:"二、六军团在云贵之间创立根据地,是完全正确的。""将二、六军团引入西康的计划,坚决不能同意。"并说:"四方面军既已失去北出陕甘的机会,应争取先机南出,切勿失去南下机会。"那时,中央红军主力已东渡黄河,向山西地区转战。形势错综复杂,方针变来变去,我们感到迷惑不解。多亏朱总司令决心不变,坚持四方面军仍在现地休整训练,待与二、六军团会合后,共同北上。同时,红军总部和方面军总部还向中央建议,陕北为红军活动的重要地区,东征红军不宜孤军突出,脱离根据地,宜早日回到陕北为好。后来,我看了文件才知道,红一方面军东征的目的,是要从绥远方向打通与苏联的联系,推动抗日局面的发展。[28]

4月12日,朱德、张国焘就"完成四、五两月准备工作会合二、六军北上"致电陈昌浩,向其通报了当面敌情,并详细告之二、六军团的活动情况,认为红二、六军团北上已成事实,40日内即可会师,虽然途中困难很多,但能够克服。最后,指示陈昌浩努力筹集粮食,以供北上之需,完成四、五两月战斗准备工作。这样,就能争取会合二、六军团和实现北上的胜利。

在此期间,南下红军对部队进行了整编,整编后的部队共6个军4万余人。部队整编后,立即展开训练和开展地方工作。在此期间,刘伯承主持红军大学的教学工作搞得非常出色,对提高部队干部的政治军事水平,起到了有力的推动作用。刘伯承亲自给干部讲打骑兵的战术问题,还专门编写了教材。凡是听过他讲课的人大都有同一感受,他讲的课深入浅出,比喻生动,富有哲理性,让人感到津津有味,听了还想听。

红四方面军的红军大学是由朱德、刘伯承等同志提议,于1935年10月在卓克基重新组建的。学员多是从各军抽调来的连排干部,每期三个月。红军大学的教育方式和内容多种多样,非常生动活泼。自此以后,这所"流动的大学"就一直跟随部队南征北战,为部队培养了许多优秀的人才。

部队在抓紧军事训练的同时,还开展了广泛的地方群众工作。由于封建军阀多年来对藏族人民的残酷剥削和压迫,他们对汉人充满仇恨,对红军也持敌视态度。红军初到这一地区时,藏族人们受当地土司和国民党当局宣传的煽动,都躲到深山里去了。反动土司更是凭借武装,不断袭击和骚扰红军驻地,杀害红军派出的工作人员,牵走红军千辛万苦募集到的牛羊。

朱德总司令看到这种情形后,把各部队负责人召集起来,当场宣布几项规定:尊重当地的风俗习惯;爱护藏族人民的一草一木;在藏族人民没有回家之前,不准进他们的屋;看管并喂养好藏胞留在家中的牛羊。要求大家加强政治思想工作,严格执行党的民族政策,用实际行动感化藏族同胞。他又找来随红军行动了一段时间的"通司"谈话,请他带几个人上山寻找藏族同胞,做宣传解释工作,动员大家回来。4月之后,春天已悄然来到川西高原,朱德看到一片片土地正等待着耕耘,就发动总部机关和一些部队帮助藏胞把地种上。朱德还亲自拿着镐头,去田间干农活。不久,藏族同胞们陆续回来,疑虑逐渐消除了。

随后,红军派出一批党政干部协助地方人员建党建政,建立藏族地方武装,建立百姓联合会、青年队、姊妹团等群众组织。在红军的努力下,成立了由藏民组织的波巴独立政府。利用一部分有名望有号召力的土司,作为争取下层藏族群众的桥梁。在一些开明的土司和藏族头人的影响下,有些藏胞还参加了红军。这里尤其需要一提的是丹巴一带的一个藏族头人名叫马骏。他虽然身为头人,但思想开通,同国民党和四川军阀有着深刻的矛盾。红军到来不久,他就率领自己的队伍投奔红军,被总部授予大金川红军独立第二师的番号,并被任命为师长。为了改造这支队伍,总部派李中权为政治委员,金世柏为副师长,另从各军抽调了100多名干部到该师部队中担任团政委、副团长、指导员等职。这些人为了便于工作,也穿着藏服。战士们个个强壮慓悍,能骑善射,作战非常勇敢,该独立师担负着以丹巴为中心,东至绥靖,西至夹金山约600里交通线的警戒任务。马骏自参加红军后,不仅作战勇敢,而且利用他自己和父亲在当地的影响,协助丹巴县委工作,为主力红军北上筹集了100多万斤粮食,为红军北上立下了汗马功劳。

筹集粮食和衣物是北上准备工作的又一项重要任务。这一地带,老百姓家里没有多少多余的粮食,多余的粮食大多集中在喇嘛寺内。每个喇嘛寺均拥有大批土地、粮食、酥油、金银和牛羊,并有武装自卫。据徐向前回忆,仅陈昌浩、刘伯承部所在的炉霍地区的一座寺院,就有粮食一万石、羊毛十万斤、盐四万余斤,以及相当一批贵重药材、金器银器、毛毡、武器弹药等。根据党的统一战线策略,红军放宽了对土司、喇嘛的政策,尽量通过和平谈判,令其停止武装抵抗,用借贷方式,取得红军急需的军用物资。对坚持反动立场、顽固抵抗者,才以武力解决之。根据这个政策,红军首先争取了甘孜西部的大土司德格,他同红军达成了互不侵犯协议,并捐献了一批粮食和牛羊,慰问红军。红军则派人送去了枪支弹药,作为谢礼。这对争取其他土司、喇嘛友好地对待红军,产生了较大影响。

由于红军在这一地带住的时间较长,尽管做了大量的工作,但是粮食问题仍然是面临的一大难题。4万多南下红军将士每天消耗的粮食数量就相当可观,此外,他们不仅要为自己北上准备粮食,还要为红二、六军团北上准备出足够的粮食。但是这一带物产并不丰富,粮食问题仍然严重。为此,广大红军官兵不得不严格控制粮食消耗,每天只能分配几两粮食,不足的部分以野菜充饥。朱德亲自领导了一个由当地老乡和医生组成的野菜委员会,这个委员会有二十几个人,其任务是在漫山遍野的野菜之中,搜寻一些可以吃的野菜。这种工作相当危险,当他们判定某种野菜是否可以食用时,往往先由少数人试吃,觉得没事儿,就将这种野菜记录下来。有一次,当他们试吃一种野菜后,试吃者出现昏迷,经过急救,才脱离危险,这种"神农尝百草"的办法,解决了不少问题。经过一段时间的积累,他们从野菜中找出了二十多种可食用的野菜。然后,他们编成《吃野菜须知》的小册子,发给部队官兵,再由部队去挖掘。

这里气候寒冷,特别是红军初到时期尤甚,而且这里的布匹棉花少得可怜,由于这里的人们主要是以放牧为主的生活方式,羊毛倒不缺乏。商店仓库、喇嘛住宅,到处堆着羊毛。这主要是因交通不便,多年堆集,卖不出去。红军来到这里以后,开始大量购买羊毛,以解决衣物问题。但大多数没有经过加工,又脏又黑,中间还夹杂着羊粪、草叶、树枝、泥块等杂物,散发着一种难闻的腥膻气味。红军官兵靠着从当地百姓中学来的方法,硬是将这些脏羊毛变成了洁白如雪的松软羊毛。

接着,红军官兵又遇到纺毛线的问题,于是他们就去请教藏族房东家的小姑娘。康克清对此回忆道:

　　她(指藏族小姑娘)拿来一个用羊骨头做的捻锤和一根树条,先把羊毛均匀地摊开,把树条放在中间,卷成一个个大小均匀的羊毛条子。在条子一头搓出线头,系在捻锤上,再一捻,捻锤转起来,就从羊毛条子上抽出细细的白毛线。这同我们在家里捻棉线的办法差不多,只是一根毛线抵上十几根棉线那么粗。大家立即动手制造捻锤,有用木头削的,有用羊骨头、牛骨头做的,也有用小石头块刻磨的……真是五花八门,什么样的都有。

　　捻毛线也是个技术,因为毛线不能捻得像棉线那样细,要掌握粗细均匀很不容易。妇女排许多人捻了半天,都是粗细不匀;有些急性子的就把毛线掐断重捻,结果废线头堆了一堆,还是不行。正巧,朱老总来检查进展情况，就把如何掌握捻毛线的要领讲给大家听。他从肖成英手里接过毛条和捻锤，当场表演。他的动作轻巧熟练，捻出的毛线粗细均匀。大家想不到总司令竟是个捻线能手。

"快来看，总司令的线捻得多好啊！"

不知是谁一声吆喝，马上围来许多人。总司令放下捻锤，取下毛线交给大家传看，大家都赞不绝口。有人咂着嘴说："这线，说是机器纺的，也会叫人相信。"我后来问他，才知道他从小在家里就捻过毛线。

半个月时间，松软的羊毛变成一团团缠绕整齐的洁白毛线球。下一步要编织了。妇女排里不少人会打毛线衣，就成了大家的老师。不分男女，每人都抱着毛线球，用竹针一针一线地编织，夜深人静还能听见竹针打毛线的声音。那个藏族小姑娘跟着我们也学会了织毛衣。[29]

那一时期，南下红军各连队几乎都变成了一个个小型羊毛纺织工厂。不久，全军服装都是各种颜色的毛织品，其中以白色最多。红军对纺织羊毛多方鼓励，用教练品评、竞赛展览等方法，以促进战士们在这方面的努力。就这样，圆满地解决了红军的衣物问题。

总之，通过红军官兵的各种努力，南下红军终于在此地站稳了脚跟，但这一带自然条件很差，不适应大部队长期驻扎。所以，方面军领导人在组织军事训练，开展群众工作的同时，将主要精力还是集中到了红二、六军团的动向上来，所有红军官兵也在十分焦急地等待着红二、六军团的到来，然后一同迅速北上！

———————————

[1] 中国工农红军第四方面军战史编辑委员会：《中国工农红军第四方面军战史资料选编》（长征时期），解放军出版社 1992 年版，第 286 页。

[2] 中国人民解放军历史资料丛书编审委员会：《红军长征·文献》，解放军出版社 1995 年版，第 847 页。

[3] 中国工农红军第四方面军战史编辑委员会：《中国工农红军第四方面军战史资料选编》（长征时期），解放军出版社 1992 年版，第 311 页。

[4] 中国人民解放军历史资料丛书编审委员会：《红军长征·文献》，解放军出版社 1995 年版，第 850 页。

[5] 中国人民解放军历史资料丛书编审委员会：《红军长征·文献》，解放军出版社 1995 年版，第 851 页。

[6] 中国人民解放军历史资料丛书编审委员会：《红军长征·文献》，解放军出版社1995年版，第852页。

[7] 中国人民解放军历史资料丛书编审委员会：《红军长征·文献》，解放军出版社1995年版，第853页。

[8] 中国人民解放军历史资料丛书编审委员会：《红军长征·文献》，解放军出版社1995年版，第854页。

[9] 徐向前：《历史的回顾》（中），解放军出版社1984版，第476—477页。

[10] 中国工农红军第四方面军战史编辑委员会：《中国工农红军第四方面军战史资料选编》（长征时期），解放军出版社1992年版，第330页。

[11] 中国工农红军第四方面军战史编辑委员会：《中国工农红军第四方面军战史资料选编》（长征时期），解放军出版社1992年版，第294页。

[12] 中国人民解放军历史资料丛书编审委员会：《红军长征·文献》，解放军出版社1995年版，第862页。

[13] 中国人民解放军历史资料丛书编审委员会：《红军长征·文献》，解放军出版社1995年版，第862—863页。

[14] 张国焘：《我的回忆》（第三册），现代史料编刊社1981年版，第292页。

[15] 张国焘：《我的回忆》（第三册），现代史料编刊社1981年版，第297页。

[16] 徐向前：《历史的回顾》（中），解放军出版社1984版，第480—481页。

[17] 树军、新民、解昌：《万里长征亲历记》，中共中央党校出版社1996年版，第537—538页。

[18] 中国工农红军第四方面军战史编辑委员会：《中国工农红军第四方面军战史资料选编》（长征时期），解放军出版社1992年版，第389页。

[19] 中国工农红军第四方面军战史编辑委员会：《中国工农红军第四方面军战史资料选编》（长征时期），解放军出版社1992年版，第397页。

[20] 中国工农红军第四方面军战史编辑委员会：《中国工农红军第四方面军战史资料选编》（长征时期），解放军出版社1992年版，第398—399页。

[21] 中国工农红军第四方面军战史编辑委员会：《中国工农红军第四方面军战史资料选编》（长征时期），解放军出版社1992年版，第399—400页。

[22] 王加善：《三过草地话长征》，选自中国人民政治协商会议湖北省委员会文史资料研究委员会：《湖北文史资料》第一辑，湖北人民出版社1980年版，第54—56页。

[23] 张国焘：《我的回忆》（第三册），现代史料编刊社1981年版，第286—287页。

[24] 金冲及：《朱德传》（修订本），中央文献出版社2000年版，第467页。

[25] 中国工农红军第四方面军战史编辑委员会：《中国工农红军第四方面军战史资料选编》

（长征时期），解放军出版社 1992 年版，第 414 页。

［26］中国工农红军第四方面军战史编辑委员会：《中国工农红军第四方面军战史资料选编》

（长征时期），解放军出版社 1992 年版，第 417 页。

［27］余洪远：《长征时期甘孜、阿坝、毛儿盖等地的历史情况》（未刊稿）。

［28］徐向前：《历史的回顾》（中），解放军出版社 1984 版，第 482—483 页。

［29］康克清：《康克清回忆录》，解放军出版社 1993 年版，第 198—199 页。

第八章

与红二、六军团
会师甘孜

"上次我们和老大关系没搞好，要接受教训。"——张国焘被迫取消"第二中央"——运筹北上——"你们这一来，我的腰杆也硬啦！"——"小心老子打你的黑枪！"

"上次我们和老大关系没搞好，要接受教训。"

为了迎接红二、六军团，红四方面军总部对部队进行了全面动员和布置，要求各部队大力开展迎接红二、六军团的组织准备工作。红四方面军总部与红二、六军团的往来电文接连不断，双方在相互通报敌情及我情，双方间的距离越来越近，两大红军主力会师在即，所有的红军官兵心里都非常高兴和激动。但是，对红四方面军官兵来说，心里又有一种担心，这不禁使他们想到与红一方面军会师而又分离的痛苦经历。为此，徐向前在动员会上向指战员们专门就此发表了自己的看法，他指出：

红军是一家人，我们和中央红军与二、六军团的关系，好比老四和老大、老二之间的兄弟关系。上次我们和老大关系没搞好，要接受教训。"兄弟阋于墙，外御其侮"。吵架归吵架，团结归团结，不能分家。现在老二就要上来，再搞不好关系，是说不过去的。每个部队都有自己的长处、短处，方针是互相学习，取长补短，加强团结，一致对敌。[1]

为策应红二、六军团北上，1936 年 4 月中旬，红四方面军派出四军及三十二军一部，由道孚南下雅江。16 日，红四军十一师进到康定县的东俄洛一带，将敌十六军五十三师别动队的 100 多人全部歼灭，切断了由康定去雅江的通道，断敌援雅之路，有力地配合了三十二军对雅江的进攻。红军南下时，雅江县长唐继时从附近村子里调来一些团防士兵，由保安大队李成仕率领，隔江防堵红军，扼守雅江县城。4月19日，三十二军先头部队来到雅江城西面的本达宗，扎了一只简易木筏，在火力掩护下，强渡雅砻江，夺取了对岸雅江船捐局的渡船，将部队渡过江去。团防士兵本是乌合之众，加之红军攻势很猛，见红军强渡雅砻江，料也抵挡不住，故胡乱地放了一阵枪后，就一哄而散。唐继时见团防兵散，也连夜只身逃到康定求援。[2]当日，红军占领雅江城。

三十二军进占雅江之后，在追击中歼敌一部，随后占领西俄洛，并将康定之敌李抱冰部阻止在了雅江以东，控制了康南咽喉，割断了康定敌军与巴塘敌军的联系，使康南各县都成了一座座孤城，保证了二、六军团北进侧翼的安全，为二、六军团通过康南到康北与四方面军会合创造了有利条件。

4月17日，红二、六军团已抵达云南的镇南、姚安一线，鉴于前有金沙江阻挡，后有追兵迫近的困难，红二、六军团领导人贺龙、任弼时、关向应于当日24时，向朱德、张国焘发出请求电，内容如下：

（一）我们决采鹤庆、丽江、中甸路线前进。现我们已抵镇南、姚安之线，估计快则十天，迟则两星期可赶到金沙江边。

（二）查丽江附近之金江多系岩河，仅有一座铁索桥，船只少，敌必守桥、封船。我们造船无把握（因行进中无时间试造），敌人（特别是滇敌）尾后跟进，靠我们渡河技术将感重大困难。

（三）据此，我们要求军委令罗炳辉军径开金沙江之渡河点，占领铁索桥北岸，掩护我军安全北渡，且随带具有造船技术和其他架桥器材之工兵，并请计算时日，罗部能于同一时间开抵金江边接应。是否可以，望即电告。[3]

张国焘、朱德接此电报后，根据时间计算，接应部队已经无法赶到江边，只能靠其自行设法渡江，但仍然迅即将此情况通报给徐向前，并指示其尽全力策应，先以有力兵团抢占丽江，并准备渡河器材。20日，张国焘、朱德再次致电徐向前和王树声，对迎接红二、红六军团做了进一步部署，指出：

会合二、六军为目前主要任务。必须确阻止敌人的截断，相机消灭雅江李（榴珩）敌，并伸到稻城以及金沙江边去迎接二、六军。

我们主张树声先率九十三师两团经扎坝去雅，向前续带九十三师一团跟进，该方由向前统一指挥。

蒋现在蓉，当然是计划隔断我与贺、萧会合。必要时可将九十一师全部亦开雅江。五军在观音河两团可先开到色尔科,该地离炉霍两天,离观音河五天,有两千户,粮、牛多,将来五军可开瞻化换出十师开雅。[4]

21日,徐向前复电张国焘、朱德,电文大意为:与二、六军会合后主要目的是北上,大军往返减员非常大,且天候也不允许,故我们迟迟而行;与二、六军会合,一面要我们配合,一面仍须他们巧于运动,并不在我们要出很大兵力怎样与敌打,因敌人也无法大量用兵。

同一天,张国焘又致电徐向前,告知:二、六军团已达宾川,约七天可达江边,蒋介石计划封锁他们;如果二、六军能顺利渡江,有九十三及十一两师、三十二军接应就足够了,主力住在雅江以北,少数兵力出稻城;如果他们不能顺利渡江,则我们应多抽兵力去江边迎接他们。北上当然越快越好,主要计算粮食状况。等与二、六军会合后,因粮食关系,或许要在稻城、雅江等地休息一时。

4月27日,应红二、六军团要求,四方面军电令三十二军西出理化(今理塘),南下稻城,去迎接红二、六军团。留下四军十一师驻守雅江,阻击敌李抱冰部的西进;三十一军九十三师则驻雅江和道孚之间的扎坝一线,好作四军十一师的后援。4月29日,三十二军翻越剪子弯山,由雅江向理化进发。29日晨,红三十二军先头部队刚进入麻格宗,预伏的崇西土司武装300余人突然向红军射击,让红军措手不及,几个红军战士当场牺牲。三十二军先头部队当即根据麻格宗的地形,在向导的带领下,立即兵分四路向崇西土司武装发起猛烈进攻。经一个多小时的激战,崇西土司武装抵挡不住,退至墨龙共防守。三十二军先头部队乘胜追击,在墨龙共将崇西土司武装全部击溃。

当时三十二军的任务是南出稻城,迎接红二、六军团,因此未在理化县城停留,而是择近道向理化木拉区进军。当三十二军行至雅江与木拉区交界的德差时,理化木拉头人甲多彭措,纠集本地武装150多人,在德差的喜麦拉卡雪山凭借山势险峻阻击红军。双方交火后,三十二军很快击溃了甲多彭措的武装,进入木拉和甲洼一带。

这时,二、六军团已渡过金沙江,到了川滇交界的中甸一带休整,红三十二军如再继续南下,已没有必要。于是红四方面军在5月6日电令:"勿再前进,速筹粮欢迎。"红三十二军接电后,即停驻理化木拉、甲洼一带,做迎接红二、六军团的准备工作。

红三十二军离开雅江向理化开进的同时,驻康定之敌李抱冰部奉蒋介石重庆行营4月21日令,于4月底派五十三师一五九旅(旅长李清献)为先头,由康定进发雅江,意欲重新夺回雅江,打通西进的通道,与驻巴安(今巴塘)的敌二十四军傅德全团及十六军工兵营相配合,对康南形成一条封锁线,堵住红二、六军团北进康北与红四方面军会师的通路,并和从云南向北追击的敌樊嵩甫、郭汝栋、李觉部一起,实行南北夹击,妄图将红二、六军团消灭在金沙江以北的康南地区。5 月初,敌李清献旅所部两个团逼近雅江。留守雅江的红四军十一师,为了有效地阻击敌人,主动放弃了在雅砻江东岸的雅江县城,退到西岸的木达宗扼江防守,阻击敌人渡江西进,以保证二、六军团及三十二军的侧翼安全。5 月6 日,敌李清献旅进占东岸雅江县城。[5]

李旅进占县城后,因渡江船只已被红军拖到西岸,无法立即渡江,只好督促工匠赶造木船。木船造好后,李旅即在强大的火力掩护下,企图强渡雅砻江。但驻守对岸的红十一师,利用居高临下的地形,早已筑好了工事,严阵以待,李旅的几次强渡均被红十一师打退,敌死伤惨重。李旅见渡江不能,也只好每天向对岸红军打枪放炮。红十一师与敌人在雅江对峙了月余,直到红二军团离巴安县城北进,红六军团已和红三十二军在甲洼会师,并续进到康北的瞻化与红四军会合,红十一师才于6 月14 日撤去江防[6],从原路安然返回道孚。

红四方面军的军事接应行动,彻底粉碎了蒋介石南北合击消灭红二、六军团,阻止红军两大主力会师的计划,保证了红二、六军团在渡过金沙江后,较为顺利地到达康北与红四方面军会师!

两军会合指日可待,朱德立即召开会议,布置迎接工作,要求各部队在会师后,互相学习,切实保证两军之间的团结。

在贫瘠的地区,拿什么礼物送给即将到来的兄弟部队呢?朱德号召大家献计献策,经过研究,最后决定用当地特产的羊毛捻成线,织成毛衣、毛裤、毛背心等,送给红二、六军团每人一件,这样既能表现兄弟间的革命情谊,也可作为北上时的御寒衣服。在朱德的带领下,部队又掀起了织毛衣的热潮。不久,在大家共同的努力下,南下红军完成了送给二、六军团的两万多件毛衣裤的任务。

随着与红二、六军团会合日期的日益临近,四方面军总部开始移驻甘孜,准备在这里迎接二、六军团。他们提出的口号是:"迎接二、六军团!"、"北上创建西北广大抗日根据地!"1936 年5 月5 日,在马克思诞辰118 周年纪念会上,张国焘做了报告。他在报告中首先赞扬了红二、六军团的英勇长征,同时也肯定了陕北红军不断发展壮大的成绩,指出由于日本长驱直入华北各省,国民党蒋介石继续勾引日本帝国主义来冒险地进攻中国,疯狂地摧残中国的苏维埃运

动,做帝国主义的清道夫。因此,中国革命高潮将不可避免地到来。张国焘指出:

> 我们虽然由于敌人的压迫,暂时处在较不利的地区上。但是,我们可以利用这地区来集合我们的力量,准备我们的力量。中国苏维埃运动虽然是受了一些阻碍和挫折。但是,由于国内群众愤怒的不断生长,国外苏联力量的巩固,世界无产阶级运动的激进等,一切必需的客观条件都准备好了,这样的条件下,我们一定可以在不久的将来,在中国比较中心的地区上,恢复我们的地位,以至在某些地区如西北首先争取胜利,这样的前途,是完全有可能的。

> 因此,我们就不能够将这运动只限于西北地区,我们要同时领导上海、武汉各地的工人斗争,各地的农民斗争,各处士兵的斗争。我们的眼光要处处不离开中国,西北抗日根据地的创立和巩固,必须以领导整个中国群众斗争为其条件。这样,大家同志就要明白自己的任务是如何的重大。[7]

张国焘在描述红军的长远战略任务后,指出了当前具体的任务,就是军事方面要学好打骑兵,同时锻炼自己的骑兵,要学会打碉堡,打少数民族的反动武装,但最重要的是要学会怎样去战胜蒋介石的主力。为完成目前具体的任务,张国焘也特别提出了与红二、六军团应搞好关系的问题。

张国焘指出,如果思想上准备不够,不团结的问题还有可能再次发生。为此,他要求红四方面军官兵在即使二、六军中发现了个别疲劳现象,甚至有落后的表现时,也不要介意,这是搞好团结的最大保证。这样的教育要深入到勤务、马夫,因为一个勤务、马夫不谨慎的胡说乱道,常常可以引起不愿有的纠纷。"我们和二、六军没有任何政治上的分歧。因此,就必须要在实际工作中证明能够和二、六军会合好。我们难免有些困难发生,这是我们要估计到的。但只要有正确的政治态度,在原则上团结起来,在党的路线上团结起来,在卧薪尝胆的时期中更加团结起来,坚决与敌人斗争到底。因此,就要加速度地加强这保证。这是我们争取更大胜利的保障!"

为了从思想上做好两军会合的准备,南下红军分别于5月6日和9日在《干部必读》上发表了郭潜和李卓然的文章,题目为《伟大的会合,伟大的前途》以及《伟大的会师加重了红军中政治工作的紧急任务》,文中指出,红二、六军团与红四方面军的会合,显示了中国红军艰苦奋斗、英勇善战、所向无敌的精神,击碎了敌人的一切障碍,顺利地达到了预定的目的。目前红军中政治工作头等重要任务,是立刻在干部、党团员及全体红色军人中,进行战斗动员,指出会合二、六军的伟大政治意义,根据党中央及总政最近的文件,说明伟大的会合,将使中国苏维埃运动发生新的有利的变动,主力红军和苏区丰富经验的聚集,领导指挥的集中,以及少数民族解放斗争的开展,我们的战斗力不仅是数量上,而且是质量上和配合上的大力加强。

就在两军即将会合之际,全国的抗日形势发生了巨大变化,广东军阀陈济棠和广西军阀李宗仁、白崇禧通电全国,表示要北上抗日。为此,5月18日,中央专门就两广出兵北上抗日一事给红二、六军团及四方面军发出了指示电,指出了这一事件的爆发,是反动统治内一个重要部分转向抗日的开始,是中国人民武装抗日讨逆的广泛统一的开始,这一行动带有进步的与革命的性质,为结成最为广泛的抗日统一战线奠定了基础。同时,电报中也指出了这一抗日运动存在的弱点,即容易妥协、动摇,中途分裂与叛变,不敢提出彻底的抗日斗争纲领。但这些弱点,并不减少这次发动的进步的、革命的主要意义。为此,电报中指出了共产党应该采取的策略:

> 我们盼策略,是在使这次发动持久、扩大、充实而转变为全中国人民武装抗日的神圣的民族革命战争。因此:①我们赞助与拥护这一发动,从各方面,首先是加速西北的发动,来响应与配合这一发动。②反对蒋介石一切破坏这一发动的阴谋诡计,反对他制造内战,拦阻两广北上抗日。③提出立刻召集全国抗日救国代表大会与它所应该即刻实行的彻底的抗日纲领。④对发动者的弱点,采取积极的善意的诱导方法。[8]

张国焘被迫取消"第二中央"

远在陕北的党中央,对红四方面军与红二、六军团的会合十分关注。当时,红一方面军已经结束东征,回师陕甘根据地,开始西征。中共中央制定的抗日民族统一战线政策,已在全国各阶级、各阶层中引起了强烈反响,尤其是在西北地区,已得到东北军、西北军和各阶层爱国人士的支持与赞同。红一方面军同张学良的东北军达成了秘密的团结抗日协定,与西北军也建立了联系。国内的政治形势正急剧地发展变化着。在这种情况下,中共中央一面将对形势的分析电告红四方面军,指示行动方针,一面继续做团结、争取张国焘的工作。

5月20日,林育英、张闻天、毛泽东、周恩来等中共中央和红一、红十五军团领导人联名致电朱德、张国焘、刘伯承和红四方面军及红二、六军团领导人,通报了国内外的政治形势以及红军与东北军密切合作等情况。对于与张国焘的关系，党中央极力淡化以前的分歧，促使其取消"中央"，以抗日大局为重，团结一致，争取北上，电报指出：

> 弟等与国焘同志之间现在已经没有政治上与战略上的分歧，过去的分歧不必谈。唯一任务是全党全军团结一致，反对日帝与蒋介石，弟等对于兄等及二、四方面军全体同志之艰苦奋斗表示无限敬意，对于采取北上方针一致欢迎。中央与四方面军的关系，可如焘兄之意暂时采用协商方式，总之为求革命胜利，应改变过去一切不适合的观点与关系，抛弃任何成见，而以和谐团结努力奋斗为目标，希兄等共鉴之。[9]

最后署名为林育英、张闻天、毛泽东、周恩来、博古、邓发、王稼祥、凯丰、彭德怀、林彪、徐海东、程子华。这是陕北党中央为力求团结张国焘，完成中国革命事业而做出的重大让步。

张国焘接此电文后，并没有立即回电。目前团结是大势所趋，人心所向，他所成立的"中央"越来越站不住脚了。但是，想要承认陕北党中央，他又有些不甘心。究竟怎么办好，他也没想好。因此，他迟迟没有回电。

党中央由此考虑到张国焘有改变错误之可能，加之红二、六军团与四方面军会师在即，其今后的战略方针如何，直接影响中国革命的进程。于是，5月25日再次致电红二、六军团及四方面军领导人，向其介绍了当前的国内形势，特别就陕北周围的敌情做了详细介绍，并指出了两军会师后的战略方针，电报主要内容如下：

> 西北的形势是：红军与东北军取得密切合作，与杨虎城、邓宝珊亦有联系。胡宗南由山西向陕南，王均在汉中，毛炳文在甘南，阎锡山受红军重大打击后，现只能出8团入陕，汤恩伯率18团（4个师）准备入陕亦颇动摇，于学忠率两师在兰州、天水间，奉军主力在洛水、环水、泾水流域，陕军在韩城、宜川线，马洪宾主力在宁夏境，马麟在青海、一部在兰州以西。红军西渡后，向陕、甘、宁发展，策应四方面军与二方面军，猛烈发展苏区，渐次接近外蒙。外蒙与苏联订立了军事互助条约，国际盼望红军靠近外蒙、新疆。
>
> 四方面军与二方面军，宜趁此十分有利时机与有利天候速定大计，或出甘肃，或出青海，在兄等大计决定之后，一方面军适时向天水、兰州出动，进一步策应兄等，使蒋军不能拦阻。至于奉军，已与秘密约定，不加拦阻。[10]

5月28日,中共中央政治局在瓦窑堡召开会议,专门就如何团结、争取张国焘,使红四方面军与红二、六军团北上等问题进行了讨论。会上,大家同意毛泽东提出的意见,对张国焘做出最大限度的让步,甚至在组织上可以让步到不一定受党中央指挥的地步。

在党中央领导同志一起通过电报对张国焘反复进行说服教育的情况下,在张国焘"南下"破产、"西进"失利、处境窘迫的情况下,在朱德、刘伯承、徐向前等帮助、敦促下,加之红二、六军团又很快就要前来会合,张国焘的"第二中央"再也不能继续下去了。但是,这对张国焘来说,也是一个艰难的选择,不取消其"中央"难以服众,取消"中央"又等于是将其"泼出去的水再收回来",张国焘的脸面无存。

这种情况下,张国焘开始向党中央讨价还价。5月30日,张国焘终于向林育英发出一封电报,内容如下:

（一）兄是否确与国际经常通电？国际代表团现如何代表中央职权？有何指示？对白区党如何领导及发展情况如何？对军事和政权机关各种名义,军委、总司令部、总政由何人负责？如何行使职权？对二方面军如何领导？

（二）我们赞成此间对一方面军暂取协商关系,对北方局取横的关系,原则上争论由国际或七次大会解决。

（三）弼时等快到了,不能再不确定,请速明白答复。[11]

6月3日,一封来自红三十二军的不同寻常的电报传到了红四方面军总部:六军首长萧克、王震率军直属机关及十六师全部今早在雄坝(今四川省理塘县东南)与我们会师,现已进驻甲洼。[12]

朱德、张国焘、徐向前等人接到这个期盼已久的电报,尽管心里早有思想准备,尽管各自心中的想法不同,但仍然抑制不住内心的激动,都为这个胜利的消息高兴。随即,他们向各军首长发出了如下电文:

六军团长萧克、政委王震率光荣长征的二、六军之先头十六师已于今日与我主力红军会合于理化南之甲洼。捷电飞来,全军欢呼。务速猛烈动员,完成六月突击计划,以迎接我英勇弟兄二、六军,坚决灭蒋,创造西北抗日根据地。[13]

两军会师已成事实,红二、六军团领导人马上就要与四方面军领导人会面,张国焘心里的包袱越来越重。自从他另立"中央"以后,虽然一直以"中央"的名义发号施令,但他自己也知道这个"中央"是不合法的,既没有得到共产国际的承认,也没有得到广大红军官兵的认可。现在,同二、六军团领导人的会面在即,任弼时、贺龙是无论如何也不会承认他这个"中央"的。共产国际代表林育英也只同意他与陕北发生横向联系,并不同意以他的"中央"代替陕北的中央。这样,张国焘陷入了四面楚歌之中。成立"第二中央",已经使自己十分被动;如果此时不取消"第二中央",则会成为孤家寡人,后果难以设想。所以,他不得不宣布取消"第二中央"。

在这种压力之下,6月6日,张国焘召开"中央"纵队活动分子会议,被迫宣布取消"第二中央",成立"西北局",并报请陕北共产国际代表。但是,要取消"第二中央",必须找一个合适的理由,并且不能承认自己另立"中央"是错误的,这对一向刚愎自用的张国焘来说,不是一件容易的事。所以他绞尽脑汁,极力淡化"取消第二中央"这些字眼,尽量强调成立"第二中央"的必要。

张国焘在报告中,首先报告了红四方面军与红二、六军团胜利会师的消息,指出了两军会师的重大意义,号召大家以最大的热忱欢迎红二、六军团的到来。

紧接着,张国焘开始谈到取消"第二中央"一事。张国焘是这样给自己找台阶下的:

> 第二个可庆贺的消息,就是我们的党,不但在政治上,而且在组织上也完全地归于统一了。去年十二月时候,我们根据共产国际的指示,通过了目前民族革命高潮与党的策略路线的决议,同时不论哪一方面——陕北或二、六军也好,也通过了同样的决议。在这时期的发展过程中,不管哪方面的党,是艰苦地为实现这一决议的精神而斗争,并且已收获了显著的成绩。最近我们和陕北方面的关系也改善了。不但在政治路线上我们已得到了一致,并且在实际行动和军事战略方针上,都能够一致地行动了——这绝不止于表现在与二、六军会合实现,并且陕北方面也和我们在一致的战略方针下行动,这是非常可以庆贺的事,这对苏维埃运动是有莫大的意义的。

谈到领导组织关系时,张国焘强调:

> 关于党的领导机关的决议,大概大多数同志们已经看过了,这决议大家要好好去看,不要当作一个简单的通知。在决议中,我们指出了我们不但在政治上完全得到了一致,而且在组织上也得到了统一,即是,我们双方都同时取消中央的名义,中央的职权由驻国际的代表团暂时行使。如大家所知一样,国际的代表团中,负总责的有陈绍禹同志,还有别的同志,代表

代表团而回国的则有林育英同志等。在陕北方面，现在有8个中央委员、7个候补委员，我们这边有7个中央委员、3个候补委员，国际代表团有二十多个同志，这样陕北方面设中央的北方局，指挥陕北方面的党和红军中工作。此外当然还有白区的上海局、东北局，我们则成立西北局，统统受国际代表团的指挥。在这样的决定之下，我们同时要反对一切企图曲解这决定的分子。我们这决定为的是团结党，使党能一致地为新策略路线而斗争，这是党原则上、组织上的大团结，是有非常大的意义。

至于当时为什么成立"中央"，张国焘辩解道：

当五次战争（即五次"反围剿"——本书作者注）之后，一、四方面军会合时，我们应当取得休息整理的机会，并且当时我们必须用大的力量去敌人统治薄弱的地区建立根据地，可是当时就发生了不顾一切的逃跑的倾向，不要少数民族工作的观念，以及向敌人的堡垒投降，认为无法创造根据地等形形色色的机会主义动摇。这时候，那些悲观失望的同志，他们解决问题的方式便是带着一部分队伍跑，在当时那样的严重的情况底下，我们是否能慢慢地等待国际或七次大会来解决呢？那时候，实在不容许我们的犹豫，我们只能自己去解决问题了。当时的争论，是政治上、原则上、战略上的。这是非常正确的争论。当然到现在新的策略路线底下，这争论是成为过去了。以后这争论可以用党七次大会或共产国际代表团的形式去解决，我们原则上是反对不正确路线，这是必须坚持的。[14]

对于当前红军的军事组织关系，张国焘指出，依旧按一、四方面军会合时的编制来划归统一。军委主席兼总司令为朱德，军委副主席兼总政委为张国焘，政治部主任为陈昌浩。组织三个方面军，陕北为第一方面军，总指挥为彭德怀；红二、红六军团为二方面军，总指挥为贺龙；第四、第五、第九、第三十一、第三十二军仍为四方面军，总指挥为徐向前，总政委由陈昌浩兼。在政治上，张国焘仍然不承认陕北党中央，他指出：

至于陕北方面，他们北上时候用的旗帜是抗日先遣军的名义，也看不出当时他们有成立军委或总政治部的模样，现在，我们对陕北方面的同志们不一定用命令的方式，就是用互相协商的形式也还是可以的。在这样的编制中也许会有些人生出些疑问，即是一方面军中旧的编制中一、三军到陕北去了，只留下五军、三十二军在四方面军，这个问题如何解决呢？对此我们应该如此了解，即是红军原是一体的，原本就没有什么人造的界限。

比方说，陕北方面，原也有不少四方面军的编制的部队，如徐海东同志部十五军也就是由鄂豫皖出来的。曾记得往年我们到达汉中附近时，叫他们带队伍来会合，可是他们到达陕西时，我们西征了，于是徐海东同志就和陕北红二十六军会合，就成为一方面军中建制下的队伍了。现在一方面军彭德怀同志率领有4师，徐海东同志有3师，另外的游击队很多，并且也打得非常好，我们对此，就应有布尔什维克的观点去了解问题，不应有着旧日方面军的界限主义。过去的旧毛病应一律除掉，必须发扬互相帮助，求进步、团结一致的精神，这是非常必要的。

这是关于成立方面军的意义，倘若宣布之后，大家没有什么意见，那么我们就按照新的办法施行，这是为的党的统一，军事上一致去求取胜利，以保证将来会合时不致发生其他意见，这是要大家注意的。[15]

从上述内容可以看出，张国焘在多种压力之下，终于被迫取消"第二中央"，至此，张国焘进行了九个多月的分裂党、分裂红军的活动终告失败。

运筹北上

张国焘在扔掉"第二中央"这个思想包袱以后，开始筹划两军会师后的战略方针。在接到陕北党中央5月25日"关于目前形势及战略方针"的电文以后，他发现陕北红军确立的战略方针与其5月21日所做的"关于中国苏维埃运动发展的前途和目前紧急任务决议大纲"中提出的行动方针基本一致。因此，张国焘十分赞同陕北的提议。经红军总部和红四方面军总部研究后，于6月10日致电陕北红军：

来电悉，一致同意。

（甲）这时期我们中心口号，西北抗日救国政府走向全国抗日救国政府，西北抗日联合回、番、蒙独立，出师东北抗日。但中国抗日救国政府口号已广泛宣传，究用国防政府或救国抗日政府，请兄考虑。

（乙）我们拟于6月底出动，向夏、洮西北行动，7月20日前后可达夏、洮。二方面军6月20号前后集甘孜休息十天跟进。

（丙）你们主力似不宜出天水，宜偏北。

（丁）提议首先以抗日十大纲领发展西北抗日根据地，将来看情况过渡到苏区。[16]

此时，两广事变爆发，广东军阀陈济棠和广西军阀李宗仁、白崇禧宣布北上抗日后,联合出兵湖南,其中主要是出于北上抗日的考虑,同时也有扩张地盘的意图。这两种考虑均与蒋介石"攘外必先安内"的政策相抵触,蒋介石与两广军阀间的矛盾开始尖锐。为了向两广军队施加压力,蒋介石调胡宗南等南下,出现了甘南地区敌人力量薄弱的大好形势,对红四方面军和红二、六军团北上极为有利。6月19日,党中央就红二、六军及四方面军北出甘南致电朱德、张国焘及任弼时:

（甲）时局形势已起重大变化,这是中国革命走上了一个新阶段。党的任务是使抗日反蒋的统一战线进到高度具体化,即实行国防政府与抗日联军的组织。

（乙）西北国防政府已经有了迅速组织的可能与必要。我们应以西北的发动去配合两广的发动。

（丙）西北发动的时机与战略部署,须以争取胜利为原则,依此原则并顾到各方面的条件。关于二、四方面军的部署我们以为宜出至甘肃南部而不宜向夏、洮地域,其理由:

第一,避免引起回、汉冲突,利于争取青海之马。过去回、汉仇恨是非常之深的。我们欲在西北建立局面,必须联合回人;否则将有重大影响,如出夏、洮则引起冲突之可能(性)极大。

第二,甘南敌情较弱。胡宗南调走后,仅余王均、毛炳文、鲁大昌等部;马步芳不会向甘南。若出夏、洮则将王、毛、鲁、马各部集于一狭小地区,红军行动将较困难。

第三,红军出至甘肃南,利于以后东出陕南策应时局。

第四,甘南利于补充。

上述方针请考虑见复。[17]

党中央极为关心南下红军及红二、六军团北上问题。6月25日,毛泽东、周恩来、彭德怀又致电朱德、张国焘,询问他们何日开始北上,经何路,何日可达何处,敌情如何,陕甘红军应如何策应,均请电告。同时党中央还指出,两广部队已经向闽、赣、湘三路进击。日军在华北的兵力已增到3万人,人心震动。蒋介石进退维谷,南京空气悲观。胡宗南业已南调,空军也大部调去。二、四方面军如果能迅速出甘南,对时局的助益匪浅。陕北红军连战皆捷,消灭马鸿宾大部、马鸿逵一部,并夺取定边、花马池、环县三城及宁条梁、曲子镇、同心城等数大镇,前锋已经逼近黄河,开辟了9个苏维埃县。

6月25日，红军总部和红四方面军总部经过讨论后，做出了分左、中、右三个纵队，向松潘、包座一线前进的部署：以第五军、九十一师在丹巴两团及留绥靖各部为右纵队，由董振堂、黄超率领，沿绥靖经梭磨、河马、侧格、杂窝、哈龙前进；以第九军、三十一军4个团，四军2个团，红军大学、总供给部和卫生部组成中纵队，由徐向前率领，沿炉霍、色科经诺科、让倘、三湾、按坝、查理寺、上让口，向毛儿盖前进；以第三十军、四军2个团、三十二军、二方面军及总直属各部为左纵队，由朱德、张国焘、任弼时等人率领，由甘孜、东谷经日庆、西倾寺、让倘前进，其先头部队须查明西倾寺或让倘到阿坝路况，再定前进路线。

26日，红四方面军令李先念率领八十九师和骑兵师组成的先遣队，经西倾寺先出阿坝，为后续部队筹集粮食、牛、羊，做过草地的准备。27日，左纵队一部攻占崇化。同日，朱德、张国焘向中央和一方面军首长发出关于二、六军团与四方面军在甘孜会师的电文，首次以"北方局"的称谓与陕北党中央通电，内容如下：

育英北方局同志和一方面军首长：

（甲）萧克、王震同志率六军全部于23日在甘孜与我们胜利的会合了，全军欢跃。贺、任、关及二军可于29日到甘。

（乙）六军精神极好，战斗情绪极高。四方面军指战员对六军发扬了无上友爱精神，现正热烈准备东进配合一方面军行动。[18]

与此同时，南下红军总政治部发布了《关于瓦解与争取白军官兵工作决议（草案）》，着重对国民党各派系力量进行了分析，对红军行动区域的敌人指出了不同应对策略。为此，还统一了在西北地区行动的标语口号，既有号召抗日反蒋统一战线的，也有争取少数民族的，还有争取国民党军队抗日的，等等。

28日，张国焘、陈昌浩、李卓然用电报向徐向前、周纯全及各军首长发布了《四方面军二次北上政治命令》，其中指出：

二、四方面军会合后数质量大增，经验结合，士气猛旺，党内统一，指挥齐心，军政物资有备，困难可以克服；骑师、红大工兵有备，可以勇往前进。一方面军现在陕甘宁边发展并向甘南伸展，夹击甘敌一致行动。

党目前战略方针是在创造西北广大与巩固抗日根据地任务之下，主力红军首先向松潘、甘南行动，消灭该地区之敌王均、毛炳文等部；进而与一方面军呼应，横扫而东援，应两广抗日扩大与加深民族革命战争，争取全中国人民苏维埃的胜利。[19]

电文最后强调,各首长接到电报后,应立刻传达,具体实施并告执行状况。

6月30日,红四方面军总政治部发布了《北上抗日政治工作保障计划》。该计划重申了目前的形势与战略方针,对当前敌我两军的政治情绪进行了估计,规定了目前政治工作的中心任务:

一是立即在全体指战员中进行充分的战斗动员,保证二、四方面军兄弟的团结,着重指出目前的有利形势与我们胜利的把握。二是百倍加强保持有生力量的工作,主要是确保供给、卫生、保卫和文化工作到位。三是保证与沿途居民的正确关系,继续发扬我军在番民区域严明纪律的精神,组织各级政治机关及连队的检查队与一切破坏纪律的分子做坚决的斗争,在不妨碍军事秘密条件下,广泛宣传红军北上抗日的主张,沿途张贴书写各种宣传品发动群众斗争,组织各种抗日救国团体,大大宣传并执行抗日救国的十大政纲,号召群众参加抗日红军。四是保证行军中战斗准备以及侦察警戒的注意,提高每个战士对爱护与保管武器和物资的责任心,注意节省干粮,与一切疏忽散漫以及浪费的现象做斗争。五是保证行军与战斗情况中政治工作能经常不断地进行,为此,各级政治机关,须随时具体检查与督促行军中的各组织和工作,同时要发扬政治工作中机断、自动、灵活、敏捷与紧张的作风。[20]

除以上5项中心任务外,《计划》还规定了4项政治工作的特殊任务,并布置了具体动员的方式。

朱德(二排左九)与红四方面军部分人员合影

7月1日,红四方面总政治部形成《关于宣传教育工作决议(草案)》,着重就回师北上的宣传教育工作进行了具体部署。

总之,红四方面军南下九个多月后,终于从各个方面做好了充分准备,再次决定北上了!

在这段最艰难的时刻,朱德既坚持了高度的原则立场,又不轻率地采取任何决裂的做法,始终与四方面军广大指战员一起,以取得进行说服教育的可能。以后,当四方面军重新北上去同中央会合时,他对五军团政治委员李卓然说:"你看,现在还是党的路线胜利了。如果我在当时不忍耐,就不能取得以后在四方面军工作的地位。如果没有工作的地位,那么就不能说服四方面军干部了。"[21]

"你们这一来,我的腰杆也硬啦!"

在红四方面军进行各项北上准备工作的同时,红二、六军团已经陆续北上,于7月1日到达甘孜,红二、六军团与红四方面军终于胜利会师了!

在此之前已经与四方面军三十二军会师的红六军团,于6月7日到达理化;在理化休整了几天,6月13日继续向北前进,17日到达瞻化,22日到达甘孜附近的普衣隆,与红四方面军总指挥部会合;6月30日移驻甘海子。

红四方面军与红二、六军团会师的甘孜县

同日,红二军团到达甘孜附近的绒坝岔,与红四方面军的八十八师二六五团会合。绒坝岔在甘孜以西约70里,是甘孜县的一个重镇。这里地形开阔,是一片茫茫的大草原,中间有一些起伏的丘陵,镇子就坐落在起伏地的低洼处。

居民大都是藏族牧民，只有少数汉人，住房都很简陋。为迎接红二军团，红四方面军三十军八十八师政治委员郑维山，早在5月中旬就率领二六五团到达这里，做了充分的准备工作。

就在这时，郑维山又接到新的命令——带二六五团进至绒坝岔地区，去迎接红二军团。当时他们的心情真是万分激动！大家都议论着，用什么厚礼去迎接兄弟部队……当时，部队面临的最大困难是物资缺乏，时已至六月炎夏，战士们的单衣尚无着落，粮食更是困难，部队常常以野菜充饥。在这种情况下，拿什么去向兄弟部队表示自己的心意呢？大家实在感到为难。

"到草原买一批牛羊来慰劳老大哥吧！"有人提议。于是，郑维山立即派出许多小分队去执行这一任务。可是哪里买得到呢！相反，由于长期以来国民党反动派在这里造成的藏汉两族人民的严重对立，小分队出去后，还常常遭到不了解我军的藏胞的"袭击"。记得有一次绒坝岔西面德格土司的叶巴（土司下面专管军事的官员），就纠集了五个县的数千名藏胞，横枪跃马，突然把他们团团包围。怎么办？冲出去厮杀？绝对不能，工农红军怎么能同民族兄弟自相残杀；喊话宣传，语言又不通。郑维山想到《三国演义》里诸葛亮"七擒孟获"的故事，决定乘暗夜把"夜老虎"二六五团撒出去，抓一批"俘虏"来，然后教育释放，请他们帮助红军当宣传员、联络员。

夜半，在山坡上、沟渠旁、小树林中包围红军的藏族武装人员沉沉入睡了。"夜老虎"悄悄摸过藏哨，一个反包围就"俘虏"了好几百人。郑维山等人连夜同俘虏们谈话，说他们是共产党领导的工农红军，是"朱毛"领导的军队，是专门打国民党反动派和欺压人民的反动军阀的，红军与藏族同胞是一家人等道理，反复解释了党的少数民族政策，还让俘虏们和红军同吃同住，施以感化。

"通司"把我们的话一句句翻译给被"抓"来的藏族俘虏听，起初他们半信半疑，革命道理加上他们的实际体察，渐渐的一个个脸上露出了友好的表情。经过反复询问，红军还发现原来那个叫夏格刀登的叶巴也在里面，就又耐心地做他的工作。不久，终于取得了藏胞们的信任。"红军，泽毛泽毛的！"（藏语是很好的意思）藏胞对红军终于由仇视变得亲近了。接着，红军又把夏格刀登请到甘孜，李先念政委亲自接见了他，和他订了"和约"并让他参加了我党协助成立的"波巴依得瓦"政府（藏族人民政府）。从此，红军和当地藏胞的关系改善了，物资缺乏的困难也随之在很大程度上得到了解决。在藏族同胞的支援下，我们筹集购买了大批牛羊，准备慰劳长途跋涉而来的红二军团的战友。同时,为了保障顺利地再过草地,北上抗日,部队还广泛开展了打毛衣活动。大家积极性很高,一般都是人手两件,一件自穿,另一件送给红二军团的同志,作为会师北上的礼物。[22]

6月30日这天,红二军团的部队一到,两支英雄的部队立即沉浸在一片欢乐之中。郑维山记得会师时的情景:

> 盼呀,望呀,终于迎来了老大哥部队……两支从未见过面的兄弟部队,在艰苦的长征中相逢,谁能抑制住内心的激动,那股亲热劲儿,比懋功会师更为动人。记得那天,风和日丽,草原上充满了欢乐的节日气氛。指战员们远远望见红二军团的队伍,像条巨龙朝着绒坝岔飞腾而来时,便飞也似的奔向前去,抢过战友们的行装背在自己的身上,再紧紧地握着手,打量着,问候着,叙长道短,显得格外亲切。许多藏族同胞也簇拥路旁,捧着酥油糌粑夹道欢迎,口里还不住赞叹:"耶莫! 耶莫!(顶呱呱的意思)"到了宿营地,炊事班同志立即打来热气腾腾的开水,让战友洗脚解乏,有的看到二军团战友的衣服已经破烂不堪,不等我们统一安排,就先拿出亲手打好的毛衣、毛袜,让战友们赶快换上……往日寂静的绒坝岔,顿时沸腾了,处处洋溢着欢笑声,回响着嘹亮的歌声。[23]

为了给红二军团的同志"接风",郑维山他们还特地把进驻绒坝岔时歼灭国民党保安团缴来的好酒、山珍、海味珍藏起来。当他们得知任弼时政委、贺龙军团长和二军团其他首长要到他们这里来以后,更是喜不自禁,大家加紧做好欢迎的准备,唯恐有什么不尽如人意的地方。郑维山根据大家的心意,亲自吩咐伙夫把那些好东西都拿出来摆一席,好给各首长和二军团的同志们接风! 等首长们到来以后,面对如此丰盛的午餐,不禁大吃一惊。

当任政委、贺老总、关向应和甘泗淇等首长入席后,一见那么多好酒佳肴,就问:"在这不毛之地,你们从哪里弄来这么多好吃的东西?"郑维山自豪地回答:"从国民党那里缴来的。""你们没舍得吃,招待我们……"贺老总沉思了一下,边笑边说,"感谢你们。这叫还粟于民嘛! 国民党刮民,又回到了人民子弟兵——红军嘴里。来! 让我们干杯,共庆胜利!"几句意味深长的话,说得大家心花怒放。郑维山等人随着任政委、贺老总,频频举杯开怀畅饮,沉浸在会师的幸福之中。席间,任政委、贺老总谈笑风生,十分亲切。饭后,首长们还向郑维山详细询问了四方面军与中央红军分裂的情形。郑维山就尽自己所知,毫无保留地向首长们做了汇报,并且拿出当时所谓临时中央(后来才知道是张国焘自立的中央)下发的文件,给首长们看,也向首长们谈了自己积在心中的疑虑、不解和希望。听着听着,任政委、贺老总神情严肃,时而提问,时而沉思,不加评论,只在分别时,亲切地对他说:"郑维山同志,谢谢你们的盛情招待,你谈的情况很好。对的,我们会合了,就要北上,革命一定要发展到最后胜利!"说完,握手后跨上战马,向四方面军总部驻地——甘孜方向驰去。直待烟尘消失。[24]

朱德、刘伯承等人得知两军会师的消息,心里非常高兴。7月1日,当红二军团进抵甘孜的甘海子时,他们约定好后,前去迎接红二、六军团领导人。当朱德、刘伯承见到任弼时、贺龙、关向应等人后,非常激动。朱德紧紧握着任弼时的手说:"好哇!你们这一来,我的腰杆也硬啦!"

任弼时笑着说:"总司令,我们来听你的指挥!"

贺龙握着朱德的手说:"总司令,我们二、六军团天天想,夜夜盼,就盼和中央会合呢!"

朱德坚定地说:"你们来了,我们一起北上,党中央在毛主席那里。"[25]

为了及早让任弼时等人了解情况,朱德、刘伯承同他们秉烛长谈,把红一方面军与红四方面军会师的情况、分歧,以及张国焘另立"中央",分裂党、分裂红军的活动,详细地告诉了他们。朱德还给贺龙他们看了中央政治局两河口会议、毛儿盖会议的文件和中央严令张国焘率部北上的电报。并且对他们说:"由于张国焘的错误,红四方面军在南下以后受到了严重挫折,最后不得已退到甘孜一带。经过党中央一再批评、督促,共产国际的

红二方面军总指挥贺龙

一再斡旋,我们、徐向前及红四方面军广大指战员的努力,张国焘才被迫取消了他所组织的非法中央,同意北上。但是,张国焘还是反对毛泽东、周恩来、张闻天、博古这几位中共中央的主要领导人,因此,张国焘反对中央的问题并没有解决。我们要做团结工作,也就是想办法推动他去与中央会合。"

朱德还同任弼时、贺龙等商量,如何将部队分开行动,防止被张国焘控制;并向贺龙出主意,向张国焘要求支援,后来张国焘答应将三十二军(原一方面军的九军团)编到第二方面军。20多年后,朱德回忆此事时说:"任、贺来了,我和他们背后说,如何想办法会合中央,如何将部队分开,不让他指挥。贺老总很聪

明，向他要人要东西，把三十二军带过来了，虽然人数少，但搞了他一部分。"[26]

早在6月23日，红六军团到达甘孜附近的普衣隆时，朱德赶来与萧克、王震会了面，进行了亲切的谈话。这时，朱德、刘伯承又同红六军团政委王震谈了一个晚上，王震明确表示要同张国焘斗争，但刘伯承告诉他要讲究斗争艺术。王震回忆说："我们到甘孜，刘元帅就来通消息了。他说对张这家伙不能冒火，冒火要分裂。中央在前面，不在这里。"[27]

红二、红六军团齐集甘孜，受到了红四方面军广大指战员的热烈欢迎，大街上贴满了"欢迎横扫湘鄂川黔滇康的二、六军团""欢迎善打运动战的二、六军团"等巨幅标语。藏族群众也夹道欢迎，红二、红六军团所到之处，群众载歌载舞，"耶莫！耶莫！"之声不断。红四方面军指战员筹集了大量的粮食、牛羊，腾出了打扫得干干净净的房子，准备了柴火，烧好了开水，为红二、红六军团准备了很好的宿营和生活条件，并且在自己也很困难的情况下，赠送给红二、红六军团许多毛衣、毛袜。所有这些都充分体现了两支兄弟部队之间的深厚阶级情谊和团结战斗精神，使红二、红六军团指战员深受感动。

贺龙后来多次提到："这是一次团结的会师，胜利的会师，是充满革命热情的会师。"[28]红二方面军政治部主任甘泗淇在一份政治工作报告中，记载了会师时的所见所闻，他写道："看见了四方面军的整齐严肃，与其阶级友爱的热情，使我们感到了无限的兴奋。甘孜，已普遍的建立了番民的独立政权与群众武装，我们到绒坝岔时，即有番民的劳动妇女跳舞唱歌，慰劳我们，并有番民群众高呼口号，使我们在精神上感觉非常愉快。""在当时党政军机关努力下，筹集了大批粮食供给我们，并有当地政府慰劳了一些牛羊，给养上比前得到了改善。"

与此同时，中共中央、陕甘苏区和红一方面军等68名党政军领导人于7月1日发来贺电，指出：

> 中央及一方面军自去年北上与陕甘红军、鄂豫皖红军会合以来，首先粉碎敌人对陕甘苏区的"围剿"。在中央12月政治决议案，及国际七次大会决议案的领导之下，组织了人民红军抗日先锋军渡河东征，占领了同蒲铁路，击溃了阎锡山的主力，推动了全国抗日反卖国贼运动的向前发展，唤醒了许多国民党军队同情于我们抗日救国的主张。第一方面军现在转向甘肃、宁夏方面策应你们北上，又复连战皆捷，占领了定边县、盐池县、豫旺县、环县、宁条梁、曲子镇、洪德城、同心城等十余个大小城镇，消灭马鸿逵、马鸿宾的许多队伍，开辟了9个苏维埃县，夺取了出产丰富的盐区，与长城

外的蒙古民族及甘宁回族,建立了良好的统一战线。同志们,西北的政治环境是很好的,二、四方面军北上之后,我们就有更伟大的力量来进行西北各民族、各党派、各武装势力的大联合。[29]

7月2日,红二、红六军团与红四方面军在甘孜举行了庆祝两大主力会师的盛大联欢会。在雷鸣般的掌声中,朱德总司令在会上发表了热情洋溢的讲话。他说:"同志们,我祝贺你们战胜了雪山,也欢迎你们来与四方面军会合。但是这里不是目的地,我们要继续北上。要北上就必须团结一致,不搞好团结是不行的。此外,在我们前进的道路上,还有人烟稀少的草地,我们要有充分准备,克服一切困难。"接着他简单地介绍了一下甘孜地区的情况,并告诉了大家一个好消息:毛主席带着一方面军已经胜利地通过了草地,到达了抗日前哨阵地——陕甘地区。[30]

朱德总司令坚持党中央北上抗日的方针,坚持到陕北去与党中央会合,坚持团结、反对分裂的讲话,给了全体指战员以深刻的教育和巨大的鼓舞,得到了广大指战员的热烈拥护,他的讲话不时被雷鸣般的掌声打断。

贺龙在讲话中,表示完全拥护朱总司令的讲话,并号召二、六军团要搞好同四方面军的团结,克服一切困难,同四方面军共同完成到达陕北,同一方面军胜利会合的光荣任务。

任弼时的讲话更是旗帜鲜明,他指出:目前的形势很好,中央已经到了陕北,根据地有了发展,中央红军东渡黄河也取得了胜利。现在中央提出了抗日民族统一战线的口号,提出了争取东北军、西北军的问题,我们唯一的道路是北上与中央会合。[31]

张国焘沉默不语,他显然对两人的讲话不满意。但是今非昔比,他不敢公开表示不同的意见。

接下来的场面非常激动人心。据康克清回忆:

在一片欢呼声中,开始赠送礼物。先把队伍分行作了插花调整,我们每人都面对一位二、六军团的同志,然后一声号令,大家都掏出早已织好的毛衣、毛裤、毛手套、毛袜子……送给二、六军团的同志。他们接过礼品,激动万分,连连地说:"太好了,太谢谢了,你们怎么想得这么周到?"

有的人翻过来调过去地看,有的当场穿上,高兴地叫别人看:"真合适,就像专门为我打的。"穿了又脱下来,怕弄脏了。

他们也有不少人拿出珍藏的小礼品,送给我们。有的手里没有东西,有些不好意思，我对他们说："这没有什么，今天是四方面军的同志欢迎交换礼品。"[32]

几万大军云集一起，根本不可能靠一次欢迎会议就能将纪念品全部送到红二、六军团每位官兵手中，更多的人是靠发放而领取的。

接着，晚饭后进行了文艺演出，红四方面军政治部的剧团演出了《迎亲人》和《红军舞》等精彩节目。

"小心老子打你的黑枪！"

当天晚上，正当四方面军和二、六军团的指战员们沉浸在联欢会上热烈而愉快的气氛之中时，在领导层中间却开始了尖锐的斗争，张国焘感到任弼时不好对付，将工作重点转向二方面军的其他干部。王震后来回忆道：

> 和四方面军会合后，张有阴谋瓦解二、六军团。贺、任、关是老旗帜。贺是南昌起义的总指挥之一，是革命旗帜，任、关是中委。张认为我们是毛娃娃，想把我和萧克及六军团买过去，反对毛、周、张、博……在甘孜休息时，张一个一个把我们召去谈话，送给我四匹马，给我们戴高帽子，说我们勇敢、能打。他那个军阀主义呀，简直不像话。刘元帅说："送给你，你就收下。"后来和贺老总一说，贺说："这是我们以前（当军阀时）干的！"[33]

贺龙一向以直人快语而著称，他立场坚定地站在党中央一边。当张国焘派人送来《干部必读》时，贺龙在绒坝岔的一个庙前严肃地说："《干部必读》不准发，看了要处罚人，放在政治部。"面对张国焘想拉拢红二、六军干部的图谋，贺龙找贺炳炎等一些师级干部谈话，愤怒地指出：张国焘另立中央，进行分裂党的罪恶活动，以毛泽东同志为核心领导的党中央，已经到了陕北。我们必须坚定地执行毛泽东同志制定的路线，为了抗日，立即北上，与党中央和一方面军会合。贺龙不仅做下属的工作，还当面对张国焘说道："我过去当军阀，好不容易才找到了共产党，找到了毛主席，走上了革命的道路。你是个老党员，现在却要反对毛主席，去走军阀的老路，你走得通吗？"张国焘对此张口结舌，无言以对。贺龙不仅当面质问张国焘，而且从最复杂的情况着眼，对张国焘可能做出的种种举动，都做了充分的防范。几十年后，贺龙对此仍然记忆犹新。

1961年，贺龙对有关人员谈话时说："朱老总、伯承向我们讲了张国焘搞分裂的事，我们以前并不知道。不过，张国焘这个人，我还是有所了解的。南昌起义前两天，他作为中央代表来到南昌阻止起义，我还和张国焘发了脾气。后来，在瑞金我入了党,又和他编在一个党小组里,整天走在一起,直到潮汕失败才分手。到了甘孜,他人多,我们人少,我们又不听他的,得防备他脸色一变下狠手。我有我的办法,我让弼时、向应和朱老总、伯承、张国焘,都住在一幢两层的藏族楼里。那时,在甘孜组织了一个汉藏政府,叫'波巴依得瓦'。我们大家就住在主席府,整个住处的警卫是我亲自安排的,警卫员每人两支驳壳枪,子弹充足得很呢!你张国焘人多有个大圈圈,我贺龙人少,搞个小圈圈,他就是真有歹心也不敢下手!张国焘搞分裂,我们搞团结,可是对搞分裂的人不得不防嘛!还有开庆祝会师大会,张国焘是红军总政治委员,自然要讲话。在主席台上,我坐在他身旁。他刚刚站起身要讲话,我半开玩笑半认真地给了他一句悄悄话,我说:'国焘啊,只讲团结,莫讲分裂,不然,小心老子打你的黑枪!'张国焘就没敢讲不利团结的话。其实,我哪里会打他的黑枪,他自己心里有鬼嘛!"[34]

朱德后来也讲过:"贺老总对付张国焘很有办法,不争不吵,向他要人要枪要子弹,硬是要过来一个军,尽管人数并不多。张国焘对弼时、贺龙都有些害怕呢!一起北上会合中央,贺老总是有大功的!"[35]

陕北党中央对红二、六军团与四方面军会师后的情况极为关心,也充分估计到张国焘企图"改造"红二、六军团的可能性。为了加强对部队的指挥,使张国焘的图谋破产,党中央于7月5日颁布命令:以二军、六军、三十二军组织二方面军,并任命贺龙为总指挥兼二军军长,任弼时为政委兼二军政委,萧克为副总指挥,关向应为副政委,陈伯钧为六军军长,王震为政委。后来,又任命罗炳辉为红三十二军军长,袁任远为政委。改编后,红二方面军共有8个师的兵力。党中央的这一决策,进一步加强了党中央对二方面军的领导和指挥,有力地挫败了张国焘插手二、六军团的阴谋,推动了抗日形势的发展。因为这样一来,红一、二、四方面军均属于平级单位,直属党中央,张国焘不可能直接指挥红二方面军。根据这种关系,任弼时又从张国焘那里要来与陕北红军直接通电的密码,从而结束了张国焘凭通电密码而直接指挥红二、六军团将近一年的历史。党中央的这一决策,把红二方面军置于党中央的直接领导下,杜绝了张国焘对这支英雄部队染指的企图。

甘孜会师后,迅速北上成为红二、四方面军迫在眉睫的大事。为此,7月2日,张国焘在甘孜主持召开了由二、四方面军领导人参加的会议。在这次会议上,任弼时等人在公开场合面对面与张国焘进行了斗争。

首先是二方面军政委任弼时发言,这个会议主要是他发言。他讲了几个问题。

第一，批评张国焘盗用中央名义把他们调过来。任弼时反复批评张国焘，他说：你借用中央名义调我们是不对的。你把我们调来干什么？你要吞并我们！张国焘赶紧辩解说，因为你们处境困难，后面敌人跟着，和我们靠近一点，就能保持力量。

第二，批评张国焘南下路线是错误的。任弼时说，这样做分散了红军主力，给敌人以可乘之机，把我们逼到草地里，粮没粮，草没草，吃没吃，穿没穿，给红军带来严重损失。一方面军已经北上了，你北上又南下，南下又北上，在草地里拉来拉去，我们不少同志牺牲在草地里。他越讲越生气，说张国焘给中国革命造成了恶果，打算在天全、芦山建立根据地是妄想，在川北都没站住脚，能在天全、芦山建立根据地？敌人教训了你们，吃了败仗，损失很大，这些力量用到陕北去，用到抗日前线去，那将起多大作用？！任弼时讲话比较长，讲得很详细，他又能讲，嗓门又大，批评得很中肯。对任弼时如此尖刻的批评，张国焘竟没有反驳。

第三，批评张国焘自立中央。任弼时严肃地指出，自立中央是严重的反党行为，是自绝于中国革命，是党纪决不容许的。他说：你们已经宣布撤销第二中央，我们欢迎。

第四，讲了形势。他说目前形势很好，中央已到陕北，根据地有了发展，东渡黄河也取得了胜利。他还讲了全国形势：日本占领了东北三省，使民族矛盾成为国内的主要矛盾，中央已经提出抗日民族统一战线的口号，提出了争取团结东北军、西北军问题，中国革命又处于高潮时期。我们唯一的道路就是北上，与中央会合。这个会开了就应立即北上，到青海这条路是走不通的。任弼时的发言很吸引人，参会的人员感到，只有这一次真正像个高级干部会议。

任弼时讲话以后，贺龙说："同意任弼时同志的意见，北上。我们二、四方面军应团结起来，继续北上，与中央会合。三大主力会合以后，北方情况会有很大变化，可能中国革命的中心点要移到北方，在陕北根据地落脚，再向全国展开。南下是不对的，任弼时同志已讲过了，你们这样做是分裂红军分裂党，给革命造成不必要的损失。我们应团结起来，继续北上。"

之后，朱德总司令讲了讲，他说："我们原来就决定北上，张国焘同志一直坚持南下，我们也没有办法。现在南下走不通了，全吃了败仗，敌人跟得紧，原来计划不可能实现了，只有一条路：北上，与中央会合。"

会议是张国焘主持的,他问其他同志有没有意见,大家说没有了。张国焘因为南下碰钉子,青海又走不通,只好同意北上。[36]

随后,朱德宣布了红军总部做出的北上部署:四方面军分左、中、右三路纵队北上,李先念率先头部队已开始行动,二方面军在甘孜稍事休整后,随左路跟进,分成两个梯队北上。与会者一致同意总部的决定。会议还决定,根据朱德的建议,任弼时随红军总部行动,刘伯承随二方面军行动并负责教练打骑兵的战术,这是朱德经过多方考虑后做出的安排。任弼时随总部行动,可以加强同张国焘斗争的力量;刘伯承随二方面军行动,可以摆脱张国焘的控制,还可以对张国焘起制约作用。

甘孜会议后,朱德非常兴奋,自红二方面军上来以后,张国焘的气焰终于被打下去了! 特别是任弼时对张国焘的批评一针见血,对张国焘的打击很大。散会后,朱德高兴地将任弼时与张国焘的斗争情况告诉了夫人康克清,对此康克清回忆道:

> 在我们将要动身北上前,7月2日在甘孜举行了二、四方面军的领导干部会。这是一次为北上统一思想的重要会议。事后听说,会上对张国焘开展了严厉的批评。老总说:"任弼时有思想水平,敢说敢干,一下就打中了张国焘的要害,使张国焘难以反驳。张国焘主持会议,神色很不自然。看到大家都同意任弼时和我的意见,只好宣布会后立即北上。"
>
> 老总高兴,我也感到高兴。经过近一年的斗争,终于扭转了千军万马跳进深渊的危险局面。这是多么不容易呀! 又牺牲了那么多同志,代价真是太大了。[37]

---

[1] 徐向前:《历史的回顾》(中),解放军出版社 1984 年版,第 485—486 页。

[2] 中共四川省委党史工作委员会:《红军长征在四川》,四川省社会科学院出版社 1986 年版,第 287 页。

[3] 中国人民解放军历史资料丛书编审委员会:《红军长征·文献》,解放军出版社 1995 年版,第 1023 页。

[4] 中国工农红军第四方面军战史编辑委员会:《中国工农红军第四方面军战史资料选编》(长征时期),解放军出版社 1992 年版,第 433 页。

[5] 中共四川省委党史工作委员会:《红军长征在四川》,四川省社会科学院出版社 1986 年

版,第289页。

[6]中共四川省委党史工作委员会:《红军长征在四川》,四川省社会科学院出版社1986年9版,第289页。

[7]中国工农红军第四方面军战史编辑委员会:《中国工农红军第四方面军战史资料选编》(长征时期),解放军出版社1992年版,第506—507页。

[8]中国工农红军第四方面军战史编辑委员会:《中国工农红军第四方面军战史资料选编》(长征时期),解放军出版社1992年版,第518页。

[9]中国工农红军第四方面军战史编辑委员会:《中国工农红军第四方面军战史资料选编》(长征时期),解放军出版社1992年版,第520页。

[10]中国工农红军第四方面军战史编辑委员会:《中国工农红军第四方面军战史资料选编》(长征时期),解放军出版社1992年版,第524页。

[11]中国工农红军第四方面军战史编辑委员会:《中国工农红军第四方面军战史资料选编》(长征时期),解放军出版社1992年版,第526页。

[12]中国人民解放军历史资料丛书编审委员会:《红军长征·文献》,解放军出版社1995年版,第1042页。

[13]中国工农红军第四方面军战史编辑委员会:《中国工农红军第四方面军战史资料选编》(长征时期),解放军出版社1992年版,第532页。

[14]中国工农红军第四方面军战史编辑委员会:《中国工农红军第四方面军战史资料选编》(长征时期),解放军出版社1992年版,第533—534页。

[15]中国工农红军第四方面军战史编辑委员会:《中国工农红军第四方面军战史资料选编》(长征时期),解放军出版社1992年版,第535—536页。

[16]中国工农红军第四方面军战史编辑委员会:《中国工农红军第四方面军战史资料选编》(长征时期),解放军出版社1992年版,第540页。

[17]中国工农红军第四方面军战史编辑委员会:《中国工农红军第四方面军战史资料选编》(长征时期),解放军出版社1992年版,第543页。

[18]中国工农红军第四方面军战史编辑委员会:《中国工农红军第四方面军战史资料选编》(长征时期),解放军出版社1992年版,第545页。

[19]中国工农红军第四方面军战史编辑委员会:《中国工农红军第四方面军战史资料选编》(长征时期),解放军出版社1992年版,第557页。

[20]中国工农红军第四方面军战史编辑委员会:《中国工农红军第四方面军战史资料选编》(长征时期),解放军出版社1992年版,第560—561页。

[21]王加善:《三过草地话长征》,选自中国人民政治协商会议湖北省委员会文史资料研究委员会:《湖北文史资料》第一辑,湖北人民出版社1980年版,第55页。

［22］郑维山:《难忘的两次会师》,见《艰苦的历程》(下),人民出版社 1984 年版,第 67—68 页。

［23］中国人民解放军历史资料丛书编审委员会:《红军长征·回忆史料》(2),解放军出版社 1992 年版,第 203 页。

［24］郑维山:《难忘的两次会师》,见《艰苦的历程》(下),人民出版社 1984 年版,第 69 页。

［25］武国友:《红军长征全史》(第三卷),东北师范大学出版社 1996 年版,第 354 页。

［26］朱德谈红二方面军北渡金沙江同红四方面军会合前后的经过情况纪要(1960 年 11 月 9 日),《中国工农红军第二方面军战史资料选》(四),第 273 页。

［27］王震谈红二、六军团会合及湘鄂川黔边苏区革命斗争和长征等问题纪要(1960 年 11 月 22 日晚),《中国工农红军第二方面军战史资料选》(四),第 273 页。

［28］《当代中国人物传记》丛书编辑部:《贺龙传》,当代中国出版社 1993 年版,第 201 页。

［29］中国工农红军第四方面军战史编辑委员会:《中国工农红军第四方面军战史资料选编》(长征时期),解放军出版社 1992 年版,第 560—561 页。

［30］谭尚维:《甘孜会师》,《红军不怕远征难——长征回忆录选》,人民出版社 1977 年版,第 108—109 页。

［31］章学新:《任弼时传》(修订本),中央文献出版社 2004 年版,第 438 页。

［32］康克清:《康克清回忆录》,解放军出版社 1993 年版,第 200 页。

［33］中共中央党史研究室:《任弼时传》(修订本),中央文献出版社 2000 年版,第 440 页。

［34］《当代中国人物传记》丛书编辑部:《贺龙传》,当代中国出版社 1993 年版,第 201—203 页。

［35］《当代中国人物传记》丛书编辑部:《贺龙传》,当代中国出版社 1993 年版,第 201—203 页。

［36］武国友:《红军长征全史》(第三卷),东北师范大学出版社 1996 年版,第 358—360 页。

［37］康克清:《康克清回忆录》,解放军出版社 1993 年版,第 200—201 页。

第九章

红二、四方面军携手征服大草地

草地上的红军骑兵——三过草地——与饥饿抗争——战胜敌人的袭扰——同险恶的大自然搏斗

1936 年 7 月初,红二、四方面军主力按照既定的北上部署,分三路纵队先后开始北上。集结在炉霍地区的红四方面军之第九军、第四军十二师、独立师、第三十一军九十三师及方面军总部为中纵队,由徐向前率领,于 7 月 2 日出发,经壤塘、查理寺、毛儿盖向包座前进;集结在甘孜地区的红四方面军之第四军十师、十一师、第三十军八十八师和红二方面军为左纵队,由朱德、张国焘率领,于 7 月 3 日出发,经东谷、西倾寺、阿坝向包座、班佑前进;集结于绥靖、崇化地区的红四方面军之第五军及第三十一军九十一师为右纵队,由董振堂率领,于 7 月 7 日出发,经卓克基、马塘、毛儿盖向包座进发。

草地上的红军骑兵

在主力部队北上之前,为了保证部队顺利通过草地,四方面军总部命令许世友率领在甘孜时刚刚组建的骑兵师提前出发,为部队侦察道路,筹集粮食。

6 月 27 日晨,旭日东升,霞光万道,3000 多骑兵浩浩荡荡地先行踏上了北上的征程。嘹亮的军号声、战马的嘶鸣声和铁蹄声,交织成一曲曲动听的乐章。驰骋的战马,威武的骑兵,耀眼的马刀,构成了一幅万马奔腾的壮美画卷。骑兵师的官兵们在许世友的率领下,决心不管遇到多大困难,付出多大代价,一定要筹集到更多的粮食,保证主力部队通过草地。

当许世友率骑兵师催马来到色曲河畔时,眼前的情景令红军将士们大开眼界:只见这里的帐篷像繁星一样撒落在色曲河两岸;绿油油的草地如同柔软的地毯,一阵微风吹过,又像抖动起来的绿色绸缎;一群群牦牛和羊,低着头正在漫不经心地吃草。

"我们找到大粮仓了!"不知是谁激动地喊了一声,队伍中顿时欢呼起来,战士们疾马飞奔向前。

马蹄声惊动了正在吃草的牛羊,这些牲畜开始四处乱窜。牧民们也闻声走出了帐篷,以十分警惕和恐惧的目光盯着这些不速之客。有的牧民慌忙躲进帐篷,有的开始赶着牛羊跑,还有的向红军举起了猎枪……红军官兵见此情景,赶忙通过带路的通司向群众喊话,说明红军是穷人的队伍,无意掠夺其牛羊。好在这里距离甘孜不远,这里的牧民已经对红军有所耳闻。经过反复喊话与解释,终于消除了牧民对红军的误会。

当牧民们听说红军要筹粮过草地北上抗日,便纷纷献出自己的牛羊、青稞、豌豆、酥油和奶渣。许世友命令部队按当地价格购买。许多群众不收钱,战士们就再三向他们说明:公买公卖,不拿群众一针一线,是红军的纪律。第一天在色曲河两岸就筹集了400多头牛、1000多只羊,还有一部分粮食。红军虽然收获不小,但离上级的要求还差得很远。当地的反动土司占有大量的牛羊和钱粮,但却不愿卖给红军。

当晚,许世友和各团指挥员研究了第二天的行动方案,决定再找土司交涉。不料,会议刚刚结束,反动土司纠集起来的反动武装却来袭击骑兵师的驻地。

许世友立即指挥部队反击。那些人虽以能骑善射而著称,但不懂什么战术,红军一个冲锋就把他们打垮了,还抓了好几个俘虏。通过这几个俘虏,红军了解到反动土司的牛羊转移的地点。红军立即出动,连夜搜索,按"破坏抗日红军的一切反革命分子的土地财产一律没收"的政策,把反动土司的8000多头牛羊全部收缴。

随后,骑兵师继续北上,在西倾寺、壤塘等地,又筹集了3000多头牛羊和4万多斤粮食。

7月13日,许世友率骑兵师北进到大草地南部边缘阿坝,当地的反动土司墨桑已经得到了红军要经阿坝北上的消息,于是,他把当地群众统统赶走,将粮食和牛羊等也全部转移到外地去了。战士们好不容易找到两个年长的藏族同胞,了解到一些情况。据藏族同胞反映,反动土司有好几千人的武装,个个武艺高强,夜间射击能打香火,三枪打不中者,即被视为废物,将会被装进麻袋投入河中。根据藏族同胞提供的情况,骑兵师分兵搜索,找到了600多头牛羊和1万多斤粮食,但未发现反动武装。

7月15日,当红军骑兵师继续东进,到达麦加尔康、觉儿黄、赛格贡巴一带时,发现了这支四五千人的反动武装。原来土司的武装已转移,准备在这里阻击红军,因这里是阿坝通查理的要道,是红军北上的必经之路。红军骑兵师决心消灭它,扫清大部队北上的障碍。但当时的情况是敌众我寡,红军骑兵师经过长期征战,已有不少减员,面对多于自己的敌人,只能智取,不能强攻。许世友便和下属一起研究作战方案。最终,红军决定乘敌人尚未发现红军到来,毫无戒备之际,立即发起进攻,以奇袭的战术破敌。

夜色降临后,许世友命令部队分多路迅速隐蔽地接近敌营。反动武装做梦也没有想到红军已经步步逼近,他们正围着为驱赶野兽而点起的火堆,横七竖八地躺在地上休息,马匹也零零散散地拴在周围。

许世友按照预定的时间,发出了攻击的信号,指战员们首先向火堆甩出一批手榴弹。随着爆炸声,燃烧的柴腾空而起,敌人的马匹受到惊吓,嘶鸣着四处乱窜;敌人有的被当场炸死,有的被惊马踩得鬼哭狼嚎,乱作一团。红军指战员们冲上前去,举起马刀,左右冲杀,把大部分敌人歼灭了,其余残敌四处逃散。这一仗是骑兵师组建以来最大的一仗,打得很漂亮,红军以少胜多,共缴获了近百匹马和一批枪支弹药。

骑兵师击溃该敌后,经下阿坝、查理寺继续前进,在安曲又给后继部队留下了1000多头牛羊。接着,骑兵师渡过嘎曲河,开始第三次踏进草地。这次过草地,对骑兵师来说要相对容易一些。主要是他们已经有前两次过草地的经验,加之有马匹和粮草,又逢7月,天气不算太恶劣。所以,骑兵师行动迅速,比较顺利地走过了草地。

从甘孜到包座,这个新组建不久的骑兵师,一路上进行了大小72次战斗,筹集了二三万头牛羊和大批粮食,完成了上级交给的筹集粮食、侦察道路的光荣任务。但部队走出草地后只剩下200多人了,绝大多数干部战士为完成这项任务献出了生命。

许世友率领的骑兵师虽然比较顺利地通过了草地,但红二、四方面军主力还未走出草地,他们遇到的困难远比骑兵师多得多。

三过草地

对红四方面军主力来说,有的已经是第三次穿越茫茫数百里的草地。四方面军的广大指战员无不感慨万千,回想起几个月前第一次、第二次穿越草地的情形,看着前进路上死亡战友的骨骸,大家的心情十分沉重。

由董振堂率领的右纵队出发后,经黑水、芦花、毛儿盖,向草地挺进。红三十一军九十一师师长徐深吉回忆道:

> 第三次过草地,路程最远,是我最难忘的。那里处处是沼泽,遍地是水草,似河非河,似湖非湖,一片片,水汪汪。我们走的每一步都要踏在草墩子上,一步落空,就会陷进污泥不能自拔。进入草地,必须带柴火、粮食。草地有的草可以吃,但大多数草不能吃。水多,露营难得找到一块干燥地方,我们就折些灌木的树枝,把树枝上的雨水甩干,垫在地上睡觉。草地的天气,一日多变,一会儿骄阳似火,晒得浑身冒汗;一会儿倾盆大雨,夹带冰雹,衣服淋得透湿;昼夜温差大,露水多,夜晚多风,凉气逼人。由于衣服单薄,腹内少食,长时期缺乏营养,疲劳过度,身体虚弱,加上海拔平均高度在2000米以上,一遇到疾病,就难以支持,能够走出草地,实在不容易啊![1]

对第三次过草地的红军官兵来说,由于有上两次过草地的经验,在这次过草地之前就做了比较充分的准备。但这次过草地比以往两次的路程远、时间长,沿途绥靖、丹巴地区人烟少,粮食本来就不多,加上大部队往来几次,能带走的粮食很少,不足沿途食用,指战员们只得再次以野菜、草根、皮带、牛皮来充饥。

当部队到达毛儿盖以后,三十七团筹集到几头牦牛,送了1头给五军军部。九十一师师长徐深吉和政委桂干生刚进帐篷,董振堂的通信员就前来通知他们立即赶到军部"开会"。当他们骑马赶到军部时,董军长笑嘻嘻地说:"什么要事商量,我请你们吃牦牛肉,改善一下生活,明天好过草地!"董军长对部下、对同志这种深厚的阶级感情和无微不至的关怀,感动得他们说不出话来。

从丹巴出发时,徐深吉准备了30多斤炒面。北上途中,由于翻了几座大山梁,一路上不少同志因缺氧、饥饿而倒下。遇到这种情况,徐深吉就抓两把炒面给他们吃,再把他们拉起来,还将有的同志扶上马……就这样,他挽救了不少同志的生命。但是,他所带的30多斤炒面也所剩无几了,进入草地两天后,他就没有干粮了,每到休息吃饭时,就避开同志们到一边去喝开水。这事被政委桂干生发现了,每到吃干粮时,桂干生就让警卫员送给他半碗炒面,这也是桂干生忍饥挨饿省出来的。半碗炒面饱含深情,更凝聚着革命的伟大力量。

三过草地之松潘至班佑的水草地

没有伤病的红军官兵过草地尚且如此困难,收容队和兵站的红军官兵的行军则更加困难,他们不仅要带着伤病员,还要携带粮草,艰苦程度可想而知。但是,他们在上级领导的关心下,努力克服困难,同其他部队一样,战胜了艰难险阻。随同左路行军的红四方面军总兵站部部长吴先恩后来回忆道:

经过十几天行军,部队到达了阿坝地区,等待过草地,继续北上,我们从思想到物资都准备迎接更艰苦的考验。出发前的一天晚上,朱总司令派人把我找去。一见面,朱总司令就开门见山地问:"吴先恩同志,你们兵站还有多少伤病员?"

"六百多。"

"有几副担架?"

"一百多。"

"有多少骡马?"

"二百多匹。"

"有没有能坚持走的伤病员？"

"绝大多数都不能走了。"

"你们打算怎么办？"

"……"我沉默了，一时不知怎么回答好。人烟越来越稀少，道路越来越难走，怎样把这批伤病员安全带过去，正是我们兵站部发愁的大问题。

朱总司令蹙着眉，倒背着双手在屋里来回踱步，忽然停住脚，抬起头来问我："二百匹牲口驮的都是什么？"

"全部是枪支。"

"能不能把驮枪支的牲口腾出来驮伤病员？"

"当然可以，但这么多枪支又怎么办？"

"把枪支统统毁掉！"

"这……"我犹豫了一下，又把心里话说了出来，"按照我们红四方面军的规定，枪是用生命和鲜血换来的，是战士的第二生命，毁枪要受处分。"

"嗯，这个规定好。"朱总司令站在我面前，用手拍着我的肩膀说，"同志，情况不同了，过去是人多枪少，随时都有兵员补充。现在是人少枪多，人是最宝贵的，多一个人，革命就多一分力量。有了人，不愁将来没有枪。"说到这里，朱总司令以拳击掌，坚定地说："好，就这么办，要人不要枪。把枪统统毁掉，如果受处分，由我替你顶着！"我心里算计着：把驮枪支的牲口全部驮伤病员，还有一百多伤病员带不走。我把这个情况如实地向总司令做了汇报。只见朱总司令沉思了一下，就亲自打电话："喂，我是朱德，有个困难要请大家帮忙啰，兵站部伤病员多，担架少，各单位都要算算账，把能抽的骡马和牦牛抽出来，领导同志有两匹牲口的抽一匹，有的同志年轻力壮的，可以两个人轮流骑一匹，也抽出一匹来。总之，要想尽一切办法，把伤病员全部带走。"

听着总司令这番话，我心里热乎乎的，我想：总司令真是和战士心连心啊！我是又高兴又担心。高兴的是，总司令在关键时期，给我们解决实际困难。担心的是马上过雪山草地，牲口是最宝贵的交通工具，怕下面执行命令打折扣。

出乎我的预料，朱总司令的一个电话，八方响应，他让我准备接收各部队调来的牲口。紧接着总司令对我说："我这里有三匹牲口，也牵一匹去。"

"不，不。"我又着急，又激动，前言不搭后语地说，"首长岁数大了，文件又多,这匹牲口不能抽。"

"怎么,我刚刚下达的命令自己就不执行了?你不收,回头我派人给你送去。"说着又把话题一转,极为亲切、关怀地说:"先恩同志,这批伤病员同志一定要照顾好,明天拂晓部队就要出发,你快回去检查落实情况,有什么困难再来找我。记住,我也对你下个命令:一个伤员不准丢! 丢了,就是你没有阶级感情,我要处分你!"

"请首长放心,我保证把伤病员全部带走!"[2]

从总司令那里回来后,天已经很晚了。吴先恩向兵站部同志们传达了朱总司令的指示,大家都非常高兴。他们经过清点骡马和牦牛,共有150匹。他们刚想在草铺上休息一下,天亮了,于是急忙朝伤病员集结地奔去。

当吴先恩赶到现场时,出征的骡马、担架已经排好了队,正准备接受伤病员出发。这时,朱总司令仍然十分关心这些伤病员的事,派来两位参谋帮助指导工作。这两位参谋一见到吴先恩就说:"吴部长,总司令放心不下,派我们来看看你这里还有什么困难。"吴先恩高兴地说:"没啦,没啦,最大的困难首长给我们解决了。"接着,谁骑骡马,谁坐担架,他们一个一个落实到位,等伤病员同志们都上了路,吴先恩和两位参谋一起去向总司令报告。朱总司令高兴地说:"好,一个伤员没有丢,你们的任务完成得很好嘛。不过,这才刚刚上路,路上还会遇到新的困难,你们要继续努力。"

随后,朱总司令指挥左纵队,离开阿坝,过了嘎曲河沿着广漠的草地向北前进。这里名为草地,实为高原,空气稀薄,还没有走四五里路,就会气喘吁吁,需要休息。天气变化无常,刚才还看着晴空万里,刹那间,一阵狂风过后,暴雨夹着冰雹倾盆而下。每当遇到这种情况同志们首先想到的是伤病员,不管三七二十一,把脸盆、菜盆、铁桶、背包举在他们头顶,抵御着冰雹的袭击。平日最辛苦的炊事员,这时成了最值得羡慕的人,他们把锅顶在头上,任凭冰雹砸得叮当作响,却若无其事。一会儿,风停雨止,又是骄阳似火,照得人们睁不开眼。每到休息地,他们有的拣树枝,有的拾牛粪,有的挖野菜,开始做饭。他们就这样日复一日,在茫茫的水草地上,艰难行进。但是,他们的信念更坚定了:红军战士千军万马,一条心,一股劲,向着北方,向着一个伟大的目标前进!

与饥饿抗争

红二方面军是在1936年7月6日尾随四方面军左纵队分两路陆续北上的。

在三个方面军中,红二方面军是最后通过草地的。在出发的前几天,各部队都进行了全面动员,并做了各方面的准备工作。

首先,他们以党中央的指示精神统一广大指战员的思想,任弼时在有关的会议上做了紧急动员,透彻地分析了国内和党内的形势,提出了"走出草地就是胜利"的口号。其次,向四方面军请教过草地的经验。二方面军总指挥部指示各部队通过各种形式请四方面军的同志介绍草地的自然风貌及行军的注意事项,把四方面军介绍的经验一条条记录下来,结合现有条件研究相应的措施。再次,千方百计做好物质准备。过草地所需的粮食主要靠过草地前准备。因为草地举目苍茫,荒无人烟,不可能在途中得到必要的补充。而甘孜一带居住的藏族人民多以游牧为主,耕地少,产量低,粮食来源有限,加上国民党的反动宣传,拥有粮食的大土司或者把粮食带走了,或者把粮食坚壁起来;再加上一、四方面军先于二方面军过草地,将一些陈积的粮食筹集得所剩无几。所以,在这一带筹粮比以往任何时期、在任何地方筹粮都更加困难。

当时在红二方面军政治部工作的颜金生,在带工作组下部队时耳闻目睹了许多筹粮的小故事:

> 在四师司令部通信连,一天,13 岁的贺芳齐和 14 岁的纳虎摸进逃跑的大土司家里,挨屋寻找,偶尔在墙角下发现了几粒青稞,喜出望外,便一粒粒拣起来。连着四天,他俩在粮仓里、碾子旁、打谷场上一粒粒地拣着,挑着,抠着散落在砖缝里、石磨房、土梗的青稞、玉米、豌豆,才勉勉强强凑了大约 7 斤。

> 在五师某团二连,一排长老刘两条腿都快要跑断了,粮袋依旧空空。他懊丧地坐在干牛粪堆上,卷了把枯树叶闷闷地抽着。一阵风吹来,干化的牛粪被刮去一层皮,"咦! 这不是玉米吗? 牛粪中有尚未消化掉的粮食。"他如获至宝,用枪托把牛粪砸开,碾碎,细细地筛了一遍,竟拣了三十来粒,尽管有一股子臭烘烘的糟味,但它毕竟是粮食。他见牛圈就钻,把厚厚的牛粪一层层翻出来,细心地找着……[3]

大家就是这样千方百计地筹粮。即便如此,平均每人也只筹集了七八天的口粮,而通过草地即使十分顺利至少也要二十多天。除了筹粮外,各部队还自己动手准备御寒的衣物、帐篷和药品。卫生部门买了一些胡椒、辣椒、盐巴和鸦片,这就是当时最重要的药品。有的还跑遍了方圆几十里的沟沟坎坎,采集了一些中草药。供给部门买来一些铜锅,换下了又笨又沉容易破碎的铸铁锅。被装部门把四方面军特意赶织的几十件毛衣和上百件羊皮背心发给体弱的战士、小鬼和妇女。红二方面军就是在这种粮草不足、被服缺乏的情况下踏上北上之路的。

7月6日，陈伯钧、王震率红六军从甘孜东谷出发，途中同红三十二军会合，向阿坝地区进发。贺龙率红二军担负总断后和收容任务，于7月14日从甘孜的东谷出发，经西倾寺、壤塘向阿坝前进。

在草地行军，速度很慢，每天平均六七十里。7月7日至7月17日，各部先后通过日庆，进军西倾寺。

对于第一次过草地的二方面军来说，有着一、四方面军所不及的有利条件：行军路线明确；可以借鉴兄弟部队的经验……然而，他们又有着比一、四方面军更多、更大、更令人难以想象的困难。最突出、最棘手的是吃饭问题。

进草地没几天，战士的粮袋差不多都空了。关向应在日记中简要记录了当时缺粮的情景：

7月11日，六军团行军百里到西倾寺。

7月12日，六军团在西倾寺休息。准备筹集七天粮食，不但没筹集到，而且在该地休息吃的粮食都没有。部队带的粮只够吃两三天。部队开始采野菜充饥。

7月13日，六军团经鱼头寺（即鱼托寺）进沟，顺沟而上，翻了两个山，最后一个较高，下山坡很滑，行军约120里到绒玉（今灯塔乡附近）。

7月14日，六军团在绒玉休息。无粮食，采野菜吃。

7月15日，六军团仍在绒玉休息，以野菜充饥。

7月16日，六军团上午出发，沿河而上，下午到玉楼。各部队还是没有筹到粮食，全吃野菜。指挥部及二军团四师到打盆、大古岭。六师在东谷。因河水涨，需架设浮桥，明日才能续进。

7月17日，六军团到亚龙寺。总指挥部和二军团全部到日庆及其附近。

7月18日，六军团在亚龙寺一线休息，准备补充粮食，但因该地区居民很少，有点粮食全为前边部队通过时收集走了。所以大部分部队采野菜做干粮，只有十八师到牛坊集筹集了六十余条牦牛、千多斤麦子。[4]

为了战胜饥荒，指战员们采取了以下几种措施，想尽一切办法寻找代食品。首先是挖野菜，这是最主要的代食品。尽管草地遍野都是草，但能食用的野菜并不多,一到宿营地,战士们头一件事就是挖野菜。有时,找好大的一片地才能采回一小把;有时,因为别人把灰灰菜、车前草、罗汉菜的叶子和茎尖掐光了,后来人只好拔草根。可是,草根怎么煮也煮不烂,吃到嘴里,扎扎的,涩涩的,夹着一股淡淡的甘苦和浓烈的土腥味,大家只好咬着牙硬着头皮往下咽。这样做一两天还

红四方面军过草地时吃的野菜

可以,到了七八天以后,再壮的汉子也吃不消,脸和腿浮肿得非常厉害,有的人还伴随着头晕、眼涩、肚子疼等不适症状。

　　其次是煮牛皮吃,这是四方面军的同志介绍的一条经验。出发前,有的战士尽可能把随身携带物换成牛皮制品,把系在腰间的绳子换成皮带,甚至连打草鞋用的麻线都改用细细的皮条。这些牛皮制品在缺粮少肉的时候,真正成了佳肴。起初,他们把牛皮切成很小很小的片,放在锅里用水煮,但不管煮多长时间,放在嘴里依旧死活嚼不烂。他们只好挺伸着脖子,活生生地吞下去。后来,南方籍的战士把家乡吃猪皮的做法套用过来:有的先把牛皮放在火苗上烧一烧,牛皮很快膨胀起来,等烤焦了,再煮,牛皮就会变嫩变厚;有的把烤黄的牛皮用刀子刮成粉,拌上野菜熬牛皮冻吃;还有的先用水煮,煮熟了,烘干、掰成块,嚼着吃。这些牛皮制品经过红军官兵们一加工,发出诱人的香味,对饥饿的战士们来说无异于美味佳肴,比起天天吃野草总算是一次改善了。同志们为此还编了一首《牛皮腰带歌》:"牛皮腰带三尺长,草地荒原好干粮;开水煮来别有味,野火烧熟分外香;一段用来煮野菜,一段用来熬鲜汤;有汤有菜花样多,留下一段战友尝。"[5]

　　但是,红军官兵们随身携带的各种牛皮制品的数量毕竟有限,很快也就吃光了。没有办法,后面的红军官兵开始捧着先头部队丢下的牛骨头、牛蹄子、牛犄角,刮着残存的肉星。有的战士吃力地敲开坚硬的骨头,剔着变了色的骨髓,有的战士刮着凝干的血块,还有的战士则用刺刀劈开烧得黑乎乎的牛蹄子,用刀尖一点一点挑着黄白色的胶质吃。红军官兵们为了走出草地,北上抗日,过着异常艰苦的生活。

　　再次是团结互助,实行统一调配。朱德总司令深知红二方面军在后面会遇到更大的困难,便指示四方面军发扬团结友爱精神,帮助二方面军的指战员渡过难关。

在嘎曲河边，朱德对四方面军在嘎曲草原临时设立的兵站负责人杨以山说："我们后卫还有几万红军，总指挥部决定将四方面军直属队所有驮帐篷、驮行李的牦牛留下来，供应后卫部队。从这里走出草地还得六天，咱们每人每天发的牛羊肉，连皮带肉不能超过一斤，其余的都留下。否则，后卫部队就过不了草地。"总司令又特别指示说："羊子杀了用开水烫，牛皮用火烧，肠肚也要吃掉。"

总司令交代完了，就走到队伍前面的一个小土坟上，对着队伍举了举手，说："同志们，谁都知道，草地是北上最艰苦的一段路。红二方面军的同志们在后卫，那就更苦了，沿路的野菜都被前边部队吃光了，他们连野菜都吃不上。所以，总指挥部决定：各单位所有驮东西的牦牛全部留下来，必须带的东西自己背上。把昨天缴获的羊和牦牛，也全给二方面军留下……"[6]

没有等总司令说完，大家就激动地欢呼起来。各单位的同志都愿意援助兄弟部队，纷纷从牦牛身上卸下驮子，将牦牛交到兵站。

朱德带部队出发后，嘎曲兵站官兵和红三十军 1 个营共 300 余人，便在嘎曲河一带驻扎下来。他们在草地的中央支起"帐篷"作为临时兵站，把牛羊藏在一人多高的荒草中，派人看守着。但谁知意外的事情发生了。一天拂晓前，敌人的骑兵突然来偷袭，抢走了兵站不少牦牛。

这件不幸的事情发生后没几天，即 8 月初，贺龙总指挥就带领着红二方面军总指挥部来到了嘎曲河流域。杨以山回忆道：

> 我们还没有看见部队的影子，远远地就听见一片热烈的欢呼声。大概红二方面军的同志们已望到我们兵站的牛羊群，或者已知道这是兄弟部队留给他们的。本来，红二方面军同志们的到达，是我们最期待的、最感兴奋的事。但是想到丢失的牦牛，听着他们满怀希望的欢呼，我们感到万分惭愧。
>
> 贺龙总指挥一到就问："谁在这儿分发牛羊？"
>
> 我跑步向前说："报告总指挥，是我。"接着，他详细地问我关于分发牛羊的事。我就将分发的情形和遭到敌人抢劫的事，向他做了报告。
>
> 贺龙总指挥听说敌人抢走了牦牛，看着我们惭愧的样子，将一只手向下一捶，说："算了，天大的困难也不能阻止我们前进。"接着把我们召集在一起，重新研究供应问题。
>
> 他仔细地计算了现存的牛羊数，和后面部队的人数，最后决定：把原来

打算发给每人六天食用的六斤牛羊肉,又减少了些,动员部队多想办法,多钓鱼,少吃牛羊肉。

我们当即遵照执行了。将肉重新分过后,也给贺龙总指挥分出一份。我拿着这份肉,正准备交给警卫员同志去煮,却被贺总指挥看到了。他说:"拿回去!"

我想,这么远的路,他不吃东西怎么能成呢! 说什么也不肯把肉拿回去。贺总指挥这时从我手里把肉拿过去,亲自送回了原处。他对我说:"同志,别替我发愁,我的伙食我自己办理,留着那份肉发给后面的同志吧。"我问他有什么办法,他仰头笑了,用手比画了一下钓鱼的姿势说:"看吧,我们还要改善生活呢!"[7]

贺老总在洪湖打游击时就喜欢垂钓,长征中无论战斗怎么频繁,始终没丢掉他心爱的鱼竿。进入草地以后,他也没有忘记钓鱼,有时大家还能吃顿盐水煮鱼,确实也解决了点粮荒。但有的河水浅,别说鱼,连浮游生物都没有,贺老总不得不同大家一样吞野菜! 官兵同甘共苦,生活上不搞特殊,这是红军的传统。贺龙骑的枣红马,随他转战南北多年,不光救过他的命,还救过许多伤病员,是他最心爱之物。望着战士们因饥饿而浮肿的脸庞,贺龙狠了狠心,让人把他的枣红马拉去杀了,把马肉分给战士们吃。当战士们后来发现贺龙的枣红马不见了,才知道他为了大家,把枣红马杀了,于是心里一阵难过。贺龙看见大家情绪不好,问道:"同志们,为什么这么没精打采呀? 是不是被困难吓倒啦?""不! 不是怕困难,是大家吃了总指挥的马,感到……"有人回答。贺龙笑着对大家说:"同志们,吃了马肉,应该有精神才对呀! 挺起胸膛,让我们一起前进吧! 闯过草地就是我们的胜利!"[8]

越是在这种情况下,大家越是发扬崇高无私的奉献精神,把生的希望留给战友,坦然面对由饥饿而带来的死亡威胁,许多红军官兵为此而献出了宝贵的生命。颜金生回忆道:

六师有位班长姓董,进入草地七八天了,粮食早已断了顿,偏偏这时有位战士害了痢疾,虚脱了。全班把装炒面的袋子放在锅里洗净,煮了最后一点稀面汤,一口一口喂着;第二天,那位战士处在昏迷之中,董班长解开背包,拿出个小口袋来,犯愁而又深情地说:"就这点奶酪了,顶一顶或许能过了绒玉……"说着,董班长也支撑不住了,一个跟头栽倒在路边。战士把他架到火堆边,拿出剩下的最后一小块奶酪,给他冲了碗奶,他朝那位病号努了努嘴,说什么也不喝。同志们换着他坐起来,把牛奶倒在牛角里想灌他,他已没有力气发脾气了,仅喝了两口辣椒汤,侧身又睡了。第二天,大家准备抬班长上路,可班长再也没醒过来,就这样长眠在茫茫的草丛之中。当时这种舍己救人的事实在是很多。[9]

红二军五师十五团是当时全军的后卫团,团长李文清后来回忆了这样一个感人情景:

前面不断有人掉下来,东倒西歪,像个醉汉,走着走着,身子就往下斜,傅主任(十五团政治处主任傅中海)就赶上去一把扶住,说:"千万别坐下去呀!"(因为一坐下去就永远起不来了)几个人就七手八脚地把他抬上骡子。接着,又有人要倒下去,就叫他抓住骡子尾巴,另一个人又抓住他的衣服。这样,一匹骡子就救了三个人。走了一段路,人慢慢地清醒了,又要求下来坚持着走,好让别人再上去。再往前走,前面不远又有个同志倒下去了,另一个小鬼不顾一切地赶上去吃力地拖了几下,自己也跟着倒下去了,等我们赶上去时,他们已经靠在一起没气了。大家抑制着痛苦,刚毅的脸紧绷着。我蹲下去久久地抚摸着他们的额头和胸口,脑子里顿时浮起了小鬼的影子。提起这小鬼,没人不喜欢他。他姓王,家在贵州萨子坡,受尽了地主的欺压,跟我们当了红军。在贵州的一次战斗中,他一个人机智地缴了十几个敌人的枪,平时爱说爱笑,工作起来就像一阵风。这几天,我看他快要支持不住了,问他受不受得了,他冲我笑着说:"团长,别看我小,可干革命从来也没落过后呀!敌人都能打垮,这点苦算不了什么。"叫他骑我的骡子,说啥也不肯骑,别人去抢他的枪,他说啥也不给,甚至还去帮助别人呢!刚才他又何尝不知道自己已经支持不住了,去救别人是危险的呢!但是,他不顾一切地做了,牺牲了。我的喉咙似乎被什么东西塞住了,呆呆地看着别的同志把他们掩埋了,这才含着眼泪把他们的枪拿过来,默默地扛在肩上,心里说:"好同志,你们的枪我们扛上了,你们没走完的路我们会继续走下去,你们未完成的事业我们会继续完成,革命一定会胜利的。"[10]

战胜敌人的袭扰

7月中旬,为阻止二、四方面军北上,蒋介石调集新编第十四师鲁大昌部、第二军王均部、第三十七军毛炳文部,共5个师的兵力,在甘南仓促布防,企图构成西固(今宕昌)至临潭、天水至兰州的两道封锁线。并命令驻草地四周国民党军队的反动藏骑,加紧对红军的袭击,以延滞红军行军速度,削弱有生力量。二方面军在草地受到敌骑骚扰的次数比一、四方面军更加频繁,规模也越来越大。

在草地抗击敌人骚扰是一场特殊的战斗,敌骑多数是当地的土匪和受国民党煽动的反动土司的卫队,这些人钢枪快马,弹多粮足,加上地形熟,气候熟,常常采取突袭的战术,不知什么时间,从哪个方向钻出来,打一阵子,然后策马逃之夭夭。因而,红军必须四面御敌,昼夜御敌。最危险的一次是8月6日上午,总指挥部将抵达嘎曲河时,六七百人的藏骑队伍,从土丘间突然冲出来,压向总指挥部。敌人赤着身子,人手一把长刀,挥舞着、吼叫着向红军阵地发起了一次又一次的冲击。我后卫特务连仓促迎战,由于人少,又没有机枪,阻挡不住敌人的冲击,只能边阻击边往后撤。但是,前边二三里路便是贺龙等方面军首长和随行的机关人员。敌人一旦突破特务连的防线,即可长驱直入,危及总指挥部的安全,事态十分危急。这时,正在左侧行军的二八八团听到枪声后,判定总指挥部方向可能出现敌情,便以最快的速度从侧翼增援,抢占了山头有利地形,组织反击。尽管如此,敌人依旧疯狂地冲杀着,二八八团战士好几天粒米未沾了,又急行军赶来,战士累得举枪的胳膊都直打颤,没能有效地杀伤敌人。敌人见此情景更加肆无忌惮了,几百匹马同时蜂拥而上,朝红军这边压了过来,战局在恶化。一营营长当机立断,采取打"排子枪"的战术,他把一字排开的队形收拢成方阵,战士分卧、坐、跪、立四种姿势提枪。敌骑冲来时,他一声令下,几百支枪连续射击,火力比机枪还要猛烈。敌人终于被阻止住了,被打得鬼哭狼嚎,丢下了大量尸体,狼狈地撤退了。贺老总接到战报后夸道:"打得好!这种'排子枪'战术是对付敌人骑兵的好办法,通令全军。"[11]

敌骑兵不仅袭击红军集团目标,对走单的红军也不放过。8月2日,红四师到达嘎曲河边以后,刚由师长调任红二方面军总指挥部参谋处处长的郭鹏,只身单骑赶到前边视察部队宿营地时,不幸被隐蔽在草丛中的敌人骑兵击中,倒在河里,等战友们闻讯赶到救援时,已昏迷不醒。贺龙、关向应等方面军领导人得到报告后非常焦急,当即派人将郭鹏送往前卫红四师卫生部。随前卫红四师卫生部行动的贺彪即时进行了检查,发现郭鹏伤口感染,髋关节内的子弹没有取出来,又发高烧,伴有不停地咳嗽,伤势十分危险。他检查后对苏醒过来的郭鹏说:"希望你尽力配合,将体内子弹取出来,这样才能痊愈,重返战场。如果耽误了时间,伤势继续恶化,将会有生命危险。"郭鹏坚定地表示:"死,我不怕;但我现在不能死。我配合治疗,重新站起来,再返杀敌战场!"草地的条件可想而知,医务人员让伤员平躺在地上,医生则跪着,紧张地进行手术。那夜没有月光,医生凭着经验,小心翼翼地切开伤口,认真探查,经过两个多小时,终于将郭鹏体内的锡弹取了出来。

第二天,战士们抬着他继续上路。当时负伤未愈的红四师政委方理明、政治部主任朱辉照,还在马背上编了一首顺口溜:"师长探路遭枪击,落水漂流几十米,幸得战友来搭救,抬到师部宿营地;天是被褥床是地,医生摸黑做手术,相互配合手术好,伤愈归队去杀敌。"[12]

同险恶的大自然搏斗

川西草原,位于亚寒带和亚热带衔接的边缘地域,冷暖空气的对流造成了这一地域变化莫测、骤寒骤热的独特气候,每日温差可达三十摄氏度以上。草地上时而晴空万里,天空湛蓝湛蓝的没有一缕浮云,强烈的紫外线光照,不用多长时间就可以把人烤脱一层皮。时而雷电交加,大雨如注,能把战士的衣服、背包甚至贴身藏着的火柴浇个透湿。时而,草地上狂风大作,吹得人们睁不开眼,挺不直腰,辨不清方向。时而,草地上会扑面卷来一阵冰雹,这是对指战员威胁最大的。冰雹来势突然,一阵风过后,往往接着就是密密麻麻的冰雹劈头盖脸地砸下来,让人猝不及防。冰雹个头大的像茶盅,小的像鸽子蛋,砸到头上可以把人砸昏,砸到身上,人就好像被乱锤敲击一般,从骨子里发出一阵阵疼痛。

关向应在日记中是这样记载的:

> 7月19日,六军团到作木沟露营。大风大雨,接着下大雪、雹,部队人员一夜满身通湿,寒冷似湖南三九天气。
>
> 7月20日,六军团到离作木沟八九十里沟里露营。
>
> 7月21日,六军团到离阿坝约40里的地方露营。通宵大雨,帐篷大漏,地下很湿,睡不成。
>
> 7月22日,六军团过一个上下约40里的横排山。过山时,大雨倾注,狂风折树,非常寒冷。
>
> ……
>
> 7月30日,六军团到贾诺露营。沿途都是小丘草地,没有森林,没有房屋。快到贾诺时,突然遭到暴风雨和冰雹的袭击。[13]

草地除了气候恶劣,草、水、土甚至连空气都是一种隐患。这里的草不少都带刺,像锯齿,如犬牙,似刀锋,坚硬锋利,踩上去,就会把脚和小腿划出无数道小口子,鲜血淋淋。而行军又很少旱路,伤口被迫浸在水里,半天就被泡得白皱皱的,要是有人蹚了毒水、污水,很快引起感染、化脓,严重的还会使人休克。

在茫茫无际、险象环生的草地上,睡觉也找不到一块干燥的地方,如果当时能找到一席不湿之地睡上一觉,那真是天大的造化。每到一宿营地,战士们就忙开了。有的煮野菜充饥,有的为第二天的行军做准备:脚化脓了,就把牛角羊角烧黑碾成粉,涂在伤口上;有的人军装被暴风雪撕成了破布条,他们穿针引线,简单缝缝;有的兴致来了,还唱上两段家乡戏。睡觉前,他们采些干草,把脚高高地垫起来,以加速血液循环,消除疲劳。大家给这种睡觉姿势起了个文雅的名字——"倒足运动"。红军指战员的行李相当简单,大都没铺的,也没盖的。有时晚上没法睡觉,大家就坐在巴掌块大的油布上互相依偎着打个盹。但在这样的条件下,红军官兵依然洋溢着革命乐观主义精神。有的战士穷开玩笑:"过雪山我们是顶天立地;过草地,我们又是盖天铺地,我们不愧是天地的主人。"在空旷无边的草原上,红军战士们围着篝火,仰望繁星,相偎叙旧,编出了许多诗歌和顺口溜:"川康青边大草原,千里茫茫无人烟。风雪雨霜多变化,沼泽泥潭漫无边。天无飞鸟长空鸣,地无虫儿藏草间。红军英雄从此过,嘎曲河水笑开脸。""天当被,地做床,红军战友好行装;你挨我,他挨你,怕冷就往中间挤。"[14] 这些顺口溜不仅是对草地行军的真实写照,也反映了红军官兵们崇高的精神风貌。

红二方面军是北上红军的总后卫部队,除了担负本部队的收容外,还担负着收容四方面军人员的任务。为此,总指挥部专门指定了收容部队,组成了担架队,沿途还设立了许多医疗站、供应站,并通令全军,行军中筹集到的粮食,除解救自危外,还要留给收容的部队。

尽管总指挥部进行了精心准备,但许多困难依然无法解决。这次北上,担任红二、四方面军收容任务的是红二军团六师十六团。他们遇到的困难是任何其他部队所不能比拟的,特别是越接近走出草地,他们遇到的困难越多。

当他们走了一个月以后,二、四两个方面军掉队的同志越来越多,收容下来的伤病员,大大超过了全团原来人数,而团里健康的战士却越来越少。过草地前准备的粮食,早已经吃光,前面走过去的部队,连草根都挖掘出来吃了,所以他们连可以吃的野菜、野草也都难以找到。此外,几乎没有药品,战士害了病,只得采取一些笨办法:患感冒的,喝辣椒汤;外伤的用盐水洗;患痢疾的,研点鸦片内服。没有牲口,只得靠战士两条腿、一副肩膀将一些不能行走的伤员一步

步背着走。但是,收容队困难越多,发生的感人事迹也就越多。时任十六团团长顿星云后来回忆:

忽然,前面的部队停下不走了。大家还以为要宿营,抬头一望,原来是一抹矮山挡住了去路。我连忙赶到前头去。只见山坡草地上,一群战士围住贺炳炎师长。贺师长习惯地把骡子缰绳挂在断臂的肩头上,正站在那里跟战士们起劲地谈论着。师长见了我,一把捞起我的胳膊笑着说道:"翻过这座山,就出了草地,山那面是宿营地,有村子,可以搞顿饭吃了!"接着,贺师长又告诉我:"贺老总和关政委看到前边部队缺粮,想到你们会更苦,所以叫我们派人到前面去专门给你们后卫团搞粮食。廖汉生政委已到前头去了,我就在这里等你们。"

师长的话还没有说完,我紧抓住他那只独臂激动得说不出话来。看他已是骨瘦如柴,心想,首长们也跟我们一样挨着饿,还这样关心我们哪!

团部几个同志研究了一下,召集各连支部书记开会,把贺老总、关政委对部队的关心,师首长亲自为后卫团筹粮的消息,告诉每个伤病员和全团同志。并决定上山之前,一边等掉队的同志,一边让部队休息,做好组织工作,不许丢下一个伤病员。

部队散在山坡上,各连的支部书记都在做传达。同志们听到首长如此关心我们,个个欣喜若狂。有的便利用休息时机,满山遍野去找野菜。有的一面找野菜,一面大声唱起洪湖家乡小调来。

傍晚,大队开始爬山了。爬到山顶,看见远处山坳里的树丛中露出了屋顶,隐约听见人喊狗叫。这下同志们可高兴起来,把沿途拾来的柴火都扔掉了,恨不得马上飞到宿营地。但是,久饿病弱,拖一步,歇三气,行进的速度很慢。大家正高兴而又吃力地走着,忽然从西北方向漫起了黑云,天气骤变,乌云盖顶。我们还没有来得及躲避,就狂风大作,暴雨倾泻。汤成功政委跟我打了个招呼,就冲向前去,照顾前面的队伍去了。我赶忙叫大家停下来躲避。

一阵狂风扫地刮来,只见许多病弱的同志,接连被刮倒在地上,狂风如同暴发的山洪,裹着他们在地上翻滚,直向山脚卷去。好多同志伸手去抓他们,也被狂风卷了下去。

风在山顶旋转、号叫着,茶盅大的冰雹,噼里啪啦砸下来。山上溜滑,风吹得人睁不开眼,喘不上气,站不住脚。同志们都赶紧爬到树杈子里、山窝窝里躲起来。团部卫生队长陈友才和警卫排长齐娃,把随身带着的一个小帐篷,连忙在一棵大树下支了起来。我们十几个人赶紧移到树底下,紧贴着坐在帐篷里。冰雹夹着雨水,仍是下个不停。衣服湿透了,久饿的身子,抗不住寒冷。齐娃就爬到外面,拣回一些湿树枝,生起一堆火来,一面取暖,一面召唤在风雨里挣扎的同志。我们又用茶缸子接满了雨水,把剩下的辣椒粉和一点生姜,放在一起熬着,准备给抢救回来的同志喝。

接着,我们十几个人,又走出帐篷,在风雨、冰雹、闪电中寻找走散了的战友。

不多一会儿,找回来了几十个伤病员。他们都冻得直磕牙齿,有的昏睡不醒。等抬到火堆旁,喝了点姜汤,才渐渐有了生气。

同志们都牢牢地记着首长的指示:"在任何艰苦困难的情况下,不能丢掉一个伤病员。"因此,刚刚暖和苏醒过来的人,稍稍休息了一会,又挣扎着爬出帐篷,同我们一起,冒着危险滑下山窝,去寻找落难的同志。

狂风继续刮着,雨雪冰雹继续下着,但是我们胜利了,救出了大部分同志。

过了一个小时,风停了,天骤然晴了,我们正准备清点人数下山时,却不见了汤政委。警卫员抱着侥幸的心理说:"政委也许先下山了?!"

"政委决不会甩开部队先下山的!"有的同志反驳他。

同志们四处寻找,喊叫,没有一点回声,没有一丝踪影。

同志们仍旧没有失望,分头四处寻找。最后,在一个山洼洼里发现了一堆人。他们说:都是汤政委指引着来避风的,有的还是政委爬着拖来的。战士们听说丢失了政委,一个个竭尽全力,站起来,和我们一起寻找。到底在一个山洼里找到了,他已经僵卧不醒,但怀里还抱着一个同志。看来,他是援救同志,中途气力不支,晕倒在地的。

他们把政委抬到帐篷里,放在火边烤着,擦去他嘴边的白沫,灌下些辣椒、姜汤,汤政委才慢慢地苏醒过来……

天刚蒙蒙亮,看见前面山梁上走来许多人,原来是师部的同志来接我们了。据接我们的同志讲:贺师长在暴风刮起的时候,路滑,一下子连人带骡子摔下了山,晕了过去。醒来后,他摸到一个村子里,第一件事便是派人上山来找我们。

大家惊问起来:"师长要紧不?"师部的同志安慰我们说:"师长很好。

他叫转告你们，走过去，便是胜利！"

太阳升起来了，山顶上分外宁静，山梁上一条金色的大路，展现在我们面前，伸向远方。[15]

就这样，收容队一边照顾着伤病员，一边救治着沿途每一个掉队的红军战士，艰苦行军在茫茫的草地上。沿途掉队或倒下的人员，绝大多数是饿的。他们从昏迷中醒来，发现了收容队，连忙抓把草把脸盖住，像身旁已经长眠的战友那样，他们希望收容队快快过去。他们心里十分清楚，收容队也不会有多少粮的，多一张嘴，就意味着多几倍的困难。收容队早就注意到这种情况，提出"想尽一切办法救阶级兄弟出草地"的口号，收容时，特别注意那些"装死"的人员。他们一旦被"抓住"了，有的乖乖地被抬上担架，但也有的又是打，又是骂，哭着、嚷着不走。由此，收容队确实抢救了一大批伤病员。然而，他们沿途更多地看到的是同志们的尸体。

据红二方面军军史记载，在历时53天的艰难跋涉中，有上千红色战士壮烈牺牲在草地上。他们有的侧卧在水洼里，手里攥着的几十粒青稞已经送到了嘴边，但没有吃进去，这是他最后的一口粮了，实在舍不得吃。快要饿昏了的时候，才拿出来，但为时已晚了，连放到嘴里的最后一点气力都没有了。有的是两个人摞在一块，上面的战士紧紧搂着下边战士的脖子，下面的战士紧紧托住上边战士的身体。大家一看，都十分明白，下面的战士原来好好的，是他在背着已经昏迷过去的战士行进时，自己也坚持不住，最终倒下了！有的人已经死去，但却赤身裸体，身边叠放着一堆衣物。路经的战士见了，都含泪一一脱帽致哀，他们理解这位死者的心愿：人死后衣服不好脱，于是趁有口气先把衣服脱下来留给活着的战友。因为死者生前十分清楚，路尚远，风大，雪大，自己已经不能给战友留下食粮，只能留下两件御寒的衣物算是对战友、对革命的最后贡献！

这是人世间最宝贵的衣物，这是人世间最珍贵的情谊，这是人世间最悲壮之举，惊天地，泣鬼神！他们留下的衣物与天地同在，永远激励活着的红军官兵向前进！他们所表现出的精神与日月同辉，世世代代催人奋进！

8月8日，红二方面军在任弼时、贺龙、关向应、萧克等首长的正确指挥和领导下，发扬高度的阶级友爱和团结互助精神，终于征服了草地，到达上包座，胜利地完成了红军的战略大转移。

[1] 树军、新民、解昌:《万里长征亲历记》,中央党校出版社1996年版,第528—529页。

[2] 吴先恩:《朱总司令来到红四方面军》,见《艰苦的历程》(下),人民出版社1984年版,第77—78页。

[3] 树军、新民、解昌:《万里长征亲历记》,中央党校出版社1996年版,第528—529页。

[4] 树军、新民、解昌:《万里长征亲历记》,中央党校出版社1996年版,第625页。

[5] 贺彪:《红二方面军从湘鄂边到陕北长征纪实》,华夏出版社1990年版,第281页。

[6] 杨以山:《嘎曲草原设兵站》,见《回顾长征》,人民出版社1985年版,第734页。

[7] 杨以山:《嘎曲草原设兵站》,见《回顾长征》,人民出版社1985年版,第735—736页。

[8] 中国社会科学院现代革命史研究室:《回忆贺龙》,上海人民出版社1979年版,第454—455页。

[9] 树军、新民、解昌:《万里长征亲历记》,中央党校出版社1996年版,第657页。

[10] 李文清:《最后的脚印》,见《回顾长征》,人民出版社1985年版,第575—576页。

[11] 树军、新民、解昌:《万里长征亲历记》,中央党校出版社1996年版,第664页。

[12] 贺彪:《红二方面军从湘鄂边到陕北长征纪实》,华夏出版社1990年版,第280页。

[13] 树军、新民、解昌:《万里长征亲历记》,中央党校出版社1996年版,第659页。

[14] 贺彪:《红二方面军从湘鄂边到陕北长征纪实》,华夏出版社1990年版,第281页。

[15] 顿星云:《战胜暴风雨》,见《回顾长征》,人民出版社1985年版,第556—559页。

第十章

智斗张国焘分裂主义

北上途中的"包公"——发起"岷洮西战役"——统一战略方针

北上途中的"包公"

北上途中,任弼时十分关心全党全军的团结问题,他以中共中央政治局委员、红二方面军总政委的身份,在对付张国焘独裁专断、维护红军团结方面发挥了独特的作用。

自二、六军团与四方面军会师起,一场微妙的较量就在张国焘与任弼时之间进行着。面对任弼时,张国焘不由得感慨万分。他们曾是老相识,1928年在莫斯科开中共"六大"时,任弼时还是一个充满青春气息的小伙子,张国焘管他叫"小弟弟"。但眼前这位蓄着胡子的人,经过了许多磨炼,已显得相当老成,看来得管他叫"任胡子"了。不管是"小弟弟"还是"任胡子",现在他已经成了红二、六军团举足轻重的人物,关键的问题是如何想办法将其拉过来,这才是张国焘的本意。但是,这位被张国焘称为"小弟弟"的"任胡子"却并不好对付,而且他已经对张国焘有了心理上的戒备。这倒不仅仅是朱德、刘伯承谈话的结果,也是任弼时自己高度的政治敏感。任弼时对张国焘

红二方面军总政委任弼时

做工作的策略很巧妙,始终是斗而不破。

　　早在红六军团和红四方面军的三十二军会合时,任弼时就发现了问题。两军会合后,任弼时要求看中央的一些文件,于是,张国焘派出的"工作团"给其送来的一批包括《西北讲座》《干部必读》等的文件和材料,内有攻击党中央和红一方面军北上是"逃跑",是"左倾空谈掩盖下的退却路线",指名道姓地诽谤毛泽东、周恩来、张闻天、博古等领导人的内容。王震发现后,立即下令把文件材料烧掉,并向任弼时报告。任弼时、贺龙等和红四方面军八十八师来人的谈话中,同样听到他们攻击党中央和红一方面军的言论,而且"讲得很坏"。任弼时立即告诉红二军团政治部主任甘泗淇:四方面军来的干部,只准讲团结,介绍过草地的经验,不准提党中央一个字,不准进行反中央的宣传,送来的材料一律不准下发。又指示:将文件材料保留一份,其余的全部烧掉。

　　这样说来,张国焘与任弼时还未会面就已经交锋过一次。会面已经是第二次交锋了,只不过,这次是直接面对面的交锋。张国焘首先向任弼时提出要召开党的会议,讨论"一、四方面军问题"。张国焘此举是想从组织上胁迫二、六军团同意他的反党路线。

　　据贺龙回忆中介绍,"张派人向任弼时说:'两个方面军首先应该一致。'任回答:'唯有在十二月决议(即瓦窑堡会议决议)的基础上才能一致的。'张要召开党的会议,任就向他提出'报告哪个做? 有争论结论怎么做?'把张顶了回去。党的会没有开成,以后又说要开二、四方面军干部联席会。张国焘想以多数压少数,通过决议拥护他。弼时、向应和我讨论如何对付。任弼时又增加了一条,提出不能以多数压少数。这样干部会也没开成。"任弼时后来在批判张国焘的会上说:"我敢说,那时如果召集那样的会,那么争取四方面军的进步干部是没有问题的,但是我反对这会议的召集,因为造成上层的对立将使工作更困难。但国焘就非开这会议不可,我就说,如果二、四方面军态度尖锐,我不负责任。国焘才吓倒,再不召集这会议了。"

　　当张国焘指责毛泽东等人率红一、三军团单独北上是毛泽东等人的疑忌太多时,任弼时却针锋相对地说:"四方面军中一些人的反对呼声加强了这种疑忌。"

　　张国焘一计不成,再施一计。张国焘和任弼时谈话时提出:要调换红二、六军团首长,要任弼时离开,红二、六军团另派政委。张国焘此举是企图利用职权调换二、六军团的一部分干部,从组织上改变这支部队的政治态度。但是,又被任弼时顶了回去。

7月6日,任弼时就两军会师、北上情况及红二方面军长征的简要情况致电党中央领导人:

（一）二、六军团于本月1日全部在甘孜与四方面军会合,现随同四方面军继续北进。

（二）这次远征计费时七个多月,行军1万余里,沿途大小战斗十余次,伤亡约5300人,出发时两个军共17000人,到甘孜会合时,为14500人,二军9000人,六军5300人,武器比桑植出发时稍有增加。

（三）我现随朱、张行进。[1]

其间,他先后与朱德、张国焘、刘伯承、徐向前、陈昌浩等人谈了话,详细了解张国焘与中央发生分裂的经过,以便找出圆满的解决方案,进一步消除隔阂,促进党和红军的团结。

徐向前在与任弼时的交谈中,坦诚地谈了自己的几点看法:

中央和毛泽东同志的北上方针是正确的。自己当时没有跟中央走,是不想把四方面军分成两半。大敌当前,团结为重,张国焘另立中央,很不应该,党内分歧可以慢慢地谈嘛！但是我说话他不听,朱老总的话他也不听。现在取消了"中央",对团结有利。北进期间,最好不谈往事,免得引起新的争端。一、四方面军会师后,我们很高兴。但中央有的同志说四方面军是军阀呀,土匪呀,逃跑呀,政治落后呀,太过分了,伤害了四方面军的感情。我和四方面军许多指战员都想不通。我们从参加革命起,就表态拥护第三国际,党章上也是那样写着的。由共产国际出面解决以往的分歧,我赞成。[2]

张国焘也在回忆录中谈到了任弼时力求化解红一、四方面军领导人之间矛盾一事:

任弼时本人对毛儿盖的争执特别感兴趣。不惜花很多时间,分别和朱德、徐向前、陈昌浩、刘伯承和我详谈,搜集有关资料,研究这个争执的症结所在,我曾笑问他是不是想做"包拯",他也不完全否认这一点,表示他是一个没有参与这一争端的人,现在研究一下,也许将来可以为大家和好尽些力量。

任弼时将他研究的结果告诉我,大致指出下列各点:(一)四方面军之策应一方面军是真诚互助的行动,不能说四方面军的同志们早有反中央的倾向。(二)双方都有成见,最先表现这种成见的,却是凯丰的文章。(三)一、四两方面军彼此的批评很多是不必要的,也是不公平的。(四)没有改政治路线以前,毛儿盖的争执势所难免。(五)毛泽东等自毛儿盖率一、三军团北上,没有事先通知我和朱德等是不适当的。但他觉得这件事的酿成,一方面是毛泽东等人的疑忌太多,另一方面也是四方面军的反对呼声,加强了这种疑忌。(六)卓克基(应为卓木碉——本书作者注)会议决定成立临时中央,似乎太过分了。

任弼时认为这是一次严重的教训,值得大家警惕。此后,我们不要算旧账,他并决定以调和人自居,不偏袒任何一方,愿为大家的和好而努力。我对于他这种热忱,极为感动。至于他的意见,我当时未置可否。[3]

任弼时在与四方面军的主要干部交谈后,于7月10日致电林育英、张闻天、周恩来、毛泽东转王稼祥、邓发、刘少奇等,汇报了二、四方面军部队会师后两军之间的团结现状:战斗情绪极高,政治军事工作都有极显著的进步与成绩。二、六军情绪亦甚好,四方面军会以很大动员迎接慰劳二、六军。现在二、四方面军阶级友爱的关系极好。在目前政治形势和党的策略路线决议基础上是团结一致的。他在电文中表明了自己的态度,"我深切感觉到党内团结一致,建立绝对统一集中的最高领导是万分迫切需要,而且是不能等待七次大会的"。他提议这次二、四方面军向川甘北进,一方面军亦需向甘南配合接应,一、二、四方面军将靠近行动。建议中央在一、二、四方面军靠拢时,召集一次中央扩大会议,至少是中央政治局扩大会议,除中央或政治局委员外,一、二、四方面军主要干部参加,并要求国际派负责代表出席这次会议,议程应列有总结五次反"围剿"斗争之教训和讨论党的目前紧急任务,并产生党内和党外统一集权的最高领导机关。万一对粉碎五次"围剿"和斗争经验教训不可能在这一会议上得到最后结论,则这一问题由七次大会或国际去解决……[4]

7月12日,张闻天电复任弼时:中央已向国际请求批准召开六中全会,并对六中全会给予原则指示,同时派遣负责代表出席。关于开会之时间与地点,须俟国际回示并其出席代表到达或确定到达日期之后才能确定。此会自然应有全国的代表及红军代表到会,会议的主要日程为审查五中全会以来的工作及决定今后的政治任务。[5]

任弼时在北上期间所做的团结工作,取得了良好的效果,也给人们留下了深刻的印象,对促进党和红军的团结,有重要作用。远在陕北的中央负责同志对二、四方面军会合后其领导人之间的关系极为重视,他们相信朱德、任弼时等人不会支持张国焘;对二、四方面军共同北上深为欣慰和关切,在部队通过草地的艰难日子里,不断给予重要指示。

7月13日,中革军委来电,指示红二、四方面军北出草地后应迅速攻占岷州,这样一来对打击马步芳、毛炳文、王均等敌十分有利,并指出此举将使红军在战略上大占优势。如果攻打岷州不下,则围城打援。毛炳文现在正以一部兵力从陇西增援,这是消灭他的好机会。电文建议,朱总司令宜速派人去见王均、曾万钟,他们彼此孤立无援,处境危险,建立统战关系容易收到效果;此外,还应向城内守敌鲁大昌做工作,允许他向临潭方面逃跑。

7月22日,中共中央再次电告朱德、张国焘、任弼时:

(甲)目前陕甘宁为汤恩伯、杨虎城、高桂滋、高双成、张学良、何柱国、于学忠、马鸿逵各部150余团,在蒋介石命令压迫之下,向我进攻。毛炳文全部、马步芳一部亦被我吸引到甘北附近,正图先击破我再阻止你们北上。

(乙)我们正动员全部红军并苏区人民粉碎敌人之进攻,迎接你们北上。

(丙)二、四方面军以迅速出至甘南为有利。待你们进至甘南适当地点时,即令一方面军与你们配合南北夹击,消灭何柱国、毛炳文等部,取得三个方面军的完全会合,开展西北伟大的局面。

(丁)国际电台联络从6日起已畅通,望国焘兄将四方面军情形及意见见告,以便传达国际。[6]

7月27日,中央批准成立西北局(实际上,按陕北党中央的意见,张国焘本应成立"西南局",因电文错译而为"西北局"[7]),张国焘任书记,任弼时任副书记,朱德等为委员,统一领导红二、四方面军。

28日,中革军委询问二、四方面军行动情况致电朱德、张国焘、任弼时,电文大意为:成都通报说你们在大金川;青海通报说你们两路出青海,一路出甘南,前锋已到阿坝;但又有人说你们抵达芦花。我们甚为挂念,不知道粮食够用否?目前确切位置到底在哪? 8月中旬能不能够出甘南?两广因无革命决心与内部不巩固,已经发生内变,但是全国革命高涨的基本形势没有变化。西北统一战线有了进步。三个方面军会合之后,即能引起西北局面大变化,请将你们行军的情况随时通告。

7月底,红四方面军先头部队胜利攻占了草地边缘的包座。8月1日,中革军委即来电祝贺,并向其通报敌情变化情况,指示四方面军到包座略作休息后,迅速北进,二方面军随后跟进到哈达铺后再大休息,以免敌人封锁岷西线,致使北出发生困难。最后,电文指出:包座到哈达铺五百里有险隘五六处,主要是旺藏寺、莫牙寺间 25 里路上之两座河桥及罗达西边 60 里之腊子口山隘。宜选精锐 2000 余人以机敏坚毅之首长率领向前开路。最好除此路外,再在西边选一条直达岷州附近之路,分两路北进较为妥当。腊子口以北即脱离番区,地势宽敞,人烟稠密,便于部队之休息整理。

同一天,中革军委又致电朱德、张国焘、任弼时,通告了敌朱绍良军封锁二、四方面军北进计划的部署情况。中央的关怀极大地鼓舞着二、四方面军广大指战员的士气。收到中共中央来电后,朱德、张国焘、任弼时当日复电中央,大意如下:二、四方面军此次向巴西、阿西、包座前进比较顺利。两方面军团结巩固,士气高涨;待兵力稍集结后即向洮州、岷州、西固进发,约 8 月中旬主力可向天水、兰州大道出击,以消灭毛炳文、于学忠部为目的来配合你军;我们经过 20 余日的行军,对天水情况及各方情报知之甚少,请将你方情况及方面军状况,以及你们的计划告诉我们;在蒋介石进攻的严重关头,一、二、四方面军只有积极密切联系,基本上在一致战略方针下坚决对敌,才能不被敌各个击破,可能造成西北新局面。二、四方面军全体指战员对三个方面军的大会合和配合行动,一致兴奋,并准备牺牲一切,谋西北首先胜利奋斗到底!

中共中央接到朱德等人的电报后,于 8 月 3 日复电:"接 8 月 1 号电,为之欣慰。团结一致,牺牲一切,实现西北抗日新局面的伟大任务,我们的心和你们的心是完全一致的。""我们已将你们的来电通知全苏区红军,并号召他们以热烈的同志精神,准备一切条件欢迎你们,达到三个方面军的大会合。"[8]

为了阻止三个方面军会师,国民党军重庆行营设置了多道封锁线。青海省境内第一线沿黄河从甘边到贵德;第二线沿西宁自新城对岸至湟源,以防止红军西进。四川省境内也设多道封锁线,第一线为松潘、漳腊、塔藏,由孙震率 12 个团兵力驻守小河营、水晶堡、平武等地。重庆行营还要求朱绍良速派兵向西固、文县、南坪推进,并联络孙震部,相机夹击红军;要求刘湘、邓锡侯、刘文辉各派兵一部,分别出卓克基、马塘、丹巴追击红军。

但是,当国民党军下达围堵命令时,红四方面军已相继走出草地到达包座。稍后,红二方面军也在 8 月 8 日通过草地到达上包座。敌军各部接到命令后,仓促布防,但敌人的战线长,兵力分散,部署尚未就绪。同时,蒋介石虽急令已南下的胡宗南部由长沙兼程北进,但一时还不能赶到,甘南兵力空虚。因此,敌重庆行营的围堵部署并没有什么太大的威胁。

根据敌军的部署情况,中革军委8月2致电朱德、张国焘、任弼时等人,告诉他们岷州带仅有鲁大昌一部;毛炳文军部及三十四师部还在秦安、天水一带,估计该部到岷需要七天以外。电文指示他们应先派人员赴岷州与鲁敌联络,并以一部迅速攻占腊子口天险,则进出便利。

发起"岷洮西战役"

根据这一指示,西北局于8月初在求吉寺召开会议,决定红二、四方面军共同组织"岷(州)、洮(州)、西(固)战役"。

8月2日,红军总政治部发布了《关于岷洮西战役政治工作保障计划》。在计划中指出了发动这场战役的重要意义,对敌我战斗情绪进行了充分估计,规定了此次战役中政治工作的中心任务:一是加紧战斗动员与战斗准备工作;二是扩大抗日反蒋宣传,贯彻党的新的策略和路线;三是争取广大回族人民的支持;四是搞好扩红准备与筹集资材工作;五是学习运动战中政治工作的进行,养成连队政治工作自动性的基础。

鉴于上次一、四方面军从会合到分离的惨痛教训,《计划》中特别强调了与一方面军会师西北的动员与准备工作。指出,"要向某些同志解释说明,我们与过去党中央少数领导同志虽然发生过政治上的分歧,但因得到共产国际的帮助,在党的新的策略之下,现已完全一致。这种一致,是党的胜利,列宁主义的胜利,也是中国革命的胜利。过去的分歧,我们可于适当时机,依照共产党的组织办法,以中国革命的最高利益为原则来解决,绝不能妨碍我们目前的统一与一致。在四方面军的指战员,应特别注意学习与研究过去与一方面军会合中的经验教训,开展必要的自我批评,纠正过去的缺点,消除一切不满和误解现象"。

为了使全体指战员在思想认识水平上适应目前变化了的形势,四方面军政治部于8月2日特意印发了《关于新策略路线的具体运用政治问答》,以简明扼要、通俗易懂的问答形式,向全体指战员进行广泛的政治教育,宣传党的抗日民族统一战线。

8月5日,朱德、张国焘正式发布了《岷洮西战役计划》,首先对敌情进行了判断,在此基础上对兵力部署如下:以四方面军之三十军、九军、五军组成第一纵队,由徐向前任司令员,陈昌浩任政治委员,8月5日至10日由包座、俄界经旺藏寺出哈达铺攻占岷州,该纵队应以相当兵力组成右侧支队,取道白骨寺、瓜咱之线,相机夺取西固,以佯动姿势,威胁武都敌人为目的。以四方面军之四军、三十一军组成第二纵队,由王树声任司令员,詹才芳任政治委员,8月7日、11日由包座出动,以夺取洮州旧城消灭该地敌人为目的,成功后主力向临洮方向活动,并以一部向夏河、临夏发展,掩护红军左后侧。以二方面军为第三纵队,由贺龙、萧克任正副司令员,关向应任政治委员,8月12日先头由包座出动,20日以前到哈达铺附近集中待命,担任策应第一、第二两纵队任务。

鉴于全国形势已发生了根本变化,苏维埃政权形式已经不适合形势的要求,在日本帝国主义要变中国为它的殖民地,民族矛盾成为主要矛盾的情况下,只有建立抗日人民政权才能最广泛地团结一切抗日力量,最有力地打击顽固派。因此,中共中央西北局根据瓦窑堡会议关于建立抗日民族统一战线的总方针,在二、四方面军即将进入西北地区之前,于8月5日做出了《关于目前红军进入西北地区组织临时革命政权问题的决定》。

《决定》指出:为着广泛地发展目前抗日反蒋的民族革命战争,并首先开展中国西北部的民族革命统一战线,在创造西北抗日根据地基本任务下,西北局认为我主力红军这次进入甘南地区,必须以"人民抗日革命委员会"为临时政权的组织形式。这一政权的中心任务是号召、动员与团结组织广大抗日群众及一切不当亡国奴的人民积极起来参加抗日反蒋战争,同时并应在斗争中注意满足基本群众的利益和要求,严厉镇压一切积极反抗和阴谋破坏抗日阵线的汉奸卖国贼的活动。[9]

1936年8月5日至12日,红二、四方面军先后从包座地区出发,执行"岷洮西战役计划"。

8月5日,徐向前、陈昌浩率第一纵队由包座出发,将士们沿着崎岖的山路攀悬崖,过栈道,涉山涧,跨急流,风餐露宿,向甘南地区疾速前进。9日,一纵队先头部队三十军八十八师抢占天险腊子口,全歼守敌1个营,为后续部队开辟了前进通道。10日,八十九师攻占岷县大草滩、哈达铺,歼敌千余人,缴获各种枪千余支。随后,八十八师、八十九师分路向岷县方向攻击前进,当晚扫除了岷县敌外围据点大沟寨、西川和南川,击溃鲁大昌部约3个团,毙敌4000余人,包围了岷县城。

岷县为陇南重镇,东临叠藏河,西接子城后所,北俯洮河,南仰海拔三千多米的二郎山。滚滚东去的洮河与滔滔北流的叠藏河,似张开的双臂环抱着岷县城,这种两面临水、一面面山的险要地形,易守难攻。这里北通漳县、陇西,南至西固、武都,东去礼县、西和,西连卓尼、临潭,既是甘川交通要道,也是陇南政治、经济中心,战略地位十分重要。守敌鲁大昌在此苦心经营多年,为了占据这块地盘,除筑有坚固的城防工事外,还顺着二郎山山势,构成了山、城互为依托的较为完备的防御体系。红军到来之前,蒋介石就急电鲁大昌"凭险据守,远侦严防"。鲁大昌开始紧急收缩兵力火速回防岷县,增设阵地,同时加固工事,急筹粮草弹药。

8月10日凌晨,清扫岷县外围据点的战斗打响。八十九师在吴家大山与敌特务团第一营激战,歼敌300余名,残敌退守白土梁和二郎山。经一天战斗,扫清了岷县外围的据点,从东、西、南三面包围了岷县城。当晚11时许,红军向守敌最后一个外围据点二郎山发起攻击。红军四次突破敌阵地和三号碉堡,击毁敌轻、重机枪11挺,迫击炮5门,重创敌机炮营。但因敌骑兵增援,失去了已夺阵地。11日凌晨,红军再次攻击二郎山,战斗十分激烈。敌人死伤累累,枪弹告罄。鲁大昌急派兵增援,又遭红军重创。鲁大昌慌忙收缩防线,决定以二郎山和岷县城为防守重点,凭险据守。

当夜8时许,三十军一部攻占岷县西之子城后所后,便开始直接攻城。在火力掩护下,数百名红军战士抬着云梯,攻击城西南部。与此同时,三十军另一部涉过叠藏河,架云梯强攻东城。红军战士冒着枪林弹雨,登着云梯,冲上城头,同敌人展开了激烈搏斗。经三个多小时的殊死争夺,歼敌1400多名。但终因敌居高临下,城防工事坚固,红军猛攻数次也未破城。

8月17日,敌毛炳文部由陇西驰援岷县城。三十军决定以八十八师奔漳县方向阻敌增援,八十九师继续围攻岷县城。同日,朱绍良电告鲁大昌,称:"十日之内,各方援兵不来。"鲁大昌得知援军无望,只好集中残部死守二郎山及岷县城。为防止红军沿城外民宅接近城垣,鲁大昌下令强行拆除或烧毁城墙周围的所有房屋和船只,企图孤注一掷。8月18日,一纵队第九军接替三十军继续围攻岷县城。八十九师开漳县一带,19日攻占漳县。九军经充分准备后,采取多层次、多方向爬云梯勇猛作战和沿城墙下水道进击敌人等战法,给敌人以重大杀伤。23日,一纵队五军也赶来参加攻城战斗。九军一部去临潭,一部同五军共同围攻岷县城。由于红军刚出草地,指战员们体力还未恢复,武器装备低劣,弹药不足,因而久攻未下。红军围攻岷县虽未破城,但已毙伤敌3000余人,给敌以沉重打击。鲁大昌困守城池,孤立无援,已经到了山穷水尽的地步。为保全自身,他不得不连夜起草书信,请求停战谈判:只要红军不再攻城,不占他们的地盘,井水不犯河水,红军愿走哪条路就走哪条路,鲁大昌决不放一枪。于是,红军即以部分兵力围困、监视敌人,大部兵力在岷县周围进行休整,发动群众,扩大红军,建立政权。

在第一纵队围攻岷县的同时,第二纵队从包座出发后,大举挥师北进。8月14日,第四军在军长王宏坤率领下,从岷县野狐桥兵分两路向临潭进军。十一师沿洮河西行至羊北桥过河,由新堡向临洮方向挺进;十师、十二师及妇女独立团顺三岔沟攻击前进,击溃守敌1个营后,十二师一举攻占临潭新城,并以一部向渭源、临洮方向发展进攻,十师和妇女独立团乘胜沿山梁大道向洮州旧城疾进,8月20日拂晓前,逼近了洮州旧城。

见红军大兵压境,城内约1个团的守敌惧怕被歼,即以1个营的兵力据城顽抗,掩护团部及团主力向临洮方向撤退。红军获知此情报后,即令部队从行进间发起攻击。英勇的十师指战员们忘却了连日急行军的疲劳和饥饿,以迅雷不及掩耳之势扑向旧城,一时间,枪声、爆炸声、喊杀声响成一片。他们在妇女独立团一部配合下,一举攻占该城,全歼守敌1个营,缴获各种枪300余支。战斗结束后,部队开进城内,布设阵地,防敌反扑。23日清晨,马步芳骑兵第一旅的1个加强营约800人前来进犯,企图夺回洮州旧城,恢复敌之防线。我守城部队事先得知消息,于是撤出城外,分别埋伏在城周围的有利地形上,待敌钻进我伏击圈后,所有的机枪、步枪、驳壳枪一齐开火,子弹像雨点一样射向敌群。顿时,敌人人仰马翻,乱作一团。趁此机会,红军迅速出击,围歼该敌。敌军官兵各不相顾,纷纷夺路逃命,有的跪在地上缴械投降。这一仗,共打死打伤敌200余人,俘敌34人,缴获战马近百匹,各种枪支、马刀300余件。

敌人第一次进攻失败后,接连数日,轮番向红军阵地攻击,战斗打得非常激烈,但均被红军击退。敌人在屡遭失利后,抬出银元、烟土,驱使亡命徒挥刀上阵。红十师和妇女独立团的指战员们,发扬了连续作战、不怕牺牲、誓与阵地共存亡的革命精神,坚决抗击敌人。红军战士子弹打光了,刺刀捅弯了,石块就成了与敌相搏的武器。25日中午时分,敌旅长马彪提刀督战,一连突破红军数道阵地。红军随即使用师预备队(约1个团的兵力),配合一线部队对敌实施反冲击。有些战士英勇地抱起点燃的炸药包,拉响捆绑在一起的数枚手榴弹,冲入敌阵……经过两个多小时的激烈争夺,终于把敌人压下山去,夺回了失去的阵地。在以后的几天里,红军采取了灵活多变的战术来对付敌人的进攻。他们有时利用既设阵地抗击敌人，有时设埋伏袭击敌人，有时故意把敌人放进城来，展开巷战。他们有的在巷内设置绊马索，待敌马接近时，突然拉起，同时拉响吊在房下的手榴弹，顿时，手榴弹在敌人头顶上开了花，炸得敌人血肉横飞。有的在敌必经之巷挖好陷马坑，当领头的敌马陷进去后，瞄准后面的敌人猛打，同时，手榴弹炸得敌人落花流水。战士们风趣地说，这叫"堵蛇头、截蛇尾、斩蛇腰"战术。敌骑兵在狭长的巷道内，犹如"老牛掉井，有劲使不上"。由于红军采取灵活多变的战术，经过一周艰苦鏖战，重创了敌军，残敌溃至黑措（今合作）地区。我十师攻打洮州旧城的任务遂告胜利结束。这一仗先后共歼敌2500余名，俘敌700余名，缴获各种武器2000余件。[10]

与此同时，徐向前命四方面军总直属纵队司令员、曾任八十九师政委的杜义德，率有名的"夜老虎"二六四团和三十一军的两个团袭取渭源。渭源守敌为毛炳文三十七军第八师的1个团，加上民团共2000余人。红军集结在靠近陇西城的菜子河、官亭村，声东击西，摆出要强攻陇西城的架势，同时做好了一切夜袭的战斗准备。杜义德亲自带领团营干部化装成老百姓，在党地下组织帮助下直奔渭源城，仔细观察敌情，了解情况。选定突破口后，他决定实行夜间长距离奔袭，到达该城附近时兵分两路，从两个方向同时登城，夹击敌人。担任主攻的突击队由杜义德亲自带领。这是一个狂风呼啸、乌云翻滚、大雨滂沱的夜晚，杜义德带部队来到渭源城下，然后按计划兵分两路迅速登城。敌人慌忙组织部

队分四路向红军主攻突击队反扑，战斗甚为激烈。在红军两路夹击下，敌人节节败退，纷纷弃城逃跑。26日拂晓，红军攻克了渭源城。这一仗，击毙敌团长以下300余人，俘敌1600余人，缴获轻重机枪30余挺、迫击炮6门、步枪1000余支、电台1部。之后，红军在渭源筹集到万余匹土棉布和洋布，以及部分棉花、羊毛和羊皮等红军急需物资。

8月中旬，第三纵队红二方面军在贺龙、萧克、关向应的率领下，由包座向北进发，9月1日到达哈达铺，随后红六军团拿下礼县，继而向成县、徽县、两当、康县地区发动进攻。

9月7日，三十一军九十三师攻占通渭县城。至此，"岷洮西战役"遂告结束，此役从8月5日开

始,至9月7日结束,历时34天,是红二、四方面军走出草地后,进入甘南地区第一次大规模的作战行动。红军先后进占漳县、临潭、渭源、通渭四座县城及岷县、陇西、临洮、武山等县的广大地区,歼敌7000余人,缴获了大批武器、弹药、物资及马匹,粉碎了敌人阻止红军北进的企图,创造了红二、四方面军与党中央和红一方面军会师的有利态势。

战役结束后,徐向前率前敌指挥部驻漳县,陈昌浩在岷州前线,红军总司令部驻岷州三十里铺。

统一战略方针

在"岷洮西战役"进行期间,中共中央根据红二、四方面军已经北上,日本帝国主义进逼绥远和蒋介石处理两广事件尚未脱手的形势下,于8月9日向张学良提出与东北军联合抗日,占领以兰州为中心的战略枢纽地带,从西、北两个方向同时打通与苏联的联系,以首先造成西北的抗日局面,然后逼蒋抗日。

张学良同意后,党中央于8月12日致电西北局,对今后的战略方针提出以下要点:

第一,一、二、四三个方面军有配合东北军打通苏联、巩固内部、出兵绥远、建立西北国防政府之任务。由此任务之执行,以配合推动全国统一战线的形成,达到大规模抗日战争的目的。

第二,根据一、二、四方面军会合西北,东北军与我们联盟,日本指挥蒙伪军进攻绥远、内蒙,企图割断中苏关系,及蒋介石注意西南而暂时无法顾及西北等情况,上述任务可能而且必须在较短时间内实行之。

第三,打通苏联为实现全国抗日战争,首先是造成西北抗日新局面的主要一环。打通苏联分两步走。第一步,配合东北军进据甘西。东北军于学忠部3个师向兰州这一战略枢纽地带集中;东北军乘虚接防甘、凉、肃三州,接通新疆。第二步,三个方面军合力夺取宁夏。第一步骤实现后,一、二、四方面军在甘北会合。12月起,以一个方面军留守陕甘宁苏区,两个方面军趁结冰期西渡黄河,消灭马鸿逵部,占领宁夏,完成从北面接通苏联的任务。

第四,巩固内部,形成陕、甘、宁、青四省的抗日革命发展新阶段。任务包括:新老革命根据地及红军的巩固与扩大,使之成为西北局面的坚强领导中枢;东北军的加强;陕、甘、宁、青各部统一战线的完成,反动分子的肃清,民主纲领的初步实现等。

第五,东北军与红军联合组成抗日先锋军,出师绥远,抵御日伪军的进攻,推动全国抗日运动的发展。

第六,与南京政府谈判,逼蒋抗日,争取停止内战,一致对敌。为此,我军目前暂不出河南,实行"你不来攻,我不去打"的策略,如蒋介石派兵来攻,则一面坚决作战,一面争取议和。[11]

根据中央上述战略行动计划,西北局放弃了原定乘虚向东南发展的作战意图,做出了二、四方面军在甘南建立临时根据地的部署。同时,在作战中,也积极地贯彻了中央这一意图。西北局之所以猛攻岷州,就是一例。同时,以红三十军一部克渭源,一部逼近陇西,也是为了造成威胁兰州的态势。

但是东北军那边,迟迟不见动静,党中央不得不重新考虑这一牵动红军全局的重大战略问题。8月23日,中央来电征求西北局领导人的意见:依托现时力量,假如以二方面军在甘南、甘中策应,而以四方面军独立进取青海及甘西,联系新疆边境,四方面军有无充分把握?如在冰期前西渡黄河,能否解决渡河工具?[12]

中共中央的意图非常明显,既然东北军指望不上,只能依靠自己的力量打通新疆与苏联的联系,但又没有确切把握,只有征求西北局领导人的意见。接到中央电报后,张国焘给徐向前打电话,征求他的意见。徐向前答复说:问题不大,四方面军有这个力量夺取甘西。事后,徐向前即派参谋人员搜集河西的地形、民情资料,考虑进河西走廊的问题。

8月下旬,中央鉴于蒋介石在解决两广事件后,已令胡宗南部回开兰州,并有分化东北军、撤换张学良的企图,因而变更了原来的行动计划。新的行动方针,要求把甘南也发展为战略根据地之一,与巩固和发展陕南根据地和陕甘北根据地相呼应,并迫使胡宗南部停止于甘肃以东,准备冬季打通苏联。

为了顺利执行该计划,也为了争取共产国际的援助,8月25日,中央将红军行动方针问题密电中共驻共产国际代表团团长王明,提出了红军向甘西、宁夏、绥远发展的战略计划,请求得到苏联在装备技术上的支持。电报明确表示,"如果苏联方面能答应并且能做到及时的确实的替我们解决飞机大炮两项主要的技术问题,则无论如何困难,红军也决乘结冰时节以主力西进接近新疆与外蒙"。[13]

具体行动计划为:以一方面军约1.5万人攻宁夏,以四方面军12月从兰州以南渡河,首先占领青海之若干地方作根据地,待来年春暖逐步向甘、凉、肃三州前进,约于夏季到达肃州附近。沿途坚城置之不攻,待从外蒙或新疆到来之技术兵种配合攻取。以二方面军位于甘南,成立苏区,使陕甘苏区联系。

中国红军的这一战略计划得到了共产国际和苏联领导人的积极回应,1936年9月8日,卡冈诺维奇和莫洛托夫给斯大林的电报中称:"中国红军指挥部报告了中国红军下一步行动的两个方案。按第一个方案,在黄河封冻以后,第一方面军将于1936年12月前占领宁夏地区;第四方面军将出动占领兰州,然后向肃州(甘肃省西部)推进;第二方面军固守甘肃南部。"电报明确表示,同意中国红军的第一个行动方案,即:占领宁夏地区和甘肃西部。同时坚决地指出,不能允许红军再向新疆方向前进,因为这样做可能使红军脱离中国的主要区域。在中国红军占领宁夏地区后,将给予1.5万到2万支步枪、8门加农炮、10门迫击炮和相应数量外国型号弹药的援助。

为执行这一计划,中共中央于8月30日致电西北局领导人,按照"迫蒋抗日","紧密地联合东北军,并进行西北其他各部的联合谈判,造成西北新局面",以及"准备冬季打通苏联;发展甘南为抗战根据地之一,同时巩固与发展陕南苏区"的方针,[14]三个方面军须联合行动,四方面军在9月至11月的具体任务是:占领临潭、岷县、漳县、渭源、武山、通渭地区,尽可能取得岷、武、通三城,但岷州如无办法夺取,则用少数(兵力)监视之。[15]四方面军须尽力阻止和迟滞胡敌西进。

9月上旬,朱德主张红四方面军不要在甘南停留而径直跨过西兰公路去会合一方面军。但张国焘总想往西去,说"打日本不是简单的"。朱德笑他胆子太小了,用四川方言幽他一默,道:"四川军阀打仗是溜边的,碰上敌人绕弯弯,见到便宜往前抢。国焘同志你莫要溜边边呀!我们长征是要到抗日的前进阵地,红军要成为抗日先锋军、模范军。敌情在北面,你老想向西去,当然打它不赢,只是跑得赢了!"

13日,朱德、张国焘、陈昌浩联名致电中革军委,建议三个方面军联合行动中,"一、四方面军乘胡敌在西北公路上运动之时机,协同消灭其一部。二、四方面军尽力阻止和迟滞胡敌西进。"张国焘不失时机地兜售所谓"西进"主张,同日,又电示红四方面军徐向前、周纯全:"我们大计以快向西北进为宜,同时在有利时机不放弃迎击胡敌。"

但第二天,中共中央就占领宁夏的部署电示四方面军:为坚决执行国际指示,准备在两个月后占领宁夏,四方面军以主力立即占领隆德、静宁、会宁、通渭地区,控制西兰大道,与一方面军在固原西部硝河城地区之部相当靠近,阻止胡宗南西进，并相机打击之，10月底或11月初进取靖远、中卫南部及宁安堡之线，以便12月渡河夺取宁夏南部。并特别强调主要是四方面军控制西兰大道，不使胡宗南切断，并不使妨碍尔后一、四两方面军夺取宁夏之行动。[16]

9月15日，中革军委又来电：一方面军已向海原、固原出动，一军团派第一师出静宁、隆德大道，策应四方面军。四方面军宜在五至七天内以主力出至隆德、静宁、会宁、定西大道，控制以界石铺为中心之有利基点，迟则界石铺通渭大道有隔断之危险。[17]

9月16日，中革军委又来电催促红四方面军赶紧行动，因胡宗南部队大部已到西安，现陆续向西运。四方面军宜迅速占领隆、静大道，否则将被截堵断。9月17日，中革军委再次来电指示：四方面军主力务须在三天内进占界石铺及以西地段，否则胡军乘汽车将在二三日内控制界石铺。[18]

党中央及中革军委的四次电报精神，要求四方面军在西兰通道上单独迎击胡敌，超出了原来朱德和红四方面军领导人三军联合迎击胡敌的设想。

获悉中央的态度，徐向前等虽感到与胡宗南作战无必胜把握，但还是准备根据中央指示，硬着头皮执行。张国焘却心存疑虑，迟迟不表态。如何落实中央的"静（宁）会（宁）战役计划"？红四方面军前进方向究竟是向西，还是向北？这一切都需要研究如何重新安排。

在这个背景下，9月16至18日，中共西北局在岷州三十里铺的红军总部召开会议，主要讨论贯彻中央关于抗日民族统一战线的政策和西北地区的地方工作等问题。参加会议的有张国焘、朱德、陈昌浩、傅钟、曾传六、李卓然、何畏、萧克、刘少文等人，会议由张国焘主持。

会议从主题看，似乎与红四方面军的前进方向无关，但朱德决意要把会议航向引到北进部署上。要贯彻中央北上方针，防止张国焘以个人意志凌驾于党和红军之上，就首先需要解决张国焘在红四方面军的独裁专制。而对付张国焘，朱德总司令已是酝酿已久，胸有成竹了。早在南下征战过程中，朱德就以坚强的意志、独特的风格和绵里藏针的艺术，细心地做红一方面军第五、第三十二军，以及红四方面军将士的团结工作。他拒绝了原红一方面军个别将领拉队伍，甚至"兵变"的过激做法，让他们冷静下来，顾全大局，最大限度地实现两军的团结奋斗。朱德以其言传身教不断影响红四方面军将领的态度。通过一年多朝夕相处，红四方面军的将领感到，这位红军的总司令宽厚大度，作风朴实民主，军事指挥艺术很高，令人钦佩信服。在南下的多次征战中，朱德的运筹帷崛、指挥若定,更是赢得了四方面军将领的普遍尊敬和爱戴。红二、四方面军会师、甘孜会议之后,朱德建议任弼时留在总部统一指挥二、四方面军的北上行动。此间,朱德、任弼时、关向应、刘伯承等军政领导联合,一起做张国焘和红四方面军将领的工作。任弼时找四方面军的重要干部谈话,把党的组织原则立起来,张国焘的家长制随之也就渐渐崩塌了。过完草地,西北局在巴西河谷求吉寺开会,气氛就变得有利于开展民主集中制了。

西北局求吉寺会议遗址

求吉寺会议上,朱德发言说:"我们党讲民主,委员要是好党员,书记要是好党员、好委员;在西北局里,书记要服从多数委员形成的决议,这才有集中的统一的领导。"朱德的发言受到与会者的赞成,这实际上是对张国焘的批评。徐向前发言说:"四方面军的干部优点是不说虚话,缺点是懂得少,过去我们对干部的批评多用个人的办法,没有建立工作的组织关系。"不言而喻,这也是对张国焘愚兵政策和家长制的批评。张国焘在中共西北局领导集体中陷入了全面被动,其专断独裁的地位开始崩塌。

在岷州三十里铺一座西北风味的小四合院内,红军总部举行了西北局的岷州会议。在这个会议上,朱德等人用民主集中制对付张国焘时已更加成熟。

会议在讨论《中共中央关于抗日救亡运动的新形势与民主共和国的决议》时,朱德把话题引到北进上,他说:"中央的策略路线是正确的,它是随着形势的发展而发展的,我们要马上执行,并进行传达和教育,使大家对此都能有所理解。"

岷州会议旧址

每天会后,朱德都同张国焘争论四方面军的行动方向问题,双方总是争论到深夜。朱德说:"眼下,敌人正集结在我们和陕北根据地之间这块地区,如果我们迅速北上,与来接应的红一师会合,力量就会增大,就能更快地消灭敌人;要是我们不去,就会使接应我们的兄弟部队遭到危险,对我们也不利。只有迅速北进,才能粉碎敌人的堵截,早日实现三大红军主力会师。"此时,陈昌浩虽然很难领会张国焘西进主张的意图,但他掂出了它的分量,也站在朱德一边,力图说服张国焘,坚持要按甘孜时商量好的既定方针办,坚决北上。于是,就补充朱德的话说:"在这种时候,不能当缩头乌龟,让人家捣脊梁骨说四方面军的人不讲信义!"

张国焘被陈昌浩毫不客气的话刺痛了,他没想到一贯忠诚地支持他的陈昌浩会突然站出来反对他。他终于狂怒地把北上以来塞满胸腹的郁忿一气发泄出来："你懂得个鸟！我看你是鬼迷心窍啦！我看你是想踩着成堆成堆的伙伴们的尸体，为你这个小小的政治局委员捞资本……"

陈昌浩顿时气血攻心，没想到自己一直信赖和拥戴的领导会如此诬蔑他，贬斥他，抨击他，他感到自己的人格与尊严受到了无情的伤害。他拍着桌子嚷道："谁他×××的是为自己捞资本？在这紧急关头，你又出尔反尔，提出与原计划相悖的意见，这叫我们向共产国际如何交代？要大家如何理解和执行？"

张国焘挥手一劈，打断他的话："你休要拿共产国际这顶大帽子来压人！你要是想当官，我现在就把我的一切职务让给你！"陈昌浩反唇相讥："我没有这个资格！我这也是为了四方面军的前途着想！"这是张国焘和陈昌浩共事以来，第一次发生重大的争执。会议开了三天，争吵了三天。第三天一大早，张国焘突然宣布辞职，说："我这个总政委干不了啦，让陈昌浩干吧！"说完，就带着他的警卫员和骑兵连到岷江对岸的供给部去了。

朱德气愤地说："他不干，我来干！"于是找来作战参谋，挂起地图，着手制订部队行动计划。[19]

当天黄昏，张国焘又派人通知继续开会。他企图会议能出现有利于他的转机。朱德、陈昌浩等人又立即赶到张国焘的住处开会。结果大家还是赞成朱德、陈昌浩的意见，张国焘的主张被否决。

张国焘一时没有办法，只好说："啊，这是党的会议，党的组织原则是民主集中制，是少数服从多数，既然你们都赞成北上，那我就放弃我的意见嘛。"

9月18日当晚，朱德和张国焘签署了以红军总部的名义在漳县的四方面军前敌总指挥部发布的《通(渭)庄(浪)静(宁)会(宁)战役纲领》，决定"四方面军在胡敌未集中静宁、会宁以前，相机占领静、会及通定西大道，配合一方面军在运动中夹击该大道上之胡敌与静宁之敌骑七师，相机占领静宁，争取与一方面军会合为目的"。并做出各部队立即北进的部署，要求各部带四天干粮，极力

朱德总司令在岷州会议上以民主集中制对付张国焘的独裁专断

轻便伪装，尽量采取夜行军。

岷州会议结束的第二天，张国焘带着他的警卫部队先行开拔赶到漳县的四方面军前敌总指挥部去了。

张国焘先行去漳县，朱德、陈昌浩都以为去执行作战计划去了，谁知张国焘又在酝酿新的阴谋：说服徐向前等红军指挥员支持他的西进计划。

此时，徐向前正忙着调动部队北进，张国焘将岷州会议做了曲解，称陈昌浩拿共产国际这顶大帽子来压人。他说："和昌浩共事以来，这是我和他第一次红脸，第一次发生剧烈争执，不知他为什么在这个时候跳出来反对我？"张国焘越讲越激动，竟在板凳上抱头痛哭起来，说："我是不行了，到陕北准备坐监狱，开除党籍，四方面军的事情，中央会交给陈昌浩搞的⋯⋯"

张国焘这一哭，反而博得了徐向前等人的同情。有人觉得陈昌浩在这个时候和张国焘闹，是不是想取而代之，当四方面军领袖。大家你一言，我一语劝了张国焘一通，谁也没说不想与中央会合，就是不愿意四方面军发生分裂。徐向前最后说："关于军事行动方向问题，我们还可继续商量。"

张国焘一看情况，便乘机指着地图，边讲边比画："四方面军北上静宁、会宁地区，面临西兰通道，与敌决战不利；陕甘北地瘠民穷，不便大部队解决吃粮问题，如果转移到河西兰州以北地带，情形会好得多。"徐向前觉得从军事观点看来，张国焘的意见并非没有道理，于是表示同意，并拟订了新的行动计划：以1个军从循化一带渡河，抢占永登地区作为立脚点；以两个军吸引和牵制马步芳、胡宗南；然后3个军再渡河北上，出靖远、中卫配合一方面军夺取宁夏。

部署既定，张国焘一方面电告朱德、陈昌浩，一方面调动部队，准备渡河。同时，他还向红军总部通信部发去密令："所有未经我签字的电报，一律不准发出，请兄等绝对负责。"

接到张国焘的电报，朱德、陈昌浩大吃一惊。陈昌浩立刻骑马飞奔漳县，希望挽回局面。22日早上，陈昌浩赶到漳县指挥部时，发现他已经处于孤立地位。这边的人都站到张国焘一边，同意渡河西进，再行北上。陈昌浩只得少数服从多数，不再坚持原来的计划。

那边，朱德这位一向忠厚温和的总司令也发了大火，当即拟好三份电文。一份发给漳县前敌指挥部徐向前和周纯全并转告张国焘，会知西北局一些委员即日到漳县，继续讨论行动计划问题；一份发给在外地筹粮的曾日三，让他速去漳县开会;另一份是发给党中央和二方面军首长的,指出张国焘对北上方针又发生动摇,并拟根本推翻静、会战役计划方案,西北局同志将在漳县继续讨论,结果再报。

此时的朱德感觉到,局面可能无法挽回,所以他在给中央和二方面军领导人的电报上说:"西北局决议通过之静、会战役计划,正在执行,现又发生少数同志不同意见,拟根本推翻这一原案。""我是坚决遵守这一原案,如将此原案推翻,我不能负此责任。"

可让朱德想不到的是,电稿送到通信部,通信部竟拒绝发出,说:"张主席有指示,没他签名的电报一律不发。"几次派人做工作,答复还是:"不能发,不能违抗张主席的指示。"

朱德既生气又着急,他找到了时任西北局组织部长的傅钟,对他说:"你是四方面军的,又是西北局的组织部长,你出面吧,给他们讲讲组织原则。"

傅钟当即前往通信部做工作。进门时气氛仍较紧张,个个面无笑容。为了缓和气氛,他先说了几句闲话,然后才转入正题,说:"有人要推翻岷州会议决议,总司令不赞成,要向中央报告,也要召集人继续讨论,这是关系红军前途的大事,也是关系党的原则的大事。总司令有命令应该执行,每一个共产党员都要遵守党的纪律和原则,维护党的决议,下级服从上级。现在我代表西北局组织部问问大家,怎么办?"

沉默了一会儿,通信部负责人王子纲首先站起来表了态:"给朱总司令发报!"通信部同志一致响应,傅部长这才松了口气。发出三封电报后,已是22日凌晨了。朱德带领部属连夜出发,赶紧奔向漳县。

9月23日,西北局会议在漳县附近的四方面军前敌指挥部再次召开。朱德在会上几次发言,坚决维护岷州会议关于北上的决定。他平时讲话一向很平和,这次却同张国焘展开激烈的争论。他说:"中央再三来电详明,二、四方面军北上对整个战略计划甚为有利,陕北既可巩固,西北亦可成为抗日作战的枢纽。"

张国焘不甘示弱地回答:"我们西渡黄河,如握有河西走廊和青、新广阔地区,从政治意义上说,可以保障未来西北抗日联合政府的后路,并接通与苏联的关系。从军事意义上说,可以分散蒋介石的兵力于河西走廊、陕北和西安三点,将使蒋介石在陕甘的军队处于多面受敌的境地。"朱德质问:"岷州会议的决定是由西北局成员集体讨论做出的，国焘同志既然表示服从并签了字，为什么到了漳县就完全改变，不经过西北局重新讨论就改变计划？你即使是党的书记，也要根据决议来工作，这是关系到组织原则的严重问题，应当弄清楚！"

张国焘反驳道："我是西北局的书记兼红军总政委，调动部队我完全负责！"朱德针锋相对："总政委应当协助总司令贯彻既定的方案部署！"

张国焘辩解说："当我不能执行职权而别人要调动军队时，我要提出抗议并召开会议废除原决定！"朱德一看，他已经铁了心，于是缓和了一下："既然改变原方案，你要对这个改变负责任。"张国焘毫不在乎地说："一切由我负责好啦！"朱德见状，只好表明个人的态度："若强迫我赞同西进方案，是不可能的，我仍然坚持岷州会议原案！"张国焘蛮不讲理地回答："你的意见可以保留！"

就这样，岷州会议的决议，被张国焘一场"地震"推翻了。张国焘毕竟是红军总政委，又是中共西北局书记，他有最后决定权。但是朱德还是表示了抗争，一连几天，他都没有签署电报。

张国焘虽然否决了朱德和陈昌浩的主张，最终却无法实现其西进企图。

9月22日，张国焘与徐向前等人致电中共中央，通报四方面军准备渡河西进的计划。电报中说他们完全同意国际指示，实现占领宁夏和甘肃北部，会合一方面军的计划。但是考虑到"目前与胡宗南之一路军在静、会这一四面受敌之地区决战是不利的"，而且"宁夏地区狭小，一、四方面军集中宁夏，不免后有黄河沙漠之险，前有敌人封锁。如在该地区作战须停留六个月，物质补充不便。万一决战不利，或不能有力阻止敌人时，则将陷红军于不利地区"，四方面军决定西渡黄河，"以有力一部向一条山、靖远、中卫活动，配合一方面军主力由靖远、宁夏段渡过黄河，形成会合和互相策应形势"。

电波载着张国焘的意见，飞向陕北。毛泽东得到朱德的报告，又接到张国焘的正式电报，一下子火了："张国焘的老毛病又犯了。"但此刻，怎样"火"都没有用，毛泽东随即冷静地对张闻天说："赶快给张国焘发电报，劝一劝。"

于是，张闻天立即以毛泽东、周恩来、彭德怀三人的名义给张国焘发电报，陈述利害关系，指出向西北发展的重点是宁夏，不是甘西，国际答应的援助也只说了红军到宁夏后去定远营取，没说到甘西去取；国际同意红军先从乡村道路去定远营，取得苏联飞机大炮后再攻打宁夏、甘西的城池，特别是甘、凉、肃三州城池坚固，非大炮难以攻克；一、四方面军分别攻宁夏和甘西，可能顾此失彼，被敌人各个击破;等等。

电报发走后,毛泽东又觉得张国焘的这一行动,不仅仅是军事上的因素,有他的政治目的,便接着于9月24日,以林育英、张闻天、周恩来、博古、王稼祥、毛泽东之名给张国焘去电说:"弟等与国焘间之争论,应该一概不谈,集中全力于内部团结,执行当前军事政治任务。但国焘兄对弟等有何意见,弟等均愿郑重考虑。"并表示,"以布尔什维克精神开展自我批评"。

然而,9月26日中午,张、徐、陈回电说:"国际对红军的帮助是非常重要的,有决定意义的。我们请求帮助军事专家与技术人员,以及大批新式武器。据我们估计,国际的帮助现在还只是秘密的交通线,如只有定远营这一条,易遇日本特务机关和外蒙王公反动势力妨碍。遵照国际指示,先机占领甘北更为有利,因甘北有更多道路通外蒙和新疆,交通易,能秘密,不使日本势力阻碍。""红军集中在一块是不利的,否则不如在宽广地区互相配合行动,更为有利。"

在此,张国焘重申了他们的西进计划,并强调部队已经开始行动,不便再更改。最后,张国焘做了一个让步,说:"关于统一领导万分重要,在一致执行国际路线和艰苦斗争的今天,不应再有分歧。因此我们建议:请洛甫等同志即用中央名义指导我们,西北局应如何组织和工作,军事应如何领导,军委主席团应如何组织和工作,均请决定指示,我们当遵照执行。"

在这封长电中,张国焘的意图非常明显。他不愿意同胡宗南打仗,在松潘时就没打赢,现在四方面军人数已减少一半,长征过草地又疲惫不堪,确实没什么战斗力了。张国焘是不会吃这个亏的。他不想同中央会合,想到甘肃北部的凉州一带去另搞一片,打通苏联。如果苏联的飞机大炮一来,四方面军就实力大增,谁也不怕了。到头来中央还得求他帮忙。

双方来回通了一整天电报,到晚间22时,张国焘告诉中央,四方面军已经按西渡计划行动了。"我们一个月内能在靖远附近会合,请善解释,决不可使全党全军对会合失望。"尽管好说歹说,软硬兼施,中央领导人心里明白,他们对张国焘没有什么约束力,所以一面做张国焘的工作,一面做着最坏的打算。在9月24、25日,毛泽东就致电彭德怀、聂荣臻,指出:"国焘又动摇了北上方针,我们正设法挽救中(对外守密)。"但是"四方面军决心向西,从永靖渡河,谋占永登、凉州,其通渭部队24日撤去。据云渡河后,以一部向中卫策应一方面军占宁夏。此事只好听他自己做去"。[20]

　　然而,巧合的是,1935 年的 9 月,张国焘因为过不去嘎曲河,决定南下,造成了一、四方面军的分裂。1936 年的 9 月,张国焘再一次被老天爷戏耍,西进风波因为自然地理环境的因素又化解了。

　　徐向前率先头部队西进到临洮,来到洮河河岸边,询问老乡。据老乡说,现在黄河对岸已经进入大雪封山的季节,气候寒冷,道路难行。徐向前派人侦察渡河情况,因为没有渡船,几次试渡人都被冲走了。按这样的地形和气候条件,大部队渡河基本上是不可能的事。徐向前返回洮州,向朱德、张国焘做了汇报。

　　听完汇报后,张国焘仰天长叹了一阵,然后咬牙切齿地说:"路是死的,人是活的,我就不相信会一头撞死在西山上!"一边的朱德劝慰道:"国焘同志,该回头了,不能一错再错啊。"张国焘不甘心地回答:"西进是漳县会议决定的,要改变得重新开会讨论!"

　　朱德苦笑着说:"西北局委员大多在场,我建议就在这里开会。"于是,红四方面军战史上有了一个"洮州会议"。

红四方面军政治部副主任李卓然

　　会上,张国焘还在强词夺理,他说:"我并不反对会合,先打到迪化(即乌鲁木齐),得到新式装备后再打回来会师,也不迟嘛。大雪封山,从前面走不通,能不能从南边绕道呢?"陈昌浩立即打断了他的话:"从地图上看又要走一片草地,部队走怕了,再走草地开小差的增多,部队还怎么带?"

　　徐向前接着说:"鄂豫皖来的同志不想再折腾了。"这次会议像闪电般迅捷,出于傅钟在会前将中央明令禁止西进一事告诉了萧克、李卓然、余洪远、王维舟等人,因而没有人再犹豫,仅十几分钟,与会者都表了态,一致支持中央指示,只等主持会议的张国焘宣布结果了。

　　空前孤立的张国焘突然意识到他已经两天两夜没合过眼,的确困了,他有气无力地说:"那就放弃第二方案,北上静宁吧。"

　　朱德暗自笑他:这个人哪,牵着不走,赶着倒行。

　　27 日当天,张国焘与朱德、陈昌浩、徐向前联名致电中央:

（甲）为尊重你们的意见和指示，同时据考查兰州西渡黄河需时较长，有可能失去占领永登一带先机之利。

（乙）决仍照原计划北进，以出会、静，会合一方面军为目的，部队即出动，先头约6日到界石铺，决不再改变。

一、二、四方面军甘肃东部会师，在朱德、陈昌浩、傅钟等同张国焘的艰辛斗争下，总算因此成为定局。这其中，既有党中央斗争策略的灵活运用，有共产国际代表林育英做出的特殊贡献，也有朱德、任弼时、贺龙、刘伯承等将领及广大红军指战员的不懈努力。

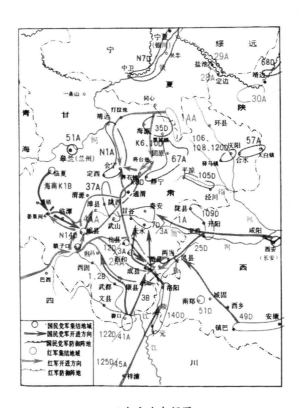

三大主力会师图

为接应红四方面军北上，红一方面军派出部分兵力，分别向西兰大道和靖远、会宁等地挺进，先后占领将台堡、界石铺和会宁等地。10月9日，红军总部和红四方面军总指挥部到达会宁，与红一方面军部队会师。至此，红四方面军历时约一年半、行程上万里的长征，画上了圆满的句号。

红一、四方面军会师门

10月12日，朱德、张国焘、徐向前、陈昌浩就红一、四方面军会合致电林育英、张闻天、毛泽东、周恩来、彭德怀，电文称：

"弟等与一师首长陈（赓）杨（勇）晤谈并参观一师部队，情绪甚高，精神极好，前晚在大会上一、四方面军指战员都举行了甚大的联欢，表现了兄弟的团结与友爱。一方面军全体指战员们一年来的艰苦斗争创造了广大抗日根据地，对新统一战线策略的运用，更有着显著的成绩，我们诚恳地向一方面军指战员表示敬意与欣慰……"

红一四方面军会师联欢会会址

[1] 中国工农红军第四方面军战史编辑委员会:《中国工农红军第四方面军战史资料选编》（长征时期），解放军出版社 1992 年版，第 572 页。

[2] 徐向前:《历史的回顾》（中），解放军出版社 1984 版，第 489 页。

[3] 张国焘:《我的回忆》（第三册），现代史料编刊社 1981 年版，第 302 页。

[4] 中国工农红军第四方面军战史编辑委员会:《中国工农红军第四方面军战史资料选编》（长征时期），解放军出版社 1992 年版，第 573—574 页。

[5] 章学新:《任弼时传》（修订本），中央文献出版社 2004 年版，第 440 页。

[6] 中国工农红军第四方面军战史编辑委员会:《中国工农红军第四方面军战史资料选编》（长征时期），解放军出版社 1992 年版，第 580 页。

[7] 成仿吾:《记叛徒张国焘》，北京出版社 1985 年版，第 128 页。

[8] 中国工农红军第四方面军战史编辑委员会:《中国工农红军第四方面军战史资料选编》（长征时期），解放军出版社 1992 年版，第 621 页。

[9] 中国工农红军第四方面军战史编辑委员会:《中国工农红军第四方面军战史资料选编》（长征时期），解放军出版社 1992 年版，第 626 页。

[10] 树军、新民、解昌:《万里长征亲历记》，中央党校出版社 1996 年版，第 547—549 页。

[11] 徐向前:《历史的回顾》（中），解放军出版社 1984 版，第 492—493 页。

[12] 中国工农红军第四方面军战史编辑委员会:《中国工农红军第四方面军战史资料选编》（长征时期），解放军出版社 1992 年版，第 659 页。

[13] 郝成铭、朱永光:《中国工农红军西路军文献》（上），甘肃人民出版社 2004 年版，第 163—164 页。

[14] 中国工农红军第四方面军战史编辑委员会:《中国工农红军第四方面军战史资料选编》（长征时期），解放军出版社 1992 年版，第 663—664 页。

[15] 中国工农红军第四方面军战史编辑委员会:《中国工农红军第四方面军战史资料选编》（长征时期），解放军出版社 1992 年版，第 664 页。

[16] 中国工农红军第四方面军战史编辑委员会:《中国工农红军第四方面军战史资料选编》（长征时期），解放军出版社 1992 年版，第 696 页。

[17] 中国工农红军第四方面军战史编辑委员会:《中国工农红军第四方面军战史资料选编》（长征时期），解放军出版社 1992 年版，第 700 页。

[18] 中国工农红军第四方面军战史编辑委员会:《中国工农红军第四方面军战史资料选编》（长征时期），解放军出版社 1992 年版，第 704 页。

[19] 潘开文:《临大节而不辱》，《工人日报》1979 年 7 月 6 日。

[20] 中国工农红军第四方面军战史编辑委员会:《中国工农红军第四方面军战史资料选编》（长征时期），解放军出版社 1992 年版，第 717 页。

悲壮的五千里西征

三大主力红军会师时,中共中央和中革军委为实现夺取宁夏的战略计划,于 10 月 11 日下达了《10 月份作战纲领》,拟集中主力,向北发展,扩大以陕甘宁边区为中心的西北革命根据地,推动全国抗日民族统一战线的形成。《十月份作战纲领》要求红四方面军以 1 个军进至靖远、中卫地段,选择渡河点并加紧造船,11 月 10 日前完成一切渡河准备,"以期可能在 10 月份保持西兰大道于我手中"。

　　10 月 25 日,根据中革军委命令,红四方面军三十军渡过黄河;随后,红四方面军九军、四方面军总部及五军也渡过黄河,准备执行"宁夏战役计划"。28 日,徐向前、陈昌浩率领红四方面军的九军、三十军从靖远渡过黄河后,留下后卫的五军看守渡口和船只,便向一条山方向杀去。

　　挡在前面的是青海军阀马步青的部队,红军在"打通国际路线"、"配合一方面军夺取宁夏"的口号鼓舞下,打得英勇顽强。把守一条山村寨的马家军,被李先念、程世才的红三十军先头部队歼灭。程世才又带两个团控制了五佛寺渡口,夺取了那里的船只。九军在孙玉清军长和陈海松政委指挥下,消灭了打拉牌的守敌,将马禄旅 600 余人包围在锁罕堡的土围子里。到 11 月初,红军巩固了黄河西岸的前哨阵地。

　　11 月 6 日,四方面军总部制订"平(番)大(靖)古(浪)凉(州)战役计划",拟消灭平番、大靖间的马步芳部队,攻取大靖、平番、古浪、凉州,发展创建甘北根据地,配合红军主力,打通国际路线,取得军事援助。

这时河东的情况发生了很大变化。

从 10 月 20 日开始,蒋介石调集近 20 个师的军队,企图以南攻北堵战略,在黄河以东的甘肃、宁夏边境地区聚歼红军。蒋介石亲自飞抵西安进行督战,国民党军由固原、秦安、陇西、兰州呈弧线向红军展开全线进攻。面对国民党军的进攻,红四方面军第四、第五、第三十一军等部顽强抗击,第五军副军长罗南辉壮烈牺牲。

国民党军的进攻,迫使中央调整原先的计划部署,提出:第一步打破南敌,第二步才是宁夏战役。而且不进行第一步,是不可能有第二步的。随后,中革军委为实现"根本停止"南线敌人追击的第一步重点目标,决定在海原、打拉池地区发动"海(原)打(拉池)战役"。对左翼的毛炳文、王均两部予以牵制;对右翼的东北军王以哲部进行争取;重点打击中路胡宗南部。

为此,中革军委特成立前敌总指挥部,任命彭德怀为总指挥兼政治委员,刘伯承为参谋长,统一指挥三个方面军各部进行"海打战役"。30 日,彭德怀下令发起战役。11 月初,前敌总指挥部为贯彻中央继续争取实现夺取宁夏的计划,做出如下部署:集中红一方面军、红二方面军以及红四方面军的第四军、第三十一军,在海原以北、同心城以西地区,求歼胡宗南部一至两个师,以停止敌人的追击。红军虽多次设伏诱歼胡宗南部,但左路敌军在控制靖远后已逐步和中路胡宗南部靠拢,诱歼计划未能实现,进行宁夏战役的基本前提丧失。

据彭德怀后来回忆,他认为是张国焘令第四、第三十一军撤离前敌总指挥部指定的作战位置,致使"海打战役"未能实现:"张国焘到了打拉池后,敌王均两个师尾追四方面军并截断部分前进。我与张国焘面商,只要被截断部分在正面阻拦该敌前进,一军团即可从追敌侧后进攻,在打拉池布置伏击阵地。这样,消灭王均部是完全可能的,这样还可与四方面军北渡主力取得联络。张口头同意,却秘密令王宏坤部向同心城方向撤走,破坏了当时的作战部署。(11 月 1日)我又与张商,在海原和同心城之间设置伏击阵地,歼灭王均部。他口头又同意了,实际上他又令四军东撤了,使伏击计划又被破坏。""张国焘多次破坏了作战部署,使我们不得不放弃豫旺以西大块土地。如果我军当时把王均部消灭,西安事变就可提早,我军就可能控制兰州和西兰公路以至甘肃全省。"[1]

"海打战役"失利,其严重的恶果是,胡宗南部于 10 月底至 11 月初打通了增援宁夏的道路,进至靖远、打拉池、中卫等要地,占领了黄河东岸,将黄河东岸红军主力与河西部队的联系切断。面对严峻的形势，中央指出："胡、毛、王、关各部北进，我宁夏计划暂时已无执行之可能。"至此，中央正式决定放弃"宁夏战役计划"。

11月8日，中央秘密制订了"作战新计划"，征求朱德、张国焘、彭德怀、贺龙、任弼时5人的意见，准备在两星期内做出最后决定。这即是人们通常所说的"新长征计划"。该计划要点是：

红四方面军已过河的3个军组成西路军，以在河西创立根据地、负责直接打通苏联为任务，准备以一年完成之。红四方面军未过河的2个军组成北路军，红一、二方面军组成南路军，均在12月上旬出动，逐步到达黄河沿岸，准备渡河入山西。如此时我与蒋介石、阎锡山谈判不成，则第一步占领同蒲路，第二步出至冀豫晋之交，第三步到直鲁豫之交渡黄河，第四步到皖鲁，第五步到鄂豫皖，第六步到鄂豫陕，尔后再转回西北，以一至两年时间完成之。[2]

根据上述新的战略行动计划，11日，中央正式命令河西部队组成西路军。为统一领导，批准成立西路军军政委员会，由陈昌浩任军政委员会主席兼总政委，徐向前任副主席兼总指挥。西路军3个军，加上骑兵师、妇女独立团、回民支队以及机关人员，全军共21800人。[3]

西路军成立后，按照中革军委的命令，兵分三路向西挺进。三十军为第一纵队，在右翼，由一条山地区向大靖前进；九军为第二纵队，在左翼，由镇虏堡向古浪进发；五军为第三纵队，经关家川等地在九军之后跟进。总部和直属部队随三十军行动。

左翼前进的红九军，在干柴洼与马步芳部第一〇〇师两个主力旅激战一天，给了敌人以重大杀伤之后，闪开敌人，向前突进，13日逼近古浪县境。马步芳部的主力旅，在飞机的掩护下，立即向九军发动了猛烈围攻，九军将士奋勇迎击，杀伤敌人2000余名，但是由于众寡悬殊，参谋长陈伯稚壮烈牺牲，自己也伤亡了2000多人，损兵三分之一，元气大伤。最后，杀出一条血路，到达永昌。九军的损失给后来战局造成了不利的影响，由于五军是小军，兵力不足一个师，渡黄河之前损失已很大，因此此后西路军主要靠三十军作战了。

三十军利用九军攻占古浪之机，乘虚向西疾进，先围凉州，进占城西四十里铺，并致书被困凉州的马步青，告诉他红军只是路过这里，并无攻取凉州之意，切勿派兵拦堵。马步青还算听招呼，龟缩凉州。

11月19日，林育英、朱德、张国焘、周恩来致电徐向前、陈昌浩："你们任务应在永昌、甘州、凉州、民勤地区创立巩固根据地……扩红、筹资,准备灭敌。"并指示与于学忠、"二马"在共同抗日的条件下谈判外交。21日,西路军总指挥部移驻永昌县城。23日,西路军发布《告指战员书》,号召全军指战员,战胜一切困难,建立永、凉根据地,为执行党和军委给予的光荣任务而英勇斗争。

马家军视地盘为命根子,生怕红军抢了其地盘,因此从22日起,马家军不断向西路军发起大规模的进攻。山丹、永昌、凉州一线,地处河西走廊的蜂腰部,北临大沙漠,南靠祁连山,中间是条狭长的"弄堂"。人烟稀少,村庄零落,大路两旁,尽是荒凉的戈壁滩,极利于敌人的骑兵运动。西路军在这极其不利作战的地域,边建根据地,边奋勇作战,从东起凉州四十里铺、西至山丹300余里的地段上,陷入艰苦的鏖战之中。

鉴于部队遭受的不利局面,徐向前、陈昌浩电告毛泽东、周恩来、朱德、张国焘,报告西路军在永昌、山丹作战不利,处境困难。张闻天、毛泽东电告徐向前、陈昌浩:"正讨论帮助你们,但坚决反对退入新疆。你们作战方法应改变一下,集中最大兵力,包围敌之较弱一部而消灭之。另以一部兵力钳制敌之余部。"

经过这段时间的恶战,西路军减员3000余人,战斗力大不如前,但却建立了中华苏维埃永昌区(县)政府、苏维埃山丹县政府等苏维埃政权,沉重打击了马家军,吸引了黄河两岸10多万敌军西向。这对河东红军的战略行动,无疑是个极为有力的配合。

尽管塞外奇寒无比,缺衣、少食、饥饿、疲劳、伤亡等困难,无时无刻不困扰着部队,但西路军将士士气昂扬,一路征战,一路高唱:"我们是铁的红军,钢的力量,工农的儿女,民族的希望,不打通国际路线,不是红四方面军。"

12月12日,西安事变爆发,国内形势发生重大变化,西路军组织向"二马"官兵展开信函统战和阵地宣传攻势。马家军被西安事变闹得张皇失措,心理休克,一度停止了对西路军的进攻。

张学良在西安事变后,力主西路红军留在现地,"熬过一二个月",等待西北局势的变化。因此,中共中央才推迟了"新计划"的执行,令李富春、李维汉等紧急筹集一个月的军粮,并着西路军停止西进,在永凉地区创立根据地,作为一支战略机动力量,待机策应河东。

18日,中央又电告西路军:"你们的任务应基本的放在打通远方上面,限明年1月夺取甘、肃二州。"于是,西路军动员部队,准备西移。

这时,何应钦的"讨伐"军已进抵潼关。大敌当前,张学良、杨虎城决心集中兵力,举行西安会战,粉碎亲日派的进攻。张学良提议由河东红军出击胡宗南,巩固西安侧后方的安全,并希望在河西的西路军派一部力量东出靖远,牵制马家军及毛炳文部,对东北军、十七路军进行战略策应。中共中央于是改变了西路军西移的决定,拟令西路军部队东返。24日,中共中央应张学良要求,电示西路军东进,与于学忠、王以哲之8个师配合作战,钳制胡(宗南)、毛(炳文)、曾(万钟)、关(麟征),"利我主力在东边放手打仗","张学良极盼望你们来,答应在兰州补充子弹、被服"。

正当西路军准备秘密调动兵力之时,25日西安事变和平解决,国共谈判也再度开启。从战略上着眼,当时红军须得在国共谈判中,得到蒋介石认可给红军一块人口密集、物资丰富、靠近苏联、利于回旋的抗日战略基地。但蒋介石不愿将未来的抗日国际通道交给红军,在谈判中死活不松口,始终坚持红军应留在陕甘宁边就地"整编""驻防",而且暗中授意马家军加速对西路军猛烈进攻。

12月27日,军委主席团电告西路军:"西安事变和平解决,前途甚佳。西路军仍执行西进任务,占领甘、肃二州,一部占领安西。"西路军遂根据中革军委的电令,冒着零下二三十度的严寒,从山丹、永昌地区继续西进。马家军发现红军西进,集结重兵,衔尾追击,不时对西路军进行突袭。

1937年1月1日,红五军攻占高台、临泽,红九军进抵沙河,红三十军到达倪家营子。1月3日西路军总部随三十军进驻临泽县倪家营,总部设在廖家屯庄。九军一部掩护总直、总后勤部兵工厂等及妇女抗日先锋团分兵进驻沙河堡和临泽县城。次日,徐向前、陈昌浩、李特致电军委,报告情况并建议军委设法从兵源、物资方面援助,同时表示"西路军报最大决心,克服空前困难,不怕牺牲,从战役政治打敌上,求得最大进步,当自照前电完成任务"。

西安事变和平解决后,蒋介石随即破坏和谈协议,竟调集40个师兵力奔向西安,河东局势随之紧张起来,需要西路军处于待机策应的状态。于是,军委下令西路军停止西进,在甘州、肃州地区建立根据地。

西路军停在临泽、高台地区不动,数万马家军追踪而至。马步青、马步芳集结了全部主力,迅速扑来,企图与西路军决战。马家军占着大片地区,有后方,能补充;红军没有根据地,群众基础很差,无后方,无补充,人员打掉一个少一个,子弹消耗一发少一发,条件对红军非常不利。狡猾的马家军立即抓住西路军这个致命的弱点,采取各个击破的策略,以一小部兵力钳制九军与三十军,集中主力猛攻五军据守的高台城。马家军以两个旅和几千民团包围了高台城,西路军总部几次派兵增援,被马匪阻住,骑兵师在增援途中与敌人激战,师长、政委全部壮烈牺牲。结果红五军主力 2000 多人,在军长董振堂率领下,孤军血战九昼夜,除极少数人逃出虎口外,董振堂、政治部主任杨克明等红军将士全部英勇牺牲。五军在高台的失利,使整个形势急转直下,西路军还没有遭到重大损失的只有三十军了。

喋血高台(油画)/李明峰

　　从 1 月 16 日起,中央即连续来电,指示西路军要突破马敌的重兵围堵,执行东进任务。二马发现红军收缩兵力,试图东进,便火速集兵,倾巢出犯。从 1 月 23 日起,先后投入 7 万余人的兵力。面对强敌,西路军以倪家营子为依托,同敌人展开了一场历时二十多天的血战。

　　2 月 23 日,西路军军政委员会决定突围东进。24 至 25 日,西路军在东进途中,马步芳骑兵旅和宪兵团各一部,尾追不舍,红三十军杀了个"回马枪",击溃骑兵旅,全歼宪兵团,共缴枪 1200 余支及大批军用物资,又击溃追敌 1 个骑兵旅。

　　陈昌浩见部队打了胜仗,得到补充,便提出要重返倪家营子,继续建立甘北根据地。徐向前表示反对:"你还有什么力量回去建立根据地嘛!我们好不容易突围出来,回去不是自寻灭亡吗?"但陈昌浩顾虑东返不符合中央规定,坚持要回去。这时,中央来电:"甲、固守五十天。乙、我们正用各种有效方法援助你们。"陈昌浩见了电报,更觉得返回倪家营子才是对的。他在军政委员会上,极力夸张西洞堡战斗胜利的伟大意义,说了些"形势大好"、"打回倪家营子"、"坚决执行中央指示"、"固守五十天待援"、"反对右倾逃跑"一类的话。徐向前憋着一肚子气,在会上没有发言。会议做出了重返倪家营子的决定。

2月26日,西路军重返倪家营子后,再次陷入敌人的重兵围攻中。西路军连一门迫击炮也没有,全靠近战对付敌人。等到马家军冲到红军阵地前沿时,部队突然冲出,进行反击,肉搏格斗,杀退敌人。由于子弹缺乏,枪几乎失去作用。徐向前回忆倪家营子的悲壮场面:"我到前沿阵地去看过,战士们的步枪都架在一边,手握大刀、长矛、木棍,单等敌人上来,进行拼杀。在这里,没有男同志和女同志、轻伤员和重伤员、战斗人员和勤杂人员的区别,屯自为战,人自为战,举刃向敌,争为先登。"

倪家营子突围(油画)/李明峰

经七昼夜血战,待援无望,军政委员会一致决定再次突围,沿祁连山向东转移。

西路军不断向党中央告急,请求速派援兵支援西路军。但这时中共中央与国民党第二次合作的谈判,已进入最后的关键阶段,和平协议即将达成。稍有不慎,就会给蒋介石以借口,破坏和谈,挑起内战,危及全民族的生存。所以,对救援西路军一事,中共中央左右为难,总是尽力争取通过谈判途径得到解决,万不得已时方可诉诸武力。

鉴于西路军已面临覆灭危险,中共中央除紧急指示在西安谈判的周恩来等人,强烈要求蒋介石令二马停止军事进攻外,2月27日决定组成援西军,任命刘伯承为司令员、张浩为政治委员,准备增援西路军。

3月5日,中央军委命令援西军从淳化、三原出动,向镇原方向开进。但这时,远在三四千里之外的西路军,已经战斗到弹尽粮绝、精疲力竭的地步。援西军出动,远水解不了近渴,西路军败局已定。

寒风凛冽,黄沙漫天,孤立无援的西路军将士,在敌我对比处于极大劣势的情况下,他们毫不退缩,纵横驰骋,与装备精良、兵强马壮的马家军展开了殊死的血战!正如徐向前描述的那样:"急进在空旷的西北原野里,惊沙扑面,呵气成冰,衣不胜寒。沿途不时同追堵的马家军发生激战,双方均有伤亡。"红军战士的鲜血染红了河西走廊。

西路军经浴血奋战,消灭马家军2.5万余人。西路军本是善打大仗、恶仗的部队,怎奈人员和弹药有耗无补,巧妇难为无米之炊,加之敌众我寡,气候恶劣,无日不战,无夜成眠。

再经倪家营子恶战后,部队精锐已失。战至3月12日,中央电示:为保存现有力量,西路军一是冲向蒙古边境,一是就地分散游击。于是西路军仅剩的3000余人,边打边撤。

13日,西路军进入山里的康龙寺地区。第二天,敌追兵又至。西路军担任掩护任务的二六五团和二六七团,与敌血战一场,又遭重大损失。总供给部部长郑义斋、八十八师政治部主任张卿云,不幸牺牲。

西路军被敌迫至西洞堡西边90里祁连山腹地,已不足3个团,日夜连续血战,受挫极大。西路军军政委员会在石窝山开会决定:陈昌浩、徐向前离开部队,回陕北向党中央汇报;西路军残部分为3个支队就地游击。王树声率一路,约5个连的步、骑人员;张荣率一路,彩病号及妇女、小孩千余;李先念、程世才率一路,系三十军余部5个营及总部直属队,共千余人。由李卓然、李特、曾传六、王树声、程世才、黄超、熊国炳等七人组成"西路军工作委员会",简称"工委",李卓然任书记,李先念负责军事领导,统一领导剩余部队的行动。

3个支队唯有李先念、程世才等率的左支队一路幸存,艰苦跋涉四十多天,到达新疆星星峡，在陈云、滕代远、冯铉、段子俊、李春田等五人组成的中共代表团的接应下，到达迪化，出于统战需要，部队对外改称"新兵营"。新兵营在陈云为首的中共代表团超前设计下，实际上办成了抗战时期中国共产党最现代化的军校，而且是一个多兵种多学科的军校，培养了一批航空、摩托、装甲、炮兵、骑兵和机要等方面的人才。

西路军除430多人在陈云、滕代远等的接应下进入新兵营学习外，其中7000多人阵亡，9000多人被俘（被俘者中有5600多人惨遭杀害，4000多人经营救回到延安），2000多人流落西北各地，2000多人辗转回到家乡。[4]

一年之后，毛泽东在接见西路军所剩部分领导同志时说："西路军是失败了，但这不是说西路军广大的干部和战士没有努力，他们是英勇的、顽强的。"[5]"革命斗争中，有胜利也会有失败。失败是成功之母。要从西路军的失败中吸取血的教训。我们中国革命的前途是伟大的，中国革命一定会最后胜利！"[6]

是啊，这是怎样一支九死一生的部队啊！他们披坚执锐，孤军奋战五个月之久，最后两万多中华民族的优秀儿女大部牺牲被俘，仅七八百人在李先念的率领下进入新疆，但他们身上表现出的英雄气概和献身精神，可歌可泣，气壮山河！

西路军失败以来，长期被说成是"执行张国焘路线"的结果。改革开放后，在实事求是思想路线的指导下，党史界也解放思想，对这一历史问题进行了再思考。1983年李先念在《关于西路军历史上几个问题的说明》中指出："西路军执行的任务是中央决定的。西路军自始至终都在中央军委领导之下，重要军事行动也是中央军委指示或经中央军委同意的。因此，西路军的问题同张国焘1935年9月擅自命令四方面军南下的问题性质不同。西路军是根据中央指示在甘肃河西走廊创立根据地和打通苏联，不能说是'执行张国焘路线'。"

1983年3月，邓小平对李先念《关于西路军历史上几个问题的说明》做了批示："赞成这个说明，同意全件存档。"

2002年《中国共产党历史》第一卷正式出版，否定了西路军"张国焘路线"的传统提法，肯定了西路军的贡献和"为党为人民的英勇献身精神"[7]，高度评价"西路军所属各部队，是经过中国共产党长期教育并在艰苦斗争中锻炼成长起来的英雄部队。在极端艰难的情况下，在同国民党军队进行的殊死搏斗中，西路军的广大干部、战士视死如归，创造了可歌可泣的不朽业绩，在战略上支援了河东红军主力的斗争。西路军干部、战士所表现出的坚持革命、不畏艰险的英雄主义气概,为党为人民的英勇献身精神,是永远值得人们尊敬和纪念的"。

江泽民在纪念徐向前诞辰 100 周年座谈会上,代表中央发表讲话,对西路军给予关键性的定性。讲话指出:"1936 年 10 月三大主力红军会师后,他奉军委命令,任西路军军政委员会副主席兼西路军总指挥,指挥部队与敌人血战四个多月,有力地策应了河东红军的战略行动。"[8]

胡锦涛在纪念李先念诞辰 100 周年座谈会上,代表中央发表讲话,予西路军以高度评价,讲话指出:"会宁会师后,他遵照中央军委指示,率部突破黄河天险,执行宁夏战役计划。随后,他担任西路军军政委员会委员,指挥红三十军在极其困难的条件下连续奋战,重创敌军,对配合河东红军战略行动、推动西安事变和平解决起了重要作用。西路军失败后,他受命于危难之际,担任西路军工作委员会委员,负责统一军事指挥,率领西路军余部翻越终年积雪的祁连山,穿过荒无人烟的戈壁滩,历尽千辛万苦到达新疆,为党和红军保存了一批骨干力量,受到党中央和毛泽东同志高度评价。"[9]

综上所述,西路军的历史功绩集中体现在:为执行中央"打通国际路线"任务英勇奋战;策应了河东红军的战略行动;策应了西安事变的和平解决;沉重打击了河西走廊的敌军;西路军余部为红军保留了大批骨干和一批现代化人才;西路军将士书写了可歌可泣的西路军精神。

能征善战的西路军在河西走廊之所以失利,其原因是错综复杂的,缘于历史的合力。

1. 河西走廊自然环境恶劣,敌我力量悬殊。

河西走廊北风呼号,惊沙扑面,呵气成冰,衣不胜寒。西路军刚刚经历了长征,尚未恢复体力,就踏上了西征征程。对缺衣少食的西路军来说,险恶的自然环境确是很大的敌人。毛泽东后来说:"那一带是少数民族地区,人烟稀少,群众中革命工作基础又差,地势又不好,南面是大雪山,北面是大山和沙漠,几十里地宽的一条狭窄地区,运动不便;敌人多是骑兵,我方是步兵,又缺乏同骑兵作战的经验,这些情况,使西路军在失败中不能更多地保存下革命的有生力量。"[10]

西路军作战英勇顽强,已经消灭了马家军 2.5 万余人,但马步芳、马步青则有包括 7 个骑兵旅和炮团在内的正规军 3 万余人,民团 10 万余人,不但彪悍顽劣,而且粮弹兵源供给不乏,骑兵多,运动快,熟悉地形,能边打边补充,无后顾之忧。西路军有 21800 人,但没有补充,有损无补,人地生疏,粮弹无继,人员无补充,孤军奋战。

2. 苏联和共产国际援助政策摇摆变化,制约西路军完成使命。

苏联和共产国际对中国红军的援助计划,催生了中革军委1936年10月制订的宁夏战役计划。红军准备西渡黄河,北上绥远,直赴外蒙边境,接取苏联援助。红四方面军的红三十军、九军、五军就是在这一背景下西渡黄河的。不料宁夏战役计划失败后,共产国际突然提出改变援助中国红军的方向为新疆,并电告红军改由甘西河西走廊去新疆哈密接运。西安事变后,斯大林和共产国际对西安事变性质和作用做了误判,中止了对中国红军援助达四个多月,未将援助物资及时运到哈密或安西。这使西路军在河西走廊进退失据,成为失败的重要原因。

3. 西路军的实力有限,无法应对复杂多变的战略任务。

西路军从成立到失败,在四个多月的征程内任务有多次变化。徐向前作为西路军的总指挥,痛定思痛,在总结西路军失败原因时认为:"西路军担负的任务,飘忽不定,变化多端,并大大超出应有限度,是导致失利的根本因素。""孤军外线作战,任务不定,迟疑徘徊,实为兵家之大忌。而西路军的情况,却恰恰如此。"兵贵神速,如果趁天气还不太冷、河西走廊敌人兵力空虚时,一鼓作气插过去,而不是慢慢腾腾,走走停停、孤军鏖战的话,西路军的结局恐怕就要改写。徐向前后来叹道:"西路军只要有个炮兵团,马家军再增加一倍,都不够我们打的。西路军先打到西边,取得补充,立住脚跟,再往回打,是不至于失败的,至少也不会败得那样惨。"

西路军的任务大的变化则有两次,一次是刚进河西走廊,便奉命在永昌、凉州、民勤地区建立根据地,滞留近一个半月;第二次又奉命在临(泽)高(台)地区建立根据地,又滞留一段时间,从而丧失了乘虚西进的宝贵时机,逐步陷入困境。第一次变化,是因为"河东主力红军准备执行新任务需要策应";第二次变化,则因为西安事变后,陕西形势危急,又需西路军策应配合。"西路军的任务飘忽多变,虽与飘忽变幻的全局形势有关,但不能说毫无战略指导上的失误","这对西路军有限的兵力来说,无疑具有致命的性质"。

4. 中革军委和红军总部不了解河西民情敌情,指挥决策有误。

毛泽东等领导未到河西现地,对那里的民情敌情没有切身的体会。一方面,过于乐观地认为马家军并不难打,甘、凉、肃三州这一条路,能够造成巩固根据地,缺点只是距离较远,某些区域人口稀少,行军宿营恐怕有些妨碍。另一方面,过多地关注了河东主力红军和西安事变后的形势,而忽略了西路军的承受能力,战略考虑上有失偏颇,由此带来战略指导上的失误。

由此带来的战略指导上的失误主要表现在两个方面:一是不切实际地要求西路军在永(昌)凉(州)地区和临(泽)高(台)地区建立根据地,二是指导西路军的行动,步步以河东形势的需要为转移,致使西进的战机完全丧失。事实上,河西走廊特殊的地理环境,地广人稀,回汉对立,群众基础薄弱,粮草不丰等,都是创建根据地之大忌。

5. 西路军指挥员未能临机处置,指挥失误。

西路军指挥员低估了马家军的战斗力。渡河之初,作战顺利,在一条山击退马步青马禄旅;经十日激战,歼敌 2000 余人,击毙敌骑五师参谋长马廷祥。在打拉牌一战中,"红二十七师以 5 个营之少数击溃敌步、骑 5000 余众,因此在捷报中竟高兴地喊出了'西北是我们的'的言语,反映出轻视敌人、盲目乐观的情绪"。[11]

西路军指挥员在西进之初,对敌马家军估计不足,有轻敌心理,未能集中兵力以沉重打击,迅速打开战局。高台失利后,亦未能采取断然措施,迅速脱离险境。西路军总政委陈昌浩思想包袱重,患得患失,当断不断,机械执行上级的指示,没有机断处置,徐向前同他争论,被他以"开展斗争"相威胁。结果,使西路军丧失战机,作茧自缚,步步被动,直至不堪收拾。

具体的失误还有如:高台一战,红五军对收编的民团过于信任,警戒疏忽,导致民团临阵反叛,进攻之敌从民团所守城墙爬上,内外夹攻,高台失守,红五军严重受损。糟糕的是,失去了粮食、人口都丰富的前进基地。石窝山会议,让高级指挥员脱离部队,不利于后期指挥,如不离开部队的话,还可多掌握部队。

今天,我们看待西路军问题应站在历史唯物主义的立场,既不能简单归结为"张国焘错误路线",但更不能归结为所谓的"阴谋论"。

西路军的每一步行动都得到了中央和军委的指示和同意。朱德、张国焘于 1936 年 11 月 30 日到达陕北保安与中央会合。从此,张国焘已失去对西路军的指挥权,西路军于次年 3 月中旬失败,张国焘基本对西路军的成功或失败发挥不了作用。张国焘只在 1937 年 1 月 8 日给西路军发过一封电报,强调"军委对西路军的指示是一贯正确的,对西路军是充分注意到的","如果还有过去认为中央路线不正确而残存着对西路军的怀疑,是不应有的","应当在部队,特别在干部中,提高党中央和军委的威信"。

当年在星星峡援接西路军余部的陈云对西路军的定性问题专门评价："西路军打通国际路线，是党中央、毛主席过草地以前就决定的。当时共产国际也愿意援助，200 门炮都准备好了，我亲眼看见的。西路军的行动不是执行张国焘路线，张国焘路线是另立中央。""西路军的失败也不是因为张国焘路线，而主要是对当地民族情绪、对马家军估计不足。"[12]

所谓的"借刀杀人"论更站不住脚，其理由主要有：

其一，西路军在正式命名和西进河西走廊之前，毛泽东和中共中央曾充分征求过西路军主要领导者的意见：西路军是否能够完成基本任务？是否有把握消灭二马？如无把握是否可返回河东？西路军军政委员会电复军委：有绝大把握消灭二马；坚决完成任务，现不利于返回河东。于是，中革军委才同意西路军西进。如有意使其失败，西进之前绝不会征求西路军领导者的意见。

其二，关于在河西走廊建立根据地的指示，确实是中央在指导上的失误。但这种失误，决非有意为之，而是认识上的偏颇，主要是对河西走廊地理民情了解不足，对马家军估计不足所致。

其三，中共中央和毛泽东、周恩来等，都曾竭尽全力营救西路军。早在西路军刚刚陷入困境时，党中央和毛泽东等就曾指示在西安的周恩来，把停止二马对西路军的进攻，作为与国民党谈判的重要条件，后又组成以刘伯承为司令员的援西军。西路军失败后，援西军遂止于驻地，收容西路军零散人员。中央和援西军营救失散和被俘西路军将士达 5000 人以上。

留在黄河以东的红四方面军第四、第三十一军共 1.1 万余人，在参加了山城堡战役后，于 1937 年 2 月参加支援西路军的援西军。3 月上旬，在援西军司令员刘伯承、政治委员张浩率领下由陕西省淳化地区西进。3 月中旬进至甘肃省镇原、平凉地区时，得知西路军已失败的消息，于是停止西进。1937 年 7 月，抗日战争全面爆发。为促成全国抗战，中国共产党和中国国民党达成协议，中国工农红军改编为国民革命军第八路军。8 月，红四方面军第四、第三十一军和陕北红军第二十九、第三十军等部，改编为国民革命军第八路军第一二九师。不久，即渡黄河东征，经过阳明堡袭击战、七亘村伏击战、黄崖底伏击战、广阳伏击战、长生口战斗、神头岭战斗、响堂铺战斗、长乐村战斗、百团大战等一系列战役战斗的胜利，成为抗日战场能征善战、享誉国内外的一支劲旅。

历史将永远铭记为长征胜利做出不朽功绩的红四方面军将士，历史也将永远铭记为执行中央打通国际通道使命的西路军将士。红四方面军的不朽功勋像一座历史丰碑永远矗立在中国人民心中,他们不愧为中华民族的脊梁!

[1] 彭德怀:《彭德怀自述》,人民出版社 1981 年版,第 216—217 页。

[2] 中国工农红军第四方面军战史编辑委员会:《中国工农红军第四方面军战史资料选编》(长征时期),解放军出版社,1992 年版,第 1058 页。

[3] 徐向前:《历史的回顾》(中),解放军出版社 1984 年版,第 519 页。

[4] 郝成铭、朱永光:《中国工农红军西路军文献》(上),甘肃人民出版社 2004 年版,第 1—2 页

[5] 中共中央文献研究室:《毛泽东年谱》(中卷),人民出版社 1993 年版,第 43 页。

[6] 李天焕:《气壮山河》,中国青年出版社 1959 年版,第 3—4 页。

[7] 中共中央党史研究室:《中国共产党历史》(第一卷·上册),中共党史出版社 2002 年版,第 508—511 页。

[8] 2001 年江泽民在纪念徐向前诞辰 100 周年座谈会上的讲话。

[9] 2009 年胡锦涛在纪念李先念诞辰 100 周年座谈会上的讲话。

[10] 程世才:《烽火年代》,春风文艺出版社 1979 年版,第 109—110 页。

[11] 郝成铭、朱永光:《中国工农红军西路军文献》(上),甘肃人民出版社 2004 年版,第 377 页。

[12] 中央文献研究室:《陈云年谱》,中央文献出版社 2000 年版,第 318 页。